校庆丛书

中国法制史论要

王立民 著

图书在版编目(CIP)数据

中国法制史论要/王立民著.—北京:商务印书馆,2022
(华东政法大学70周年校庆丛书)
ISBN 978-7-100-21337-0

Ⅰ.①中… Ⅱ.①王… Ⅲ.①法制史—中国—文集 Ⅳ.①D929-53

中国版本图书馆 CIP 数据核字(2022)第 119992 号

权利保留,侵权必究。

本书受"上海市高水平地方高校建设项目"资助

华东政法大学 70 周年校庆丛书

中国法制史论要

王立民 著

商 务 印 书 馆 出 版
(北京王府井大街36号 邮政编码100710)
商 务 印 书 馆 发 行
北京市白帆印务有限公司印刷
ISBN 978-7-100-21337-0

2022 年 12 月第 1 版　　开本 880×1230　1/32
2022 年 12 月北京第 1 次印刷　印张 19⅝
定价:148.00 元

《华东政法大学70周年校庆丛书》
编委会

主 任
郭为禄　叶　青　何勤华

副主任
张明军　王　迁

委 员
（以姓氏笔画为序）

马长山	朱应平	刘宪权	刘　伟	孙万怀
陆宇峰	杜　涛	杜志淳	杨忠孝	李　峰
李秀清	肖国兴	何益忠	冷　静	沈福俊
张　栋	陈晶莹	陈金钊	林燕萍	范玉吉
金可可	屈文生	贺小勇	胡玉鸿	徐家林
高　汉	高奇琦	高富平	唐　波	

以心血和智慧服务法治中国建设

——华东政法大学70周年校庆丛书总序

华东政法大学成立70周年了！70年来，我国社会主义法治建设取得一系列伟大成就；华政70年，缘法而行、尚法而为，秉承着"笃行致知，明德崇法"的校训精神，与共和国法治同频共振、与改革开放辉煌同行，用心血和智慧服务共和国法治建设。

执政兴国，离不开法治支撑；社会发展，离不开法治护航。习近平总书记强调，没有正确的法治理论引领，就不可能有正确的法治实践。高校作为法治人才培养的第一阵地，要充分利用学科齐全、人才密集的优势，加强法治及其相关领域基础性问题的研究，对复杂现实进行深入分析、作出科学总结，提炼规律性认识，为完善中国特色社会主义法治体系、建设社会主义法治国家提供理论支撑。

厚积薄发七十载，华政坚定承担起培养法治人才、创新学术价值、服务经济社会发展的重要职责，为构建具有中国特色的法学学科体系、学术体系、话语体系，推进国家治理体系和治理能力现代化提供学理支撑、智力支持和人才保障。砥砺前行新时代，华政坚定扎根中国大地，发挥学科专业独特优势，向世界讲好"中国之治"背后的法治故事，推进中国特色法治文明与世界优秀法治文明成果交流互鉴。

"宛如初升的太阳，闪耀着绮丽的光芒"——1952年11月15日，华东政法学院成立之日，魏文伯院长深情赋诗，"在这美好的园地上，让我们做一个善良的园工，勤劳地耕作培养，用美满的收获来酬答人民的期望"。1956年6月，以"创造性地提出我们的政治和法律科学上的成就"为创刊词，第一本法学专业理论性刊物——《华东政法学报》创刊，并以独到的思想观点和理论功力，成为当时中国法学研究领域最重要的刊物之一。1957年2月，学报更名为《法学》，坚持"解放思想、不断进步"的治学宗旨，紧贴时代发展脉搏，跟踪社会发展前沿，及时回应热点难点问题，不断提升法学研究在我国政治体制改革中的贡献度，发表了一大批高水平的作品。对我国立法、执法和司法实践形成了重要理论支持，在学术界乃至全社会产生了巨大影响。

1978年12月，党的十一届三中全会确定了社会主义法制建设基本方针，法学教育、法学研究重新启航。1979年3月，华东政法学院复校。华政人勇立改革开放的潮头，积极投身到社会主义法制建设的伟大实践中。围绕"八二"宪法制定修订、土地出租问题等积极建言献策；为确立社会主义市场经济体制、加入世界贸易组织等提供重要理论支撑；第一位走入中南海讲课的法学家，第一位WTO争端解决机构专家组中国成员，联合国预防犯罪和控制犯罪委员会委员等，都闪耀着华政人的身影。

进入新世纪，在老一辈华政学人奠定的深厚基础上，新一代华政人砥砺深耕，传承中华优秀传统法律文化，积极借鉴国外法治有益成果，为中国特色社会主义法治建设贡献智慧。16卷本《法律文明史》陆续问世，推动了中华优秀传统法律文化在新时代的创造性转化和创新性发展。在全国人民代表大会制度、互联网法治理论、社会治理法治化、自贸区法治建设，以及公共管理、新闻传播学等领域持续发力，华政的学术影响力、社会影响力持续提升。

党的十八大以来，学校坚持以习近平新时代中国特色社会主义思想为指导，全面贯彻党的教育方针，落实立德树人根本任务，推进习近平法治思想的学习研究宣传阐释，抓住上海市高水平地方高校建设契机，强化"法科一流、多科融合"办学格局，提升对国家和上海发展战略的服务能级和贡献水平。在理论法学和实践法学等方面形成了一批"立足中国经验，构建中国理论，形成中国学派"的原创性、引领性成果，为全面推进依法治国，建设社会主义法治国家贡献华政智慧。

建校 70 周年，是华政在"十四五"时期全面推进一流政法大学建设，对接国家重大战略，助力经济社会高质量发展的历史新起点。今年，学校将以"勇担时代使命、繁荣法治文化"为主题举办"学术校庆"系列活动，出版"校庆丛书"即是其重要组成部分。学校将携手商务印书馆、法律出版社、上海人民出版社、北京大学出版社等，出版 70 余部著作。这些著作包括法学、政治学、经济学、新闻学、管理学、文学等多学科的高质量科研成果，有的深入发掘中国传统法治文化、当代法学基础理论，有的创新开拓国家安全法学、人工智能法学、教育法治等前沿交叉领域，有的全面关注"人类命运共同体"，有的重点聚焦青少年、老年人、城市外来人口等特殊群体。

这些著作记录了几代华政人的心路历程，**既是**总结华政 70 年来的学术成就、展示华政"创新、务实、开放"的学术文化；**也是**激励更多后学以更高政治站位、更强政治自觉、更大实务作为，服务国家发展大局；**更是**展现华政这所大学应有的胸怀、气度、眼界和格局。我们串珠成链，把一颗颗学术成果，汇编成一部华政 70 年的学术鸿篇巨作，讲述华政自己的"一千零一夜学术故事"，**更富**

特色地打造社会主义法治文化引领、传承、发展的思想智库、育人平台和传播高地，**更高水准地**持续服务国家治理体系和治理能力现代化进程，**更加鲜明地**展现一流政法大学在服务国际一流大都市发展、服务长三角一体化、服务法治中国建设过程中的新作为、新担当、新气象，向学校70年的风雨征程献礼，向所有关心支持华政发展的广大师生、校友和社会贤达致敬！

七秩薪传，续谱新篇。70年来，华政人矢志不渝地捍卫法治精神，无怨无悔地厚植家国情怀，在共和国法治历史长卷中留下了浓墨重彩的篇章。值此校庆之际，诚祝华政在建设一流政法大学的进程中，在建设法治中国、实现中华民族伟大复兴中国梦的征途中，乘风而上，再谱新章！

郭为禄

叶　青

2022年5月4日

目　　录

序 ·· 1

专题一　古代法制史

中国当今家暴的传统法律原因 ································· 7
唐朝法律是开放性法律 ·· 32
唐朝法律助力丝绸之路建设 ······································· 59
《大清律例》条标的运用与启示 ································ 76

专题二　近代法制史

中国近代成为大陆法系国家的原因及相关问题探析 ······ 111
中国法制近代化进程再认识 ······································· 136

专题三　当代法制史

"一带一路"建设与复兴中华法系 ······························ 169
复兴中华法系的再思考 ·· 185
中国民法典设置条标新论 ·· 211
中国百年民法典编纂历程与启示 ································ 240
"双千计划"与法治人才的培养 ································· 302
中国法制史研究 70 年若干重要问题 ························· 318

专题四　租界法制史

中国租界法制性质论 ································· 341
中国租界法制诸问题再研究 ··························· 371
中国租界适用《中华民国民法》论 ····················· 397
中国租界防控疫情立法与思考 ························· 419
租界里的中国巡捕与反思 ····························· 442
上海法租界的早期法制与评析 ························· 456
近代国人笔下的上海租界法制与思考 ··················· 479

专题五　上海法制史

上海近代法制若干问题 ······························· 501
论大革命时期中国共产党领导建立的上海市民代表会议政府
　　法制 ··· 534
上海领跑中国现代区域法制建设 ······················· 569

附录一　上海租界法制研究——王立民教授访谈 ········· 596
附录二　王立民成果目录 ····························· 615
后记 ··· 625

序

时间过得真快,转眼我已从管理岗位上退下来十年了。这十年是集中时间进行教学与科研的十年。2021年上半年,剩下的四个博士生和一个硕士生顺利毕业,我的教学任务基本完成。往后,充其量只会客串一些课程或开些讲座。这样,便会有更多时间进行科研,产出一些新成果。

这十年中,前五年(2011—2016年)发表的主要论文已在《华东政法大学65周年校庆文丛》我的《法律史与法治建设》(法律出版社2017年版)一书里面世,后五年(2017—2021年)发表的主要论文就集中在本书中了。粗略统计一下,这后五年在境内外期刊中发表了论文31篇,其中有26篇发表在境内的CSSCI期刊上,包括《中国法学》《法学》《法制与社会发展》《当代法学》《现代法学》《政治与法律》《法学杂志》《东方法学》《学术月刊》《探索与争鸣》《社会科学》《南京社会科学》《江海学刊》《浙江学刊》《华东师范大学学报(哲学社会科学版)》等,有2篇分别发表在韩国的《中国法研究》和澳门特别行政区的《澳门法学》上。论文的总字数在50万字以上。今年,正值华东政法大学建校70周年,出版这本小书也算是向建校70周年献礼,贡献自己的微薄之力。

本书取名为《中国法制史论要》是由其内容所决定的。在这五年里,我集中精力研究中国法制史,论文也以中国法制史居多,其中,涉及古代、近代、当代法制史,特别是在唐律、租界法制史、上海法制史与当代中国法制史学史等一些方面。关于唐律研究方面的论文有6篇，10万字左右。由于计划出版《唐律新探》（第六版），把这6篇论文专题纳入其中，也就不纳入本书了。本书收录的论文有22篇，分为五个专题，即古代法制史、近代法制史、当代法制史、租界法制史和上海法制史。租界法制史与上海法制史虽然可以纳入近代法制史专题，但考虑到其体量较大，独立性较强，也就另设两专题，形成了五个专题的体例。书中虽有个别论文的主题不是中国法制史，但其内容大量涉及中国法制史，故也编入书中。

本书虽由独立的论文整合而成，但还是形成了自己的体系，而且文章之间存有一定的逻辑联系。比如，租界法制史专题分为两部分，前一部分是中国租界法制，后一部分是上海租界法制。中国租界法制共有五篇，首先论述中国租界法制的性质，这是研究中国租界法制的基石，其他的租界法制问题都由其延伸、展开，故入首篇。然后是论述中国租界法制的一些不同侧面，包括防控疫情立法、巡捕的行政执法、司法中运用的中国法律等一些问题。如果说，中国租界法制是个面，那么上海租界法制就是一个点。租界法制专题的最后两篇是关于上海租界法制。这七篇整合起来就是中国租界法制面和点的结合，以便读者从面与点的结合中，理解这一法制，形成一个较为完整的认识。另外，其他专题也都有自己的体系与逻辑。这本中国法制史学术著作有利于完善读者的知识结构。

本书的内容由论文整合而成，论文内容的独立性又较强，难免在资料的运用上各有交叉，敬请读者谅解。另外，考虑到著作的特殊性，收入本书的论文在题目、标题、内容上都有所调整，以符合著作的要求。

本书的正文后附有两个附录。除了第一个附录是访谈录以外，附录二是关于我主持、参与的各类项目、课题，撰写的各类著作，自2017年至2021年发表的主要论文、文章,主编的学术刊物等。通过附录可以对我的个人学术之路有进一步的了解。

本书是我的第9种、第17部个人著作,希望能在建校70周年前与大家见面,与同行进行交流,得到各位学者赐教,助力学术进步。谢谢!

王立民

2022年元月于华东政法大学

专题一

古代法制史

中国当今家暴的传统法律原因

家庭暴力（以下简称"家暴"）在当今中国是一个不容小视的问题。据统计，在全国2.7亿个家庭中，遭到过家暴的妇女占30%，其中的施暴者90%是男性，女性成了家暴的主要对象，每年有近10万个家庭因为家暴而解体。[①]另外，未成年人也是家暴的受害者之一。2008年至2013年，仅媒体报道的未成年人受到家暴的案件就有697件。[②]这些数字都触目惊心。究其原因有多个方面，其中包括了传统法律原因。中国传统社会中长期存在家暴，而且还存在怂恿家暴的法律，以致家暴司空见惯，甚至还演变成一种传统。这种传统至今还有影响，并成为中国现存家暴的传统法律原因。目前，在中国研究家暴的成果中，鲜见提到这一原因，有必要加以深究，从而全面认识当今中国家暴存在的原因，并采取相应对策，减少家暴，减小因家暴而造成的危害。本书以中国唐、宋、明、清朝的主要法典《唐律》《宋刑统》《大明律》和《大清律例》为中心，对中国传统社会中家暴的法律原因作些探索，以飨读者。

---

① 《检察风云》编辑部：《围堵家暴者》，载《检察风云》2016年第8期。
② 刘强：《家暴案例面面观》，载《检察风云》2016年第8期。

一、《唐律》怂恿家暴的规定

中国传统社会中的家庭成员有尊、卑与长、幼之分，其区别的主要依据是以宗法血缘关系为基础的"五服"。依尊、长到卑、幼的排列分别是：斩衰、齐衰、大功、小功和缌麻。① 西晋时制定的晋律把"五服"与刑法结合起来，形成了"准五服以制罪"制度。② 这一制度规定，尊、长侵害卑、幼的，用轻刑；相反，则重。它怂恿尊、长对卑、幼的家暴。《唐律》是唐朝的一部主要法典，在总结以往立法的基础上，第一次对这一制度作了较为完备的规定，与家暴相关的主要有以下这些内容。

（一）《唐律》的规定怂恿祖父母、父母对子孙的家暴

唐朝的祖父母、父母与子孙的关系是一种尊卑关系，"五服"中属于斩衰亲。③ 他们的地位悬殊，如同天地一般，特别是父亲，即"父为子天"。④ 在这种关系之下，祖父母、父母对子孙的家暴

---

① 丁凌华：《五服制度与传统法律》，商务印书馆2013年版，第10页。
② 张晋藩：《中华法制文明史》（古代卷），法律出版社2013年版，第223页。
③ 丁凌华：《中国丧服制度史》，上海人民出版社2000年版，第122—123页。这里的"子孙"是指儿子、女儿和孙子、孙女。
④ 《唐律疏议·斗讼》"告祖父母父母"条"疏议"。本书所使用《唐律疏议》为刘俊文点校，中华书局1983年版，下文不再单独标注。

用刑很轻,甚至还可以免予刑事制裁,《唐律》就是如此规定。它规定,子孙如果违反了教令,祖父母、父母将其杀死,用刑仅为徒刑。"若子孙违犯教令,而祖父母、父母殴杀者,徒一年半。"① 这一用刑大大轻于祖父母、父母殴杀凡人。如果他们殴杀了一个非家庭成员的凡人,对其用刑就是死刑。"诸斗殴杀人者,绞。"②《唐律》同时还规定,如果祖父母、父母过失杀死了违反教令的子孙,可以免予刑事制裁,即"过失杀者,各勿论"。③

在这种祖父母、父母与子孙的悬殊关系之下,子孙如果对祖父母、父母施行家暴,用刑就极其严厉。《唐律》规定,子孙无论是打还是骂祖父母、父母,都要构成"十恶"重罪。其中,谩骂祖父母、父母构成"十恶"中的"不孝"罪,殴打祖父母、父母则构成"十恶"中的"恶逆"罪。④ 违犯者的用刑均是死刑,只是绞与斩的差异。《唐律疏议·斗讼》"殴詈祖父母父母"条明文规定:"诸詈祖父母、父母者,绞;殴者,斩。"就是他们过失杀死了自己的祖父母、父母,也要被处以仅次以死刑的流刑,即"过失杀者,流三千里"。这一用刑一方面大大重于子孙过失杀死一个凡人。如果他们过失杀死了一个非家庭成员的凡人,用刑可适用赎刑而不需使用"五刑"。"诸过失杀伤人者,各依其状,以赎论。"⑤ 另一方面,这一用刑又大大重于祖父母、父母因子孙违反教令而过失杀死子孙的处理,即可以免予刑事制裁。

在《唐律》的规定中,不仅祖父母、父母与子孙的家庭地位十

---

① 《唐律疏议·斗讼》"殴詈祖父母父母"条。
② 《唐律疏议·斗讼》"斗殴杀人"条。
③ 《唐律疏议·斗讼》"殴詈祖父母父母"条。
④ 《唐律疏议·名例》"十恶"条。
⑤ 《唐律疏议·斗讼》"过失杀伤人"条。

分悬殊，如同天地一般，而且对施行家暴的用刑也非常悬殊。祖父母、父母对子孙施行家暴用的刑很轻，甚至可以免予刑事制裁；子孙对祖父母、父母施行家暴的用刑很重，就是过失者也要被处以流刑。其中"子孙违反教令"中"教令"的范围很宽泛，即是祖父母、父母对子孙的各种要求，涵盖了子孙行为的方方面面。子孙不遵从祖父母、父母的要求，就会构成"子孙违反教令"，祖父母、父母就可合法地施行家暴，他们也只能接受这种合法的家暴。这既是祖父母、父母管束子孙的一种重要手段，也是一种可以对其进行家暴的合法理由。这种手段与理由都怂恿了祖父母、父母对自己的子孙施行家暴。

（二）《唐律》的规定怂恿丈夫对妻子的家暴

在唐朝的家庭成员关系中，除了亲子关系外，还有夫妻等关系。唐朝的夫妻关系如同父子关系，即尊卑关系。"妻之言齐，与夫齐体，义同于幼。"① 因此，夫妻之间也属斩衰亲，其关系也是一种天地关系，即"夫者，妻之天也。移父之服而服，为夫斩衰"。② 在这种关系之下，丈夫对妻子的家暴用刑很轻，甚至还可以免予刑事制裁，《唐律》的规定就是这样。《唐律疏议·斗讼》"殴伤妻妾"条规定："诸殴伤妻者，减凡人二等"，"过失杀者，各勿论。"此条"疏议"还专门对丈夫过失杀妻不被追究刑事责任的理由作了解释。"'过失杀者，各勿论'，为无恶心，故得无罪。"《唐律》的这些规定都怂恿了丈夫殴打妻子，实施对妻子的家暴。

---

① 《唐律疏议·斗讼》"殴伤妻妾"条"疏议"。
② 《唐律疏议·名例》"十恶"条"疏议"。

同样在这种夫妻的天地关系之下，妻子如果实施了对丈夫的家暴，用刑就十分重，要重于对凡人的量刑。《唐律》把妻子家暴丈夫的行为定为"十恶"行为。其中，殴打丈夫为"不睦"罪，杀死丈夫为"恶逆"罪。[①] 这样，对妻子家暴丈夫的用刑就很重。《唐律》规定："诸妻殴夫，徒一年；若殴伤重者，加凡斗伤三等。"[②] 凡人殴人的用刑则要轻得多。"诸斗殴人者，笞四十。"[③] 如果妻子对丈夫家暴，以致过失杀死丈夫的，用刑也要比丈夫过失杀死妻子的用刑重许多，即"过失杀伤者，各减二等"。[④] 此条"疏议"还专门对此规定作了解释。"假如妻折夫一支，加凡人三等，流三千里，过失减二等，合徒二年半。"[⑤] 与丈夫家暴过失杀死妻子可以不被追究刑事责任相比，也是天壤之别。

在《唐律》的规定中，不仅丈夫与妻子的家庭地位类似父子关系，如同天地一样，而且对双方施行家暴后的用刑也差别很大。丈夫对妻子的家暴用刑很轻，甚至还可以免予刑事制裁；妻子对丈夫的家暴则用刑很重，就是过失者也要被处以刑罚，不会被免予刑事制裁。这样的规定十分有利于丈夫放手对妻子的家暴。《唐律》明显怂恿丈夫对妻子的家暴。

（三）《唐律》的规定怂恿长者对幼者的家暴

在唐朝的家庭关系中，除了祖父母父母与子孙、夫与妻的斩

---

① 《唐律疏议·名例》"十恶"条。
② 《唐律疏议·斗讼》"妻殴詈夫"条。
③ 《唐律疏议·斗讼》"斗殴以手足他物伤"条。
④ 《唐律疏议·斗讼》"妻殴詈夫"条。
⑤ 《唐律疏议·斗讼》"妻殴詈夫"条"疏议"。

衰亲以外，还有齐衰、大功、小功、缌麻亲，这些亲属关系中就有长、幼的关系。如果长、幼之间发生家暴而需用刑罚加以惩罚，那么对长者的用刑就轻，对幼者的用刑则重，《唐律》就是如此规定。依据《唐律疏议·斗讼》"殴兄姊"条的规定，弟妹家暴兄姐的用刑就要重于兄姐家暴弟妹的用刑。先看弟妹家暴兄姐的用刑。"诸殴兄姊者，徒二年半；伤者，徒三年；折伤者，流三千里；刃伤及折支，若瞎其一目者，绞；死者，皆斩；詈者，杖一百。"再看兄姐家暴弟妹的用刑。"若殴杀弟妹及兄弟之子孙、外孙者，徒三年；以刃及故杀者，流二千里。过失杀者，各勿论。"对比这两条规定，可以发现对弟妹殴打兄姐的用刑明显重于对兄姐殴打弟妹的用刑，并突出体现在三个方面。第一，殴打的结果相同，但用刑则是殴打兄姐重，殴打弟妹轻。同样是殴打致死，对弟妹的用刑是"斩"，而对兄姐的用刑则仅是"流二千里"。在《唐律》规定的"五刑"的刑等中，"斩"比"流二千里"要重四等。① 第二，过失殴打弟妹，就是殴打致死，都可免予刑事处罚。即"过失杀者，各勿论"。相反，殴打兄姐则没有这一规定，即要被追究刑事责任。第三，弟妹谩骂兄姐要构成犯罪，即被"杖一百"，可是兄姐谩骂弟妹则不构成犯罪。从中可得知，《唐律》还怂恿长者对幼者的家暴。

从《唐律》的规定可知，其通过减轻用刑甚至免刑，来怂恿尊、长者对卑、幼者的家暴；同时，通过对卑、幼者的加重用刑，来抑制他们对尊、长者的家暴。这种用刑的轻重从一个侧面反映出，家暴的主体往往是尊、长者，而家暴的受暴者则往往是卑、幼者。另外，家暴的重要形式是殴打与谩骂，即"殴"与"詈"。《唐

---

① 《唐律疏议·名例》"死刑二"条。

律》的这些怂恿尊、长家暴的规定对以后中国封建朝代的立法产生了很大影响，怂恿家暴的规定得到延续。

二、《宋刑统》《大明律》与《大清律例》对怂恿家暴规定的沿革

受《唐律》关于怂恿家暴规定的影响，《宋刑统》《大明律》与《大清律例》在作出规定的同时，还根据本朝代的具体情况，作了相应的改革，其基本情况如下。

（一）《宋刑统》对怂恿家暴规定的沿革

《宋刑统》是宋朝的主要法典，基本沿用了《唐律》的内容，其中包括怂恿尊、长家暴卑、幼的规定。《唐律》这一规定的内容在《宋刑统》中全部被继承，只是《宋刑统》在体例上与《唐律》有所不同。《宋刑统》是律下分门，门下设条，有些律条便归入门下，不再单独存在。《唐律》则是律下直接设条，没有门，因此《唐律》关于怂恿尊、长家暴内容在《宋刑统》的排列上有了改革，有些单独的《唐律》的律条，在《宋刑统》中就成为门中的内容，不再单独存在。《唐律·斗讼》中的"殴伤妻妾""妻殴詈夫""殴兄姊""殴詈祖父母父母"条的内容全部归入《宋刑统·斗讼》的"夫妻妾媵相殴并杀"门，原有律条的条标也不复存在了。经过门的归纳，《宋刑统》就把《唐律》中有关怂恿家暴的规定在体例上作了改革，重新整合了这些规定，便于人们查找与运用。

(二)《大明律》对怂恿家暴规定的沿革

《大明律》是明朝的一部主要法典。它在体例与内容上虽有沿用《唐律》之处,但同时又对《唐律》作了改革。在体例上,它采用名例加吏、户、礼、兵、刑、工七篇的体例,与《唐律》十二篇的体例有很大不同。在内容上,它只保留了《唐律》中的部分内容,其他内容均为新增。① 同时,在对犯罪者的用刑上,也有所改变。在这种情况下,《大明律》对《唐律》中怂恿家暴规定的改革就比较大了,其中突出表现在以下一些方面。

《大明律》对《唐律》怂恿家暴规定的改革

家暴行为	《唐律》的规定	《大明律》的规定
子孙殴打、谩骂祖父母、父母	《唐律疏议·斗讼》"殴詈祖父母父母"条规定:"诸祖父母、父母者,绞;殴者,斩;过失杀者,流三千里;伤者,徒三年。"	《大明律·刑律四·骂詈》"骂祖父母父母"条规定:"凡骂祖父母、父母,及妻妾骂夫之祖父母、父母者,并绞。"《大明律·刑律三·斗殴》"殴祖父母父母"条规定:"凡子孙殴祖父母、父母,皆斩;杀者,皆凌迟处死;过失杀者,杖一百,流三千里;伤者,杖一百,徒三年。"
祖父母、父母殴打、杀死违犯教令的子孙	《唐律疏议·斗讼》"殴詈祖父母父母"条规定:"若子孙违犯教令,而祖父母、父母殴杀者,徒一年半;以刃杀者,徒二年;故杀者,各加一等。""过失杀者,各勿论。"	《大明律·刑律三·斗殴》"殴祖父母父母"条规定:"其子孙违犯教令,而祖父母、父母,非理殴杀者,杖一百;故杀者,杖六十,徒一年。""若(子孙)违教令,而依法决罚邂逅致死,及过失杀者,各勿论。"

---

① 王立民:《唐律新探》(第五版),北京大学出版社2016年版,第448—449页。

续表

家暴行为	《唐律》的规定	《大明律》的规定
妻子殴打丈夫	《唐律疏议·斗讼》"妻殴詈夫"条规定:"诸妻殴夫,徒一年;若殴伤重者,加凡伤三等;死者,斩。"	《大明律·刑律三·斗殴》"妻妾殴夫"条规定:"凡妻殴夫者,杖一百,夫愿离者,听。至折伤以上,各加凡斗伤三等,至笃疾者,绞;死者,斩;故杀者,凌迟处死。"
丈夫殴伤妻子	《唐律疏议·斗讼》"殴伤妻妾"条规定:"诸殴伤妻者,减凡人二等;死者,以凡人论。"	《大明律·刑律三·斗殴》"妻妾殴夫"条规定:"其夫殴妻,非折伤,勿论;至折伤以上,减凡人二等。""致死者,绞。"
弟、妹谩骂、殴打兄、姐	《唐律疏议·斗讼》"殴兄姊"条规定:"诸殴兄姊者,徒二年半;伤者,徒三年;折伤者,流三千里。刃伤及折支,若瞎其一目者,绞;死者,皆斩;詈者,杖一百。"	《大明律·刑律三·斗殴》"殴期亲尊长"条规定:"凡弟妹殴兄姊者,杖九十,徒二年半。伤者,杖一百,徒三年。折伤者,杖一百,流三千里。刃伤及折肢,若瞎其一目者,绞。死者,皆斩。"《大明律·刑律四·骂詈》"骂人"条规定:"若骂兄姊者,杖一百。"
兄、姐殴杀弟、妹	《唐律疏议·斗讼》"殴兄姊"条规定:"若(兄姐)殴杀弟妹,徒三年,以刃及故杀者,流二千里。过失杀者,各勿论。"	《大明律·刑律三·斗殴》"殴期亲尊长"条规定:"其兄姊殴杀弟妹",杖一百,徒三年。故杀者,杖一百,流二千里。过失杀者,各勿论。"

从以上《大明律》与《唐律》关于忩惠尊、长对卑、幼家暴的规定比较可以看到,《大明律》总体上加大了忩惠尊、长对卑、幼家暴的力度,这又突出表现在这样两个方面。一个方面,凡是尊者对卑者的家暴,对尊者的用刑要比《唐律》的规定轻。同样是祖父母、父母殴杀违犯教令的子孙,《大明律》规定祖父母、父母只要被"杖一百";而《唐律》则规定要被"徒一年半"。同样是丈夫殴打妻子,《大明律》规定丈夫打妻子可以不负刑事责任,即"非

折伤,勿论";《唐律》则没有明文规定。另一方面,凡是卑、幼者对尊、长的家暴,对卑、幼的用刑要比《唐律》的规定重。同样是过失杀死祖父母、父母,《大明律》对子孙的用刑是"杖一百,流三千里";《唐律》仅是"流三千里"。同样是妻子打伤了丈夫,《大明律》规定有"至笃疾者,绞";《唐律》规定则是"加凡斗伤三等",即最高刑是"流三千里"。[①] 同样是弟、妹殴打兄、姐,《大明律》规定对弟、妹的用刑是"杖九十,徒二年半";《唐律》的规定仅是"徒二年半"。可见,从总体上来看,《大明律》中的相关规定更有利于尊、长对卑、幼的家暴,不利于卑、幼对尊、长的家暴。因此,可以说,《大明律》惩惩尊、长对卑、幼家暴的力度加大了。

(三)《大清律例》对惩惩家暴规定的沿革

《大清律例》是清朝的一部主要法典。它成功地把律例合编起来,使其成为中国古代一部由律例构成的典型法典。它的律条的内容大量沿用《大明律》,与《大明律》律条的内容相差不大,关于惩惩家暴的内容则基本一致,但许多律条之后附有的例条则为《大明律》所没有,作了改革,形成了自己的特色。例条主要起补充律条的功能,作用不小。其中,关于惩惩家暴的规定也因此而有所改变。由于《大清律例》中的"妻妾殴夫"等律条后没有附例条,所以这种改革集中反映在以下一些规定中。

---

① 《唐律疏议·斗讼》"殴人折跌支体瞎目"条。

《大清律例》中惩戒家暴的规定

家暴行为	《大清律例》律条的规定	《大清律例》例条的规定
弟、妹殴打兄、姐	《大清律例·刑律·斗殴下》"殴期亲尊长"条规定："凡弟妹殴兄姊者，杖九十，徒二年半；伤者，杖一百，徒三年。"	《大清律例·刑律·斗殴下》"殴期亲尊长"条的例条规定："凡卑幼殴期亲尊长，执有刀刃赶杀，情状凶恶者，虽未伤，依律发边卫充军。"
子孙殴打祖父母、父母	《大清律例·刑律·斗殴下》"殴祖父母父母"条规定："凡子孙殴祖父母、父母，……皆斩。杀者，皆凌迟处死。"	《大清律例·刑律·斗殴下》"殴祖父母父母"条的例条规定：凡义子孙"若于祖父母、父母，有犯殴骂、侵盗、恐吓、诈欺、诬告等情，即同子孙取问如律。"
子孙谩骂祖父母、父母，妻妾谩骂丈夫的祖父母、父母	《大清律例·刑律·骂詈》"骂祖父母父母"条规定："凡骂祖父母、父母，及妻妾骂夫之祖父母、父母者，并绞。"	《大清律例·刑律·骂詈》"骂祖父母父母"条的例条规定："凡毁骂祖父母、父母，及夫之祖父母、父母，告息词者，奏请定夺。再犯者，虽有息词，不予准理。"

从《大清律例》的律条与例条的规定来看，《大清律例》中律条关于惩戒家暴的规定与《大明律》的相关律条基本一致；而例条的规定则为新增，为《大明律》所没有。这些例条都对律条的规定起了补充功能。《大清律例·刑律·斗殴下》"殴期亲尊长"条的例条对律条中没有规定的"执有刀刃赶杀，情状凶恶者"作了规定；《大清律例·刑律·斗殴下》"殴祖父母父母"条的例条对律条中没有规定的义子孙家暴义祖父母、父母的"殴骂、侵盗、恐吓、诈欺、诬告等情"作了规定；《大清律例·刑律·骂詈》"骂祖父母父母"条的例条对律条中没有规定的子孙谩骂祖父母、父母与妻妾谩骂丈夫的祖父母、父母后又"告息词者"的行为作了规定。经过这样的例条补充，律条的规定更为完备，在司法实践中也更具操作

性。另外，对于卑、幼家暴尊、长者的行为，用刑有加重的倾向。在《大清律例·刑律·斗殴下》"殴期亲尊长"条的例条对弟、妹殴打兄、姐在内的卑、幼殴打期亲尊长并未受伤的行为，用刑是"依律发边卫充军"，而律条的规定仅是"杖九十，徒二年半"，例条的用刑明显重于律条。这些都是《大清律例》惩愆家暴规定的一些突出地方。

综上所述可见，《唐律》作为唐朝的一部主要法典，对惩愆家暴作了较为完备的规定，唐后的《宋刑统》《大明律》与《大清律例》这些宋、明、清的主要法典，也对惩愆家暴作了规定，但是在体例与内容等方面都有沿革，以适应本朝代的需求，维护以父权与夫权为中心、尊长卑幼有序的封建家庭秩序。

三、中国惩愆家暴的传统法律得到了实施

中国古代关于惩愆家暴的法律在司法实践中得到了实施，使其在现实生活中得以实现。这里以一些现存的案例来反映其实施情况。

（一）司法实践中体现的尊、长家暴卑、幼的情况不为鲜见

中国传统社会中，不仅制定了惩愆尊、长对卑、幼家暴的法律，还加以实施，有的还进入司法程序，其情况可从现存的案例中得到一些反映。这从一个从侧面说明，那时尊、长对卑、幼的家暴已经不是一种偶然现象，而是一种长期存在的行为，严重的家暴行

为还在官府的审判范围之内。这里以例为证。在唐朝，奉先县有曹芬兄弟两人，都是士兵"隶北军"，他们酒后家暴自己的妹妹，即"醉暴其妹"。当父亲去制止时，他们还是不罢手，其父于是便气愤投井而亡。"父救不止，恚赴井死。"此县的县尉审判了此案并作出了判决。① 在宋朝，颍川的一位名为刘柳的人士因其哥哥刘甲的原因，用鞭子抽打自己无辜的妻子，对其实施家暴，即"鞭其妇"，结果其妻被这一家暴活活折磨致死，"妇以无罪死。"此案后来被"颍川推官"张洞受理。② 在明朝，达州有兄周敬三与弟周南八两人因私情而发生家暴，其中周敬三"欲火与妒心兼炽"，殴打周南八，最后周南八被自己的兄长周敬三殴死。"拳脚所向，而南八无生矣。"达州刺史毛庚南审判了此案，周敬三也因此而被追究了刑事责任。③ 到了清朝，尊、长家暴卑、幼的行为仍然存在。乾隆四十二年（1777年），河南中牟县的韩宗玉家暴自己的妻子郭氏并致其死亡的案件就是这样。乾隆四十一年（1776年）八月，韩宗玉娶妻郭氏，翌年正月韩宗玉外出贸易，其间回过家并与郭氏同过房。同年，韩宗玉回家，看到郭氏怀孕，怀疑其与自己的伙计刘改子有奸情，便抓住郭氏头发，扯到炕上，令其跪下，还要逼她招供奸情，可郭氏"坚不承认"。于是，韩玉宗拿起棍子，劈头盖脸猛打。最后，他觉得用棍打还不解气，便拿起斧头，乱砍郭氏30多斧，致其毙命。此案经县、巡抚、刑部审理，还由乾隆皇帝裁决。④

---

① 辛子牛主编：《中国历代名案集成》（中卷），复旦大学出版社1997年版，第102—103页。

② ［宋］郑克：《折狱龟鉴》，刘俊文译注、点校，上海古籍出版社1988年版，第197页。

③ 未了、文菡编著：《明清法官断案实录》（上），光明日报出版社1999年版，第142页。

④ 柏桦：柏桦谈《明清奇案》，广东人民出版社2009年版，第218—223页。

可见，中国传统社会的家暴屡见不鲜，在案例中就能得到显现，不在案例里、不由官府审理就更多了。

（二）尊、长家暴卑、幼的行为依法得到了轻判

中国传统法律怂恿家暴集中表现在尊、长家暴卑、幼并依法得到了轻判，相反，则重。即尊、长家暴卑、幼用刑轻，卑、幼家暴尊、长则用刑重。这与司法保持一致，并使怂恿尊、长对卑、幼家暴的法律得到了实施，这在案例中也得到了充分体现。这里以清朝嘉庆年间（1796—1820年）一些家暴致死案件的审判为例，进行比较，反映那时怂恿尊、长家暴卑、幼法律的实施情况。对同一时期发生的家暴案件进行比较，可比性会强一些，也会更具说服力。嘉庆年间发生过一些尊、长家暴卑、幼案件，对其处罚明显轻于卑、幼家暴尊、长的处罚。这里先以丈夫对妻子家暴和妻子对丈夫家暴的用刑比较，来反映怂恿尊者对卑者的家暴。嘉庆六年（1801年），浦发淋与其妻副姐不和，原因是她"贪懒不听"，而且在浦发淋母亲浦章氏训斥时，副姐还"出言挺撞"。于是，浦发淋便对自己的妻子副姐，又是骂又是打。"浦发淋喝骂，并掌殴副姐右腮颊"，接着还"用木槌连殴，致伤其左腿、左臁肕"，甚至殴其头部，致其"倒地"死亡。审判后的用刑是"绞监候"。[①] 同年，还发生过妻子对丈夫的家暴案件，但用刑则明显重于"绞监候"。那年郑棕兆被其妻郑赖氏家暴致死。郑棕兆以"屠宰为业"，经常家暴自己的妻子郑赖氏，"郑赖氏屡被打骂"。一次，郑赖氏在被郑棕兆殴打后，

---

① 郑秦、赵雄主编：《清代"服制"命案》，中国政法大学出版社1999年版，第465页。

"忆及伊夫屡次打骂欺凌,一时忿恨",利用有利时机,竭尽全力,对郑棕兆施暴,最终导致他"翻跌下地,食气嗓俱断,立时殒命"。此案经审理后,判处郑赖氏"凌迟处死"。这一用刑大大重于"绞监候"。① 可见,法律怂恿丈夫对妻子的家暴,即法律怂恿尊者对卑者家暴。

这里再以嘉庆年间发生过一些兄对弟家暴和弟对兄家暴的用刑比较,来反映法律怂恿长者对幼者的家暴的倾向。嘉庆五年(1800年),朱定陇与胞弟朱定海居住在一起,朱定陇因酗酒、当钱之事与母亲萧氏发生争执,朱定海为维护其母亲,对朱定陇施以家暴。他"举锹向殴,朱定陇头向右闪,致伤左项颈接连耳根",接着继续用锹殴打,以致其"伤及脑后,倒地擦伤左手腕,移时殒命"。这一家暴致死案经审判后,对朱定海的用刑为"斩立决"。② 可是,对嘉庆元年(1796年)发生的兄家暴弟致死案的用刑就不同了,明显轻于对朱定海的用刑。那年兄赵学贤在田内放鸭,被一个名为刘泽高的过路人偷捉。"赵学贤家鸭只放于田内,有刘泽高路过偷捉。"以后赵学贤发现其弟赵学香与刘泽高有来往,令其不要与刘泽高来往,但赵学香不听。"(赵学贤)遇见赵学香与刘泽高同行,赵学贤以刘泽高不是好人,嘱令赵学香不必相与,赵学香不听而散。"当日,赵学贤的母亲赵胡氏知道此事后,亦指责赵学香的不是,可他不仅不听劝告,还对赵胡氏没礼貌。此时的赵学贤义愤填膺,便对其弟家暴。"顺取柴刀戳伤赵学香脊背左后肋、左臂膊,赵学香放手转身,赵学贤又戳其右肋",接着又"复用刀连戳赵学香左血盆、左肋瞅倒地,赵学香旋即殒命"。此案的审判结果是"绞监候"。③ "绞

---

① 郑秦、赵雄主编:《清代"服制"命案》,第477—478页。
② 同上书,第438—439页。
③ 同上书,第428—429页。

监候"的用刑明显比"斩立决"要轻。可见，中国传统司法与立法一致，都以兄对弟的家暴用刑轻和弟对兄的家暴用刑重，来怂恿兄对弟即长对幼的家暴。

清朝嘉庆年间发生家暴案件的用刑与中国古代其他时期的类似情况相差不多。通过这些案件的处理，可以窥视中国古代怂恿尊、长家暴卑、幼规定的实施情况。总之，中国传统社会中关于怂恿尊、长对卑、幼的家暴不仅法律作了规定，而且在司法中得到了实现，对现实生活产生了影响，逐渐形成了一种尊、长家暴卑、幼的社会氛围，甚至成为一种常理。司法官也因审理了家暴案件，总结出自己审理这类案件的经验，相传给后人。清人王又槐在其《办案要略》中，阐述了与家暴发生的原因、行为等有关的一些内容。"在兄弟，或利其资财肥己；在夫妻，或恨其妒悍不驯，临时起意，故打重伤、多伤，伤及致死处所而死者是也。"[①] 这从另一个侧面反映，中国古代家暴的存在不为鲜见。

四、中国传统怂恿家暴的法律对谚语、文学作品、家训与家规等产生了影响

中国传统社会中怂恿尊、长对卑、幼家暴的法律长期规范、指导着人们的行为，使大家对这种家暴习以为常。尊、长实施家暴变得理所当然，卑、幼被家暴也只能无奈忍受，甚至成为牺牲品。久而久之，对卑、幼的家暴还演变成一种传统，影响到传统的谚语、

---

① ［清］王又槐：《办案要略》，群众出版社1987年版，第2页。

文学作品、家训与家规等，代代相承，口口相传。

（一）传统谚语中含有父母对子女用家暴进行教育的内容

这些内容里的家暴色彩比较浓，特别是对子女的打、骂。这种打、骂成了教育子女必要和有效的手段。这种手段用今天的眼光来审视，就是一种家暴。中国传统社会把父亲作为教育子女的第一责任人，《三字经》一开始就讲："养不教，父之过。"父亲为了实现其对子女的教育并取得实效，就使用家暴手段，变得不那么仁慈了。而且，这种教育与培养要从小开始，因为"小时教不严，大时蹦上天"[1]，后果不堪设想。那时，教育、培养不出孝子就是家教的失败，父亲的失职，也是家家户户不愿看到的事。这种谚语与中国治家要严的基本要求相吻合，即"治家严，家门和"[2]。父亲是如此，母亲也是如此。中国古代还有"慈母败子"[3]的谚语。其中，对于子女的严要求中，就包括了打、骂等家暴手段。中国传统社会中流传的对子女要"耳提面命"与"棍棒之下出孝子"等谚语无一不具有父母对子女家暴的性质，而且还名正言顺。反过来，子女对父母的家暴就变成了大逆不道，违反天理，绝不可行。"打老子骂娘，天下反常"[4]就是一个写照。中国传统社会中的谚语是人们日常生活经验的总结，也是一种人们形成的共识，有深厚的土壤基础。谚语一旦形成与传播，就有一种规范与警示作用，往往会成为

---

[1] 傅明伟、潘文雅主编：《世界妙语大全》，河海大学出版社1990年版，第1299页。
[2] 同上书，第1296页。
[3] 张艳国编著：《家训辑览》，武汉大学出版社2007年版，第104页。
[4] 傅明伟、潘文雅主编：《世界妙语大全》，第1298页。

人们评判人的行为的一种标准，并得到人们的认可与模仿，其影响力很大。这种影响就是一种文化的影响，不论性别中的男女，年龄中的老小，籍贯中的南北，地位中的高低等，都会受其影响，无一例外。

（二）传统文学作品中存在父亲对子女家暴的情节

这些情节作为一种很正常的形态加以描述。《红楼梦》中就有这样的描述。贾宝玉要避见其父亲贾政，其中的一个重要原因就是害怕自己被其家暴。《红楼梦》的第八回说，当贾宝玉得知薛宝钗在家养病，想去看望她，即"因想起宝钗近日在家养病，未去看视，意欲去望他"，但为了避见父亲贾政，便绕道而远行。"（贾宝玉）又怕遇见他父亲，更为不妥，宁可绕个远儿。"① 可是，贾宝玉总不能老是不见贾政，而见了面就少不了被骂，他成了贾政的家暴对象。第十七回说，当贾政与家人检查园内工程时，要贾宝玉"题咏"，可"宝玉只顾细思前景，全无心于此了"，回答自然不能令贾政满意，于是他就施暴，谩骂贾宝玉："你这畜生，也竟有不能之时了。"② 一旦有错，贾宝玉更是逃不了被打。第三十三回说，贾政因琪官、金钏之事，认为贾宝玉"在外流荡优伶，表赠礼物，在家荒疏学业，逼淫母婢"，就命小厮们痛打宝玉，结果他们"将宝玉按在凳上，举起大板，打了十来下"。可是，贾政还嫌打得太轻，自己又"一脚踢开掌板的，自己夺过板子来，狠命的又打了十几下"。贾宝玉"起先觉得打的疼不过，还乱嚷乱哭，后来渐渐气弱声嘶，

---

① ［清］曹雪芹、高鹗：《红楼梦》（一），人民文学出版社1973年版，第93页。
② 同上书，第195页。

哽咽不出"。① 这种相似的描写在中国古代的文学作品中，不足为奇。这种描写正是中国传统社会存在家暴的一种客观反映，从一个视角来佐证家暴的存在。

（三）传统家训与家规中也有尊、长对卑、幼家暴的内容

中国传统的家训是家庭中的尊、长者对卑、幼的一种训诫，特别是父亲对子女的训诫，具有规范家庭成员中卑、幼行为的作用。家规则是中国传统社会里，家庭成员都必须遵循的规则，其中对卑、幼行为规定的内容较多，违反者还往往被责罚。有些中国传统的家训与家规里有尊、长对卑、幼家暴的内容，这些内容是对中国传统法律中恣惠尊、长对卑、幼家暴规定的细化，也是这种规定的延伸，使其更为适合不同的家庭。这种家暴是家庭中尊、长对卑、幼的教育手段，也是卑、幼要顺从尊、长意志的一种表现。中国传统家训中的家暴突出表现为，父亲对子女家暴的训诫，是对一种子女预期行为的规范，既鼓励他们要培养一种为善的行为，又要惩罚他们作恶的行为。唐朝李勣的家训从一些高官子女败落的教训出发，训诫自己的子孙，如有不善行为，就会以家暴治之，以防被后人耻笑。"我见房玄龄、杜如晦、高季辅皆辛苦立门户，亦望诒后，悉为不肖子败之。我子孙今以付汝，汝可慎察，有不厉言行、交非类者，急榜杀以闻，毋令后人笑吾，犹吾笑房、杜也。"②

家规的强制性强于家训，使用家暴的手段就更为普遍，子女违

---

① ［清］曹雪芹、高鹗:《红楼梦》（二），第396页。
② 李楠编著:《传世家训家书宝典》，西苑出版社2006年版，第52页。

犯家规被家暴的规定就比较多了。唐朝的《江州陈氏义门家法》规定，要对有过错的弟侄使用家暴，进行教育。其中，"诸误过失、酗饮而不干人者"，要被"笞五十"；"恃酒干人及无礼妄触犯人者"，要被"决杖五十"；"不遵家法，不从家长令，妄作是非，逐诸赌博、斗争伤损者"，要被"决杖十五下"；"妄使庄司钱谷，入于市廛，淫于酒色，行止耽滥，勾当败缺者"，要被"决杖二十"。① 明朝的《浦江郑氏义门规范》对卑幼，特别是子孙的过错，也规定用家暴加以惩处。其中，卑幼对尊长"出言不逊，制行悖戾者，姑诲之。诲之不悛者，则重棰之"；"子孙固当竭力以奉尊长"，否则就要被"会众棰之，以示耻辱"；"子孙年十二，于正月朔则出就外傅，见灯不许入中门。入者棰之"；"俗乐之设，诲淫长奢。切不可令子孙听，复习肄之。违者家长棰之。"② 清朝的《海城尚氏宗谱》中的"先王遗训"同样规定要对有较大过错的卑、幼施以家暴，以肃家规。这一遗训规定，如兄弟有过错"即将所犯传齐尔辈弟兄，带赴家庙祝告，共同询问，如事少轻，谅情薄罚；如事少重，许用竹板"。③ 此类规定在家规中不胜枚举。

　　在中国传统社会中，谚语、家训与家规都具有规范人们行为的作用，只是强制力的程度不同而已，其中家训、家规的强制力比谚语更强，而且会有具体家暴手段的规定，更易操作。谚语虽往往是抽象描述，强制力不及家训、家规那样强，但其影响力却较大，流传较广，舆论作用更为突出。中国传统社会中文学作品中的家暴情节则是现实生活的直射，有了客观存在，才会有作品中的情节，其

---

① 费成康主编：《中国的家法族规》，上海社会科学院出版社1998年版，第242—243页。
② 同上书，第279—281页。
③ 同上书，第293页。

可从一个侧面来反映中国传统社会中，尊、长对卑、幼家暴的存在与状况。它们能在中国传统社会中生存，而且还经久不衰，与传统法律中怂恿尊、长对卑、幼家暴的规定密不可分。没有这种法律规定，就意味着家训、家规中的相关规定就会缺少合法性，没有生存空间；没有这种法律规定，文学作品中的描述就变成无源之水、空中楼阁。从中亦可见，中国传统法律中尊、长家暴卑、幼规定的影响非常大。

五、中国传统法律怂恿家暴给予的启示

中国传统法律怂恿家暴虽然已成历史，可仍对今天有所启示，突出表现在以下几个方面。

（一）中国传统法律怂恿家暴规定的规范作用与影响力都很大

中国传统法律是以刑法为主的法律，其处罚力度与强制力都非常强，排在各部门法之首，因此其规范作用就特别明显。中国传统法律中怂恿家暴的内容都属于刑法的内容，在《唐律》《宋刑统》《大明律》与《大清律例》都有明文规定，违反者都要被追究刑事责任，被处以刑罚。人们为了逃避刑罚的处罚，不敢轻易违犯，以求平安，从而导致了这类规定的规范作用就特别明显。人们在长期生活中，逐渐以此为习惯，尊、长家暴卑、幼便习以为常，并融入谚语、家训与家规等中，使其广被接受并合法化，渗透进人们的

日常生活。中国传统的文学作品以它们为原型,直射这种家暴的存在,进一步进行渲染与传播,为这种家暴推波助澜,以致其在社会生活中成了家常便饭,见怪不怪了。从这种意义上讲,中国传统社会中,广泛存在的家暴首先应归罪于传统法律中关于怂恿尊、长家暴卑、幼的规定,其是罪魁祸首,也是中国当今家暴存在的历史原因中的主要原因。对此,应有个清醒的认识。

(二)中国传统法律怂恿家暴规定背后存在理论基础

中国传统法律的制定与实施都有其一定的理论基础,关于怂恿尊、长对卑、幼家暴的规定也是如此,其理论基础是宗法理论。这一理论从原始社会末期逐渐产生、发展而来,贯通于整个中国传统社会,其强调血缘的亲疏关系,把家庭成员划分为尊、长与卑、幼,尊崇尊、长的地位,贬低卑、幼的地位。从这一理论出发,便有了男尊女卑、父为子天、夫为妻天等的说法;便有了礼的具体化规定,突出尊、长的高地位与卑、幼的低地位。两汉时礼法开始结合,魏晋南北时期又把丧服制度与刑法结合起来,形成了"五服以制罪"的刑事制度,使怂恿尊、长家暴卑、幼的规定比较规范;《唐律》第一次完备地规定了关于怂恿尊、长对卑、幼家暴的规定,宋、明、清朝在《唐律》的基础上作了沿革,并使这种怂恿家暴的法律传承了下来。中国传统法律中关于家暴规定的理论基础归根到底是在宗法理论。这一理论不仅生命力很强,贯穿于整个中国传统社会,而且外化力亦很强,以致中国传统法律不仅规定了尊、长与卑、幼身份的不同,还怂恿尊、长家暴卑、幼。用今天的眼光来审视这一理论,其危害不小。

（三）要着力实施《反家庭暴力法》

十二届全国人大常委会第十八次会议于 2015 年 12 月 27 日通过了《中华人民共和国反家庭暴力法》（下简称《反家庭暴力法》），并于 2016 年 3 月 1 日起开始实施。这部法律专为防止当下中国存在的家暴而制定，针对性很强。内容涉及立法宗旨、家暴形式、反家暴义务与机构、家暴的预防、家暴的处置、人身安全保护令和家暴的法律责任等一系列关于反家暴的规定，是反家暴有效的法律武器，也基本能满足当前反家暴的需要。这部法律正在司法实践中发挥作用，其生效后的"'反家暴'第一案"就是一个很好的开端。在《反家庭暴力法》生效后的第 16 天即 2016 年 3 月 16 日，广州市白云区人民法院就依照《反家庭暴力法》的规定，下达了首张人身安全保护令，要求辖区内的家暴者吴红"在六个月内不得靠近、跟踪、骚扰"被其家暴的女儿刘园园，"如果违反，不仅会处以罚款、拘留，严重的，可追究刑事责任"。没有了家暴的刘园园回归到了正常生活，"日子逐渐恢复了平静"。儿童节前夕，吴红表示会"尽到一个母亲的责任"。[①]事实证明，《反家庭暴力法》开始得到了有效实施。在全面推进依法治国的今天，全国都要着力实施这部法律，进一步扩大其社会影响力，有效防止家暴，建立文明的家庭关系，促进家庭和谐与社会稳定。

（四）要进一步加强法治文化建设

中国传统法律怂恿家暴的规定被使用了数千年，深深扎根于中

---

① 大海:《"反家暴"第一案：妈妈请你离我远一点》，载《民主与法制》2016 年第 35 期。

国社会，变成了一种传统，而且还包括了理论基础、立法与司法等多个领域，形成了一种文化，渗透进了传统的文学作品、谚语、家训与家规等诸多领域，家暴似乎成了一种常态。当前，要消弭中国传统法律怂恿家暴的影响，就要从清算这种文化开始，否则，还是不能根治当前的家暴。法治文化是一种产生于法治社会，把法治理念、精神与法治中的立法、行政执法、司法、法治监督、法治器具等融于一体的文化。它的自由、民主、平等、公平、正义、维护人权等一系列主张、规定都与中国怂恿家暴的传统法律针锋相对，而于中国当今正在全面推进社会主义法治建设相吻合。进一步加强法治文化建设，全力弘扬法治文化，就会击中当前家暴传统的命门，避免或减少家暴的产生。当然，法治文化建设本身是一项艰巨的任务。以前，中国只有法律文化，没有法治文化，法治文化萌生于西方社会，与法治社会相匹配。在当前进一步加强法治文化建设时，要借鉴外国适合中国国情的法治文化内容，还可以借鉴中国传统法律文化中的合理成分，尽快建成中国现代的法治文化，从根本上清除中国传统的家暴文化，弘扬和谐的家庭文化。

中国传统社会是一个纵容家暴的社会。在这个社会中，不仅存在家暴的理论基础，还有怂恿尊、长家暴卑、幼的法律，乃至家暴渗透到社会生活的方方面面，谚语、文学作品、家训与家规等都有家暴的痕迹。家暴的长期存在导致人们对尊、长家暴卑、幼习以为常，家暴成了一种传统，成了一种文化。这种传统与文化到了现代仍在潜行，人们深受影响，"虎爸""虎妈"仍有市场，甚至有人还认为："适度的责骂孩子，可能使孩子的心灵更有安全感。"[1]家暴在当今中国，没有销声匿迹。今天，中国要进一步建设文明和谐的家

---

[1] 傅明伟、潘文雅主编：《世界妙语大全》，第209页。

庭，要全面建设社会主义法治国家，家暴必须被赶出现实生活的舞台，得到应有的清算。这个任务很艰巨，要深挖根源，不能忽略传统法律中尊惠尊、长家暴卑、幼规定在当下的不良影响，对症下药，在着力实施《反家庭暴力法》的同时，还要大力加强社会主义法治文化建设，使其成为中国的主流文化，不断消减中国传统家暴的规定与文化的不良影响，以使中国的家庭成为没有家暴的文明、和谐家庭。

（原载《政治与法律》2017 年第 12 期）

唐朝法律是开放性法律

中国法史学界有一种观点，认为中国传统法律是一种封闭的、不具开放性的法律。持这一观点的学者从中国古代法律发展的连续性与继承性出发，认为中国古代法律与华夏文明相伴而生，此后便代代相传，各朝代的立法多是因时因事而对前代法律进行增减损益。从中得出的结论是：尽管中国传统法律特别是在汉唐以后，遭到佛教、伊斯兰教等外来宗教的信仰冲突，也遭遇过蒙古族、满族等少数民族法律观念与制度的差异，但这一切"并不能表明中国传统法律具有开放的特性。实际情形正好相反，从更大范围看，中国传统法律因自成体系而显示出某种封闭性特征"。"这种封闭特征，从某种程度上显示了中国传统法律的孤立性和保守性。"最后，还论述了这种封闭性在法律起源、发展过程与内在结构上的表现。在法律起源上，中国传统法律"基本上是自身文明独立孕育成长起来的"。在法律发展过程中，也基本未受到更先进法制文明的挑战，"而是自成一体，独立发展"。从法律的内在结构来看，基本上是"结构变化不大，体系比较严密、精细的整体"。①

其实，认为中国传统法律是封闭、不具开放性法律的观点值得商榷。剖析了唐朝的法律就可看到，中国传统法律不是一种封闭的法律，而是一种开放性法律。唐朝法律的开放性相对于法律的封

---

① 李俊编著：《中国法制史》，对外经济贸易大学出版社2007年版，"导论"第4页。

闭性而言，是指在唐朝开放的背景下，唐朝法律处在一种非封闭状态，且具有开放的属性。唐朝的开放性法律具有多种表现，其中包括：唐朝法律回应了唐朝因开放而遇到的各种问题并作了相应的规定，外国的法律被唐朝所移植，唐朝的法律也被外国移植，等等。它们都是唐朝法律开放后的产物。唐朝是个开放的朝代，与外国有经济、文化等广泛交流。这种开放性反映在法律中，便使唐朝的法律也具有了开放性。从唐朝的开放性法律中，可以从正面得出中国传统法律是一种开放性法律而不是封闭性法律的结论。

一、唐律回应了开放中遇到的问题并作了相应的规定

唐律是唐朝的代表性法典，其内容具有一定的典型性。从维护社会秩序出发，唐律回应了在开放中遇到的一些问题，并作了相应的规定，其中涉及唐律中的原则、制度与具体内容诸方面，使得这些方面中都具备了开放性内容。

（一）唐律的原则中有开放性规定

唐朝开放以后，出现的有些问题属于一般性问题，需有法律原则来加以规范，化外人即外国人相犯原则就是如此。在唐朝的外国人互相之间会发生犯罪行为。其中，既有同一个国家外国人之间发生的犯罪，也有不同国家外国人之间发生的犯罪。这就需要用法律原则加以规定，统一解决外国人犯罪的问题。唐律的《名例》为此

作了规定。"诸化外人自相犯者,各依本俗法;异类相犯者,以法律论。"①此条的规定运用了属人主义与属地主义,分别对同国的外国人之间与不同国外国人之间发生的犯罪作了不同的回应,即前者适用本国的法律,后者则适用唐朝的法律。此条"疏议"还对律条作了相关的说明。"'化外人',谓蕃夷之国,别立君长者,各有风俗,制法不同。其有同类自相犯者,须问本国之制,依其俗法断之。异类相犯者,若高丽之与百济相犯之类,皆以国家法律,论定刑名。"这一解释对犯罪主体、法律适用等,都作了必要的说明。

唐律做出这样原则规定的目的是为了回应唐朝外国人之间的犯罪,维护唐朝的社会秩序,保障国家平安。这从一个侧面说明,唐朝外国人间的犯罪已不是个别现象,而是有一定数量,需由唐律在原则中加以规定,指导、统一处理这类案件,有效打击外国人之间的犯罪,唐律原则中因此而有了开放性内容。这一原则出现在开放的唐朝有其一定的必然性。唐朝开放以后,各国的外国人会怀有各种目的来到唐朝。其中,有人来唐朝学习先进的文明,有人来唐朝从事经贸活动,也有人来唐朝进行间谍等非法活动。②他们来到唐朝以后,难免发生纠纷甚至犯罪,随着犯罪的增多,唐律不得不采取对策,作出这一原则规定。如果唐朝不开放,没有大量的外国人来唐朝并发生相互间犯罪,也就没有必要在唐律原则中作出这样的规定了。

(二)唐律的制度中有开放性规定

唐朝的开放是一种多方位的开放,其中包括宗教。唐朝曾有外国宗教输入。这里以输入佛教为例。佛教产生于印度。对唐朝来

---

① 《唐律疏议·名例》"化外人相犯"条。
② 王立民:《唐律涉外犯罪之研究》,载《政治与法律》2016年第3期。

说，这是一种外来宗教。东汉明帝时，佛教传入中国。①到了魏晋南北朝时期，佛教有了大发展，而且还与中国本土的儒、道文化相结合，形成了儒、道、释融合的新局面。②唐朝的佛教广泛流传，而且在佛教理论方面有所突破。③佛教在中国站住脚跟以后，便向各方面渗透，包括法律。唐律对此也作了回应，把一些外来宗教的规定吸收成为自己的制度。这里以唐律的"断屠月"规定为例。"断屠月"起源于佛教，是指在每年的正月、五月和九月的三个月内禁止杀生。"正月、五月、九月断屠，盖源于佛教。"④佛教从众生平等、轮回报应的理念出发，把慈悲之心转化为不杀生行为。佛教要求："离杀断杀，舍弃刀杖，有惭有愧，有慈悲心，饶益一切。"⑤佛教的这一要求还演变为佛教的规定。在佛教的"五戒"与"十戒"中，都把不杀列为第一戒。⑥佛教的这一规定传入中国以后，就渗透到中国的法律之中，唐律取名为"断屠月"。

唐律明文规定："诸立春以后、秋分以前决死刑者，徒一年。其所犯虽不待时，若于断屠月及禁杀日而决者，各杖六十。"⑦此律条的"疏议"还专门对"断屠月"作了这样的解释："'若于断屠月'，谓正月、五月、九月。"从唐律的这一规定可以得知：第一，"断屠月"是个规范的法律用语，而且其来源于外来的佛教规定，而不是

---

① 白寿彝总主编：《中国通史》第4卷上册，上海人民出版社2004年版，第403—404页。
② 冯秀珍：《中华传统文化纲要》，中国法制出版社2003年版，第14页。
③ 周东平：《论佛教礼仪对中国古代法制的影响》，载《厦门大学学报（哲学社会科学版）》2014年第3期。
④ 刘俊文撰：《唐律疏议笺解》下，中华书局1996年版，第2102页。
⑤ 《大正新修大藏经》第1册，（台湾）新闻出版有限公司1983年版，第616页。
⑥ 张海峰：《唐代法律与佛教》，上海人民出版社2014年版，第90页。
⑦ 《唐律疏议·断狱》"立春后秋分前不决死刑"条。

唐朝的本土法律。第二,"断屠月"有明确的时间段,即每年的正月、五月和九月三个月,不是在其他月份。第三,"断屠月"被纳入了中国本土的"秋冬行刑"制度,使这一制度的内涵更为丰富了。可见,"断屠月"的规定成了唐律的"秋冬行刑"制度的一部分。唐律用制度回应了外来的佛教规定,也因此而具备了开放性内容。

唐律用"断屠月"之名来补充律典中原有的"秋冬行刑"制度,在中国法制史上还属首次,以往没有这样的规定。以往中国关于禁杀的规定均出现在单行法律中,而且是以消灾、顺时、祈福为由,不受佛教文化的影响。比如,北魏永平二年(509年),宣武帝规定:"以旱故,减膳彻悬,禁断屠杀。"[①] 又如,北齐河清元年(562年),武成帝也曾下诏规定:"断屠杀以顺春令。"[②] 难怪有学者认为,这些规定都是"以呵护生命、不杀生来感应上苍,祈求保佑"。[③] 这与以佛教规定为基础的"断屠月"制度相差甚远。唐律中的这一规定无疑是借鉴了外来佛教规定而作的一种制度安排。从中亦可知,在唐朝,佛教的影响已经比较大,为更多人所接受,"断屠月"有被纳入制度的必要,以便大家特别是司法官遵守。

(三)唐律的具体内容中有开放性规定

唐律除了在原则、制度上含有开放性规定外,还在一些具体内容方面作了相关的规定。这里以对佛教神职人员僧、尼的犯罪作出的规定为例。佛教自印度传入中国以后,僧、尼开始出现了。他们都是佛教的神职人员,可他们中也有人犯罪,成了犯罪主体。对

---

① 《魏书·世宗纪第八》。
② 《北齐书·武成纪》。
③ 张海峰:《唐代法律与佛教》,第90页。

此,唐律在具体内容中作出回应,惩治这些犯罪的神职人员,以维护正常的社会秩序。唐律内容也因而具备了开放性规定。

唐律中的僧、尼犯罪行为主要是两种。一种是僧、尼犯奸,另一种是僧、尼盗毁佛像。与一般的犯罪主体相比较,对他们的用刑比较重。关于僧、尼的犯奸犯罪。按照唐律的规定,犯奸行为被称为"和奸",要受到刑罚处罚。其中,一般犯罪主体犯奸后的用刑仅为"徒一年半"或"徒二年"。"和奸者,男女各徒一年半;有夫者,徒二年。"① 但是,僧、尼犯奸则要加重用刑。唐律规定:"诸监临主守,于所监守内奸者,加奸罪一等","若道士、女官,僧、尼同;奸者,各又加监临奸一等,即加凡奸罪二等"。② 根据这一规定,僧、尼犯奸就要被处以徒二年半或徒三年的刑罚。

关于僧、尼盗毁佛像的犯罪。僧、尼盗毁佛像是一种犯罪行为,也在唐律的打击范围之内,而且用刑也比一般犯罪主体的用刑重。唐律规定一般犯罪主体盗毁佛像的,用刑是"徒三年"。"诸盗毁天尊像、佛像者,徒三年。"但是,僧、尼盗毁了佛像用刑就很重,要被处以"加役流"。"僧、尼盗毁佛像者,加役流。"③ 在唐朝,"加役流"是仅次于死刑的重刑,比一般流刑还要重。可见,对于僧、尼盗毁佛像的犯罪行为,用刑比较重。

唐律对佛教神职人员僧、尼犯奸和盗毁佛像犯罪用刑重是因为他们都是特殊的犯罪主体,而且对社会的危害也比较大。僧、尼要遵守佛教中"八戒"的规定,其中就有"不邪淫"即"不淫欲乱伦"的内容。④ 这是对他们特殊的职业要求,必须恪守。还有,佛

---

① 《唐律疏议·杂律》"奸"条。
② 《唐律疏议·杂律》"监主于监守内奸"条。
③ 《唐律疏议·贼盗》"盗毁天尊佛像"条。
④ 王立民:《唐律新探》(第五版),北京大学出版社2016年版,第179页。

像是佛教的象征，也是僧、尼顶礼膜拜的对象。他们盗毁佛像就是"盗毁所事先圣形象"，① 也就意味着从根本上危害了佛教。僧、尼作为佛教的神职人员是一种特殊犯罪主体，具有犯奸与盗毁佛像的行为，对社会危害很大，从根本损害了整个佛教的形象，因此用刑不得不重，即"不同俗人之法"。②

唐律对僧、尼犯罪的规定，比以往朝代的相关规定都要全面与规范。这从一个角度说明，唐律在具体内容上对唐朝开放以后所需回应的外来问题，作了较为完善的规定。唐律的这一规定反映了外来佛教的神职人员的犯罪问题在唐朝已比较突出，有必要在唐律的具体内容中加以规定，有效打击此类人员的犯罪。

唐律的原则、制度与具体内容都是唐律中的重要组成部分。它们都因回应了唐朝开放后出现的问题而含有了开放性内容，这不能不说唐律是一部开放性法典。唐律在唐朝法制中占有重要地位。唐律的开放也就意味着唐朝法律不是一种封闭、自我运行而不受外来影响的法律，而是一种开放性的法律。

二、唐令、格、式和诏令在各自的范围内应对开放后所产生的各种问题作了必要的规定

在唐朝，除了唐律以外，还有唐令、格、式和诏令等。它们与

---

① 《唐律疏议·贼盗》"盗毁天尊佛像"条"疏议"。
② 同上。

唐律一起，共同构成唐朝的法律。其中，在唐律、令、格、式中，唐律处于核心地位，违反了唐令、格、式要依照唐律进行处罚。"唐之刑书有四，曰：律、令、格、式"；"其有所违及人之为恶而入于罪戾者，一断以律"。① 这就决定了在唐令、格、式中也会有回应唐朝开放的内容。此外，唐诏令虽不属唐朝的刑书，但也参与回应唐朝因开放而遇到的问题。它们都因此而规定了开放性内容，成了开放性法律。

（一）唐令中有开放性内容

唐令是唐朝的刑书，"令者，尊卑贵贱之等数，国家之制度也"。② 它受到唐朝开放的影响，也对相关问题作了回应。比如，唐朝开放以后，有唐人到国外而又返归唐朝，即是"没落外藩得还"；也有外国人来唐朝，即"化外人归朝"。对于这两类人员的安置问题，唐令作出了回应。"诸没落外藩得还，及化外人归朝者，所在州镇给衣食，具状送省奏闻。化外人于宽乡附贯安置，没藩人依旧贯；无旧贯，任于近亲附贯。"③ 从唐令的规定中可知，对于"没落外藩得还"和"化外人归朝"两类人员安置的基本思路是要由地方政府来负责。地方政府主要解决他们的衣食和安置地问题。这些问题都与他们在唐朝的基本生活所需相关，解决了这些问题，他们的生活也就安定了。唐令的这一规定既基本上解决了因唐朝开放而出现的这两类人员的生存问题，同时也成为唐令中的开放性内容。

---

① 《新唐书·刑法志》。

② 同上。

③ 〔日〕仁井田陞：《唐令拾遗》，栗劲等译，长春出版社1989年版，第146—147页。

（二）唐格中有开放性内容

唐格也是唐朝的刑书，规定的内容与唐令有所不同。"格者，百官有司之所常行之事也。"① 唐格在唐朝开放的环境下，也作出了相关开放性规定。比如，久居唐朝的外国人娶了唐朝汉人妇女为妻妾后，回国时，能否带着她们一起回国呢？唐格作了回答："准别格'诸藩人所娶得汉妇女为妻妾，并不得将还藩内。'"② 即不能带着唐朝的汉人妻妾回外国。不过，这一规定不适用在唐朝居留时间不长的外国人，因为他们不可以与唐朝女子为婚。③ 唐格的这一规定正是回应了一个有关涉外婚姻的问题。如果唐朝不开放，没有外国人到唐朝居住并娶唐朝汉人女子为妻妾，也就不会出现外国人回国能否带走她们的问题了。可见，这一婚姻问题与唐朝的开放联系在一起，不是一种孤立的社会现象。唐格回应了这一问题，作出必要的规定，也因此而具有了开放性内容。

（三）唐式中有开放性内容

唐式同样是唐朝的刑书，也有其规定的范围。"式者，其所常守之法也。"④ 唐式也接受了唐朝开放的事实，积极回应因开放而产生的问题并作了相应的规定。比如，依据唐式的规定，派往外国的人员要给予一定的物质保障。"东至高丽国，南至真腊国，西至波

---

① 《新唐书·刑法志》。
② 《唐律疏议·卫禁》"越度缘边关塞"条"疏议"。
③ 徐连达：《隋唐文化史》，安徽文艺出版社2017年版，第160页。
④ 《新唐书·刑法志》。

斯、吐蕃，及坚昆都督府，北至契丹、突厥、靺鞨，并为入番，以外为绝域。其使应给料，各依《式》。"① 其中的物质包括四季的服装等。"春、夏遣者给春衣，秋、冬去者给冬衣。"② 唐式的这一规定正是回应唐朝开放以后，被派往外国人员对物质的需求问题。派往的有些国家气候、环境会比较差，需要有一定的物质保障，被派遣人员才能生存、完成派遣任务。唐朝考虑到这一点，并用唐式作了规定，以便统一施行。不仅如此，如果被派遣人员表现突出，唐朝还会给予其他鼓励，使其成为"八议"中的"议勤"人员，享有减、免刑罚的特权。"议勤"的解释是："谓有大勤劳。"其中的一种表现是："若远使绝域，经涉险难者。"③ 可见，唐朝应对开放的态度比较积极，唐式具有的开放性内容起了应有的作用。

（四）唐诏令中有开放性内容

在唐朝，不仅唐律、令、格、式都应对了开放以后所产生的问题，就连唐诏令也作了这样的应对。唐诏令与唐令不同，是皇帝颁行的一种单行法律，形式有敕、制、诏等。唐诏令虽不属于唐朝的刑书，但由皇帝颁行，法律效力亦很高。而且，其内容精练，适时性较强，在唐朝法律中，也占有重要地位。唐诏令同样积极回应了唐朝开放以后所出现的问题，作了相关规定，助力于唐朝的开放。唐诏令中具有开放性内容不少，其中就有输入外国的规定，比较突出的是"断屠月"的规定。武德二年（619年）正月，唐高祖李渊

---

① 霍存福：《唐式辑佚》，社会科学文献出版社2009年版，第270页。
② 《唐六典·金部·郎中员外郎》注。
③ 《唐律疏议·名例》"八议"条。

发布了"断屠月"的诏。此诏称:"释典微妙,净业始于慈悲";"自今以后,每年正月、五月、九月,凡关屠宰、杀戮、网捕、略猎,并宜禁止。"①这一诏中的断屠时间与唐律的规定一致,但断屠的范围则大于唐律的规定。此诏中的断屠范围包动物,而唐律规定的范围只是犯死罪的自然人。然而,唐诏与唐律中"断屠月"的规定均来自印度佛教的规定。那时的印度是宗教法国家,宗教的规定与国家的法律具有一致性,即"法律规范与宗教规范几乎没有什么区别"。②因此,佛教"断屠月"的规定便是印度法律的一部分。唐诏作出了"断屠月"的规定就是移植了外国的法律。

唐朝的法律中,不仅有唐律,还有唐令、格、式和诏令等。它们同样是唐朝法律组成部分。与唐律一样,唐令、格、式和诏令也都应对了唐朝因开放以后所需要解决的问题,作出了相应的规定,含有开放性内容。这从一个较为广泛的范围证实,唐朝的法律是开放性法律,不是一种封闭性法律。

三、唐朝的法律被外国所移植

唐朝法律的开放性还表现为唐朝的法律被外国所移植,其中比较突出的是朝鲜、日本、越南等东亚国家移植了唐朝法律。这些东亚国家从移植唐朝法律中受益,使本国的法律取得了长足的进步。

---

① [宋]宋敏求编:《唐大诏令集》,洪丕谟等点校,学林出版社1992年版,第537页。
② 何勤华、李秀清主编:《东南亚七国法律发达史》,法律出版社2002年版,第21页。

（一）日本移植了唐朝的法律

唐朝的法律被日本所移植，日本也确实移植过唐朝法律，而且还是东亚国家中移植唐朝法律较为成功的国家。据《日本国志·刑法志一》记载，孝德天皇时（645—654年）制定的法律就"亦用五刑，别有八虐、六议等条。大概同唐律。"《近江令》就是取自于唐令，它"为日本最初之法令，亦即中国法律在日本发生直接影响之第一次也"。[①] 此后，便一发不可收拾，日本迈出了进一步移植唐朝法律的步伐。《大宝律令》在日本古代法制史上具有十分重要的地位，日本学者认为其"堪称日本封建立法的典范"。[②] 然而，这部法典却是《永徽律》的翻版，也是移植唐朝法律的结果。它的篇目、刑名、罪行与法定刑等都与唐朝的《永徽律》一致或雷同，自己的创新之处不多。[③] 就连日本学界都认为："《大宝律令》的依据是《永徽律令》。"[④] 日本移植了唐朝的法律以后，改变了原本自己法律落后的面貌，使日本的法律水平得到很大提升，实现了飞跃。日本学者大竹秀男等在《日本法制史》一书中就认为，日本大宝和养老律的母法是当时世界上具有最高理论水平的唐律，日本法律继承了唐律并一下子跃上像唐律那样的高水平。[⑤] 日本从开放的唐朝中移植法律并受益匪浅。

---

① 杨鸿烈：《中国法律在东亚诸国之影响》，第181页。
② 〔日〕田石琢智：《日本移植唐朝法律考述》，载《法学》1999年第5期。
③ 杨鸿烈：《中国法律在东亚诸国之影响》，第356—366页。
④ 〔日〕田石琢智：《日本移植唐朝法律考述》。
⑤ 〔日〕大竹秀男等：《日本法制史》，青林书院1985年日文版，第22—23页。

（二）朝鲜、越南也移植了唐朝的法律

除了日本以外，朝鲜、越南也移植了唐朝的法律。它们也都接纳了唐朝的法律，并以此来提高本国法律的水准。朝鲜是唐朝的邻国，有文化交流的方便，而且还享受着中国文化，成为中国文化的传播国家。① 这就为朝鲜移植唐朝法律创造了良好的文化基础。朝鲜也确实移植过唐朝的法律，为己所用。《高丽史·刑法志》记载："高丽一代之制，大抵皆仿乎唐，至于刑法采《唐律》，参酌时宜而用之。"事实也是如此。把《高丽律》与唐律作比较以后可以发现，《高丽律》大量袭用唐律的内容，只是《高丽律》的内容比较简单。比如，《高丽律》的《卫禁》《职制》《盗贼》分别只有4、14、6条，而唐律则比较复杂，分别有33、59、54条。② 即便如此，相比以往朝鲜的法律，其也因此而有了提升，上了一个台阶并为以后进一步发展打下了基础。

越南也是唐朝的邻国，与唐朝关系密切，不少越南人还有汉人血统。③ 越南同样移植过唐朝的法律，特别是在李太祖、陈太宗与黎太祖时期。那时，越南的法律以唐朝法律为楷模，如同《历朝宪章类志·刑法志》中所讲的是："遵用唐宋旧制，但其宽简之间，时而斟酌。"由于宋朝法律本身受到唐朝法律的巨大影响，《宋刑统》又是唐律的翻版。因此，越南这一时期的法律被称为"摹仿'唐宋律'之时代"就非常贴切了。④ 事实也是这样。唐律的许多内容都

---

① 杨鸿烈：《中国法律在东亚诸国之影响》，第23页。
② 同上书，第47页。
③ 同上书，第416页。
④ 同上书，"全书提要"第3页。

在越南的法律中得到反映，两罪以上俱发、自首、过失犯罪、老弱废疾的恤刑，化外人相犯等规定都是如此。① 通过移植唐朝的法律，越南法律也有了进步。

（三）外国移植唐朝法律的结果

外国特别是东亚一些国家移植唐朝法律以后，产生了多种结果，其中特别引人注目的是中华法系的形成。中华法系的形成有个过程，但唐朝是中华法系形成的朝代，代表性法典是唐律。中华法系的母国是中国，成员国有朝鲜、日本、越南等国家。中华法系得到世界广泛的认同，在美国学者威格摩尔（John H. Wigmore）所著的《世界法系概览》中，专门用一章来介绍中华法系。② 日本学者穗积陈重把中华法系作为世界五大法系之一，与英美、大陆、印度、伊斯兰法系并列在一起。③ 中华法系的形成与唐朝的开放和法律的移植有直接关系，也是这种开放与移植的结果。可以想象，如果没有唐朝的开放与法律的移植，日本、朝鲜、越南等国家不移植唐朝的法律，中华法系也不可能形成。

与世界上的英美、伊斯兰等法系的形成不同，中华法系的形成主要通过非强制性移植方式。世界上法系的形成大致可以分为两种方式，即强制性与非强制性移植方式。强制性移植方式是一种以暴力或暴力相威胁的移植方式，主要表现形式是战争手段。非强制性移植方式则是一种不以暴力或暴力相威胁的移植方式，主要表现形

---

① 何勤华、李秀清主编：《东南亚七国法律发达史》，第 681—682 页。
② 〔美〕约翰·H. 威格摩尔：《世界法系概览》（上），何勤华等译，上海人民出版社 2004 年版，第 110—158 页。
③ 张晋藩主编：《中华法系的回顾与前瞻》，中国政法大学出版社 2007 年版，第 1 页。

式是和平手段。当时,唐朝以国力强盛、文明程度高、法律先进而闻名于世,日本、朝鲜和越南等一些东亚国家慕名前来,派出本国遣唐使,到唐朝学习包括法律在内的文化。其中,在首都长安的新罗留学生就一度达260人。[1] 日本向唐朝派出的遣唐使人数也不少。在唐太宗贞观五年(631年)至唐昭宗乾宁元年(894年)中,日本政府向唐朝派遣了19批遣唐使,其中最多一次的人数就达651人。[2] 还有,从唐高宗龙朔三年(663年)至唐宣宗大中七年(853年)间,日本另有非官方的7次遣唐使派遣。[3] 此外,还有一些留学生入学唐朝的高等学府国子监,其中又以新罗、日本的学生为多。"太学诸生三千员,新罗、日本诸国,皆遣子入朝学习。"[4] 这种以非强制性移植方式移植唐朝法律的效果良好。一些到唐朝学习法律的学生回国后,借鉴唐朝的法律,使其本土化,制定了本国的法律。日本的留唐学生高向玄理、伊吉博德、土部生男、白猪男等人都是如此。其中,日本的《近江令》是"由留唐学生高向玄理等人直接制定的日本历史上第一部成文法典"。"参与撰写《大宝律令》的人当中,伊吉博德、土部生男、白猪男曾在唐留学。"[5] 唐朝及其法律的开放使这些东亚国家从中得益并以非强制性移植方式成为中华法系的成员国,最终造就了中华法系。

唐朝中华法系的形成还与丝绸之路有关。唐朝已有陆上与海上两条丝绸之路。丝绸之路拉近了唐朝与一些东亚国家的距离,以唐朝与朝鲜、日本的联系为例。当时,利用季风,即冬、春的东北风和夏、

---

[1] 杨鸿烈:《中国法律在东亚诸国之影响》,第27页。
[2] 郑显文:《律令时代中国的法律与社会》,知识产权出版社2007年版,第327页。
[3] 姚嶂剑:《遣唐使》,陕西人民出版社1984年版,第24—25页。
[4] 《唐语林》卷5。
[5] 〔日〕田石琢智:《日本移植唐朝法律考述》,载《法学》1999年第5期。

秋的西南风,人们从陆路到朝鲜,然后利用日本海的季风,由朝鲜半岛渡到日本;日本到唐朝也利用季风,从九州出发,经过对马、一岐到朝鲜半岛,再到唐朝。① 这条丝绸之路承载着唐朝与朝鲜、日本的交流,包括唐朝法律被朝鲜、日本所移植。正是这条丝绸之路促进了唐朝对这些东亚国家的开放,也促成了中华法系的形成。

可见,唐朝的法律不仅积极回应唐朝开放后在国内出现的各种问题,而且还被外国所移植。这充分说明,唐朝的法律不是处在封闭状态,而是处在开放状态。正是这种开放的法律才能使唐朝在开放以后立于不败之地,妥善解决因开放而产生的各种问题,甚至还被一些东亚国家所移植,促成中华法系的最终形成。开放的唐朝法律功不可没。

四、唐朝法律开放的经济、文化原因

唐朝的法律属于唐朝的上层建筑,既由唐朝的经济基础决定,又受唐朝其他上层建筑的影响。总归起来,唐朝法律的开放受益于唐朝经济、文化等方面的开放,是其在唐朝法律中的反映,也是一种法律化的表现。

(一)唐朝法律开放的经济原因

中国的自然地理环境很特殊,周围是大海、戈壁、沙漠、高

---

① 姚崝剑:《遣唐使》,第31—32页。

原、大山。在这样的自然地理环境之下,十分不利于与外界的交往,开放受到阻碍,尤其是在生产力低下的状况下。可是,当生产力水平提高,人们征服自然地理环境的能力提升以后,这种阻碍就会被逐渐打破。汉朝张骞出使西域,打开通往西域的丝绸之路就是如此。到了唐朝,与外国的交流,尤其是经济交往就更为频繁。

唐朝丝绸之路的规模已经不小,经济贸易十分繁荣。陆上丝绸之路越过戈壁滩、帕米尔高原、阿姆河,经过高昌、龟兹、碎叶,到达木鹿城,再把商品转售到西亚、北亚与欧洲。回程也是如此。海上丝绸之路同样在运作,在南洋群岛、波斯湾、亚丁湾的港口里,时常停靠着中国商船。唐朝长安、洛阳、扬州、广州等一些城市常年聚集着来自于丝绸之路沿线国家的商人。其中,在长安,"四方珍奇,皆所聚集"。① 在扬州,则是"商贾如织"。② 在广州,港口中船舶不仅数量多,而且非常繁忙,呈现万舶争先的景象;据估算,一年进出的船舶就有数千艘之多;船舶的名称往往以地域的称呼来命名,有南海舶、西南夷舶、番舶、婆罗舶、蛮舶、昆仑舶、波斯舶、狮子舶等等。③ 通过丝绸之路,唐朝与外国的商品交换频繁进行。其中,唐朝把茶叶、药材、香料、瓷器、漆器、丝织品、纸张等商品销往国外,同时外国又把珊瑚、珍珠、宝石、玻璃器皿、白叠布、波斯锦、药材、香料等商品销到唐朝。④ 这种开放后的经济繁荣发展,使得中外各方都从中受益。

开放的经济使唐人得益。外国商品的输入使唐人的生活变得更为丰富多彩。从穿戴上看,外国商品被唐人所接受。比如,穿戴外

---

① 《长安志》卷8。
② 《容斋随笔》卷9。
③ 徐连达:《隋唐文化史》,安徽文艺出版社2017年版,第119页。
④ 王仲荦:《隋唐五代史》上,上海人民出版社2003年版,第704页。

国帽子的唐人不少。"从驾宫人骑马者,皆著胡帽,靓妆露面,无复障蔽;士庶之家,又相仿效,帷帽之制,绝不行用。"① 从饮食上看,外国的商品也在中国扎根。比如,西域的葡萄传入中国,特别是马乳葡萄,在长安等地大量种植,人们可以品尝到外来水果。同时,葡萄还被唐人用来酿造葡萄酒,其"芳辛酷烈,味兼缇盎"。②那时,还出现了多个葡萄酒的酿造中心,太原是其中之一。太原产的优质葡萄酒还作为贡品,上奉朝廷。③

当然,唐朝开放的经济同样使外国得益。唐朝的商品销到外国后,也促进了这些国家的经济发展。这里以唐朝的陶瓷为例。唐朝的陶瓷大批销到外国以后,"直接影响了当地同行业的设计及工艺风格:独具特色的白釉唐碗成为当时的绝对潮流。先进的烧窑工艺确保了陶制品的供应量跟得上需求"。④ 同时,唐朝的制陶技术也被一些外国所效仿。美索不达米亚和波斯的陶瓷工匠仿模从唐朝进口的白瓷,用碱、锌甚至石英去"仿制透明的高质量的、看上去很像中国瓷器的器皿"。⑤ 唐朝的陶瓷出口为这些国家人民带来了福祉。

开放的唐朝经济会出现一些以往所没有出现的问题。这些问题又需有法律来加以规制,甚至要求法律作出回应。这就导致唐朝的法律不得不处于一种开放的状态,无法处在一种完全的封闭状态了。

---

① 《旧唐书·舆服志》。
② 《册府元龟》卷970。
③ 王仲荦:《隋唐五代史》上,第711页。
④ 〔英〕彼得·弗兰科潘:《丝绸之路》,邵旭东等译,浙江大学出版社2016年版,第82页。
⑤ 同上书,第83页。

（二）唐朝法律开放的文化原因

唐朝的文化也很开放与发达。其中，既包括了自然科学中的天文、地理、医学、印刷等等，也包括哲学社会科学中的哲学、宗教、史学、经学、文学、艺术等等。其中，有些是被唐朝接纳发展而来的外来文化，佛教文化就是如此。佛教文化经过汉、魏晋南北朝与隋朝的传播以后，到了唐朝有了进一步发展，其中的佛经翻译与佛教理论的研究尤为突出。这首先与玄奘的取经和翻译分不开。他在贞观初年就取道西域去天竺取经，以后便在那里研究佛教，还精通梵文与大小乘佛经。贞观十九年（646年）回到长安后，受到朝廷的重用，主持国家的佛经翻译工作，前后共译出了佛经74部，1335卷，平均每年75卷。与以往相比较，唐朝的佛经翻译不仅数量多，而且质量高。[①] 佛经的翻译直接推动了佛教理论的研究，以至于唐朝出现了新的佛教宗派，即法相宗与严华宗等。它们还与原来的天台宗、禅宗等一起构成唐朝的佛教宗派。这些宗派都有自己独特的理论。比如，法相宗提倡"八识"理论，华严宗则主张客观世界的"尘"与主观世界的"心"相结合的理论，等等。[②] 唐朝佛教文化的发展以唐朝开放为前提，也是这一开放的显现。

唐朝文化的开放既有外来文化输入的一面，也有唐朝文化输出的一面。这里以唐朝向日本输出各种仪式为例。在日本学者眼里，日本奈良时代后半期至平安时代初期的这段时间里，日本的仪式"逐渐唐化"。这种唐化仪式产生意义重大，被认为是日本开始"渐

---

① 徐连达：《隋唐文化史》，第343页。
② 韩国磐：《隋唐五代史纲》，人民出版社1979年版，第482页。

渐摆脱了原有的未开化性，日趋文明化"。①唐朝仪式的输出主要是通过日本遣唐使学习、带回这种仪式而得到实现。日本遣唐使到了唐朝以后，要参与一系列活动，接触各种仪式。他们从这些仪式中，看到了唐朝的强大与日本的落后。"不管是否情愿，他们（遣唐使）都清楚地看到了在以唐皇帝为中心的东亚世界中日本的具体位置所在。"②于是，他们努力学习唐朝的各种仪式，带回日本，使其本国化，新产生的日本仪式便是一种唐化的仪式。这种唐化仪式的推行，使日本获得进步。"仪式的唐化意味着日本社会逐渐从原有的以神话与巫术性意识形态为支配思想的时代之中脱离出来。"③不仅如此。日本还试图通过学习和吸纳唐朝的文化与制度来"试图构筑以天皇为中心的小中华帝国"。④可见，对日本来说，唐朝文化输出的作用很大，使日本的历史翻开新的篇章。

（三）唐朝经济、文化的开放要求唐朝的法律作出相关的回应并成就了法律内容的开放性

唐朝的经济与文化都是唐朝社会的重要组成部分。它们的开放会引起唐朝社会的变化，并要求唐朝的法律也作出回应，以适应唐朝社会的发展，推动社会进步。唐朝的立法者也确实自觉、不自觉地意识到这种要求，着手制定具有开放性的法律，作出相关的回应。事实也是如此。在唐朝颁行的法律中，无论是律、令、

---

① 〔日〕古濑奈津子：《遣唐使眼里的中国》，郑威译，武汉大学出版社2007年版，第139—140页。
② 同上书，第144页。
③ 同上书，第143页。
④ 同上书，第144页。

格、式,还是诏令,都含有开放性的内容并回应了开放而出现的各种问题。

唐朝开放的法律内容因回应开放的不同需求,也有所不同,大概可以分为这样四类。第一类是吸收了外国的法律规定。唐朝开放以后,就会有中外法律的交流,既有唐朝法律的移植,也会有外国法律的移植。在外国法律的移植中,较为突出的是"断屠月"的规定。它来源于佛教,是印度宗教法中的一个规定,被唐朝法律所吸收,定名为"断屠月",成为它的一个组成部分。其中,唐律把"断屠月"纳入"秋冬行刑"制度,使这一制度的内容更为丰富与完善;唐诏令则把"断屠月"作为一个独立的单行法律,还把断屠的范围扩大到一些动物。在中国原有的法律中,并无"断屠月"的规定,是一种外国法律移植后本土化的表现。

第二类是对外国人之间在唐朝犯罪适用的法律原则作出了规定。唐朝开放以后,许多国家的外国人来到唐朝,其中既有亚洲人也有欧洲人等。外国人之间也会相犯甚至构成犯罪,而犯罪的行为手段、结果等也会各种各样,不尽相同。为了解决外国之间的犯罪问题,唐朝法律作了原则性规定。唐律在《名例》中设置了"化外人相犯"条,专门来应对这类犯罪。

第三类是对从外国来唐朝人员的安置作了规定。外国来唐朝人员会因唐朝的开放而出现。唐朝出现的这些人员大约可以分为两种。一种是"没落外藩得还",另一种是"化外人归朝"。他们都从外国来到唐朝,也都要在唐朝生活,这就需要具备一定的生存条件。唐令对此做出了回应,规定要由地方政府作出安排,安置这些人员。其中,既包括提供衣食,也包括确定安置地。这样的安排就可以满足从外国来唐朝人员的基本生活需求,开始新的生活。

第四类是对从唐朝去外国的人员安排的规定。唐朝开放以后,既会有从外国来唐朝的人员，也会有从唐朝去外国的人员。从唐朝去外国的人员大致可以分为两种情况。一种是唐朝人派去外国工作的情况。被派出的有些地方的条件还比较艰苦，有必要作出安排，提供一定的物质保障，使他们能够完成国家赋予的出国任务。同时，为了鼓励这些人员在国外努力工作，取得好成绩，规定他们成为"八议"中的"议勤"人员。唐式和唐律分别对其作出了规定。另一种是外国人来唐朝以后再回国的情况。有些外国人来唐朝以后，居住的时间比较长，而且还娶了唐朝的汉人妇女作为自己的妻、妾。当他们要离开唐朝回国时，怎么安排汉人妻、妾？唐格作了回应，即"不得将还藩内"。两种情况及其安排只有当唐朝开放时才会出现，唐朝法律对其都有规定，作了回应。

以上这四类唐朝法律所作出的规定是唐朝因经济、文化开放后，回应社会发展需要而作出的规定，而且，这一法律已形成体系，几乎涵盖了唐朝开放后所涉及的一些重要领域，也基本能适应唐朝社会发展的需求。因此，唐朝特别是在其前期，社会发展情况良好，还出现了"贞观之治"与"开元盛世"那样的大治时期。从中亦可以得知，唐朝法律开放性的形成具有一定的必然性，是唐朝开放的必然结果。

五、思考与启示

关于唐朝开放性的法律还有一些问题值得思考。通过思考，可以对这一法律有个较为全面、完整的认识。同时，还可从中得到一些有益的启示。

（一）对唐律开放性法律的思考

在对唐朝开放性法律的思考中，有两点十分重要。

首先，唐朝的开放性法律在中国古代具有承前启后的作用。

在中国古代，不只是唐朝才开放，也不是只有唐朝才具有开放性法律。但是，唐朝的开放性法律却明显具有承前启后的作用，既总结了以往朝代关于法律开放的经验，也开启了唐后封建法律开放的先河。自从西汉张骞出使西域，中国的丝绸之路发展迈出了一大步，社会与法律的开放不可避免。事实也是如此。唐朝以前，就已有一些关于法律开放的内容。比如，在南北朝时期，北齐就有男僧因犯奸而被处死的先例。那时的男僧昙献因与武成皇后犯奸而被处死了。《北齐书·武成胡后列传》记载：武成皇后"置百僧于内殿，托以听讲，日夜与昙献寝处"，最后"昙献事亦发，皆伏法"。到了隋朝，有了禁止僧、尼毁坏佛像的规定，违反者就要按恶逆来论处。《隋书·刑法志》记载：隋文帝开皇二十年（600年）下诏规定："沙门道士坏佛像、天尊"，"皆以恶逆论"。但是，唐朝以前，关于开放性法律的内容都比较零星，也不成体系。唐朝则在以往朝代法律的基础上，前进了一大步，形成内容较为全面、完整的开放性法律，而且还构成了一定的体系。唐律、令、格、式与诏令都根据开放需要，分别作出相关规定，形成了支持唐朝开放的合力。唐朝的开放性法律在中国法制发展史上功绩显著。

唐朝以后的封建朝代在沿用唐朝法律的同时，也不同程度地传承了唐朝的开放性法律，《宋刑统》《大明律》《大清律例》都是如此。《宋刑统》是唐律的翻版，大量的内容与唐律一致，唐律中关于开放性的规定被其全盘接受。《大明律》与《大清律例》在法典体系与内容方向，虽与唐律有所不同，但唐律对其影响仍然很大，开放性的规定也是如此。比如，"化外人相犯"在《大明律》与《大清律例》中也有规定，只是在内容上与唐律规定有所不同，取消了属人主义，全部采用属地主义，即所有外国之间相犯全都适用中国的刑律。《大明律》与《大清律例》都规定："凡化外人犯罪者，并一律拟断。"① 从中亦可见，唐律关于开放性规定的影响之深远。

在中国古代，唐朝是最为开放的朝代之一，唐后有些朝代的开放程度不及唐朝，其法律也是如此。清朝曾一度海禁，不允许片帆下海，违者还要按犯罪论处。② 虽然，清朝的开放受到这种法律的不利影响，但是开放作为一种历史惯性，已不可能被急刹车，只是开放的口子有所缩小而已。清朝的法律也没有因此而终止其开放性，《大清律例》中"化外人有犯"的规定还是长期被施行，在清末法制改革前，从没被废止。

从唐朝开放性法律的这一承前启后的作用可以判断，中国古代在相当长的时间段内，国家具有一定的开放性，其法律也是如此。只是这种开放有高潮也有低潮，呈现的是一条曲线。唐朝处在高潮期，清朝则处在低潮期。这表明，中国古代及其法律长期不是处在一种完全封闭的状态，而是处在开放状况，那种认为中国传统法律因自成体系而显示出某种封闭性特征的观点值得商榷。

其次，唐朝开放性法律中留有死角。

从总体上看，唐朝的法律是一种开放性法律，唐律、令、格、式和诏令中都有开放的内容。然而，也不可否认，在唐朝开放的法律中留有死角。因受到各种因素的影响，唐朝法律中还有一些限制

---

① 《大明律·名例律》和《大清律例·名例律下》的"化外人有犯"条。
② 张晋藩：《中华法制文明史》（古代卷），法律出版社2013年版，第651页。

开放的成分，这在唐律、格等都有体现。唐律有限制开放的规定。比如，禁止唐朝人与化外人结婚，结婚者要被追究刑事责任，即要被作为犯罪行为来打击。只有长期居住唐朝的外国人才例外。唐律规定：唐朝人与化外人"共为婚姻者，流二千里。未入、未成者，各减三等"。①从这一规定可以得知，唐朝的婚姻还不够开放，其法律规定也是如此。除了唐律有此种规定外，唐式中也有限制开放的规定。比如，不允许化外人入朝时，与其他人交杂与言语；也不允许化外人与州、县的地方官员随便相见。它规定："藩客入朝，于在路上不得于客交杂，亦不得令客与人言语。州县官人若无事，亦不得与客相见。"②这就限制了唐朝人与外国人的自由交流。还有，唐格中关于外国人离开唐朝不能带走汉人妻、妾的规定也是这样。

唐朝开放的法律中留有死角表明，这种开放是有限而不是无限的。唐朝的立法者会根据唐朝开放的现状与需求，制定相关的法律。该开放的，就制定开放的法律；不该开放的，就制定限制开放的法律。这种限制开放的法律就成了法律中的死角了。

从具体的规定来看，那些唐朝开放法律中的死角往往与唐朝人的风俗观念等有关。不允许唐朝女子与外国人结婚就是这样。唐朝人认为，中华乃礼仪之邦，女嫁蛮夷，会有失身份与体统。③以此为出发点，唐朝法律便有了不允许唐朝女子与外国人结婚的规定。为实施这一规定，唐朝还采取了一些配套的规定。一方面，禁止外国人诱娶唐朝妇女。唐代宗李豫在大历十四年（779年）专门下诏禁止在京城的回纥人"诱娶华人妻妾"。④另一方面，对同意嫁女

---

① 《唐律疏议·卫禁》"越度缘边关塞"条。
② 霍存福：《唐式辑佚》，社会科学文献出版社2009年版，第401页。
③ 徐连达：《隋唐文化史》，第160页。
④ 《唐会要》卷100。

给外国人的父亲也给予一定的处分。《新唐书·高祖诸子传》记载：李延年曾将自己的女儿嫁给了西域拔汗那酋王，结果被宰相李林甫弹劾，受到"贬为郡别驾"的处分。由此可见，唐朝开放法律中留下的死角还是有一定的社会原因，而非无根无据之举。

（二）从唐朝开放性法律中所得到的启示

通过剖析唐朝的法律，不仅可以得出唐朝法律是中国古代开放性法律的结论，而且还可以从中得到一些启示。

首先，国家的开放必然会导致法律的开放。

国家的开放与法律的开放具有一致性。这为法律本身的性质所决定。法律是一种社会关系的调节器，会对产生的各种社会关系进行调节，解决相关问题，使社会处于有序状态。当国家开放以后，会出现一些以往所没有出现过的新问题。为了解决这些新问题，国家必然会利用法律进行调整，法律的开放性由此而产生。甚至可以这样认为，有国家的开放，就有法律的开放；国家的开放度大，法律的开放度也大；国家的开放度小，法律的开放度也小；国家封闭了，法律也封闭了。唐朝是个开放的朝代，必然会有开放的法律。当然，开放的法律还会反哺国家的开放，为这种开放保驾护航，促进社会发展，在唐朝也是如此。唐朝造就的"贞观之治"与"开元盛世"，都与开放的法律有千丝万缕的联系。

其次，当今中国法治建设的步伐要及时跟上改革开放的步伐。

中国自改革开放以来，已经走过40年的历程。在这40年中，中国法治随着改革开放的步伐，也在不断进步。可以预见，中国到2035年将会基本建成法治国家、法治政府和法治社会；到本世纪中叶，中国也会实现国家治理体系和治理能力的现代化。这就要求中国的法治建设稳定推进，坚持不懈。当前，中国改革开放的步伐越来越大，新的问题也不断摆在面前，自贸区的拓展与"一带一路"倡议的落实都是如此。现在，这一法治建设的任务还很繁重，有许多事情要做。自贸区要拓展，要赋予其更大改革自主权，探索建设自由贸易港，法治必须先行，不能滞后。"一带一路"建设要全面实行准入前国民待遇加负面清单制度，法治也不能滞后。期待在自贸区的拓展与"一带一路"建设中，中国的法治建设能及时跟上，保障中国改革开放的顺利进行，再创中国的辉煌。

唐朝是中国古代一个很具开放性的朝代，这决定了唐律的法律中会具备开放性内容。事实也是如此。唐律、令、格、式和诏令中都含有开放性内容，以回应因开放而产生的种种社会问题，促进社会发展。这种开放性内容有多种表现形式，其中还包含了唐朝移植外国的法律，唐朝的法律被外国所移植，等等。唐朝法律中的开放性内容在中国古代具有承前启后的作用，以致中国古代在较长的时间段内都制定了具备开放性内容的法律。因此，不能简单认为，中国传统法律是一种封闭而不具开放性的法律。这一观点值得商榷。

（原载《法学》2018年第10期。原名《论唐律的开放性特征》）

唐朝法律助力丝绸之路建设

在中国古代，唐朝的法律高度发展，被认为是"中国封建法制的发达形态"；① 唐朝的丝绸之路也高度发展，被称为是"丝绸之路的黄金时代。"② 它们之间有联系，突出表现为唐朝法律助力丝绸之路建设。唐朝的法律主要由唐朝的律、令、格与式等组成。《新唐书·刑法志》说："唐之刑书有四，曰律、令、格、式。"它们都有自己规定的范围，而且各不相同。唐律是一部刑法典，定罪量刑的依据，即"律以定刑立制"。③ 唐令、格、式则与唐律有所不同。"令者，尊卑贵贱之等数，国家之制度也；格者，百官有司之所常行之事也；式者，其所常守之法也。"违反了唐令、格、式，要依唐律来判案。"其有所违及人之为恶而入于罪戾者，一断以律。"④ 虽然，唐朝的法律分为唐律、令、格和式等，但它们都助力于唐朝的丝绸之路建设。唐朝丝绸之路的高度发展，得益于唐朝的法律。目前，对其研究不够充分，有必要展开作些新的论述并为今天的"一带一路"与法治建设提供一些借鉴。

---

① 张晋藩：《中华法制文明的演进》，法律出版社2010年版，第378页。
② 张一平：《丝绸之路》，五洲传播出版社2005年版，第63页。
③ 《唐律疏议·名例》"称日年及众谋"条"疏议"。
④ 《新唐书·刑法志》。

一、唐朝法律规定了与人相关的一些重要事宜

人是丝绸之路的主体。丝绸之路的发端、发展都由人的活动加以实现。人在丝绸之路建设中是最为重要的元素之一。唐朝法律对人相关的一些重要事宜作出规定,实实在在助力丝绸之路建设。

(一)规定了对人身安全的保护

唐朝的人身安全既包括健康权,也包括生命权。唐朝法律竭力保护人身安全,严惩有损于人身安全的行为。其中,唐律不惜动用刑罚,甚至死刑来打击这类行为。它规定,只要有斗殴人的行为,犯罪人就要被"笞四十"。[①] 如果造成伤、死人后果,用刑就更重;而且,后果越严重,用刑就越重。唐律规定,因斗殴而打掉被害人一颗牙齿,犯罪人要被"徒一年";打掉两颗牙齿,要被"徒一年半";[②] 如果斗殴伤害致人死亡的,犯罪人就要被处以"绞"刑了。[③] 对于保护人的生命权,唐律的力度更大,用刑明显重于斗殴犯罪。唐律规定,只要图谋杀人,犯罪人就要被"徒三年";把人杀伤了,要被处以"绞"刑;把人杀死了,还要被处以"斩"刑。[④] 唐朝法

---

① 《唐律疏议·斗讼》"斗殴以手足他物伤"条。
② 《唐律疏议·斗讼》"斗殴折齿毁耳鼻"条。
③ 《唐律疏议·斗讼》"兵刃斫射人"条。
④ 《唐律疏议·贼盗》"谋杀人"条。

律用刑事手段，甚至用死刑来保护人身安全，助力丝绸之路建设。

（二）规定了外国来唐人员的安置

丝绸之路连接亚、欧洲等国家，人员往来十分频繁，其中包括从国外来唐朝的人员。这些人员中，既有唐朝人从国外回来生活，即"没落外藩得还"；也有外国人来唐朝居住，即"化外人归朝者"。唐朝法律对他们的安置都作了规定，保证他们在唐朝安心生活。唐令规定，对这两类人员的安置由州、镇地方政府负责，并提供衣、食，即"所在州镇给衣食"；同时，还要根据具体情况，落实他们的安置地方，外国人于"宽乡附贯安置"，从国外回来的唐朝人则"依旧贯"，没有"旧贯"的就"近亲附贯"。[1]总之，包括丝绸之路沿线国家人民在内的来唐朝人员，都有生活保障，衣、食、住都有法律作出安排，不会流离失所。

（三）规定了外派人员的物质保障

在丝绸之路的人员交往中，既有外国来唐朝的人员，也有唐朝派到外国去的人员。为了保障唐朝派出人员的生存权，唐朝法律作出规定，提供必要的物质保障。唐式规定，唐朝派往"东至高丽国，南至真腊国，西至波斯、吐蕃，及坚昆都督府，北至契丹、突厥、靺鞨"的人员，都要按规定"给料"。[2]其中，就包括一年四季服装的保障。"春夏遣者给春衣，秋冬去者给冬衣。"[3]唐朝法律的规定可以满足派往

---

[1] 〔日〕仁井田陞：《唐令拾遗》，栗劲等译，长春出版社1989年版，第146—147页。
[2] 霍存福：《唐式辑佚》，第270页。
[3] 《唐六典·金部·郎中员外郎》注。

国外人员的基本需求，完成派遣任务，确保丝绸之路畅通。

（四）规定了外国人之间犯罪的法律适用

丝绸之路高度发展以后，来唐的外国人很多，既有亚洲人，也有欧洲人。外国人之间在唐朝也会发生纠纷，甚至构成犯罪。出于对这类犯罪适用法律特殊性的考虑，唐朝法律专门作出规定。唐律采用属人主义与属地主义原则相结合的方法，对同一国家外国人之间构成的犯罪、不同国家外国人之间构成的犯罪，分别作出规定。其中，同一国家外国人之间构成犯罪的，适用属人主义原则，用其国家的法律来判案，即"各依本俗法"；不同国家外国人之间构成犯罪的，则适用属地主义原则，用唐朝法律来判案，即"以法律论"。[①]有了唐朝法律的这一规定，司法官在审判外国人之间的犯罪时，就可避免适用法律的失误了。

唐朝法律通过一些对人相关重要事宜的规定，着力保护人的各种合法权利，有利于发挥唐朝的中、外人员在丝绸之路中的积极作用，推进丝绸之路建设。

二、唐朝法律规定了与物相关的一些重要事宜

物在丝绸之路的建设中十分重要，处处可见物的存在。贸易的标的是物，运输工具马、船等也是物。唐朝法律对物相关的一些重要事宜作了规定，突出表现在以下一些方面。

---

① 《唐律疏议·名例》"化外人相犯"条。

（一）维护财产安全

在唐朝，强盗与窃盗都是严重损害财产权的行为。其中，强盗是指用暴力、威胁手段非法获取他人财物的行为；窃盗则是用秘密手段非法获取他人财物的行为。唐朝法律用刑罚严厉惩治这两种行为，以维护丝绸之路中的财产安全。唐律规定，如果是强盗，就是不得财，犯罪人也要被"徒二年"；如果得财价值相当于一尺绢，就要被"徒三年"；得财十匹及伤人的，就要被"绞"。① 对窃盗的用刑轻于强盗。唐律规定，如果是窃盗，犯罪人不得财，只要被"笞五十"；得财相当于价值一尺绢的，要被"杖六十"；得财五十匹的，则要被判"加役流"。② 到神龙年间（705—707 年）为了严打强盗、窃盗犯罪，还颁行了唐格，加重了对这两种犯罪用刑。它规定，只要"盗计赃满一匹以上"，就要"先决杖一百，仍依法与罪"。③ 唐朝法律通过严厉的刑事手段，维护丝绸之路上的财产安全，保证贸易活动生生不息。

（二）保护交通工具

交通工具在丝绸之路建设中十分重要。没有交通工具，丝绸之路就会受阻。唐朝法律把其作为一种特殊的财产，作了专门规定，进行特别保护。保护对象主要是：陆上的马和海上的船。唐律规定，主人杀死了自己的马，要被判"徒一年"；杀死了他人的马，

---

① 《唐律疏议·贼盗》"强盗"条。

② 同上。

③ 刘俊文：《敦煌吐鲁番唐代法制文书考释》，中华书局 1989 年版，第 249 页。

用刑还要加重，要被"徒一年半"。[1] 唐律还规定，乘船和行船都要依法进行，其中，乘船超载者，至少要被"笞五十"；[2] 行船"不如法"者，也要被"笞五十"。[3] 唐朝用刑法来保护丝绸之路上的交通工具，保证它们不受损害，确保丝绸之路畅通。

（三）确保契约的履行

丝绸之路主要是经贸交流，契约及其履行是其中的核心环节。只有当契约充分履行时，这种经贸交流才能顺畅，经贸发展才会繁荣。为此，唐朝法律作出规定，确保契约的履行。唐律通过打击非法债务人，来确保丝绸之路中的契约履行。唐律规定，债务人违反契约规定而不履行债务的，要按照违约的时间被追究刑事责任，违约时间越长，受刑就越重。其量刑的幅度是："一匹以上，违二十日笞二十，二十日加一等，罪上杖六十"；而且，违约的债务人还要继续履约，即"各令备偿"。[4] 唐朝的法律是动用刑事制裁方式，来促使债务人履约，维护债权人的合法权益，确保契约的履行。在这样的压力之下，债务人的履行情况应该会比较正确，否则，就会得不偿失。

（四）打击有损于商品质量的行为

丝绸之路也是商品交换之路，商品质量十分重要。唐朝法律打击各种有损商品质量的行为，特别是制造、贩卖伪劣商品的行为。

---

[1]《唐律疏议·厩库》"故杀官私马牛"条。
[2]《唐律疏议·杂律》"乘官船违限私载"条。
[3]《唐律疏议·杂律》"行船茹船不如法"条。
[4]《唐律疏议·杂律》"负债违契不偿"条。

唐律把"不牢""不真"商品作为伪劣商品，即"不牢谓之行，不真谓之滥"。制造、贩卖伪劣商品的行为被判定为一种犯罪行为，犯罪者要被追究刑事责任。"诸造器用之物及绢帛之属，有行滥、短狭而卖者，各杖六十；得利藏重者，计利，准盗论。贩卖者，亦如之。"[①] 唐律法律用刑事手段打击各种制造、贩卖伪劣商品行为，保证商品质量，使丝绸之路上的商品交换正常进行，中、外各方都能从中获利。

唐律法律通过对丝绸之路建设中与物相关的一些重要事宜作出规定，保证商品流通，加强经贸交流，繁荣丝绸之路。

三、唐朝法律在丝绸之路建设中的长处

在唐朝，除了法律以外，还有道德、习惯、宗教等其他的行为规范。然而，与这些行为规范相比较，唐朝法律的长处十分明显。总归起来，它的长处主要是以下这些方面。

（一）具有规范性

唐朝法律具有法律的一般属性，包括它的规范性。这一规范性为其他行为规范所不具备。唐朝法律是国家意志的直接体现，要经过国家的立法程序制定，还要得到皇帝的认可，十分规范。唐朝立法的启动与拟定机构是中书省，拟定后的法律还要经过门下省审

---

① 《唐律疏议·杂律》"器用绢布行滥短狭而卖"条。

核,如果不合适、不规范,还要被"封驳",退回中书省去修正;确定无误后,才能送皇帝审定;最后由尚书省执行。① 经过这一立法程序制定的唐朝法律就比较规范。从唐律法律的结构来看,假定、处理和制裁等三大要素俱全,无一遗漏。这样的法律就比较容易被学习、掌握、遵守、适用,比较容易在唐朝的现实生活中得到实现,形成良好的社会秩序。在丝绸之路建设中,尤其如此。

(二)具有强制性

唐朝法律还具有强制性属性。这种强制性为其他行为规范所不具备,它的强制力特别强,其中包括了刑罚。唐朝的刑罚主要是五种,即笞、杖、徒、流、死刑。笞刑是用小竹板捶打犯罪人的腿和臀;杖刑是用大竹板捶打犯罪人的腿、臀和背;徒刑是强迫犯罪人在本地做劳役;流刑是把犯罪人流放到远处并强迫做劳役;死刑分为绞、斩刑两种,都是剥夺犯罪人生命的刑罚。② 这些强制措施均为其他行为规范所不具备,特别严厉。唐朝法律的这种强制性使人们易产生敬畏感,有利于其实施,而不被随意违反。唐朝法律在丝绸之路建设中,便可充分发挥其这一长处,保证丝绸之路有序运行。

(三)具有广泛适用性

唐朝法律与其他法律一样,具有广泛的适用性。这种适用性也为其他行为规范所不具备。唐朝法律的这一适用性充分表现在:只

---

① 王立民:《论唐代立法中的审核程序》,载《法学》1987年第9期。
② 王立民:《唐律新探》(第五版),第222页。

要是在唐朝的领土上，任何人员在任何时间，遇到任何事情，只要涉法，都要适用唐朝法律，依其为准绳。遵守者因此而受到法律保护，违反者则会被追究法律责任，无人例外。具体来说，在丝绸之路中，中、外人员都一样，只要违法，无人可以逃脱唐朝法律的制裁；在任何时间，只要发生违法行为，违法者都会难逃法网；发生任何事情，只要其中有违法者，也都会受到惩治。这种广泛适用性使唐朝丝绸之路人员对自己的行为有了预期，避免违法行为产生，免受法律的制裁。大家都在守法状态下，丝绸之路也就会平安无事了。

唐朝法律的规范性、强制性与广泛适用性，十分有利于发挥其在丝绸之路建设中特殊的、不可替代的作用，确保丝绸之路的发展与繁荣。

四、对唐朝法律助力丝绸之路建设的思考

在唐朝法律助力丝绸之路建设中，还可有一些问题值得思考。

（一）唐朝法律的实施在丝绸之路建设中收到了较好的效果

法律的生命在于实施。唐朝法律实施以后，取得了较好的社会效果，也极大地助力于丝绸之路建设。首先，唐朝社会发生了很大变化，经济、社会等都取得了长足的进步，特别是在唐朝前期，先后出现过"贞观之治"与"开元盛世"。那时，社会比较安定，百

姓生活富足,治安情况良好,呈现的是一派大治、盛世景象。贞观期间(627—649年),已是"徭役不兴,年谷丰稔,百姓安乐"。同时,"商旅野次,无复盗贼,囹圄常空,马牛布野,外户不闭"。①到了开元时期(713—741年),更是"刑政赏罚,断于宸极,四十余年,可谓太平矣"。②唐朝是丝绸之路的始发地与终点站,在丝绸之路建设中至关重要。唐朝社会的良好状况为丝绸之路建设奠定了很好的社会基础。

有唐朝法律的保驾护航,唐朝的丝绸之路有了大发展,出现了以往所没有的繁荣景象,故被称为是"丝绸之路的黄金时代"。那时的陆上丝绸之路十分繁荣,正如张籍在《凉州词》所说的"无数铃声遥过碛,应驮白练到安西"。同时,唐朝还另开辟了海上丝绸之路,广州、福州、泉州、扬州等都是较为著名的港口,连接着西亚的巴格达、巴士拉、苏哈尔,南亚的狮子国,东亚的诃陵、室利佛逝等地方。③海上丝绸之路的规模也很大。比如,在广州,一年进出口的船舶就达数千艘之多;④在扬州,也是"商贾如织"。⑤唐朝丝绸之路的发展离不开唐朝法律的助力,正是这种助力的一个结果。

唐朝法律不仅维护丝绸之路人员的合法权益,还惩治丝绸之路人员中的犯罪者。从个案来看,也是如此。据《旧唐书·北狄传》记载,黑水靺鞨国的武艺因与门艺有过节,派人刺杀已到了唐朝的门艺,但刺杀失败。"(武艺)密遣使至东都,假刺客刺门艺于天

---

① 《贞观政要·政体第二》。
② 《旧唐书·刑法志》。
③ 李庆新:《海上丝绸之路》,五洲传播出版社2006年版,第41页。
④ 徐连达:《隋唐文化史》,第119页。
⑤ 《容斋随笔》卷9。

津桥南，门艺格之，不死。"侦破此案后，惩治了这些犯罪者。"诏河南府捕获其贼，尽杀之。"唐朝法律切实维护了丝绸之路的秩序，使其状况良好。

（二）唐朝法律助力丝绸之路的做法对后世产生了积极影响

唐朝法律助力丝绸之路的做法对唐朝以后的封建朝代产生了积极影响。唐朝法律的内容被这些朝代大量沿用。唐朝法律的代表性法典是唐律，其对后世立法产生了很大影响。唐律的内容被宋朝的宋刑统大量袭用，它实际是唐律的翻版。明朝的大明律与清朝的大清律例虽然在法典的体例上与唐律有较大区别，但唐律的内容仍被大量使用，占了一半以上。[①] 唐朝法律助力丝绸建设的内容不同程度地得到了传承。

有了法律的支持，唐朝以后的丝绸之路也在延续，没有中断。宋朝丝绸之路的重心南移，海上丝绸之路十分兴盛，与包括亚洲国家在内的 50 个国家保持着经贸往来。[②] 明朝传承了宋朝的海上丝绸之路，海上丝绸之路也十分活跃，郑和下西洋达到了一个新高潮。他率领的明朝船队 28 年间 7 次下西洋，而且规模都很大，每次出洋的船只多达 200 余艘，历经西太平洋、阿拉伯海、波斯湾与红海等地，前后访问了 30 多个国家，与沿海国家都保持了经贸往来，带去大量丝绸、瓷器、茶叶、金、银、铁器、农具等商品。[③] 郑和下西

---

① 王立民：《论唐后对唐律的变革》，载《华东师范大学学报》1991 年第 6 期。
② 卞洪登：《丝绸之路考》，中国经济出版社 2007 年版，第 118 页。
③ 李刚、崔峰：《丝绸之路与中西文化交流》，陕西人民出版社 2015 年版，第 158—160 页。

洋，开拓海上丝绸之路，被历史所称赞。《明史·郑和传》载："自（郑）和后，凡将命海表者，莫不盛称（郑）和以夸外番。"到了清朝，随着西方的崛起，海上丝绸之路上的西方船只逐渐增多，而且载货量也很大。1745年从广州黄埔港返国的瑞典"哥德堡号"，共载中国商品700吨，价值达2.5亿瑞典银币。① 唐后的丝绸之路是唐朝丝绸之路的延续，不同程度地受到唐朝法律助力丝绸之路建设做法的影响。

（三）唐朝法律助力丝绸之路建设中存在的局限

从整体上来看，唐朝法律确实助力了丝绸之路建设，而且效果也十分明显。然而，由于各种原因，在唐朝法律助力丝绸之路建设中，还存在一些局限。这种局限又突出表现在对外国人行为的限制方面。唐朝的丝绸之路高度发展以后，来唐朝外国人的数量不少。他们来自于不同的国家和不同的职业。仅在唐朝的首都长安，就有波斯的商人，粟特的巧匠，罗马的教士，阿拉伯的水手，印度的佛教徒，日本的遣唐使，伊斯兰的教徒，等等。② 真可谓是外国人济济。

外国人到了唐朝以后，行为就受到一定限制，而且都有法律的明文规定。比如，如果他们在唐朝短期居留的，不可以娶唐朝妇女为妻、妾；如果他们在唐朝长期居留的，回国时，不可带走自己的汉人妻、妾。这在唐律与唐格中都有明文规定。唐律规定，短期居留的外国人与唐朝妇女"共为婚姻者，流二千里。未入、未成者，

---

① 梁二平：《海上丝绸之路2000年》，上海交通大学出版社2016年版，第329页。
② 张一平：《丝绸之路》，第63页。

各减三等"。① 唐格则进一步规定,如果在唐朝长期居住的外国人娶了汉人妻、妾,回国时也不能带回去,否则,要按违敕受到处罚。"诸蕃人所娶得汉妇女为妻妾,并不得将还蕃内。"违反者要"以违敕科之"。② 还有,入朝的外国人在路上的行为也要受到限制,不能与其他人混行,也不能与其他人说话;唐朝的地方官员如无公务,不能与外国人相见。唐式对此有明文规定。"诸蕃客入朝,于在路不得与客交杂,亦不得令客与人言语。州、县官人若无事,亦不得与客相见。"③ 有了这些限制以后,外国人在唐朝的活动空间就受到压缩,对丝绸之路建设没有积极意义。这不能不说是一种局限。

(四)唐朝的丝绸之路扩大了唐朝法律的国际影响

唐朝的丝绸之路建设得益于唐朝法律的助力,同时也回馈唐朝的法律,扩大其国际影响,特别是在东亚国家,最终在唐朝形成了中华法系,代表作是唐律。

那时,中华法系的母国是唐朝,成员国是朝鲜、日本、越南等东亚国家。这些东亚国家通过丝绸之路,大量引进唐朝的法律,特别是唐律,最终变成了中华法系的成员国。日本的《大宝律令》是其古代的一部重要法律,日本学者自己都认为是"堪称日本封建立法的典范"。④ 可这部《大宝律令》却是中国唐律的翻版。"《大宝律令》的依据是《永徽律令》。"⑤ 事实也是如此。它的篇目、刑名、罪

---

① 《唐律疏议·卫禁》"越度缘边关塞"条。
② 《唐律疏议·卫禁》"越度缘边关塞"条"疏议"。
③ 霍存福:《唐式辑佚》,第401页。
④ 〔日〕田石琢智:《日本移植唐朝法律考述》,载《法学》1999年第5期。
⑤ 同上。

行与法定刑等都与《永徽律》一致或雷同。① 日本因为移植了唐律而使自己的法律水平得到了很大提升。这正如日本学者大竹秀男在《日本法制史》一书所说的，日本法律继承了唐律并一下子跃上像唐律那样的高水平。② 同时，日本也顺理成章地成了中华法系成员国。

《高丽律》是那时朝鲜的一部重要法典，可它也是仿照唐律而制定，大量采用唐律的内容。正如《高丽史·刑法志》所载："高丽一代之制，大抵皆仿乎唐，至于刑法采《唐律》，参酌时宜而用之。"事实也是如此。《高丽律》的体例与内容与唐律十分相似，只是规模小于唐律而已。③ 越南在李太祖、陈太宗与黎太祖时期制定的法律同样以唐朝法律为楷模。如同《历朝宪章类志·刑法志》所载："遵用唐宋旧制，但其宽简之间，时而斟酌。"正因为这样，所以该时期被认为是"摹仿'唐宋律'时代。"④ 可见，唐朝法律对东亚这些国家立法影响之大。它们也毫无例外地成了中华法系的成员国。有了母国与成员国，中华法系因此而形成，并列为世界五大法系之一。

唐朝法律能对东亚这些国家产生如此大的影响，其载体则是丝绸之路。它不仅承载着商人，还承载着遣唐使等各种职业的人员。以唐朝到朝鲜、日本的往返为例。当时，人们通过陆路到朝鲜，然后再利用日本海的季风，即冬春季节的东北风和夏秋季节的西南风，航行至日本。日本到唐朝也利用季风，从九州出发，经过对马、一岐到朝鲜半岛，再到唐朝。⑤ 唐朝、朝鲜、日本各种职业的人员因此而密切交往。唐朝的丝绸之路回馈了唐朝法律，扩大了它

---

① 杨鸿烈：《中国法律在东亚诸国之影响》，第358—366页。
② 〔日〕大竹秀男等：《日本法制史》，青林书院1985年日文版，第22页。
③ 杨鸿烈：《中国法律在东亚诸国之影响》，第34页。
④ 同上书，第416页。
⑤ 姚嶂剑：《遣唐使》，第31—32页。

的国际影响,助其移植到一些东亚国家,最终形成了中华法系。真可谓是双赢。

五、对今天倡议"一带一路"与法治建设的启示

唐朝的法律与丝绸之路距离今天都已有千余年时间,可唐朝法律助力丝绸之路建设至今仍有借鉴意义,从中也可得到一些启示。现代的丝绸之路是"一带一路",但又不是原来丝绸之路的重复,而具有新的时代特征与内容,是现代版的丝绸之路。2013年中国提出的"一带一路"是指,共建丝绸之路经济带与21世纪海上丝绸之路的倡议。这是打造人类命运共同体的一项重要举措。此倡议提出以来,已取得很好的效果。至2017年,中国企业对"一带一路"沿线国家的投资已超过500亿美元,贸易总额也已超过了万亿美元,全球有140多个国家和80多个国际组织支持、参与这一建设。[1]另外,中国于2018年3月30日成功发射了两颗北斗卫星,将于年底为"一带一路"沿线国家提供服务。[2]有些外国学者也认同"'一带一路'的创想,是为了造福天下这一共同事业而提出的,是一个'深度合作的黄金机遇'"。[3]当前,中国正以"一带一路"建设为重

---

[1] 党的十九大报告辅导读本编写组:《党的十九大报告辅导读本》,人民出版社2017年版,第408页。

[2] 新华社:《我国再次成功发射两颗北斗卫星》,载《劳动报》2018年3月31日。

[3] 〔英〕彼得·弗兰科潘:《丝绸之路》,邵旭东、孙芳译,浙江大学出版社2016年版,中文版序言第5页。

点,坚持引进来与走出来并重,遵照共商、共建、共享原则,加强创新能力开放合作,形成陆海内外联动、东西双向互济的开放格局。

今天的"一带一路"建设,离不开法治建设。法治是"一带一路"的支撑、保障与引领。没有法治,"一带一路"将陷入困境。唐朝法律助力丝绸之路建设的做法可为今日启示,即丝绸之路建设不能没有法律。这其实也是一种借鉴。当前,有关"一带一路"的法治建设任务还很重。比如,相关的法律查明服务中心、仲裁机构要尽快建立,民商、经济法律要尽快完善,民法典等法律尽快出台,等等。不久前,有利好消息传来。已有155家境外律师事务所在上海设立了办事处,上海已成为中国境外律师事务所在内地设立代表机构的集中地;上海东方域外法律查明服务中心已在上海揭名;"一带一路"国际仲裁中心也将在上海落成。[①]这些都会助力于"一带一路"法治建设。可以预期,到2035年中国基本实现了社会主义现代化,基本建成法治国家、法治政府与法治社会时,"一带一路"及其法治建设都可取得成功。期待这一天的到来。

在中国古代,唐朝的法律与丝绸之路都高度发展,而且它们之间还有密切关联。唐朝的法律助力了唐朝丝绸之路的高度发展,丝绸之路又反证了唐朝法律发展的高度。从中反射出法律在社会发展中的重要作用。唐朝的丝绸之路既有陆上丝绸之路,又有海上丝绸之路,情况比较复杂。唐朝的立法者能够把握住其中的一些关节点,对与人、事相关系的一些重要事宜,作出规定,通过制定法律来为其保驾护航,确保其繁荣发展。这种发展是一种有序的发展、

---

① 陈颖婷:《沪将建"一带一路"国际仲裁中心》,载《上海法治报》2017年11月20日。

富有成效的发展，所以唐朝也就顺理成章地被认为是"丝绸之路的黄金时代"了。今天，中国提倡的"一带一路"与古代的丝绸之路血脉相连。"一带一路"是这一丝绸之路在现代的延续，但又不是简单的翻版，而具有新时代的特征与内容，是一种现代版的丝绸之路。即便如此，唐朝法律在丝绸之路建设中的重要作用，至今仍有借鉴意义。今天要大力发展"一带一路"，同样要重视法治建设，用法治来助力"一带一路"建设。"一带一路"要向前发展，法治也要向前推进。可以认为，中国法治成熟之日，也就是"一带一路"建成之时。

（原载《法学杂志》2019年第12期）

《大清律例》条标的运用与启示

条标是法条标题的简称,也被称为"条旨""条名""条文标题"等。[①] 当前,有关研究中国古代律典条标的成果很少,研究这一条标运用的成果更少。其实,在一部法典中,条标具有重要且不可替代的作用。比如,有利于法典的制定与实施;有利于教学与研究;有利于宣传与传播;等等。[②] 因此,就一部法典而言,有条标比无条标要强。通过对《大清律例》条标运用的探析,来彰显那时设置条标的价值,从而为今天的立法提供借鉴。[③]

一、《大清律例》条标在清朝的判词、办案经验总结与律学著作中被运用

《大清律例》共设置了436条条标,与律条数一致。《大清律例》中的条标在乾隆五年(1740年)《大清律例》颁行后,就逐渐被运用,特别是在清朝的判词、办案经验总结、律学著作等一些领域。

---

① 参见刘风景:《法条标题设置的理据与技术》,载《政治与法律》2014年第1期。
② 参见张新宝:《民法典制定的若干技术层面问题》,载《法学杂志》2004年第2期。
③ 本文中的《大清律例》版本是田涛、郑秦点校,法律出版社1999年版。

（一）在判词中被运用

清朝的判词是司法官审案后，作出判决的文字表达，类似于今日的判决书。在清朝司法官审案的一些判词中，就有一些《大清律例》的条标。这说明，清朝司法官在审判实践中运用了《大清律例》的条标。李之芳所撰的《棘听草》中就是如此。此人为顺治四年（1647年）的进士，以后历任金华府推官，刑部主事，广西道、湖广道御史，浙江总督，兵部尚书，文华殿大学士等职。[①]《棘听草》是他任金华府推官时所撰写的判词集，其中就运用了《大清律例》的条标。《棘听草·诬妾》的"按院一件为封抄事"中说，吴华与其亲侄吴之信之妾王氏被控告有奸情，而且"细加覆鞠，华与王氏密情自不虚。即坐以'亲属相奸'之条。王氏为吴子信之妾，得邀减等，则拟配亦足以惩矣。余各俱照前审。"[②]此判词中的"亲属相奸"正是《大清律例·刑律·犯奸》中的一个条标。此条标所含的律条内容是："凡奸同宗无服之亲，及无服之亲之妻者，各杖一百。奸缌麻以上亲，及奸缌麻以上亲之妻，若前夫之女，同母异父之姊妹者，各杖一百，徒三年"；"若奸父祖妾、伯叔母、姑、姊妹、子孙之妇、兄弟之女者，各斩。凡奸前项亲属妾，各减妻一等。"李之芳就是按此条标所含律条的内容作出了判决。

在清朝，除了李之芳以外，还有一些司法官在自己判词中也运用了《大清律例》的条标。其中，有平阳太守程先达、衡州司理王仕云、江宁太守陈开虞等等。程先达审判了一个人命案。在此案的

[①] 陈重业辑注：《古代判词三百篇》，上海古籍出版社2009年版，第221页。
[②] 同上书，第207页。

判词中，他从平阳所属平陆县的审判说起。"先据平陆县详，称黑子见财起意，借口伴送，因而杀死，拟以谋杀得财，按律斩抵。而刘大安事后知情不首，律杖一百。"经过审核以后，他认为对黑子的定罪不准确，作了改判；在改判词中，运用了"强盗"的条标。"将黑子依斗殴杀人因而得财，同'强盗'律斩抵；刘大安事后知情不举，照平陆仍以满杖。"①"强盗"是《大清律例·刑律·贼盗上》中的一个条标。此条标所含律条的内容是："凡强盗已行而不得财者，皆杖一百，流三千里。但得财者，不分首从，皆斩。"程先达正是依此"强盗"条标所含律条的规定，作了判决。还有，王仕云在"吁天法剿等案"的判词里，运用了《大清律例·刑律·斗殴上》中的"斗殴"条标。②陈开虞在"大盗劫杀案"的判词里，运用了《大清律例·刑律·诉讼》中的"诬告"条标。③

可见，清朝司法官在判词中运用《大清律例》的条标，不是个别现象，而是有一定的普遍性。这些司法官已习惯在司法审判中使用条标，并把条标作为判词中的一个组成内容。

（二）在办案经验总结中被运用

清朝的办案经验总结主要是指清朝的刑幕等司法参与人员，根据自己获得的办案工作经验而撰写的实践总结。它偏重于实际工作经验的总结以及相关的理论。清朝的有些司法参与人员会把自己的司法经验总结出来，汇集成文，传给后人。其中，也会运用《大清律例》的条标，作为经验总结的组成部分。《办案要略》是其中之

---

① 末了、文菡编著：《明清法官断案实录》（下），光明日报出版社1999年版，第9页。
② 同上书，第27页。
③ 同上书，第88页。

一。它的作者是王又槐,曾在清乾隆中期任过刑幕,具有较为丰富的司法经验。① 他在《办案要略》里,根据办案经验的总结与表达需要,运用了《大清律例》的条标。运用《大清律例·刑律·杂犯》中的条标"私和公事"就是如此。在"论命案"部分,运用了这一条标。"自尽命案从中调处,并无得贿情事者,照'私和公事'律,笞五十。"② 王又槐运用"私和公事"这一条标所含律条的内容,与《大清律例》中的规定一致。即"凡私和公事,减犯人罪二等,罪止笞五十"。③

与司法官撰写的判词有所不同,办案经验总结中的条标因论述的需求,有时会在同一个部分中运用多条《大清律例》中的条标。《办案要略》也是如此。在"论六赃"部分就运用了"官吏受财""事后受财""有事以财请求"和"家人求索"等条标。这些条标都分布在《大清律例·刑律·受赃》中。王又槐是在论述这些条标的内涵以及差异时,集中运用了这些条标。"律中'官吏受财'一条,专指官典与吏已经得受有事人财,事已断讫之罪也。""受意于临事,过后而始迎合,财为'事后受财'。""其律内所谓'有事以财请求'者,专言'有事在官,以贿行求'之罪也。""惟'家人求索',分别因事、挟势,另有律条。"④ 在办案经验总结中,运用这些条标是为了说明这些犯罪本身的内涵与它们之间的差异,以免在司法实践中造成错判。其中,亦能折射出这些条标所含律条内容的差别。事实也是如此。比如,"事后受财"律条内容是:"凡有事先

---

① 何勤华:《中国法学史》(第二卷),法律出版社2006年版,第506页。
② [清]王又槐:《办案要略》,华东政法学院语文教研室注译,群众出版社1987年版,第5页。
③ 《大清律例·刑律·杂犯》"私和公事"条。
④ [清]王又槐:《办案要略》,第134—135页。

不许财，事过之后而受财，事若枉断者，准枉法论；事不枉断者，准不枉法论。"①而"有事以财请求"律条的内容与"事后受财"明显不同，特别是量刑，是按"坐赃论"，不是按"准枉法论"或"准不枉法论"。"凡诸人有事，以财行求，得枉法者，计所与财，坐赃论。"②经过这样的比较与论述，它们的差别就显现出来了。

在清朝的司法参与人员留下的办案经验总结中，运用《大清律例》的条标证明，在清朝的司法实践中，不仅司法官会运用其条标，而且像刑幕这样的司法参与人员也在运用条标。可以认为，《大清律例》条标的运用基本覆盖了清朝司法领域，范围不小。

（三）在律学著作中被运用

《大清律例》的条标不仅在判词、办案经验总结中被运用，而且还在律学著作中也被运用。清朝的律学著作是清朝从事律学理论研究的学者所撰写的学术著作。它更偏向于理论研究，而且学术性较强。这与司法参与人员撰写的办案经验总结明显不同。吴坛所著的《大清律例通考》一书被认为是"明清律学著作中占有重要地位"，"研究明清律学发展的必读书之一"。③此书以《大清律例》的条标为线索，对其律文、例文进行了详尽考证。书中引用的《大清律例》条标的数量与排列顺序，与《大清律例》原文保持一致，其条标因此而作了全方位的展示与运用。此书的主要内容结构是以《大清律例》的条标为目，然后罗列条标下的全部律文与例文；在律文与例文后再附有作者的"谨按"，即考证文。比如，在《大清律例·名例

---

① 《大清律例·刑律·受赃》"事后受财"条。
② 《大清律例·刑律·受赃》"有事以财请求"条。
③ 何勤华：《中国法学史》（第二卷），第343页。

上》的"五刑"条标之下,罗列了五刑律文与18条例文;在律文与例文后分别附有1条律文的"谨按"和18条例文的"谨按"。① 有了《大清律例》条标为目,整本著作的内容便井井有条,清清楚楚。

《大清律例》的条标在《大清律例》颁行后的清朝就被司法官、司法参与人员与学者等运用,运用的领域包括了判词、司法经验的总结和学术著作等。这些都能证实,一方面,《大清律例》条标的运用在古代清朝已不局限于个别人、个别领域,而具有一定的普遍性;另一方面,《大清律例》的条标确实有其运用价值,能被大家所接受与运用。

二、《大清律例》条标在近代的官吏奏折、史籍和学术研究成果中被运用

1840年鸦片战争以后,中国进入近代社会。20世纪初的清末法制改革以后,《大清律例》被改革、废用。然而,《大清律例》的条标在近代清末官吏的奏折、史籍、学术研究成果等领域里仍频频出现,没有销声匿迹。

(一)在清末官吏的奏折中被运用

在清末官吏撰写的奏折里,因为涉及《大清律例》,其条标也就有了亮相的机会。在要求保留或废除《大清律例》内容的奏折

---

① 马建石主编:《大清律例通考校注》,中国政法大学出版社1992年版,第191—199页。

中，就运用到其中的条标。光绪三十三年（1907年），在修订法律大臣沈家本奏《刑律草案告成分期缮单呈览并陈修订大旨折》中，主张把绞刑作为常用死刑，而斩刑则作为特别的死刑，并引用《大清律例》条标来显示适用斩刑的犯罪。"并拟死刑仅用绞刑一种，仍于特定至行刑场所密行之。如谋反大逆及谋杀祖父母、父母等条，俱属罪大恶极，仍用斩刑，则别辑专例通行。"① 其中的"谋反大逆"是《大清律例·刑律·贼盗上》中的一个条标，而"谋杀祖父母父母"则是《大清律例·刑律·人命》中的一个条标，这两条条标的律条中分别规定了谋反、谋大逆与谋杀祖父母、父母的犯罪的罪行与法定刑。无独有偶。翌年，在署邮传部右丞李稷勋奏《新纂刑律草案流弊滋大应详加厘定折》中，引用了沈家本含有《大清律例》这两条条标的奏折内容并提出调整谋反大逆与谋杀祖父母、父母的犯罪在刑律中的位置，即宜安排在第一、二章为妥。"据该大臣等原奏，谓旧律死刑，以斩绞分轻重，二者俱绝人生命之极刑，谓有轻重者，乃据炯戒之意义言之耳。前拟死刑仅用绞刑一种，如谋反大逆及谋杀祖父母父母等条，俱属罪大恶极，仍用斩刑，别辑专条通行等语。是该大臣等与伦纪攸关，案情重大诸条，方拟别申严典，尚蒙天恩采纳，允如臣议，不过将原书次第，酌加改移，于第一、二两章微示立法之意。"②《大清律例》的条标"谋反大逆"和"谋杀祖父母父母"再次在那时的奏折中被运用。

不仅是《大清律例》的"谋反大逆""谋杀祖父母父母"条标在清末官吏的奏折中被运用，还有其他的一些《大清律例》条标也被运用，比如"亲属相奸""强盗""发冢"等都是如此。宣统元年

---

① 故宫博物院明清档案部编：《清末筹备立宪档案史料》（下册），中华书局1979年版，第848页。

② 同上书，第855页。

（1910年），在湖广总督陈夔龙覆奏《新订刑律与政教难符应详加以修改折》中，就运用了这些条标。他认为《大清律例》这些条标所代表的内容在新订的刑律中应有所反映。"至强奸不科死罪，亲属相奸未著专条，亦无以维名教之大防。其余如反狱、劫囚、诈伪等项，亦多从轻减，恐不免水濡民玩之虞，似应于强盗、抢夺、发冢诸条同辑暂行章程，以惩凶暴而保治安。"①其中的"发冢"是《大清律例·刑律·贼盗下》中的一个条标，它与"亲属相奸""强盗"条标分别处于《大清律例》的不同部分之中。

从《大清律例》中的条标被一些清末的官吏在奏折中运用可以得知，这些官吏不只是知晓《大清律例》中的条标，还将其运用在官方的文书中，为己所用，帮助自己参与清末的修律活动。

（二）在史籍中被运用

近代中国的编写史籍工作继续进行，其中的《清史稿》是民国时期的杰作，至今仍在发挥作用。它是二十四史之一，在民国初年，由北洋政府设馆加以修撰，以纪传为核心，对清朝的正史作了记载，内容涉及政治、经济、社会、文化等方方面面，是近、当代研究清史的主要依据之一。《清史稿·刑法》是主要记载清朝法制发展的部分，其中的《清史稿·刑法一》主要讲述了清朝的立法，《清史稿·刑法二》则主要叙述了清朝的司法。《清史稿·刑法一》中记载了《大清律例》的制定与清末法制改革时对《大清律例》的改革并制定新刑律等史实，其中就运用了《大清律例》的条标。

在《大清律例》的制定过程中运用了条标。据《清史稿·刑法

---

① 故宫博物院明清档案部编：《清末筹备立宪档案史料》（下册），第861页。

一》的记载，《大清律例》颁行前，曾对前律进行了修改，修改之处都用条标来加以表示。"其改易者：名例之军官军人免发遣更为犯罪免发遣，军官有犯更为军籍有犯；仪制门之收藏禁书及和私习天文生节为收藏禁书。其增入者：名例之天文生有犯、充军地方二条。"其中的"犯罪免发遣""军籍有犯""收藏禁书""天文生有犯"和"充军地方"均是《大清律例·名例》中的条标，都作为修改后的内容编入了《大清律例·名例》之中。

在清末法制改革时，对《大清律例》的改革中，也运用了其中的条标。据《清史稿·刑法一》记载，宣统三年（1910年）颁行了《大清现行刑律》。"（宣统）二年，覆奏订定，名为现行刑律。"在《大清现行刑律》制定过程中，就对《大清律例》作了改革，废除了大量的内容。《清史稿·刑法一》把这些废除的内容，以列举方式，用条标集中显示。其中，遍及名例、吏、户、礼、兵、刑、工各律，共计49条条标。这些条标都一一作了标注。比如，在名例律中，就援用了7条条标。"其因时事推移及新章递嬗而删者，如名例之犯罪免发遣、军籍有犯、流囚家属、流犯在道会赦、天文生有犯、工乐户及妇人犯罪、充军地方。"另外，还有42条条标及其律条的废用也是如此。

在《清史稿·刑法一》中，有部分内容涉及《大清律例》的制定与废除，其中都用条标来加以表示。这从一个侧面说明，《清史稿》的撰稿人既知道也会运用《大清律例》的条标，使其成为史籍中的一个构成内容。

（三）在学术研究成果中被运用

中国近代的有些学术研究成果中，也有关于《大清律例》的内容，其中也会运用《大清律例》的一些条标。这一学术研究成果包括了学术论文与著作。沈家本、杨鸿烈、瞿同祖等均有这样的成果。

沈家本是中国近代的法学大家，也主持过修订法律馆的工作，熟知中国近代法律的变迁，包括《大清律例》的变革。在学术研究成果中，他运用了《大清律例》的条标。沈家本在《书劳提学新刑律草案说帖后》一文中，对劳乃宣的意见提出不同看法，其中运用了《大清律例》的条标，并对这些条标所含内容的处理作了说明。在说明文中，运用了中、外法律的内容，充分论证自己观点的正确性。在此文中，运用了《大清律例》中"干名犯义""亲属相奸""亲属相盗""发冢""犯奸""子孙违犯教令"等条标。这些条标都在《大清律例·刑律》内。其中，"干名犯义""子孙违犯教令"在《大清律例·刑律·诉讼》里，"亲属相盗""发冢"在《大清律例·刑律·贼盗下》里，"犯奸""亲属相奸"在《大清律例·刑律·犯奸》里。沈家本对这些条标及其律条所含的内容——进行了论述，其中还涉及中外法律的规定。在论及"亲属相奸"条标时，就引用了中国旧律的规定。然后，沈家本认为，这种犯罪"行同禽兽，固大乖礼教，究为个人之过恶，未害及社会。旧律重至立决，未免过严。"因此，他认为："如有此等案件，处以三等有期徒刑"。① 在论及"犯奸"条时，就引证了欧洲法律。他认为："无夫之妇女犯奸，欧洲法律并无治罪之文。"接着，引证了《俄律》中的一些规定，认为它们都属于"非通常之和奸罪名也"。最后，沈家本提出这一犯罪不应再列入《大清新刑律》。"此事有关风化，当于教育上别筹办法，不必编入刑律之中。"② 他在此文中运用了《大

---

① 沈家本：《历代刑法考》（四），邓经元等点校，中华书局1985年版，第2284页。
② 同上书，第2286页。

清律例》的条标，恰到好处。

杨鸿烈也在学术研究成果中，运用了《大清律例》的条标。他在《中国法律发达史》一书中，从比较的角度出发，专门研究了《大清律例》与《大明律》的异同。其中的内容分别从名例、吏、户、礼、兵、刑、工七个律进行比较，而且都以条标为引子，再阐述相关内容，从中体现出它们间的异同。在名例律中，此书运用了《大清律例》中的"五刑""流囚家属""徒流迁徙""充军地方""断罪依新颁律""徒流人又犯罪""共犯罪分首从""应议者犯罪""犯罪自首""老小废疾收赎""加减罪例""常赦不原""犯罪时未老疾""无官犯罪""称日者以百刻""称乘舆车驾""称期亲祖父母"等许多条标。在每条条标之下，都有比较的内容。比如，引用了《大清律例·名例下》的"断罪依新颁律"条标后，此书就说这一条标所含律条的内容，与《大明律》律条的内容是一致的，即"同《大明律》"，但是，也有差异之处。这就是《大清律例》在律条后加了一个"注"与五个例条。①《大明律》中则没有这个"注"及五个例条。它们的不同点十分明显。

《中国法律发达史》在比较《大清律例》与《大明律》除名例律以外的六个律时，也大量引用了《大清律例》中的条标。不过，其体例是按犯罪来分类。在每一类犯罪中，再引用条标。其中，涉及的犯罪有：侵犯皇室罪、内乱罪、泄露军情大事罪、度关津罪、妨害公务罪、逮捕监禁者脱逃罪、藏匿犯人罪、伪证罪、诬告罪、失水放火罪、决水罪与过失水害罪、私制藏危险物罪、妨害交通罪、妨害秩序罪、伪造货币罪、伪造文书印文罪、私造斛斗秤尺罪、亵渎祀典罪、私贩盐茶罪、鸦片烟罪、掘墓残尸罪、奸非罪、重婚

---

① 杨鸿烈：《中国法律发达史》下册，商务印书馆1930年版，第939页。

罪、杀人罪、殴伤罪等等。在叙述每个犯罪时，就引出条标，然后再与《大明律》进行比较。比如，在叙述内乱罪时，就引用了《大清律例》的条标"谋反大逆"，然后再与《大明律》中的对应内容作比较，得出"同《大明律》，惟另有条例二则"的结论。① 也就是说，从此条标与律条所含内容而言，《大清律例》与《大明律》都一致，区别在于《大清律例》的律条后增有两条例条，《大明律》则没有。

瞿同祖的《中国法律与中国社会》一书的正文中，没有直接引用条标，而是大量援用《大清律例》的律文，可在此书的注释中，却大量运用其条标，来说明这些律文的来源。仅此书的第一章"家族"篇中，在注释里运用的条标就有"子孙违犯教令""十恶""常赦所不原""殴祖父母父母""卑幼私擅用财""别籍异财""男女婚姻""立嫡违法""服舍违式""丧葬""骂兄姊"等条标。② 此书运用条标的数量也不算少。

可见，中国近代的有些学者在研究中国法制史，其中涉及《大清律例》时，往往会运用它的条标，把其作为论述的内容或注释，体现在自己的学术研究成果中。运用条标已成为他们研究中一个不可缺少、不可替代的组成部分。缺少《大清律例》的条标，他们的研究成果就留有了缺憾，研究质量也会受到影响。

近代中国的官吏奏折、史籍和学术研究成果中，都不同程度地运用《大清律例》的条标，使其成为自己内容的组成部分。其中，官吏奏折中《大清律例》条标的运用，集中于清末法制改革时期；史籍与学术研究成果中《大清律例》条标的运用，则大量集中在民

---

① 杨鸿烈:《中国法律发达史》下册，第959—960页。
② 瞿同祖:《中国法律与中国社会》，中华书局2003年版，第1—96页。

国时期。总之,《大清律例》条标的运用在近代中国仍有一定的广泛性,对政界、学界都产生过不小的影响。

三、《大清律例》条标在当代的学术论文、各种著作中被运用

新中国成立以后,中国进入当代社会。《大清律例》条标没有因为时代变迁而退出历史舞台,相反,还在发挥应有的作用,经常出现在学术论文、各种著作之中,继续被运用。中国当代的一些学者依然关注《大清律例》的条标,不断加以运用,为自己的学术研究服务。

(一)在当代的学术论文中被运用

学术论文是科研成果的重要体现方式。中国的许多学者通过撰写、发表学术论文来显现自己的学术研究成果,与其他学者进行交流,取长补短。在研究《大清律例》的论文中,就有大量的《大清律例》条标被运用。陈煜在《"殊为具文"?——浅论〈大清律例〉中的"宣示性条款"》一文中,用《刑案汇览》《刑案汇览续编》《续增刑案汇览》和《新增刑案汇览》中选用的案例为主要依据,对《大清律例》中存在的"宣誓性条款"作了罗列与研究,其中运用的条标多达150条。① 这些条标的分布情况是:名例律16条,

---

① 参见陈煜:《"殊为具文"?——浅论〈大清律例〉中的"宣示性条款"》,载《东南大学学报(哲学社会科学版)》2016年第6期。

吏律13条，户律36条，礼律15条，兵律35条，刑律28条，工律7条。这些条标都一一被标注，而且标注的顺序与《大清律例》条标排列的顺序一致。比如，吏律中的13条条标分别是："大臣专擅选官""文官不许封公侯""信牌""官员赴往过限""无故不朝参公座""擅勾属官""奸党""上书奏事犯讳""出使不复命""照刷文卷""同僚代判署文案""封掌印信"和"擅用调兵印信"等。其他六个律中的条标，也是如此。此文认为，这些条标所含的律条内容在司法中没有被使用，只是一些宣示性条款。

在研究清朝法制的论文中，也有《大清律例》条标被运用。由于《大清律例》是清朝法制中的一个重要组成部分，往往会在这类论文中被论及，条标也就有被运用的机会。事实也是这样。张晋藩在《清朝法制史概论》一文中，不仅论及了《大清律例》，还多次运用了其中的条标。比如，在论及清朝司法管辖时，就运用了《大清律例·名例律下》中的"化外人有犯"条标；在述及律与例的关系时，则运用了《大清律例·户律·户役》中"别籍异财"和《大清律例·户律·婚姻》中的"尊卑为婚"两条条标。同时，还把条标所含的律条内容与相关例条作对照，得出了清律的变化在于例而不在于律的结论。[①]

在研究清末法制改革的论文中，因为涉及对《大清律例》的改革，也常会运用其中的条标，以反映条标所含律条内容。李拥军在《法律与伦理的"分"与"合"——关于清末"礼法之争"背后的思考》一文中，就运用了一些《大清律例》的条标。此文运用的条标包括"干名犯义""存留养亲""亲属相奸""亲属相殴""亲属相为容隐""故杀子孙""杀有服卑幼""妻殴夫夫殴妻"，等等。运用这些条标是为说明，在制定《大清新刑律》时，对这些条标所含律条

[①] 参见张晋藩:《清朝法制史概论》，载《清史研究》2002年第3期。

内容的存废有争议，而这种争议实际上是礼法之争，目的是试图对传统中国"礼法合一"的法律模式进行改革，从而建立一种法律与道德分离的现代法律体系。①

中国台湾地区学者黄静嘉等人在《从身份等差主义到平等主义——百年后检视沈家本修律与中华传统刑事法制之现代化问题》一文中，运用了一些《大清律例》的条标，其中包括："八议""十恶""亲属相为容隐""犯罪存留养亲""干名犯义""子孙违犯教令""亲属相奸""亲属相盗"等。②此文通过引用这些条标及相关律条的内容，说明中国传统刑事法制是"基于维护并贯彻儒家之等差'身份伦理'而来，亦有涉及传统伦常观念下之性道德观者"的观点。③

在学术论文中，还要关注硕士、博士的学位论文，特别是博士学位论文。这一论文的内容比较丰富，学术质量也比较高。在有些博士学位论文中，也会运用到《大清律例》的条标，尤其是一些中法史的论文。高学强在自己的博士学位论文《服制视野下的清代法律》中，就运用了许多《大清律例》的条标。比如，在论述到"八议"者的定罪与程序时，运用了《大清律例·名例上》中的"应议者犯罪""应议者之父祖有犯"两条条标；在论述到常赦所不原中的服制犯罪时，运用了《大清律例·名例上》的"常赦所不原"条标；在论述到亲属相盗犯罪时，运用了《大清律例·刑律·贼

---

① 参见李拥军:《法律与伦理的"分"与"合"——关于清末"礼法之争"背后的思考》，载《学习与探索》2015 年第 9 期。

② 黄静嘉:《从身份等差主义到平等主义——百年后检视沈家本修律与中华传统刑事法律之现代化问题》，载张中秋:《中华法系学术研讨会文集》，中国政法大学出版社 2007 年版，第 304—307 页。

③ 同上书，第 305 页。

盗上》的"谋反大逆"条标,《大清律例·刑律·贼盗下》的"发冢""恐吓取财""略人略卖人"条标;在论述到殴杀长辈时,运用了《大清律例·刑律·斗殴下》的"殴期亲尊长""谋杀祖父母父母"条标;在论述到骂詈亲属时,运用了《大清律例·刑律·骂詈》的"奴婢骂家长""骂尊长""骂祖父母父母""妻妾骂夫期亲尊长""妻妾骂故夫父母"条标;在论述到亲属相奸时,运用了《大清律例·刑律·犯奸》的"亲属相奸"条标。①另外,明辉在其博士学位论文《传统中国侵权行为的法律对待——以清代法律为背景》中,也运用了《大清律例》中的许多条标。②

可见,中国当代学者在撰写涉及《大清律例》的学术论文时,往往会运用其中的条标。其中包括有:研究《大清律例》、清朝法制、清末法制改革的论文和一些有关研究中法史的博士学位论文。《大清律例》条标的运用已成为学者们进行学术研究、安排学术论文内容不可或缺的一个部分。条标在其中发挥的作用还真不小。

(二) 在当代的著作中被运用

在当代出版的著作中,凡涉及《大清律例》的,往往会运用其条标,不论是中国法制史的通史类著作、学术专著,还是教材、人物传记等都是如此。

张晋藩总主编的《中国法制通史》是一部当代的中国法制史通史的代表作。它的清代分卷里专门论述了"雍乾时期的刑事立法

---

① 参见高学强:《服制视野下的清代法律》,载陈煜主编:《青蓝集续编》,法律出版社2010年版,第356—369页。
② 参见明辉:《传统中国侵权行为的法律对待——以清代法律为背景》,载陈煜主编:《青蓝集续编》,第370—381页。

及刑法原则",其中就运用了《大清律例》的条标。它们是:《大清律例·名例上》的"八议""应议者犯罪",《大清律例·刑律·杂犯》的"不应为",《大清律例·刑律·断狱下》的"断罪引律令"等条标。① 此著作引用这些条标来说明其所含律条的内容,论证自己的观点。比如,运用"八议"条是为了论证《大清律例》设立的"八议"制度,"实质仍是统治阶级的一种特权,是等级不平等的例证"。② 其他条标的运用也是如此。《大清律例》条标在《中国法制通史》中起过积极作用。

李显东所著的《从〈大清律例〉到〈民国民法典〉的转型》一书,是专门研究《大清律例》与《民国民法典》转型关系的学术专著。在此著作里,也运用过《大清律例》中的条标并为自己论述的内容服务。仅在"结论"部分运用的条标就有:《大清律例·户律·市廛》的"市司评物价""把持行市""器用布绢不如法"等条标,《大清律例·户律·田宅》的"盗卖田宅",《大清律例·户律·钱债》"得遗失物"等条标。③ 这些条标的运用从一个侧面来说明书中的一些观点,即同样的原则在法律上表达的方式却可以不尽相同等一些学术观点。④

中国台湾地区学者黄源盛同样在自己的学术研究成果中,运用了《大清律例》的条标。在他的《中国法史导论》一书里,既在正文中运用了《大清律例》的条标,也在注释中运用了这一条标。在论述"晚清变法修律中的礼法争议"正文中,此书援引了《大清新

---

① 张晋藩总主编:《中国法制通史》第8卷,法律出版社1999年版,第492—495页。
② 同上书,第492页。
③ 李显冬:《从〈大清律例〉到〈民国民法典〉的转型》,中国人民公安大学出版社2003年版,第403—407页。
④ 同上书,第403页。

刑律》附则中保留的《大清律例》的内容，并以条标来表示这些内容，其中包括："十恶""干名犯义""亲属相奸""发冢""犯奸"等，以此来说明此律"有关伦理礼教，未便蔑弃"。① 除了在正文中运用外，此书还在注释里运用了《大清律例》的条标。在论述"清朝的民族异法和五刑之制"的注释里，引用了《大清律例》中的一些条标，其中包含有：《大清律例·名例上》的"犯罪免发遣"，《大清律例·刑律·贼盗中》的"窃盗"，《大清律例·户律·户役》的"人户以籍为定"等条标。② 用这些条标所含律条的内容来反映正文中清朝的刑罚制度。

中国台湾地区学者林咏荣也在自己的著作中大量运用《大清律例》的条标。他在自己的《唐清律的比较及其发展》一书的附录"唐清律对照表"里，以这两部律的条标为索引，对比了这两部中所有律条的内容，其中运用了《大清律例》的所有条标。③ 这是现在能看到的港澳台及海外学者中，运用《大清律例》条标最多的一本学术著作。

当代中国出版的中国法制史教材林立，有的教材在讲述清朝法制时，也会运用《大清律例》的条标。郑显文编著的《中国法制史》就是这样。此书的第 11 章专门阐述清朝法律制度。这一章的第 3 节集中讲述清朝的民事经济法律，其中就先后多次运用《大清律例》中的条标。包括《大清律例·刑律·斗殴上》的"良贱相殴"，《大清律例·刑律·斗殴》的"奴婢殴家长"，《大清律例·户律·田宅》的"盗卖田宅"，《大清律例·户律·婚姻》的"尊卑为

---

① 黄源盛：《中国法史导论》，犁斋社有限公司 2013 年版，第 371 页。
② 同上书，第 316—317 页。
③ 林咏荣：《唐清律的比较及其发展》，编译馆 1982 年版，第 545—838 页。

婚",《大清律例·户律·户役》的"别籍异财"等条标。[①] 运用这些条标来说明教材中叙述的内容。比如,运用"良贱相殴""奴婢殴家长"条标,来说明清朝"以法律的形式肯定尊卑贵贱不平等的制度"。[②] 运用"盗卖田宅"条标,来说明清朝"对私人土地所有权给予法律保护"。[③] 有了这些条标与所含律条的内容作支撑,对清朝法制的描述便有了史料基础,使其更具权威性与可信度。

人物传记在当代中国层出不穷。其中,有的人物因与清末法制改革关系较大,在其传记中也会运用到《大清律例》的条标,李贵连所著的《沈家本传》就是这样。此著作的第 11 章专门讲述"礼法之争",其中的第三个问题是:"旧义与新理——批驳与反批驳"。在阐述这个问题时,此书便引用了沈家本运用的一些《大清律例》条标。它们是:"十恶""犯罪存留养亲""亲属相为容隐""干名犯义""亲属相奸""亲属相盗""亲属相殴""犯奸"等。沈家本是在论及改革《大清律例》时,才罗列了这些条标,其目的是要论证"旧律(指《大清律例》)词意过于繁重详密,与全编题材不合,应本旧律之义,用新律之体,每条兼举数刑,以期简括"的观点。[④] 比如,"亲属相奸"可以用近代刑罚来惩罚。"今拟其文曰:奸父、祖妾、伯叔母姑姐妹子孙之妇、兄弟之女者处死刑、无期徒刑。其余亲属相奸者,处一等至三等有期徒刑。"[⑤] 其他条标也都逐个作了相关的论述。《大清律例》的条标已成为有些当代传记中不可缺少的内容。

当代的著作很多,凡与《大清律例》有关者,往往会运到其中

---

① 郑显文:《中国法制史》,中国法制出版社 2017 年版,第 342—345 页。
② 同上书,第 342 页。
③ 同上书,第 343 页。
④ 李贵连:《沈家本传》,法律出版社 2000 年版,第 311 页。
⑤ 同上书,第 312 页。

的条标,尤其是在有关中国法制史的通史、学术专著、教材、人物传记中,更是如此。《大清律例》的条标已成为当代学界阐明、研究清朝法制绕不开的一个内容。

四、《大清律例》条标在海外的学术研究成果中被运用

中国法制史的博大精深与魅力吸引着海外的有些学者,他们也参与了《大清律例》的研究,运用到它的条标。其中,就有美国、日本、韩国学者。

(一)美国学者在学术研究成果中运用《大清律例》条标

美国学者在研究《大清律例》时,就运用其中的条标来表达、印证自己的学术观点。美国学者德克·博德(Derk Boode)在《清律中的恤刑制度》一文中,就运用了《大清律例·名例下》的"老小废疾收赎""犯罪时未老疾"两条条标。他运用这两条条标,引申出律条中所含的内容并指出,《大清律例》中这两条条标所含律文的内容"可追溯到唐律,二者仅有点文字变动,而解释则与《大明律》相近"。接着,又进一步提出,中国在清朝前,颁行这类法律的原因在于受到儒家思想的影响,即"其原因在于儒家仁义道德的影响"。研究《大清律例》中的这两条条标是因为有大量的相关案例可以作参照。"研究清代法律所具有的优势,也即是我们把该朝作为研究对

象的原因,就在于清律能以大量案例作参照。"经过研究清律中的恤刑制度,此文得出两个答案。即"一是实用主义,二是道德说教"。①

如果说,《清律中的恤刑制度》一文只是研究《大清律例》中的一个制度,那么美国学者钟威廉(William C. Jones)的《大清律例研究》一文则是对《大清律例》作了整体上的研究,文中运用的条标也就更多,数量上大大超过《清律中恤刑制度》一文。此文运用的《大清律例》条标多达 44 条,涵盖了名例、吏、户、礼、兵、刑、工各律。这些条标集中于此文的"内容"和"'民'法与'刑'法"两个部分。这两个部分也正是此文的核心部分。比如,在"'民'法与'刑'法"部分中运用的条标多达 20 条,分别是:《大清律例·名例下》的"共犯罪分首从",《大清律例·户律·田宅》的"欺隐田粮""检踏灾伤田粮""功臣田土""盗卖田宅""典买田宅""荒芜田地""私借官车船",《大清律例·户律·钱债》的"违禁取利""费用受寄财产""得遗失物",《大清律例·兵律·宫卫》的"关防内使出入",《大清律例·贼盗上》的"谋反大逆""谋叛""盗大祀神御物",《大清律例·刑律·贼盗中》的"共谋为盗""公取窃取皆为盗",《大清律例·刑律·人命》的"谋杀制使及本管长官",《大清律例·刑律·斗殴上》的"宫内忿争""上司官与统属官相殴"等条标。②通过对这些条标所含律条内容的分析以及与欧洲法律的比较,得出了结论,即"中华帝国是按官僚(与此相对应的是家庭)脉络组织起来的高度集权化的等级制政府"。而且,"法律是在中国社会里有效运作,但却是极不同于任何我们

---

① 〔美〕德克·博德:《清律中的恤刑制度》,詹学农译,载张中秋:《外国法律形象的一面》,法律出版社 2002 年版,第 229—230 页。
② 〔美〕钟威廉:《大清律例研究》,苏亦工译,载高道蕴等编:《美国学者论中国法律传统》,清华大学出版社 2004 年版,第 413—418 页。

所熟悉的事物的另一种制度"。①

另外，美国学者步德茂在《留存养亲：清朝死刑复核的经验》一文中，也运用过《大清律例》的条标，主要是"父母被殴"和"犯罪留存养亲"两条。②在此文中，结合这两条条标与相关案例，论述了留存养亲在清朝的司法适用情况。

（二）日本、韩国学者在学术研究成果中运用《大清律例》条标

除了美国学者以外，日本、韩国的学者也在研究与《大清律例》相关的成果中，运用了《大清律例》的条标。日本学者中村正人以《大清律例》中的条标"犯罪存留养亲"为主题，发表了《清律"犯罪存留养亲"条考》一文。此文对《大清律例》的"犯罪存留养亲"条标所含律条的内容并结合案例，进行了研究，提出自己的观点。其中，包括：从清乾隆初期开始，留养制度与秋审制度结合在一起，即凡是被判监候死刑者，要等到秋审才决定是否适用留养；对留养作虚假情况的官吏，特别是受贿与故意瞒报的官吏，要进行处罚；判定留存的程序与秋审确定留养的程序不一样；等等。③

也有韩国学者加入《大清律例》的研究队伍，在其研究成果

---

① 〔美〕钟威廉：《大清律例研究》，苏亦工译，第419—424页。
② 〔美〕步德茂：《留存养亲：清朝死刑复核的经验》，付瑶译，载张中秋：《中国法律形象的一面》，中国政法大学出版社2012年版，第305页。
③ 中村正人的《清律"犯罪存留养亲"条考》一文分别发表于日本《金泽法学》2002年第42-2卷、2003年45-2卷、2003年第46-2卷3期中。转引自〔韩〕任大熙：《中国法制史上"存留养亲"规定的变迁及其意义》，何赟国译，载张中秋：《中国法律形象的一面》，中国政法大学出版社2012年版，第291—295页。

中,也运用到这一条标。任大熙在《传统中国法中关于"骂詈"相关法律规定的变迁》一文中,把《大清律例·刑律·骂詈》中关于骂詈的内容也纳入其中并作为考察对象,其中就运用了它的条标。它们是:"骂人""骂制使及本管长官""奴婢骂家长""骂祖父母父母""妻妾骂夫期亲尊长""妻妾骂故夫父母"等。[①]通过这些条标的运用,来反映《大清律例》中相应律条中的内容,印证唐朝以后,对骂詈犯罪的处罚仍在沿用,得出的结论是:这一犯罪在中国传统社会里始终"被视为违法行为"。[②]

综上所述可见,《大清律例》的条标在海外的学术研究成果中常被运用。有些海外学者不仅熟知《大清律例》的条标,还在自己的学术研究中加以运用,并在研究成果中展示。条标已成为海外学者研究与《大清律例》相关成果中的一个重要组成部分。

五、《大清律例》条标运用的启示

从《大清律例》条标的运用中,还可得到一些启示,主要是以下四点。

(一)《大清律例》条标的运用具有广泛性

《大清律例》条标的运用具有广泛性。这种广泛性又表现在运

---

① 〔韩〕任大熙:《传统中国法中关于"骂詈"相关法律规定的变迁》,载张中秋:《中华法系学术研讨会文集》,第 242—243 页。
② 同上书,第 234 页。

用时间、运用主体、运用内容、运用成果等多个领域。其一，关于运用时间。《大清律例》条标的运用自《大清律例》颁行的清朝就开始，历经古代、近代、当代三大历史时期，延续时间近300年。运用时间不算短，而且在古、近、当代都没有中断，经久不衰。其二，关于运用主体。运用《大清律例》条标的主体，不仅有中国人，还有海外的美国、日本、韩国等的外国人。这些人员中，不仅有古代人，还有近、当代人，运用主体亦很广泛。其三，关于运用内容。运用内容也具有广泛性，涉及《大清律例》中的名例、吏、户、礼、兵、刑、工各律的条标，没有一个律是例外，涵盖面非常宽。其四，关于运用成果。《大清律例》条标广泛运用于司法官的判词、司法参与人员撰写的办案经验、官吏的奏折、史籍、学术研究成果等之中。它们不管是专门研究《大清律例》，还是涉及《大清律例》，都往往少不了运用其中的条标，《大清律例》的条标被广泛运用。这种广泛性可以证明，运用《大清律例》条标是一种比较普遍的现象，不是个别情况。

　　《大清律例》条标运用的广泛性由其功能所决定。《大清律例》条标最重要的功能是运用简要的语言，全面、忠实地表达所含律条的内容。条标实际上就成了律条内容的代名词。律条的内容再多，条标也可以运用简要的语言将其全面、忠实地表达出来，使人们一目了然。《大清律例》条标中，语言少的仅两个字，如"五刑""十恶""八议""犯奸""发冢"等；多的也就九个字，如《大清律例·户律·仓库下》的"守支钱粮及擅开官封"，《大清律例·兵律·邮驿》的"乘官畜产车船附私物"等，但这类条标非常少；比较多的条标的字数是四个字，如"军籍有犯""流囚家属""充军地方""脱漏户口""别籍异财"等。这一功能给条标的运用主体带来方便，可以减少不必要的笔墨，避免累赘。于是，言简意赅的《大清律例》条标就受到各类运用主体的青睐，纷纷加以运用。这也说明，运用《大清律例》具有一定的必然性，绝非完全偶然。

(二)《大清律例》条标的运用具有承前启后的作用

中国古代第一部设置条标的律典是唐律，《唐律疏议》中保存了完整的条标。此后制定的《宋刑统》《大明律》与《大清律例》也都设有条标。① 设置了条标以后，运用条标也就应运而生了。这在清朝以前就是如此。《旧唐书·刑法志》记载，在房玄龄等人制定《贞观律》的过程中，就设置了"十恶"条标，即"有十恶之条"；然后，再罗列"十恶"条中所含的10种犯罪。《明史·刑法一》记载了明太祖朱元璋在《大明律》实施过程中，以诏令形式，要求官吏讲读律令，否则要以《大明律》中"讲读律令"条标所含的律条规定进行处罚。即"诏内外风宪官，以'讲读律令'一条，考校有司。其不能晓晰者，罚有差"。这些都是在清朝以前的正史中运用条标的情况。

在清朝以前的有些律学著作中，也有运用条标的做法。明朝的律学著作《新纂四六合律判语》一书就是这样。它把《大明律》里吏、户、礼、兵、刑、工律中的条标作为全书的目录，并逐条研究条标中所含的律条内容。只是运用的条标少于《大明律》中的条标。比如，《大明律·吏律》中条标共有32条，此书只运用了其中的18条，少了14条。每条条标之后，此书用说理与史实相结合的方法来进行阐述。比如，在引用了《大明律·户律一·户役》"脱漏户口"

---

① 王立民：《中国古代律中条标演进之论纲》，载《甘肃政法学院学报》2008年第1期。

条标之后，就作了以下的这样的阐述："率土普天，皆帝王之宇宙；人丁户口，乃庶职之先图。故以伪增，宋王成伪增户口，以要上赏。王成遗羞于百世。因而实报，唐裴蕴为郡守，岁报实增户口数千。裴蕴显绩于当年。"① 对其他条标的阐述也都大致如此。

另外，明朝的司法官在司法中也运用过《大明律》中的条标。严州司理嵇永福在审理一个致人死亡的案件时，发现了问题并认为，适用"故杀"还是"斗殴"值得斟酌，其中就运用了《大明律·刑律·斗殴》的"斗殴"条标。"查'故杀'之例，即附于'斗殴'之条，故前谳引'斗殴'而依'故杀'。今恐律无两议，相应改叙具详。"② 可见，《大清律例》中条标的运用，是继承了以往朝代运用条标的做法。清朝不是中国古代首先运用条标的朝代，此前运用律典中的条标已有千年左右的历史。《大清律例》是中国古代设置条标的最后一部律典，其条标的运用正是继承了以往运用条标的做法，起了一种承前作用。

《大清律例》条标的运用不仅有承前的作用，还有启后的作用。这一条标诞生以后，就开始被运用，直到当代。可以预见，随着对《大清律例》研究的持续进行，其条标还会被不断运用，运用时间将会很长。还有，从现有资料来看，与清朝以前相比较，《大清律例》条标的运用比较充分，覆盖了司法官的判词、司法参与人员撰写的办案经验、清末官吏的奏折、史籍、学术研究成果等各领域。这为以往对条标的运用所不及，也算是一个亮点了。

《大清律例》条标的运用能起到承前启后的作用，与其条标本身所具有的特点分不开。正因为其具有了自己的特色，才便于运用，

---

① 郭成伟等点校整理：《明清公牍秘本》，中国政法大学出版社1999年版，第79页。
② 末了、文菡编著：《法官断案实录》上，光明日报出版社1999年版，第40页。

易于推广。与《唐律疏议》中的条标相比较,《大清律例》条标的特色十分明显,主要是以下三个方面。① 首先,《大清律例》条标的数量比较少。《大清律例》条标的数量少于《唐律疏议》条标的数量。《大清律例》条标有 436 条,而现存《唐律疏议》的条标则有 502 条,《大清律例》少了 66 条。造成《大清律例》条标数量少的原因是,它的律条少了。这两部法典的条标都是每条律条设置一条条标。《大清律例》只有 436 条律条,《唐律疏议》则有 502 条律条,《大清律例》的律条少了 66 条,条标也就少了 66 条,其中包括:"以官当徒不尽""二罪从重""官户部曲""刺史县令等私出界""在官应直不直""漏泄大事""私有玄象器物"等条标。

其次,《大清律例》新增了一些条标。《大清律例》的有些条标为《唐律疏议》中所没有,属于新设条标。尽管《大清律例》条标总数量少于《唐律疏议》,但其仍有条标为新设。比如,"信牌""奸党""交结近侍官员""上言大臣政德""讲读律令"等条标都是如此。形成这一特色的主要原因是,《大清律例》的有些内容与《唐律疏议》有所不同,作了调整,包括新增了一些内容,新设条标所含的内容就是新增的内容。

最后,《大清律例》条标的语言更为精练。《唐律疏议》在立法上对《大清律例》产生了不小的影响,其中包括条标的设置。《大清律例》在传承《唐律疏议》内容时,也引用了相关条标,只是对有些条标的语言作了调整,使其更为精练。比如,《大清律例》把《唐律疏议》中的条标"犯罪未发自首""差科赋役违法""食官私田园瓜果""损败仓库积聚物""子孙别籍异财""官人从驾稽违""盗官文书印"改为"犯罪自首""赋役不均""擅食田园瓜

---

① 本文中的《唐律疏议》版本是刘俊文点校,中华书局 1983 年版。

果""损坏仓库财物""别籍异财""从驾稽违""盗印信"等等。

究其原因是,《大清律例》对条标作了改进,虽然条标所含律条的内容没有大的变化,但其表述更为精练了。即用更为精练的条标语言来表达相似律条的内容。与《唐律疏议》条标相比较,《大清律例》具有这三个主要特色,而且它们的背后有着不同的原因。具有这些特色的《大清律例》条标更易记忆,也为大家所接受,被广泛运用。

从《大清律例》条标运用的承前启后作用可以看到,中国自唐朝在律典中设置条标以来,条标的运用就持续不断,源远流长。这种条标的运用已成为中国古代、近代与当代的一种常态,还为部分海外学者所接受,其影响十分深远。

(三)《大清律例》条标的运用反证清朝的立法技术与时俱进

立法技术是立法中的一个重要组成部分,对于法律形式、结构、内容、语句等的确定与完善,都不可或缺。立法技术往往会决定一部法律的成败,其作用不可小觑。设置条标需要立法技术的支持,也是立法技术的一种直接反映。条标的运用从一个重要侧面折射出设置条标的状况及其相关的立法技术。中国古代在唐朝时已具备较高的立法技术,唐律就是这样的代表作。现存《唐律疏议》的502条条标有序地排列,准确地反映律条的内容,运用精到的语言表达律意等,就是力证。[①] 宋朝在继承唐朝立法技术的同时,又有创新,在设置条标方面也是如此。《宋刑统》因为在律下分门,门

---

① 参见王立民:《唐律新探》(第五版),第67—74页。

下再设条，其门、条都相应设置了门标、条标。它把《唐律疏议》中设置条标的技术扩大到门标，使门标与条标在同一部律典中并存，和睦相处，相得益彰。它的门标是一个门的标题；门下分条，条标则是律条的标题；门标下套用条标，各司其职，相安无事。比如，《宋刑统·名例律》中设有"五刑"门的门标，此门下又设置了五条条标，分别是"笞刑五""杖刑五""徒刑五""流刑三"和"死刑二"。《宋刑统》通过设立门标与条标，把设置条标的立法技术向前推进了一步。

《大明律》虽然沿用《宋刑统》设置门标与条标的做法，但也有调整，主要是门标的数量减少，条标的数量增加。《宋刑统》门标的数量较多，有213条门标，但条标的数量较少，只有190余条。《大明律》作了调整，减少门标为29条，增加条标为460条。[①] 其中，平均每条门标下设有近16条条标。每条条标都对应一条律条，查阅起来更为方便，设置条标的立法技术又向前推进了一步。

《大清律例》在《大明律》设置门标与条标的基础上，又有所改进，主要是两个方面。第一方面是条标数量减少。《大明律》有460条条标，《大清律例》只有436条条标，比《大明律》少了24条条标。第二方面是条标之下不仅有律条，还有例条。《大清律例》与《大明律》不同，是一种律例合编的体例，律条后附有例条。最初的《大清律例》中附有1049条例条，以后还有增加。[②] 但是，它又不设例条的条标。这就意味着《大清律例》的条标增加了所涵盖的内容，即包括律条与例条的双重内容。内容的增加让设置条标的难度也有所增加。《大清律例》克服了这一困难，妥善地设置了条标，把设置条标的立法技术再向前推进了一步。

---

① 参见王立民：《中国法制与法学教育》，法律出版社2011年版，第16页。
② 参见张晋藩：《中华法制文明史》（古代卷），法律出版社2013年版，第576页。

可见,《大清律例》能够与时俱进,在传承传统律典中设置条标的立法技术的同时,还有所发展,使这一技术达到了一个新的高度。这种技术在条标的运用中得到了验证。《大清律例》条标的广泛运用证明,这一立法技术已被清朝的立法者所掌握与使用,充分发挥其应有的作用。

(四)《大清律例》条标的运用对当今立法的借鉴

《大清律例》条标的适用告诉人们:设置条标是中国古代律典中的传统做法,也是这一律典中的一个组成部分;条标的运用有其独特的作用,具有不可替代性。总之,条标是有用的,有条标比无条标要强。改革开放以后,中国的有些地方人大、政府制定的地方性法规、政府规章与最高人民法院的司法解释中,都设置过条标。比如,1980年6月由江苏省五届人大常委会第四次会议批准的《江苏省城市卫生管理暂行规定》和1982年3月由浙江省五届人大常委会第十三次会议通过的《浙江省城市卫生管理条例》都设置了条标。[①]又如,1994年1月上海市人民政府制定的《上海市人民政府规章制定程序规定》中,也设有条标。而且从那以后,凡是在上海市人民政府制定的政府规章里,都一直设有条标。[②]还有,最高人民法院在司法解释中为1997年制定的《中华人民共和国刑法》设置了条标,还在发布的司法案例中运用其条标。因此,《中华人民共和国刑法》的452条法条及相应条标在最高人民法院发布的司法解释中都能找到。[③]不仅如此。最高人民法院还在其公布的案例中运用这

---

① 参见王立民:《中国民法典设置条标新论》,载《学术月刊》2017年第10期。
② 参见王立民:《法律史与法治建设》,法律出版社2017年版,第41页。
③ 《中华人民共和国司法解释全书》,法律出版社2006年版,第1119—1165页。

一条标。在"矫立军抢劫、非法买卖枪支、寻衅滋事,矫立祥与安明力抢劫等"的判决书里,判处矫立军犯有3个罪名中,都运用了司法解释里的条标,分别是:"抢劫罪""非法买卖枪支罪"和"寻衅滋事罪"。① 最高人民法院运用过《中华人民共和国刑法》里通过司法解释而设置的条标。不过,从总体上来看,中国当代设置条标的情况并不普遍,运用条标的情况也就不那么普遍了。

从借鉴《大清律例》条标运用的视角来审视,现今中国可以在立法中,广泛运用设立条标的技术,在法律中全面设置条标,特别在全国人大及其常委会制定的法律中,可以先行先试,进一步带动其他立法。这会有助于当今中国的立法、行政执法、司法、守法、法学教育与研究、法治宣传与传播等等,好处多多。当然,现在要全面推广设置条标的做法,在观念、队伍、技术等层面都存在一些问题,但只要大家目标一致、齐心协力,这些问题都会迎刃而解。② 当代中国广泛设置条标、运用条标之际,也就是中国立法更上一层楼之时。期望这天的到来。

中国古代曾长期在律典中设置条标,社会各个方面也广泛使用条标,特别是《大清律例》的条标。这一条标自被制定以后,一直被运用,纵跨古代、近代与当代三大历史时期。而且,当代的一些海外学者也在使用这一条标,以致其影响力横跨中外。《大清律例》条标的广泛运用给人们以启示,即条标的设置具有积极意义,而且还具有不可替代的作用,即没有其他一种形式可以取代条标。因此,可以认为,设置条标比不设置条标更好。当今中国在法律中设置条标的情况很不普遍。中国要在立法中有所突破,设置条标是突

---

① 《中华人民共和国司法解释全书》,第1256页。
② 王立民:《中国传统法典条标的设置与现今立法的借鉴》,载《法学》2015年第1期。

破口之一。可以相信，中国的法律中一旦设置条标，它们就会被广泛运用，使立法、行政执法、司法、守法、法学教育与研究、法治宣传与传播等各方受益，有百利而无一害。这也会有利于中国全面推进依法治国。

（原载《中国法学》2019 年第 1 期）

专题二

近代法制史

中国近代成为大陆法系国家的原因及相关问题探析

中国近代在实现法制近代化过程中，一方面逐渐废止中国古代的法律，一方面又大量移植大陆法系国家的法律，最终成为大陆法系国家。当时，世界上主要是两大法系，即大陆法系与英美法系。那么，中国近代为什么要大量移植大陆法系国家的法律并成为大陆法系国家，而不大量移植英美法系国家的法律并成为英美法系国家呢？目前关于这一问题的研究成果不少，但却忽视了其中的一个重要原因，即中国不是英国的殖民地国家。[①] 如果中国是英国的殖民地国家，中国近代便会被大量移植英国法而不是大陆法系国家的法律了。这一原因很重要，直接关系到中国近代移植法律的选择、中国近代法制的面貌与近代法制的走向等一系列有关中国法制近代化的重要问题。总之，不能正确认识、理解这一重要原因，就不可能深刻认识与理解中国法制近代化，甚至还会造成误读。本书就此进行一些探索，从一个新的视角，发表自己的管见，与读者交流。

---

① 关于中国近代移植大陆法系国家法律的原因，有不少研究成果，如范忠信、叶峰：《中国法律近代化与大陆法系的影响》，载《河南省政法管理干部学院学报》2003年第1期；杨晓莉：《对清末法律移植的思考与借鉴》，载《理论导刊》2010年第1期等。

一、中国近代成为大陆法系国家主要因为中国不是英国殖民地国家

中国近代大量移植大陆法系国家法律并成为大陆法系国家的一个重要原因是,中国不是英国的殖民地国家。如果中国是英国的殖民地国家,也摆脱不了移植英国法并成为英美法系国家的命运。从世界法制史角度来看,凡是被英国入侵、成为其殖民地的国家,都被强制移植英国法而成为英美法系国家。17世纪中叶,英国经历了资产阶级革命以后,社会取得进步,开始逐渐摆脱封建统治,迈入近代门槛。18世纪中叶,英国又领先于世界上其他国家进行了工业革命,取得明显成效,国家变得强大起来。随之而来的是英国大肆入侵其他国家,使其成为自己的殖民地国家。英国的殖民地国家有很多,遍及欧洲、亚洲、大洋洲、非洲、美洲。[1]因此,英国便有了"日不落"之称。[2]伴随着殖民地的增多和英国人口的增长,英国向外的移民潮出现了,19世纪达到了高潮。据统计,19世纪20年代,移民人数是25万人;19世纪30年代时,增至50万人;19世纪中叶达到了150万人;在滑铁卢大战后的65年中,英国移民多达800万人。[3]英国人因此而遍及世界各地,尤其是在英国殖民地国家。

---

[1] 〔美〕约翰·H.威格摩尔:《世界法系概览》(下),何勤华等译,上海人民出版社2004年版,第939—942页。
[2] 〔日〕早川武夫等:《外国法》,张光博等译,吉林人民出版社1984年版,第4页。
[3] 〔英〕温斯顿·丘吉尔:《英国民族史》第4卷,薛力敏等译,南方出版社2004年版,第77—78页。

英国的殖民者到了自己的殖民地国家以后，便把英国文化强制移植到那里，包括它的法律，英国法也就被移植到了这些殖民地国家。"自十七世纪以来，随着英语世界领域大为扩张，英国法就输出到新的环境和新的社会中。"① 这里的"新的环境"和"新的社会"主要是指英国的殖民地国家。出于自身利益的各种考量，英国的殖民者也热衷于把这一法律移植到自己的殖民地国家。这正如一位英国检察官所言："英国的普通法就是殖民地的普通法……如果让一个英国人随心所欲地去任何他想去的地方，他会理所当然地随身携带尽可能多的法律和自由。"② 由于英国的殖民地国家比较多，英国法也就被大量移植，广泛传播，其结果是，英美法系国家法律的影响超越了国家与种族的界限，几乎遍及全球。有人统计，以世界总人口大约为18亿来计算，约有3亿人口处在英美法系国家法律的统辖之下，与大陆法系国家法律统辖的人口差不多。③

被入侵国在成为英国殖民地国家以前，都有自己的法律，只是情况有所不同而已。其情况大致可以分为两类。一类情况是被入侵国的法律有了较为充分的发展。这些国家的文明程度比较高，已建有自己的法律体系，具有丰富的法律内容，印度就是如此。另一类情况是被入侵国的法律尚未充分发展。这些国家一般文明程度比较低，法律比较粗糙而简单，新加坡就是这样。④ 但是，无论是哪种情况，英国殖民者都强制在殖民地推行自己的法律，使英国法在那里得到施行。事实也是这样。先看印度。印度是个文明大国，拥有灿烂的古代文化，早在公元前2000年就已有恒河文化。此后发展

---

① 丘日庆主编：《各国法律概况》，知识出版社1981年版，第168页。
② 〔美〕约翰·H.威格摩尔：《世界法系概览》（下），何勤华等译，第935页。
③ 同上书，第942页。
④ 何勤华等主编：《东南亚七国法律发达史》，第458页。

起来的法律文化也不逊色，经过婆罗门教法、佛教法、印度教法与伊斯兰教法等发展阶段，在成为殖民地国家以前，印度的法律已积淀很深，形成自己的体系，具有丰富的内容，而且还具有自己的特色，成为世界五大法系之一。①1600年英国的东印度公司成立，19世纪中叶以后英王直接统治印度，使其成为不折不扣的英国殖民地国家。英国在其殖民统治时期，强制移植英国法，1726年还设立了专门施行英国法的皇家法院。19世纪中叶，英国法的各项制度都源源不断地移植到印度。②印度理所当然地成为了英美法系国家。再看新加坡。新加坡的情况则与印度有所不同。新加坡的文明发展较晚，从一个渔村发展到公元10世纪才成为一个重要国际商贸港口，13世纪刚跨入独立国家的行列。14世纪多次遭到外国入侵，国际商贸港口一度变成破落的渔村。在英国入侵以前，新加坡的法律不发达，远不及印度。1819年英国侵入新加坡，1824年新加坡正式成为英国殖民地国家。于是，英国强行把英国法移植到新加坡，其标志是1826年的《第二次司法宪章》，其宗旨是新加坡法院应当依据英国法进行审判。③从此，英国法强势而入，新加坡不得不成为英美法系国家。可见，只要成为英国殖民地国家，不管其以往的国情与法律情况如何，都无一例外地被强行移植英国法，成为英美法系国家。

英国在其殖民地国家移植自己的法律时，也会顾及殖民地国家的国情与原来的法律传统，加入一些它们的元素，使其更易被殖民地人民所接受。比如，印度的英国殖民者在制定法律的时候，"考虑到了地域性的特点，内容有稍异于英国法的地方"，但是，

---

① 何勤华等主编：《东南亚七国法律发达史》，第13—20页。
② 何勤华主编：《外国法制史》，法律出版社1997年版，第54页。
③ 何勤华等主编：《东南亚七国法律发达史》，第453—459页。

这些法律都由英国人制定，而且又经英国国会的批准，其中的所有术语等都来自于英国，因此西方学者便将印度殖民地国家的法典称为"盎格鲁-印度法典"。①实际情况也是如此。在印度殖民地时期的法律中，除了英国法占主导地位以外，还有一些原印度法的元素。印度法律受宗教的影响比较大，还先后受到过婆罗门教、佛教、印度教与伊斯兰教等多种宗教的影响，其法律中不同程度地留有这些宗教的因素，其中的有些因素在英国殖民地时期还在使用，以弥补当时法律的不足，特别是在属人的领域。比如，伊斯兰刑法与证据法在19世纪下半叶，还被印度教与伊斯兰教的教徒使用；印度教刑法在19世纪上半叶还在印度西部被施用；印度教的契约法和侵权行为法在19世纪70年代依然有效等。②这从一个侧面证实，印度的殖民地时期法律实际上是英国法与原印度法的混合，原印度法仍然是其中的一部分，尽管是小部分。其他英国殖民地国家的法律也大致如此。于是，便有了"美国-英吉利法""加拿大-英吉利法"和"澳大利亚-英吉利法"等称谓。③英国法在英国殖民地国家都进行了移植并取得成功，没有例外，英美法系就此建立起来了。

近代以前，英国就有入侵中国的野心，但近代中国始终没有成为英国的殖民地国家，也没有被大量移植英国法，成为英美法系国家。1840年以前，英国就对中国虎视眈眈，蓄谋侵略中国。1793年，英国以庆贺乾隆皇帝80大寿的名义，派使团到北京，向清政府提出开放宁波、舟山、天津等地为商埠，割让舟山、广州附近地方和减税等无理要求，遭到清政府回绝。1808年，英国又派军舰骚扰中国

---

① 何勤华等主编：《东南亚七国法律发达史》，第33页。
② 丘日庆主编：《各国法律概况》，第258页。
③ 〔美〕约翰·H.威格摩尔：《世界法系概览》（下），何勤华等译，第938—939页。

东南沿海，被击退。1816年，英国凶相毕露，扬言要用武力使中国屈服。1840年，英国以中国禁烟为借口，发动了鸦片战争。①战争历时2年多时间，中国失败，1842年，中英签署了不平等的《南京条约》。②这个条约除了规定中国要大量赔款给英国外，还要求中国开放5个通商口岸并割让香港。"自今以后，大皇帝恩准英国人民带国所属家眷，寄居大清沿海之广州、福州、厦门、宁波、上海等五处港口，贸易通商无碍"；"今大皇帝准将香港一岛给予大英国君主暨嗣后世袭主位者常远守主掌，任便立法治理。"③可见，这一条约有损于中国的独立与主权，但没有完全剥夺中国的独立与主权，中国没有成为英国的殖民地国家。此后，中英签订的一些不平等条约也是如此。中国近代不是英国殖民地国家，就有了移植大陆法系国家法律的机会，再加上其他一些原因，最终大量移植了大陆法系国家的法律，成为了大陆法系国家。如果中国近代是英国的殖民地国家，那连移植大陆法系国家法律的机会都没有了。

二、中国近代部分被英美入侵的区域被移植过英美法系国家的法律

20世纪初，中国进行了大规模法制改革，开始全面走上法制近代化道路。此时，中国选择大量移植大陆法系国家的法律，其中主

---

① 白寿彝总主编：《中国通史》第11卷，上海人民出版社2004年版，第131—132页。
② 《南京条约》又称《江宁条约》。
③ 王铁崖编：《中外旧约章汇编》（第1册），三联书店1957年版，第31页。

要是德国法，而不是英美法系国家的法律。① 中国会做这一选择的一个重要原因，是因为中国不是英国的殖民地国家。中国近代虽没有成为英国殖民地国家，也没有大量移植移植英美法系国家的法律并成为英美法系国家，但不排除在有些受英、美国入侵的区域被移植过英美法系国家的法律。这些区域包括有中国的香港、威海卫租借地和英、美租界等。

（一）中国香港被移植过英国法

香港是中国的一个区域。它在鸦片战争结束被英国占领后，就类似于英国的殖民地区域并逐渐形成了一个由英国法、原有中国法律和习惯、香港政府制定的法律等构成的法律体系。② 英国法是其中的一个重要组成部分，也是香港的一个重要法源。1844年香港制定的《最高法院条例》就规定："1843年4月5日香港成立本地立法机构后，现行之英国法律将在香港实施。"③ 英国法中包括了普通法和衡平法、成文法等。普通法和衡平法是英国法的主要法源，也适用于香港，成为香港法律的主要法源。1966年的《英国法律适用条例》明文规定，普通法和衡平法的准则应在香港发生效力，只要它可适用于香港或其居民的情况或根据情况作了必要的修改。④ 1976年香港的《最高法院条例》又进一步明确，英国的普通法和衡平法

---

① 王立民：《论清末德国法对中国近代法制形成的影响》，载《学术季刊》1996年第2期。
② 赵秉志主编：《香港法律制度》，中国人民公安大学出版社1997年版，"序言"第1页。
③ 徐静琳：《演进中的香港法》，上海大学出版社2002年版，"序"第1页。
④ 同上书，第23页。

在最高法院执行。它规定,在一切民事案件中,普通法和衡平法应由最高法院执行,如同在英国高等法院和上诉法院执行一样。①在香港适用的英国普通法与衡平法汇编在《全英案例汇览》和《每周案例汇览》等中。

自 1905 年后,香港也自编在香港产生的判例,其中有:《香港案例汇编》《地方法院案例汇编》和《香港刑事案例汇编》等。②英国法中的成文法也是英国法的重要法源,其也被适用于香港。其中,最为重要的是《英皇制诰》和《皇家训令》。它们均对香港的政治制度、法律制度的基本原则和框架以及涉及香港社会运行中的根本问题作了规定。③

此外,经过枢密院命令的规定、经过其他法令的规定和经过法令本身明确或隐含的规定等也都属于英国的成文法,也都在香港施行。④香港的英国法通过英国设在香港的法院切实加以实施。香港的法院分为 5 级,按其权力大小分别是最高法院上诉法庭、最高法院原讼法庭、地方法院、裁判署和各种专责法庭和审裁处等。⑤它们均把英国法作为依据,进行审判。英国的普通法和衡平法、成文法都在香港实施就直射出英国法被移植到了香港。它成了一个中国的英美法系区域。

1997 年香港回归以后,原先在香港被移植的英国法被保留使用,即仍有法律效力,只要不与香港基本法相抵触、没被香港特别行政区立法机关作修改。1990 年制定的《中华人民共和国香港特别行政区基本法》明文规定:"香港原有法律,即普通法、衡平法、条

---

① 徐静琳:《演进中的香港法》,第 24 页。
② 同上书,第 25 页。
③ 赵秉志主编:《香港法律制度》,第 36 页。
④ 同上书,第 38 页。
⑤ 张学仁主编:《香港法概论》,武汉大学出版社 2006 年版,第 61 页。

例、附属立法和习惯法，除同本法相抵触或经香港特别行政区的立法机关作出修改外，予以保留。"① 香港的英国法至今还在实施，香港成为中国现在唯一一个还在施用英美法系国家法律的一个区域。

（二）中国的威海卫租借地被移植过英国法

1894年日本发动了中日甲午战争，中国又以失败告终，于1895年签订了不平等的中日《马关条约》。② 随后，西方国家加大了对中国的掠夺，以往没有出现过的租借地出现了。胶州湾、威海卫、旅顺大连、广州湾和九龙"新界"都被划为租借地。③ 中国的租借地是一种租借国通过不平等条约，从中国租借一定期限的土地，划归为由租借国进行管理的区域。这使中国的主权进一步受损。中国的租借地都在沿海地区，而且以军港为其主要功能。④ 在中国的这些租借地中，威海卫和九龙"新界"为英国的租借地，由英国进行管理。九龙"新界"的英国租借地适用中国香港的法律，是香港英国法的扩展与延伸地，与香港的法律融为一体。威海卫则不同。它原来是个很不发达的海湾，那里的居民以打鱼和耕种为生，适用的是清朝的法律。⑤ 英国租借了威海卫并在那里取得了管理权。1898年中英签署的《订租威海卫专条》⑥ 规定：英国"所租之地系刘公岛，

---

① 国务院法制办公室编：《新编中华人民共和国常用法律法规全书》（第10版），中国法制出版社2004年版，第91页。
② 《马关条约》又称《马关新约》。
③ 上海市政协文史资料委员会等编：《列强在中国的租界》，中国文史出版社1992年版，第591页。
④ 王立民：《甲午战争后中国区域法制的变化》，载《中外法学》2016年第1期。
⑤ 邵宗日：《英国租借时期威海卫法律制度研究》，法律出版社2011年版，第286页。
⑥ 王铁崖编：《中外旧约章汇编》（第1册），第782页。

并在威海湾之群岛，及威海全湾沿岸以内之10英里地方。以上所租之地，专归英国管辖"。于是，威海卫的法律发生了巨大变化，其中亦包括被大量移植英国法。

在中英自签订《订租威海卫专条》至1930年威海卫租借地收回的32年时间里，英国利用威海卫的管理权，在威海卫建立了自己的法制，制定了自己的法律。其中，包括了移植英国法。这种被移植的英国法主要有三大部分内容组成。第一部分是英国法的内容。英国曾制定法律，其中的内容均适用于威海卫租借地，《1901年枢密院威海卫令》即是如此。[①] 它的第一句话就明确这一英国法的适用范围与颁布时间。"关于英国在威海卫的管辖，枢密院特于1901年7月24日颁布法令如下。"随后，它规定了一些具体内容，内容分为序言、行政与立法机构、司法、刑事事务、民事事务、其他等6个部分，共有87条。依据其规定，英国在威海卫租借地具有行政、立法、司法等权力，威海卫租借地类似于英国殖民地，即"本属地如同国王陛下属地"。这里以其行政长官为例。威海卫租借地的行政长官就像一个英国海外殖民地国家的总督。"在本属地内，应设行政长官一名。行政长官的人选可随时由国王陛下以敕令方式任命。"这一行政长官具有行政、立法与司法权。他可"以国王陛下名义，根据其认为合理的条件，任命公职人员并设定其职责"；"行政长官可指定和颁布各种条例"；"以国王陛下名义，对由本属地内任何法庭、法官或治安法官定罪的罪犯，无条件的赦免，或者根据法律所赋予的条件进行赦免，或者缓予刑罚的执行，缓刑的期限由行政长官合理确定。"事实也是如此。在威海卫租借地存在的32年中，共有7位行政长官任职，他们都集立法、行政、司法权力于一

---

① 邵宗日等编译：《英国租借期间威海卫法令汇编》，法律出版社2012年版，第9—26页。

身。① 除了《1901年枢密院威海卫令》以外，还有其他一些英国法的内容也可被直接适用于威海卫租借地，其中包括有逃犯法、犯人转移法、殖民地海事法院法等。《1901年枢密院威海卫令》规定：威海卫租借地"如同陛下属地，适用于《1881年逃犯法》以及《1884年殖民地犯人转移法》相关规定"；"《1890年殖民地海事法院法》的第2条第（2）至（4）款、第5条、第16条第（3）款之规定，适用于（威海卫租借地）高等法院。此种情况下，高等法院被视为殖民地海事法院，所述领地如同英国占领地一样。"英国法的内容直接被适用于威海卫租借地，就意味着其就是威海卫租借地区域内的法源，也是被移植进威海卫租借地这一中国区域的英美法系国家的法律。

　　第二部分是英国法的原则与惯例等。中国的威海卫租借地不仅被直接移植进英国法的内容，还同时被移植英国法的原则与惯例等。英国在威海卫租借地设有一个法院即高等法院，行政长官有掌理这一法院之责。《1901年枢密院威海卫令》规定："在本属地境内，应设一处国王陛下威海卫高等法院"，"在正式任命法官之前，高等法院应由行政长官掌理。法官被正式任命之后，高等法院由行政长官或者法官掌理，或者由行政长官与法官共同掌理。"威海卫租借地的高等法院在审判案件时，可以把英国法的原则与惯例也作为审判的依据。这就意味着这些英国法原则与惯例也是威海卫租借地的法源，那里的人民也都必须遵守，违反者要承担相应的法律责任。《1901年枢密院威海卫令》规定："法院在审理民事和刑事案件时，在其管辖权范围内，可视情况依据本法令其他条款之规定，遵守英格兰现行成文法及其他法律之原则，遵循英格兰法院或者治安法院的诉讼程序和惯例。"英国法的原则与惯例能在威海卫租借地实施的前提是，

---

① 邵宗日：《英国租借时期威海卫法律制度研究》，第40—41页。

其已经被移植进威海卫租借地,成为威海卫租借地法律的一部分。否则,这种法律原则与惯例,不能成为威海卫租借地的法律。

第三部分是香港的法律。鸦片战争结束,香港被英国占领后,香港的法律变成了一种英美法系的区域法律。香港的法律也可以在威海卫租借地施行。《1901年枢密院威海卫令》规定:"根据情况需要,所有施行于香港法律和条例可以在适当修改后适用于或者直接适用于本属地。"英国法是香港法的一个重要组成部分,也是香港法的一个重要法源。香港法本身也属于英美法系,是英美法系国家法律的区域。这从一个侧面告诉人们,香港法律与威海卫租借地法律有同源之处,这就是英国法。香港的法律可以在威海卫租借地适用也能说明,英美法系国家的法律被移植进了威海卫租借地。事实也是如此。有学者深入研究了威海卫租借地法律后,下了这样的结论:"英租威海卫时期的许多法律制度都是引自于英国本土的或者根据英国法律所制定的香港的法律。"[①] 此话是真。

威海卫租借地的法律中,虽然也有中国法律和习惯的成分,但其只存在于私法领域;英国法则统辖整个公法领域,刑法与行政法等都是英国法的天下。英国法在威海卫租借地法律中独占鳌头,被移植到威海卫租借地了。威海卫租借地被收回后,南京国民政府管辖了该区域,英国法也就逐渐退出了历史舞台。

(三)中国的英、美租界被移植过英美法系国家的法律

由于西方列强的入侵,近代中国出现过租界,首先是上海英租

---

① 邵宗日:《英国租借时期威海卫法律制度研究》,第282页。

界，其产生的依据是1843年的中英《五口通商附粘善后条款》。①它规定，"广州等五港口英商或常川居住"，"中华地方官厅与英国管事官各就地方民情地势，议定界址，不许逾越，以期永久彼此相安。"1845年《土地章程》出笼。②上海英租界的界域因此而被划定。③以后，中国领土上又出现过其它租界，也都以不平等条约为依据。④中国总共有10个城市，产生过27个租界及其法制。其中，上海、天津、汉口、九江、镇江、广州和厦门有过英租界，上海、天津存在过美租界，上海还另有过上海英美租界与上海公共租界。⑤这些租界的英、美国人通过租地方式取得土地，进行开发，管控租界。他们都是英、美国在上海的侨民，实行侨民自治，形成"国中之国"。⑥上海英租界、上海美租界及其以后的上海英美租界和上海公共租界的主要管控者都是英、美国人。自上海英租界成立租界内的管理机构工部局起，工部局的领导机构董事会中，英、美国侨民就一直占有绝对优势。比如，1873年的工部局董事会共有9人组成，其中英国人6人，美国人1人，德国人2人。1903年的工部局董事会也有9人组成，其中英国人7人，美国人1人，德国人1人。⑦英、美国侨民管控上海的这些租界为其移植英美法系国家的法律原则与成文法内容提供了便利。事实也是如此。上海这些租界

---

① 王铁崖编：《中外旧约章汇编》（第1册），第34—39页。
② 《土地章程》又被称为《地皮章程》《地产章程》等。
③ 史梅定主编：《上海租界志》，上海社会科学院出版社2001年版，第91—92页。
④ 王立民：《中国租界法制初探》，法律出版社2016年版，第39—40页。
⑤ 上海市政协文史资料委员会等编：《列强在中国的租界》，第590页。上海于1845年产生英租界；1848年出现美租界；1863年英美租界合并成立上海英美租界；1899年上海英美租界改称为上海公共租界。
⑥ 费成康：《中国租界史》，上海社会科学院出版社1991年版，第1页。
⑦ 史梅定主编：《上海租界志》，第184—185页。

的租地方式采用的是英美法系国家中的"自治"原则,于是在租地的规定中,便由外侨在土地章程规定的区域内,自己向中国业主商地、订契约,最后租得土地,进行开发与利用。这与上海法租界由法国领事向租界内华人租地的规定就明显不同。①其中的原因是上海英租界、上海美租界、上海英美租界与上海公共租界移植与适用的是英美法系国家的法律原则。不仅如此,这些租界还在制定本租界的规定时,参照了英美法系国家成文法的相关规定,移植了其中的一些内容,形成租界的规定。这些规定又集中于英国的一些成文法。1853年英国颁行了世界第一部交通法规,1872年上海英美租界便以其为蓝本,移植了其中的内容,也制定了自己的交通规则,作出了道路上的车辆、行人都须左去右来的规定。这一规定直到20世纪40年代,移植了美国的右去左来的规定后,才得以改变。②1875年英国实施了修改后的《公共卫生法》,成为世界上第一部内容比较完整的卫生法。上海英美租界又将其中的一些内容移植过来,成为自己的规定,加以施行。③上海的英、美等租界是如此,中国其他城市中的英、美租界也大致如此。

中国的英、美租界是"国中之国",其管理是在华的英、美国侨民的自治管理,即为英、美国侨民管控英、美租界。他们建立了自己的立法机关,自己立法。在立法过程中,移植了英美法系国家的法律原则与成文法的内容并使其本土化,在租界施行。可见,近代中国从整体上来看,没有成为英国的殖民地国家,也没有被大量移植英美法系国家的法律,并成为英美法系国家。然而,由于英

---

① 王立民:《论上海租界法制的差异》,载《法学》2011年第7期。
② 马长林等:《上海公共租界城市管理研究》,中西书局2011年版,"序言"第3页。
③ 同上。

国、美国入侵了香港、威海卫租借地和英、美租界，英美法系国家的法律也被大量移植到这些区域。可以这样认为，中国近代没有大量移植英美法系国家的法律，而大量移植了大陆法系国家的法律，受大陆法系的影响大，成为大陆法系国家；但从中国的香港、威海卫租借地和英、美租界等区域来看，则受英美法系国家法律的影响比较大，成了中国的英美法系区域；即使如此，中国的英美法系区域也无法改变近代中国属于大陆法系国家的属性。

三、与中国近代成为大陆法系国家相关的一些问题

与中国近代大量移植大陆法系国家法律而成为大陆法系国家相关，还有一些问题值得关注。

（一）中国近代移植大陆法系国家的法律是一种非强制性的移植

世界上的文化大致可分为两种，即私文化与公文化。私文化是一种人们在日常生活中产生、发展，不需国家强力推行的文化，饮食、服饰等文化都是如此。它们在原始社会就已经存在，不依附于国家及其强制力，自然而然形成、成长，直至今日，以后也会如此。公文化则与私文化不同，是一种由国家强力推行的文化，法律属于这种文化。这种文化不会在日常生活中逐渐产生、发展，而需通过国家强力推动，法律就是如此。它要经过国家制定或认可并由

国家的强制力保证其实施。它产生、发展于阶级社会，依附于国家及其强力。世界上的法律都属于此种文化，大陆法系与英美法系国家法律也不例外。然而，从法律移植方式来区分，这两个法系法律的移植就有所不同了。大陆法系国家法律的移植可以是非强制性移植，即国家可以在自主状态下主动移植大陆法系国家的法律，也可以是强制性移植，即国家在入侵国以暴力或以暴力相威胁情况下，被强制移植入侵国法律。英美法系国家法律的移植则为强制性移植，在殖民地国家或非殖民地国家中受英、美国入侵的地区强制性移植其法律。①

近代中国就是非强制移植了大陆法系国家的法律，采用了非强制性移植方式。那时的大陆法系国家没有用暴力或以暴力相威胁的手段，通过建立殖民地国家途径强制把自己的法律移植到中国，也没有在中国建立他们的立法、行政、司法等一整套国家机构。自清末法制改革以后，中国就开始主动大量移植大陆法系国家法律，直到南京国民政府时期，实现了中国法制近代化，成为大陆法系国家。清末法制改革时期，中国主动翻译世界近代的法典与法学著作，其中以大陆法系国家的为主；中国主动邀请外国法学专家来中国立法、讲学，其中也以大陆法系国家的为主；主动废除中国传统法律、制定近代法律，其中以大陆法系国家，特别是德国法为主等。最终结果是，中国形成了以《六法全书》为代表的成文法体系，具有大陆法系国家的基本特征，成为大陆法系国家的成员。还有，日本在近代也采用这一移植方式，走上了一条非强制性移植大陆法系国家法律的道路，同样成了大陆法系国家的一员。②尽管近

---

① 何勤华等:《外国法与中国法》，中国政法大学出版社2003年版，第637—638页。
② 〔日〕早川武夫等:《外国法》，张光博等译，吉林人民出版社1984年版，第5页。

代中国的香港、威海卫租借地和英、美国租界等区域也被移植过英美法系国家的法律,但这种局部移植没有改变那时中国属于大陆法系国家的法律性质。英国对其殖民地移植英国法,是一种强制移植方式。英国用暴力手段占领他国领土,建立殖民地国家,然后强制地把自己国家的法律移植进去,在那里实施。这两种移植法律的方式有很大差别。

为了保证被移植的法律能够成活、发展,无论是采用非强制性移植方式还是采取强制性移植方式,被移植国家都要建立与之相适应的一整套机构,其中包括立法、行政、司法等机构。但是,这种建立的机构也有所不同。非强制性移植的大陆法系国家可以按照大陆法系的模式,自主建立这类机构。强制性移植的英美法系国家则只能由入侵国强制建立这类机构。近代中国是非强制性移植大陆法系国家法律,也是主动建立相关机构的国家。自清末法律改革以后,中国就主动建立了与移植大陆法系国家法律相配套的相关立法、行政、司法等机构。清末,在君主立宪体制下建立的资政院、内阁、大理院分别承担了国家的立法、行政和司法职能。[①]以后,这类机构虽在名称、职能上有所变化,但始终存在,中国近代所移植的大陆法系国家法律也因此而运作起来。

英国强制性移植其法律到其殖民地国家,也在其殖民地国家强制建立起这类机构。这里以澳大利亚为例。1770年,英国海军上尉库克一行占领了澳大利亚东部,成为英国殖民澳大利亚的开始。以后,通过流放罪犯与移民等途径,促进了澳大利亚的人口增长,到1900年已达376万人。为了推行英国法与殖民的需要,英国在那里建立了立法、行政与司法机构。1858年,澳大利亚联邦委员会成立,

---

① 王立民主编:《中国法制史》,科学出版社2016年版,第175—176页。

行使立法权；1855年至1900年间，澳大利亚的各个殖民地建立了责任制政府，行使行政权。①19世纪中叶，澳大利亚还建立了联邦高等法院，行使司法权。②这些机构都由英国强制建立，并运行起来。英国式相关机构的建立，使英国殖民地国家被强制移植的英国法能够站住脚并运作起来。英美法系国家的队伍也因此而渐渐发展、壮大了。可见，中国近代大陆法系国家法律的非强制性移植与英美法系国家法律的强制性移植的区别还不小。

（二）大陆法系国家法律比英美法系国家简单是导致其可以被非强制移植的一个重要原因

导致世界近代不同法律移植的一个重要原因是法律的复杂性问题。那时，可以被移植法律的选择性很小，基本上就在当时的世界两大主要法系即大陆法系与英美法系国家法律中挑选。这两个法系国家法律的复杂性不同。大陆法系国家的法律相对简单，易被那些被移植国家所接受，可以通过非强制性方式进行移植。英美法系国家的法律相对复杂，不易被那些被移植国家接受，只能采用强制性移植方式强行在被移植国家进行移植。

大陆法系国家的法律相对简单，以成文法为主要特征，其法源无论是法律还是法规等，都有明文规定，一清二楚。适用这一法律时，只要把法条与案件结合起来，并依据法律的规定进行审判。它是一种从一般的法律规定适用到具体案件中去的过程，即是从一般到具体的过程。由于大陆法系国家的法律在立法过程中已实现了归

---

① 何勤华主编：《澳大利亚法律发达史》，法律出版社2004年版，第4—10页。
② 同上书，第341页。

纳，所以其在运用过程中只要演绎就行了。这种只要演绎的思维过程，对人们来说，困难较小。从这种意义上讲，大陆法系国家的法律相对简单，易被人民所接受，也可以通过非强制性方式所移植。当然，这也不排除大陆法系国家在其殖民地国家，也强制移植过大陆法系国家的法律，如在越南和南美洲等一些国家。事实也证明，在移植大陆法系国家法律的国家中，许多都是采用非强制性方式进行移植，而且移植都比较成功，中国、日本等国家都是如此。

英美法系国家的法律就相对复杂，以判例法为主要特征，判例法中还有普通法与衡平法之分。英国法是其祖师爷。普通法是一种于公元11世纪威廉征服不列颠以后，设立王室法院，进行巡回审判，集中各地审案时使用的习惯法，并将其适用于全国的法律。它的基本特点是：其核心内容是英国封建法；以习惯法为基础；表现形式为判例法；法官在普通法的形成与发展中发挥了重要作用等。[①]到了公元14世纪，普通法趋于停滞状态，失去以往动力，其保守、僵化的一面逐渐显露出来，衡平法作为普通法的补充，应运而生。[②]衡平法是一种大法官不按普通法的诉讼程序进行审案，也不受普通法的约束，而是依据公平、正义原则进行判决并形成的法律。[③]它以公平、正义为最终目标，而且通过大法官的自由裁量来实现这一目标。[④]普通法与衡平法是英美法系国家法律的主要法源。由于它们都是判例法，所以适用这一法律就有一个抽象与演绎的双重过

---

① 何勤华主编：《英国法律发达史》，法律出版社1999年版，第24—25页。
② 〔英〕丹尼斯·基南：《英国法》（上册），陈宇等译，法律出版社2008年版，第12—13页。
③ 林榕年主编：《外国法制史新编》，群众出版社1994年版，第273页。
④ 冷霞：《英国早期衡平法概论——以大法官法院为中心》，商务印书馆2010年版，"序言"第3页。

程,即是一个法官先要从具体判例中抽象出法律原则与规定,然后再适用于要审判案件的过程。这就是一个从具体到一般,再从一般到具体的过程。这种过程比仅从一般到具体的过程要复杂,要求也更高。英美法系国家法律比大陆法系国家法律的复杂,导致了被非强制性移植失去了可能,只能选择强制性移植了。

英美法系国家法律的复杂性源于英国法的复杂性,而英国法的产生又有一些特殊性。首先,地理环境具有特殊性。英国在完全与大陆分离的岛屿上,是一个典型的岛国。其四周都是海洋,与欧洲大陆隔海相望。[1]这样特殊的地理环境下产生的法律就特别适合英国。其次,政治上的博弈具有特殊性。这主要是指国王与封建贵族的博弈,突出表现在司法权上。在12至13世纪,国王借助自己的权力,将分散在各地由封建贵族在司法中使用的习惯法,以判例法形式收归中央,早于欧洲其他国家完成了司法的中央集权制,形成了普通法,取得了与封建贵族博弈的胜利。[2]这样产生的法律的英国印记特别明显。最后,英国人有崇尚规则的特殊性。英国人原为古斯堪的纳维亚人中的一部分,曾居住于法国,后又迁到英国的罗洛部落。这一部落的人特别崇尚规则。以后,英国人便形成遵奉法律的传统,出现了整个英格兰都沉溺于法律学习的情况。[3]英国有了法治的传统。[4]这就对法律的完善与追求对公平、正义的目标,提出了较高要求。这些特殊性综合起来,便产生了特殊的、复杂的

---

[1] 〔美〕约翰·H.威格摩尔:《世界法系概览》(下),何勤华等译,上海人民出版社2004年版,第1054页。

[2] 程汉大主编:《英国法制史》,齐鲁书社2001年版,"前言"第1—2页。

[3] 〔美〕约翰·H.威格摩尔:《世界法系概览》(下),何勤华等译,第901页。

[4] 李红海:《普通法的历史解读——从梅特兰开始》,清华大学出版社2003年版,第329页。

英国法。

英美法系国家法律的复杂性使移植国家望而却步，它们宁可移植相对简单的大陆法系国家的法律在本国施行，移植这一法律就出现了非强制性的移植方式。英美法系国家法律的移植就是另一种状况。英国人喜好输出自己的法律，把其输出到殖民地国家，还美其名曰为，可以身在英国领土而受惠于英国法并得到英国皇室的保护。①但是，被移植国家又不愿意非强制性移植，于是英国不得不采取强制性移植方式，在殖民地国家强行推行英国法。也正因为如此，只有在英国殖民地国家才会在整体上被移植英国法，否则，就不会移植英国法，也不会成为英美法系国家。英国的殖民地国家越多，英国法就扩散得越广，英美法系的影响力也就越大。可以得出这样的结论：不是英国殖民地国家不会愿意移植英国法，也不会成为英美法系国家；没有英国殖民地国家，世界上也不会形成英美法系；殖民地国家对英美法系的形成具有决定性意义。另外，在非英国殖民地国家中受英、美国入侵的区域也会移植一些英美法系国家的法律，如中国近代的香港、威海卫租借地与英、美租界等区域。但是，这只是部分区域而已，无法改变中国整体的大陆法系国家的性质。

（三）大陆法系与英美法系国家的法律移植后的生命力都很强

被移植后大陆法系与英美法系国家的法律都有很强的生命力，不仅会生根，还会开花、结果，持续向前发展。无论是非强制性移

---

① 〔美〕约翰·H.威格摩尔：《世界法系概览》（下），何勤华等译，第937页。

植，还是强制性移植都是如此。日本、中国等国家非强制性移植了大陆法系国家法律以后，经过百余年时间，仍在使用。澳大利亚、印度等国家被强制性移植了英美法系国家法律以后，历经百年以上时间，也在继续运用。世界上还没有出现过一个国家移植了大陆法系或英美法系国家法律后，再放弃大陆法系或英美法系国家法律的情况；也没有出现过一个国家先移植大陆法系国家法律，后来放弃这一法系国家法律，转而移植英美法系或其他法系国家的法律的先例；同样，也没有产生过一个国家先移植英美法系国家法律，后来放弃这一法系国家法律，转而移植大陆法系或其他法系国家的法律的事例。这两个法系国家法律各自的生命力都很强，不分上下。

英美法系国家的法律依靠殖民地的存在而被强制性移植到殖民地国家，当这些国家脱离了殖民统治而独立、自主以后，是否继续使用英美法系国家的法律，曾有过争论，产生过不同意见，但最后的结局都是继续采用这一法系国家的法律，而不是放弃它选用其他法系国家的法律。美国曾经有过这样的争论。在独立战争期间，殖民地的美国人民存在对英国殖民者的对立情绪，影响到法学界人士对英国法的态度，甚至还在有些州出现了禁止适用英国判例法而引进大陆法系成文法的情况。[①] 反对继续使用英国法的观点认为，与大陆法系国家的法律相比较，"英国法似乎是封建的、野蛮的和粗劣的"。因此，持这一观点者强烈要求，改用大陆法系国家的法律。主张继续使用英国法的观点则认为，英国法"保护人与生俱来的权利，是一笔足资珍贵的遗产；它虽然在乔治三世统治时期一度受到歪曲，但仍不失是一种富有生机的现实制度"。因此，持这一观点者就竭力要求，英国法可以继续被使用，而不被放弃。争论的结果

---

① 何勤华主编：《美国法律发达史》，上海人民出版社1998年版，第13页。

是主张继续使用英国法的观点占了上风,美国因此而没有退出英美法系国家行列。"事后看来,普通法在当时没有什么可怕的。像英语一样,它并没有受到什么威胁。法院继续运作,照旧审它的案件。"[1] 其他英美法系国家或多或少地有过这样的经历,但最后的结局都与美国一样,继续采用英国法,留在英美法系国家之列。

大陆法系与英美法系国家法律都富有生命力,是因为它们都能适应世界近代社会的发展而不落伍。大陆法系国家的法律虽源于日耳曼法、罗马法,但其最终形成于近代,法国民法典和德国民法典为代表的法典都是近代社会的产物,其法律体系、主要原则、重要内容等都基本能适合近代社会发展的需求,甚至到了当代都是如此。英美法系国家的法律源于英国盎格鲁-撒克逊人的法律,封建成分较多,但是进入近代以后,英国进行自我调整,不断摒弃封建成分,也实现了近代化,同样能适应近代社会发展的需求。[2] 可见,这两大法系的法律能被世界许多国家所移植,富有生命力,是因为其具有深刻的社会历史原因,而非偶然。

法律的传承性很强,一旦生存又被长时间适用以后,就具有相对独立性并有传承效应。被移植的大陆法系与英美法系国家的法律也是如此。它们被移植并在被移植国家生根、开花、结果以后,就会代代传承。这种被移植法律的精神、原则、制度与内容会深入人心,法律的施行也会融入人们生活,它们都会成为被移植国家生活的一部分而被固化,不易被改变。这种传承并不意味着法律内容的僵化,而是有一个不断本土化的过程。在这一过程中,一方面,大陆法系与英美法系国家法律的精神、体系、原则、制度大多被移植

---

[1] 〔美〕劳伦斯·M.弗里德曼:《美国法律史》,苏彦新等译,中国社会科学出版社2007年版,第103页。

[2] 何勤华等:《法律移植论》,北京大学出版社2008年版,第59—60页。

与接受；另一方面，被移植国家原有的规定与适合本国的新规定也会融入进新法律，以实现被移植法律的本土化。在大陆法系国家中，中国民法中关于典卖的规定，日本民法中关于永小作制度等，都是本土化的表现，均为法、德等大陆法系国家法律中所没有。①在英美法系国家中，尼日利亚民法中关于土著土地法的规定，加纳关于扶植土著政权的土著权限规定等，也同样是本土化的表现，均为英、美等英美法系国家法律中所没有的。②

通过被移植国家法律的本土化，大陆法系与英美法系国家法律能适应近代社会，还能适用于每个被移植国家，这两个法系国家的法律也就能传承下来，而没有被淘汰。不过，这也造成了以下的结果：在大陆法系与英美法系国家中，每个成员国家法律的具体内容都不尽相同，都有自己特殊一面；每个成员国家虽都具有特殊性，但都是这两个法系国家的成员，如同一个家庭成员中的兄弟姐妹一般，即既是成员又不完全相同；相同的只是"血缘"，那就是这两个法系各自的法律传统与基本特征。

中国近代自大量移植大陆法系国家的法律以后，不仅使其本土化，也使其不断得到传承，走上一条大陆法系国家的道路，始终没有改旗易帜。那时，中国虽然贯彻三民主义，采用典卖等一些制度等，都明显具有中国特色，但仍没有改变其大陆法系国家的面貌。

近代世界主要的两大法系是大陆法系与英美法系。它们均对近代世界法律的发展产生过巨大影响，是许多国家选择移植法律的主要考量。由于英国法的复杂性和产生条件的特殊性，以致其只能在英国殖民地国家被移植。英国通过强力强制地移植自己的法律到其

---

① 何勤华等：《日本法律发达史》，上海人民出版社1999年版，第46页。
② 何勤华等主编：《非洲法律发达史》，法律出版社2006年版，第202、211页。

殖民地国家，再加上美国法的原因，逐渐形成了大量的英美法系国家。大陆法系国家的法律相对简单，可以强制性移植，也可以非强制性移植，其选择的余地较大。中国近代虽被英国入侵，也被迫签订过不平等条约，但在整体上并没有成为英国的殖民地国家，因此在移植外国近代法律时，选定了移植大陆法系国家的法律，而不是英美法系国家的法律。这是中国近代大量移植大陆法系国家法律并成为大陆法系国家的一个重要原因。如果近代中国成了英国的殖民地国家，那中国也逃脱不了被强制移植英国法的命运，理所当然地成为英美法系国家了。近代中国的香港、威海卫租借地和英、美租界等一些区域，虽然也曾移植过英美法系国家的法律，但这只是中国的部分区域，没能改变中国是大陆法系国家的属性。近代中国不是英国殖民地国家的重要原因在考察与研究中国近代法律移植乃至中国法制近代化中，不可或缺。否则，中国近代成为大陆法系国家的原因分析就不完整，明显留有缺憾了。

中国今天的法治建设是整个中国法制历史的一个组成部分，也是这一历史的延续。要全面、深刻理解今天的法治，不能不认识与其相关的法制历史，其中亦包括中国法制近代化过程中法系的选择。这就需要正确、全面认识中国近代选择大陆法系的原因，不能偏颇，也不能缺漏。这既是对中国近代化的客观认识的需要，也可为当今法治建设中进一步借鉴世界法制文明提供一个方面的依据与帮助，其意义不小。

（原载《华东师范大学学报（哲学社会科学版）》2017年第4期）

中国法制近代化进程再认识

目前，学界已习惯性把中国法制近代化进程的起始进程定位于20世纪初的清末法制改革。这正如《中国近代法制史教程（1901—1949）》所言："中国法律近代化事业，起于清末最后十年"；"中国法律近代化，始于清末法制改革"。① 而且，还认为这是一种由中央主导的"自上而下"的改革过程。"清朝末年，清政府在外辱内患的大背景下，'自上而下'地实行了大规模的法制改革。"② 其实不然。如果以中国租界法制为出发点，再对中国法制近代化进程进行考察，就可以对这一近代化进程有个更为客观的认识。中国法制现代进程始于19世纪中叶，而且还是一个"自下而上"和"自上而下""由点到面"和"由面到点"相结合的进程。当然，中国租界及其法制都是以中国与西方列强签订的不平等条约为基础，以牺牲中国的主权为代价。这点不可否认。

一、中国法制近代化进程始于19世纪中叶

中国法制近代化进程始于19世纪中叶而不是始于20世纪初的清

---

① 曹全来：《中国近代法制史教程（1901—1949）》，商务印书馆2012年版，第3页。
② 刘洋洋：《论清末法制改革的历史地位》，载《理论观察》2017年第10期。

末法制改革。① 这是因为在鸦片战争以后，中国领土上就出现了现代法制。这就是中国租界的现代法制，其中最早的中国租界法制诞生于上海英租界。上海英租界的法制是中国领土上最早出现的现代法制。

（一）上海英租界施行的《上海租地章程》是中国第一个近代法规

鸦片战争以后的1842年签订了中英不平等《南京条约》，其规定，中国向英国开放包括上海在内的五个通商城市，即允许"英国人民带同所属家眷，寄居大清沿海之广州、福州、厦门、宁波、上海等五处港口，贸易通商无碍"。② 翌年，又签署了《南京条约》的附件《五口通商附粘善后条款》。这个附件规定，允许英国人可以在这五个通商城市租地，以便居住与通商。"允准英人携眷赴广州、福州、厦门、宁波、上海五港口居住，不相欺侮，不加拘制。但中华地方官必须与英国管事官各就地方民情，设定于何地方，用何房屋或基地，系准英人租赁。"③ 这为上海英租界的产生提供了法律依据。1845年《上海租地章程》颁行。④ 它被称为是上海英租界的"根本法""大宪章"，地位非同一般。⑤ 它对上海英租界的地域作了规定，第二年上海英租界正式亮相。这是中国领土上的第一块租界。《上海租地章程》的颁行为中国法制近代化进程开辟了一条道路。⑥

---

① 本文中的"19世纪中叶"指19世纪40至60年代的时间段。
② 王铁崖：《中外旧约章汇编》（第1册），第31页。
③ 同上书，第35—36页。
④ 同上书，第65—70页。
⑤ 王鹏程等：《上海史研究》，学林出版社1984年版，第100页。
⑥ 《上海租地章程》亦称《上海土地章程》等。

1.《上海租地章程》本身就是一个现代法规

这个章程使用了现代的法律结构、法律语言、制裁方式等,与当时中国正在使用的传统法律结构、法律语言、制裁方式等都不相同,是一个现代的法规,使人耳目一新。[①] 由此也可以认为,《上海租地章程》是中国领土上出现的第一个近代法规,标志着中国法制近代化迈出了第一步,尽管它只是一个近代区域性法规。

2.《上海租地章程》为创建上海英租界的现代法制打下了基础

以这一章程为依据,上海英租界建立起来了。随着上海英租界的发展,租界内设立了自己的包括立法、行政、司法机构等在内的一整套自治机构,实现了租界内侨民的自治,其法制也随之健全起来。其中,包括创立了现代的法律体系、司法制度等等。[②] 这一切均发生在20世纪以前,要早于清末法制改革几十年。

3.《上海租地章程》被中国其他租界所仿效

自上海英租界诞生以后,中国领土上又出现过26个租界及其法制。[③] 这些租界在建立时,也都颁行过类似于《上海租地章程》的法规,确定界域,建立自己包括立法、行政、司法机构在内的管理机构,建立自己的法制,实行自治管理,把租界变成"国中之国"。[④]

[①] 王立民:《上海英租界与现代法制》,载《法制日报》2009年1月21日。

[②] 同上。

[③] 上海市政协文史资料委员会等:《列强在中国的租界》,中国文史出版社1992年版,第590页。

[④] 费成康:《中国租界史》,上海社会科学院出版社1991年版,第1页。

(二)上海英租界具备了继续
推进法制近代化的条件

上海英租界的《上海租地章程》颁行以后,其法制近代化进程的步伐没有停止,在20世纪仍一步步持续向前发展,使近代法制渐渐趋向完善。① 能够持续发展的一个重要原因是上海英租界创造了各种有利于推进近代法制的条件。

1. 上海英租界地域的拓展

上海英租界的法制是世俗性法制,属地是其基础条件之一。只有在一定的地域里,上海英租界的法制才能够生存、发展。当地域拓展后,社会情况发生了变化,对法制的需求随之增加,上海英租界法制也就变化、发展了。1845年的《上海租地章程》确定了上海英租界的地域时,其现代法制也就诞生了,往后,其地域逐渐拓展,现代法制也跟随发展。上海英租界最初的地域面积为832亩;到1848年时增至2820亩;1863年上海英美租界合并时,面积达到了3650亩;最终这一租界的面积拓展到了33508亩。② 上海公共租界成了上海城市核心区域之一。地域拓展后,社会情况变得更为多样和复杂,租界对法制的需求也随之增长,新制定的法规便相继出台了。其中,包括1854年的《捕房督察员的职责》和1864年的《洋泾浜北首理事衙门规则》等等。③ 上海英租界的法制随着英租界地域拓展,

---

① 王立民:《中国租界法制与中国法制近代化历程》,载《社会科学》2015年第2期。
② 邹依仁:《旧上海人口变迁的研究》,上海人民出版社1980年版,第92页。
③ 王立民:《上海英租界与现代法制》,载《法制日报》2009年1月21日。

也渐渐趋向健全，形成了与中国传统法制不同的现代法制。

2. 上海英租界建立与发展了自己的法制机构

中国租界是一个自治区域，基本不受中国政府的管辖，租界内法制的运作要依靠自己建立的机构。上海英租界法制运作也是如此，也需有自己的法制机构。事实也是这样。上海英租界建立的法制机构包括了立法、行政执法、司法等机构。在上海英租界早期出现过英国领事直接制定法规以后，就开始建立自己的议政机构，由其行使立法权。这一机构设置于1846年，取名租地人会，其职权范围是决定上海英租界内的重大事宜，包括重要规定的制定。1869年这一租地人演变为纳税人会，职权范围基本没变。①

上海英租界的行政执法机构先是成立于1846年的道路码头委员会，其职责是依规建设、维修、保养租界内道路，还要征收土地税、码头捐等。1854年又设立了工部局以取代道路码头委员会，职责扩大至租界内的各项行政管理事务，包括行政执法。②上海英租界还有自己的司法机构。上海英租界建立之初就设有领事法庭，受理外籍人和华洋混合中有外国人为被告的案件。③上海英美租界合并后的1864年成立了由中外审判人员构成的混合法庭，即洋泾浜北首理事衙门，专门受理英、美等国侨民为原告、华人为被告的民、刑案件。④1869年会审公廨成立，取代了洋泾浜北首理事衙门，成为审理租界里发生民、刑案件的审判机构。⑤上海英租界这些法制机构建立

---

① 史梅定主编：《上海租界志》，第 153—154 页。
② 同上书，第 208—209 页。
③ 同上书，第 294 页。
④ 同上书，第 279 页。
⑤ 同上书，第 280—281 页。

以后，更有利于自行运作现代法制，不受中国传统法制机构的支配。

3. 上海英租界持续贯彻现代的法制理念

最早进入上海租界的包括英国人在内的一些西方人员，观察到中国当时专制、等级、特权等传统的制度后认为，中国是个"未开化的国家"，"西方概念是对的"。[①] 因此，他们强调"自由"，要"使上海逐渐变成一个最现实的共和世界"，[②] "成为一个自有主权的、独立的自由市"。[③] 于是，在上海英租界建立之日起，便推行英国现代的模式，即"一切的政治方式和活动方式自无怪都是以英国的式样为模围"。[④] 在法制方面，就贯彻现代的法制理念，并把其融入进具体的内容中，表现为强调平等，淡化等级特权等。1854 年公布的《上海英法美租界租地章程》就规定："界内无论中外之人，未经领事官给牌，不准卖酒、并开公店"，违反这一规定者，"领事官即解案审讯，严行惩办"。[⑤] 即要求中外人士共同遵守，任何人没有特权。以后的法制理念与规定亦是如此。现代法制理念的持续贯彻，也推动了上海英租界现代法制的发展。

以上这三大条件分别从地域、机构和理念上为上海英租界法制继续向前推进奠定了基础，以使这一近代法制在 20 世纪中叶就在中国领土上生根、萌发。那时，中国除租界以外的其他地方还在施行中国传统法制，上海英租界的法制与其不同，是一种近代法制，崭新的法制，从西方移植进来的法制。

---

① 〔美〕霍塞：《出卖上海滩》，越裔译，上海书店出版社 2000 年版，第 20 页。
② 同上书，第 17 页。
③ 同上书，第 44 页。
④ 同上书，第 53 页。
⑤ 王铁崖：《中外旧约章汇编》（第 1 册），第 82 页。

二、中国法制近代化进程中的"自下而上"过程及其特殊性

中国法制近代化进程中,有两个相联系的过程,即"自下而上"和"自上而下"两个过程。这里的"自下而上"是指一个在清末法制改革以前,中国领土上已存在的以中国租界为代表的区域性现代法制,在其发展壮大的同时,还影响到清政府,使其也感受到现代法制的先进性,助力其推进全国性法制改革的过程。这个过程持续了 50 多年。这里的"自上而下"则是指一个清政府在全面范围内进行法制改革,推行法制近代化,颁行近代法制,各地根据清政府的要求和近代法制的规定,施行近代法制,整个中国都开始走上法制近代化道路,直到南京国民政府时期中国现代法制建成的过程。这一过程的时间将近 50 年。中国法制近代化的进程就是这样一个"自下而上"与"自上而下"相结合的过程,其时间节点是清末法制改革。在清末法制改革之前,主要表现为一种"自下而上"的过程;清末法制改革之后,则主要体现为一种"自上而下"的过程。这两个过程也就是两大阶段,前后衔接,共同构成了中国法制近代化的全进程。

中国法制近代化中"自下而上"的过程,始于上海英租界建立的现代法制,止于清政府推出"新政",进行法制改革。中国这一法制近代化进程的基础在于中国租界法制,其既为起始点,又是基本表现。没有这一法制,中国法制近代化进程就要拉长,也就不存在"自下而上"的过程了。然而,这种中国领土上的现代法制是一

种非常特殊的法制，它的发展过程有其特别的一面，主要表现在以下一些方面。

（一）中国租界法制的产生、发展在很大程度上依赖于不平等条约

中国租界法制的产生、发展与不平等条约有关联，甚至以不平等条约为依据。没有这些不平等条约在中国领土上就不会出现租界，也不会有租界法制了。中国所有租界及其法制都是如此。上海英租界与天津、汉口、镇江、广州、厦门等英租界及其法制的产生均与中美《南京条约》及其附件《五口通商附粘善后条款》等不平等条约有关联，是以这些条约为依据。中国英租界及其法制的产生是如此，法、美、德、俄、意、奥、比、公共租界及其法制的产生也是如此。比如，根据1844年中法《黄埔条约》的规定，中国出现了法租界。它规定："自今以后凡佛兰西人家眷，可带往中国之广州、厦门、福州、宁波、上海五口市埠地方居住、贸易、平安无碍，常川不辍。"① 于是，中国法租界诞生，其法制也就产生了。可见，中国租界法制的产生在很大程度上依赖于不平条约，以其为依据。

不仅如此，中国租界法制的发展在很大程度上也依赖于不平等条约。这里先以上海租界法制的发展为例。继1845年的《上海租地章程》以后，1854年又颁行了《上海英法美租界地章程》。这一章程的内容成为上海租界法制的新内容，推动了上海租界法制的发展。它规定的新租地程序，建立租界的行政管理机构，设立巡捕，默认华洋杂居，禁止开设公店、界内停放棺材、储存硝磺等易燃物

---

① 王铁崖：《中外旧约章汇编》（第1册），第58页。

品等内容都成为上海租界法制的新内容。① 中国其他租界法制的发展也是如此。以天津日租界法制的发展为例。1898年8月的《天津日本租界条款》订立,仅相隔3个月又制定了《天津日本租界续立条款》。这一条款中关于设立日本巡捕房,租界内中国建筑公司新开设的道路规格应与日本马路相同,界内华人婚假、丧祭可照华人风俗办理等的规定均为新内容,并为以往所不具备。② 中国租界法制在很大程度上以不平等条约为依据,逐渐得到发展。

(二)中国租界法制的发展过程就是中国近代区域法制的发展过程

中国租界只是中国城市中的一个区域,不是一个城市的全部,城市中还有华界存在。中国租界法制只是特定区域内存在的一种近代法制。它不同于当时华界的法制。清末法制改革前,华界的法制还是一种传统法制,在法律结构、法律语言、审判制度、律师制度等方面,都与租界法制有很大差异。③ 这差异是近代法制与中国传统法制的差异,两种性质完全不同法制的差异。同时也说明中国租界法制是中国城市中的一种区域性法制,只对本租界的区域有效,不及租界以外地域。

同时,中国不同租界的法制也不尽相同,同样存在差异。这种差异也反映出租界法制是一种中国城市中的区域性法制。首先,同一个城市中,不同租界的法制存在着差异。以上海英美租界和法租

---

① 王立民:《上海法制史》,上海人民出版社1998年版,第172—174页。
② 罗澍伟主编:《天津通志·附志·租界》,天津社会科学院出版社1996年版,第468—469页。
③ 王立民:《中国的租界与法制近代化》,载《中国法学》2008年第3期。

界关于立法主体资格的差异为例。上海的这两个租界都有自己的立法主体,即纳税人会,但成为纳税人会的成员的资格却不同,而且都有明文规定。在经济资格方面,上海法租界另有需在租界内居住三个月以上的要求;在国籍资格方面,上海法租界有法籍人员需占成员总数一半的要求;另外,上海法租界还规定,入选成员的前一年担任过租界内义勇军工作人员者,可以拥有选举权等。[①] 这些内容在上海英美租界都没有规定。上海英美租界与上海法租界虽都在同一座城市,可规定的内容却有差异。这种差异正是区域法制的差异。

还有,同一国租界但在不同城市,其法制也有差异。虽然是同一国家的租界,但由于其在不同城市,情况有别,其法制也不完全一致,有差异。这里以法租界设置的会审公廨为例。会审公廨是设立于中国租界的司法机构,但同是法租界在不同城市,是否设置会审公廨的情况就不同了。上海法租界于1869年设立了会审公廨。[②] 可是,天津、广州的法租界都始终没有设置会审公廨。[③] 这从另一个侧面说明,中国租界法制的区域性非常强。

一个租界法制就是一个区域法制。每个租界法制都在租界自己所管辖的自治区域内发展,自我演进,不受清政府的干涉。这里以行政执法机构的演进为例。上海英租界的巡捕房就有个设立与演进的过程。它是上海英租界的主要行政执法机构,从上海英租界建立之初的更夫转变而来。1854年开始启用巡捕之名,还从香港招聘巡官2人,巡捕8人。1855年巡捕房正式设立,地址在河南路,以后称为中央捕房,西籍巡捕上升为30人。1860年设老闸捕房,有巡官、巡长和巡捕20人。1862年又设虹口捕房,有巡官、巡长和巡捕15

---

① 王立民:《论上海租界法制的差异》,载《法学》2011年第7期。
② 史梅定主编:《上海租界志》,第284页。
③ 费成康:《中国租界史》,第141页。

人。1863年再设水上捕房,有巡长、巡捕3人。上海英美租界成立后,巡捕房继续演进,至1899年,另设有卡德路捕房、杨树浦捕房、西虹口捕房等,捕房的人员也逐渐增加,巡捕房的机构继续演进。[①] 中国租界法制的演进是"自下而上"的演进,一种近代法制的演进,清政府无力干涉。清政府自己的法制还在中国传统法制范畴内运作,与中国租界法制相差甚远,也互不相干。

(三)中国租界法制的特殊性被华人与中国政府所关注和接受

法制是一种公开的强制性行为规范,随着它的施行,影响也会日益扩大。中国租界法制也是如此。华人从租界法制中感受到其特殊性,而这种特殊性中有先进性,甚至借鉴其为己所用,为清末推行法制改革作准备,促进实现"自下而上"的过程。中国租界适用的巡捕制度影响很大,以致有些清政府的官员主张可以在京城拟办以后,再在中国各地施行这一制度。中国租界的巡捕制度是近代的警政制度,为中国传统法制中所没有,也是中国现代不可缺少的一种制度。他们认为,警察有查户口、清道路、防火患、别良莠、诘盗贼等功能,京城现拟设立巡捕,将来自可仿办并采用外国成法,并参酌本地情形,先行试办,以次推行。[②] 在以后的清末法制改革中,也确实建立了中国近代的警政制度,实现了从无到有。上海华界就是如此。[③]

中国租界施行的律师制度更为人们所关注和重视,也为清政府

---

① 易庆瑶主编:《上海公安志》,上海社会科学院出版社1997年版,第70页。
② 公丕祥:《中国的法制近代化》,中国政法大学出版社2004年版,第240页。
③ 易庆瑶主编:《上海公安志》,第59页。

所接受。在清末的诉讼法改革前，有人目睹了租界会审公廨的现代审判，发现了它的先进性，特别是近代律师的作用。"华洋互审以来，尤多交涉事件。余观英、法二公堂中西互控之案，层见迭出。无论西人控华人，须请泰西律师以为质证，即华人控西人，亦必请泰西律师。"这些外国律师也确能起到辩护、代理作用。"案无大小，胥由人证明其曲直，律师辩其是非，审官研鞫而公断之，故无黑白混淆之弊。"① 于是，华人在华洋诉讼中也开始聘用外国律师为己辩护。在1866年和1875年上海英美租界的两个华洋互控案中，华人当事人都聘用了外国律师。②

有的清朝官员甚至主张借鉴中国租界的近代律师制度，自己培养律师。伍廷芳看到"中国进来通商各埠，已准外国律师辩案，甚至公署间亦引诸顾问之列"后，竭力要求清政府自己培养律师。"拟请嗣后凡各省法律学堂，俱培养律师人才，择其节操端严，法学渊深，额定律师若干员，毕业后考验合格，给予文凭。""总之国家多一公正之律师，即异日多一习练之承审官也。"③ 在没有中国律师之时，有清政府官员还主张聘用外国律师为己服务，其中既包括参与制定法律，也包括了政府诉讼。有官员在制定矿律、路律、商律、刑律前，就主张先访聘著名律师，采用各国办法，再加以制作。④ 另外，在上海公共租界会审公廨审判的《苏报》案中，清政府也直接聘用了外国律师作为原告律师，为己辩护，进行诉讼。⑤

总之，在中国法制近代化进程中，确实存在"自下而上"的过

---

① 《皇朝经文新编·西律》。
② 徐家力:《中华民国律师制度史》，中国政法大学出版社1998年版，第15—16页。
③ 丁贤俊、喻作风:《伍廷芳集》（上册），中华书局1993年版，第280—281页。
④ 公丕祥:《中国的法制近代化》，第241页。
⑤ 上海通社:《上海研究资料续集》，上海书店出版社1984年版，第76页。

程。清末法制改革前，中国租界法制已是一种近代法制，人们从中感知到这一法制的先进性，清政府也知晓、接受这一法制并影响到以后推行的法制改革。中国租界法制在中国法制近代进程的"自下而上"过程，不可忽略。在中国法制近代化进程在"自下而上"以后，才有一个"自上而下"的过程。中国法制近代化进程实由一个"自下而上"和"自上而下"两个过程组成，也是这两个过程的结合。"自下而上"过程为"自上而下"过程作了准备，"自上而下"过程又是"自下而上"过程的发展和结果，两者互为表里。

如果把中国法制近代化进程划分为两大阶段，"自下而上"和"自上而下"两个过程实际上也就是中国法制近代化进程中的两个大阶段。"自下而上"阶段是一种中国区域法制近代化阶段，体现的是近代法制在中国租界产生、发育并对清政府发生影响的历程。"自上而下"阶段则是中国近代法制在全国普及的阶段，表现的是现代法制在中国各地普遍实施的历程。这两个阶段一前一后，前后对接，共同构成中国近代化的路线图，两者缺一不可。少了"自下而上"阶段，"自上而下"阶段就变成无源之水；少了"自上而下"阶段，"自下而上"阶段就变得无疾而终。它们互辅互成。中国法制近代化进程不能缺少其中的任何一个阶段，否则，这一进程就被肢解而变得残缺不全了。

三、中国法制近代化进程中有一个"由点到面"的过程

中国法制近代化进程中，现代法制还有一个"由点到面"的过

程,其后才是"由面到点"的过程。在"由点到面"过程中,又有一个"一点到多点"的过程。"一点到多"中的"点"是指中国法制代化进程中所体现的区域法制。其中的"一点"是指中国领土上最早出现的一个近代区域法制,即上海英租界法制;"多点"是指中国领土上近代区域性法制,即其他租界的法制、清末法制改革前有些城市中华界施行的现代法制等。"由面到点"则是指包括清末政府在内的中国现代政府向全国各地推行现代法制的过程。中国法制近代化进程中"由点到面"再"由面到点"的过程就是一个先有上海英租界法制,然后由这种法制扩展到上海其他租界、其他城市的租界和华界,最后清政府决定、推进全国性法制改革,整个国家开始走上法制近代化道路的过程。简而言之,就是从一个近代区域法制扩散到多个近代区域性法制再到全国性近代法制的过程。

上海英租界建立了中国领土上第一个现代区域法制以后,它和它的延伸者上海英美租界、上海公共租界的法制就开始朝多个方向扩散,它们是:上海其他租界、其他城市的租界、上海华界法制等。随着这种扩散,中国近代法制在多个区域内萌发,中国法制近代化进程从"一点"扩散到了"多点"。

(一)上海英租界法制向上海其他租界扩散

继上海英租界设立以后,上海又于1848年设置了美租界,1849年设置了法租界。① 这些租界都紧靠在一起,占据了上海市区最繁华的地段。上海英租界法制很容易向上海的其他租界扩散,使其也建立相应法制为己所用。事实也是如此,上海法租界建立巡捕制度就是如此。上海英租界根据1854年的《上海英法美租界租地章程》的

---

① 史梅定主编:《上海租界志》,第92—93页。

规定,率先建立巡捕制度,设立巡捕房,开了中国领土上首先采用现代警政制度的先河。上海法租界根据自己治安管理的需要,于1856年借鉴了上海英租界的巡捕制度,也"设立了一个'巡捕房'","招聘了三个欧洲人'日夜轮流在领事馆和法租界'巡逻";上海法租界的这一巡捕制度与上海英租界的巡捕制度十分相似,连经费的规定都是如此。上海法租界"巡捕房的经费,就按照英租界巡捕房的办法"。① 上海英租界的巡捕房制度就此而扩散到了上海法租界。

(二)上海英租界法制向中国其他城市的租界扩散

自上海建立了英租界以后,20世纪前还在中国的其他9个城市设立了租界。这些城市租界的法制不同程度地受到上海英租界法制的影响,以致这一法制扩散到这些租界。1862年汉口英租界两次受到上海英租界巡捕制度的影响。一次是汉口英租界要求上海英租界支援5名巡捕和巡捕制服,帮助建立自己的巡捕制度和巡捕房;另一次是要求上海英租界派遣名为惠勒的巡捕去充任"汉口英租界工部局巡捕房的巡长"。② 上海英租界通过派遣巡捕房的巡长、巡捕和提供制服等方式把自己的法制扩散到了汉口英租界。还有,上海英美租界建立了会审公廨以后,对鼓浪屿公共租界会审公廨的设立也发生过影响。鼓浪屿公共租界是"查照上海成案设立会审公堂一所"。③ 这使上海英美租界的会审公廨制度扩散到了鼓浪屿公共租界。

---

① 〔法〕梅朋、傅立德:《上海法租界史》,倪静兰译,上海社会科学院出版社2007年版,第143页。

② 上海档案馆:《工部局董事会议记录》第1册,上海古籍出版社2001年版,第650—651页。

③ 费成康:《中国租界史》,第141页。

（三）上海英租界法制向周边的华界扩散

上海英租界法制作为一种近代法制，第一次在中国领土上出现，特别是在它实施以后，对租界的管理与发展起了很大作用，效果明显，与当时华界的情况相比，有其先进的一面。这为华界的人们所感知并也开始借鉴其规定。1869年底上海出现天花患者，而且有流行的征兆。上海华界的华人习惯使用传统的人痘接种法来加以防治，但这种方法不合乎科学规范，易造成诱发天花的传染源，不利于天花的防治。上海英美租界发现了这一流行征兆后，于1870年就作出规定，推行西方成熟、科学的牛痘接种方法，动员界内居民广泛接种，以便有效控制天花流行。上海道台在与租界官员接触后，了解到接种牛痘的先进性，也作出规定，鼓励华人接种牛痘，不要使用传统的人痘接种法。以后的实践也证明，上海道台这一规定的正确性，有效防治了天花，接种牛痘的人数也越来越多了。[①]上海华界的这一规定受到了上海英美租界接种牛痘法规定的影响，也成为上海英美租界扩散其公共卫生管理规定的一个明证。

经过上海英租界法制的这种扩散，近代法制开始在中国领土上多个区域扎根，中国法制近代化进程也从"一点"发展到"多点"。这种扩散是一种区域性近代法制的扩散，而且在清末法制改革前就已经存在。然后，清末法制改革开始了，在全国范围内推出近代法制，"多点"的中国近代区域法制发展到了一个全国近代法制的面。中国法制近代化进程显现出了一个从"由点到面"中"一点到多点"再到"由

[①] 马长林、黎霞、石磊:《上海公共租界城市管理研究》，中西书局2011年版，第84—85页。

面到点"的过程。从这种意义上讲，中国法制近代化进程中的"一点"与"多点"给清末法制改革提供了一个方面的依据，具有积极意义。

"自下而上"和"由点到面"的过程都是中国法制近代化进程中所呈现的阶段性过程，即从鸦片战争后到清末法制改革前存在的过程，而不是中国法制近代化的全部进程。清末法制改革以后，中国法制近代化进入了一个新过程，即近代法制在全国推行、发展、成熟的过程，直到南京国民政府的法制为止。不仅如此，"自下而上"和"由点到面"的过程还都是前一个阶段性过程中的两个方面。"自下而上"这个方面体现的是以中国租界法制为代表的区域近代法制纵向对清政府的影响。从"由点到面"的这个方面表现的则是以中国租界的近代法制为出发点，特别是"一点到多点"的扩散，横向对上海其他租界法制、中国其他城市租界法制和上海华界法制的影响，实际上是放大了"自下而上"中"下"的过程，使其更为具体化。这两个方面的结合，正好能较为全面地反映出中国法制近代化进程中，在清末法制改革前，现代法制的一个渐进过程，帮助人们认识到中国法制近代化进程中存在的渐进性演变。

关于中国法制近代化进程中的"自上而下"和"由面到点"所进行的清末法制改革与近代法制的全国性颁行已有很多论述，也有许多研究成果，本文也就不再赘述了。

四、与中国法制近代化进程关联的问题

与中国法制近代化进程关联还有其他一些问题，其中比较重要的有以下问题。

(一)"自下而上"和"由点到面"的过程对中国法制近代化进程具有重要的意义

中国法制近代化进程中"自下而上"和"由点到面"的过程不仅客观存在，而且还十分重要，突出表现在以下几个方面。

1."自下而上"和"由点到面"的过程是中国法制近代化进程中的量变过程

任何事物的发展都有一个从量变到质变的过程，其中的量变十分重要，没有量变不会有质变。中国法制近代化进程也是如此。其中的量变过程就是"自下而上"和"由点到面"。虽然，它们在表现形式上不尽相同，但都属于量变范畴。这种量变的法制是一种区域性近代法制，鸦片战争以后才在中国领土上崭露头角。它们的产生与发展是一种量变的递进，直到20世纪初才酿成质变，形成了清末法制改革。没有这种区域性近代法制量变的递进，也不会有以后全国性法制改革的迸发。

2."自下而上"和"由点到面"的过程为中国清末法制改革提供了现实的借鉴

从上海英租界法制发展到上海其他租界法制、上海以外其他城市租界法制和上海华界法制都植根于城市，是一种以城市管理为主的法制，内容涉及工业、商业、经济、金融、教育、文化、卫生等方面。还有，在租界的法制中，近代区域的立法、行政执法、司法等都样样俱全，租界就是一个独立的近代区域王国。这种在自治条件下运作的近代法制，很能体现出其价值。事实也是如此。这种法制颁行以后，中国的租界迅速发展起来，呈现出一派近代城市的风貌，租界内的人们享受着近代的城市生活。①有的租界还带动整个城市的发展，以至于这些城市也跻身于世界近代城市之列，上海、天津和汉口等城市都是这样。上海被称为"东方的纽约""东方的巴黎"，②天津被称为"东方的小巴黎"，③汉口被称为"东方芝加哥"④，等等。这些租界法制的近代价值有目共睹，也为清政府所不得不接受，对于律师制度的接受就是如此。

3. "自下而上"和"由点到面"的过程在客观上为中国以后的法制改革作了心理准备

中国租界虽是个外国侨民的自治区域，但通常情况下，华人可以自由进出租界，有的租界还允许华人居住，他们能感受到租界的近代法制及其管理所产生的效果。中国租界及其法制几十年的运行与发展，使不少华人在心理上渐渐认同并感悟到这一与华界传统法制不同的近代法制，也逐渐习惯在这种近代法制下生活、成长。比如，在上海租界近代法制管理下，近代的社会秩序得到维护，近代的生活环境使租界的华人也享受到了近似于当时西方的生活水准。这种管理"基本上体现了法制管理"，"符合绝大多数居住者的利益，因此在总体上得到多数民众的认同"。这在"一定程度上也影响了社会法制意识的形成，提高了民众行为规范的意识"。其中，大量是华人。⑤上海租界是这样，其他城市也十分相近。当中国以

---

① 王立民:《上海租界的现代法制与现代社会》，载《华东师范大学学报（哲学社会科学版）》2009 年第 5 期。
② 马长林:《上海的租界》，天津教育出版社 2009 年版，第 2 页。
③ 罗澍伟主编:《天津通志·附志·租界》，第 13 页。
④ 袁继成主编:《汉口租界志》，武汉出版社 2003 年版，第 2 页。
⑤ 马长林、黎霞、石磊等:《上海公共租界城市管理研究》，第 7 页。

后进行法制改革、在全国推出现代法制时，这些华人对近代法制已不感到陌生，也有了接受的心理准备。这就有利于人们对中国近代法制的认识与理解，也有利于其执行与贯彻。这种心理上的认同感可以转化为中国法制近代化进程中的一种向心力，有助于中国近代法制的落地，改变华人原有的传统行为方式，使中国进入一个实实在在的近代法制时代。由此可见，中国法制近代化进程中的"自下而上"和"由点到面"过程意义重大，非同一般。

（二）上海英租界法制能够成为中国法制近代化进程中起始点的主要原因

在中国法制近代化进程中，无论是"自下而上"，还是从"由点到面"，都无法回避上海英租界法制，其是这一进程的起始点。在中国领土上，上海英租界法制是最早诞生的近代法制，一种完全不同于中国其他地区还在施行的中国传统法制的法制。尽管这仅是一种中国区域性的近代法制，但它毕竟实现了零的突破，从无到有，而且还预示着中国法制发展的近代化大方向。从那以后，中国拉开了法制近代化进程的大幕，而且还越来越发展，最终迎来了清末法制改革。那么，为什么上海英租界法制能够成为中国法制近代化进程的起始点呢？这是多因形成的一个结果。

1. 上海英租界最早设立了自己的近代区域法制机构并成功运行

中国租界是中国近代的一种外国侨民自治区域，被认为是"由外国人统治的中国领土"，[①] 几乎不受清政府管控。上海英租界又是

---

① 费成康：《中国租界史》，第141页。

中国领土上第一个这样的区域,其设立了自己的立法、行政执法、司法等法制机构,运作自己的近代法制。这是中国领土上生存的第一个近代法制区域,史无前例。往后,近代法制才在中国的其他租界和一些华界区域内露面,然后才是清末的全国性法制改革。上海英租界的法制可以算是中国近代法制的开山鼻祖,领跑了中国法制近代化进程。不仅如此,上海英租界法制在建立后,还继续向前推进,没有停滞不前,其领头羊作用十分明显。因此,在中国法制近代化进程中"自下而上"和"由点到面"的过程都无法忽视上海英租界法制,其地位应该被正视。

2. 上海英租界法制的内容切合中国近代社会发展的需要

上海英租界由侨居在上海的英国人建立,也主要由其来管理。他们都来自英国,是英国在上海的第一代侨民,熟悉英国的近代社会与近代法制。英国自17世纪进行工业革命、进入现代社会以后,发展很快,到19世纪中叶已成为世界上最强大的国家,有"日不落"之称,其法制也是成熟的近代法制。这一法制以工业革命和现代科技为基础,内容比较科学,种牛痘的规定等都是如此。这种近代法制带有一定的普遍性,大量内容能够被许多近代国家所复制。当这些英国人来到上海侨居以后,很自然会把自己已经熟悉的英国近代法制带到上海,首先移植在上海的英租界,让它生根开花。上海英租界法制中不可避免地留有英国法制的痕迹。其中,租地规定中的永租制度、诉讼法中的审判与律师制度等等,都是这样。[①] 同时,鸦片战争以后,中国逐渐进入近代社会,可法制还没进行改

---

① 王立民:《中国城市中的租界法与华界法——以现代上海为中心》,载《比较法研究》2011年第3期。

革，适用的还是传统法制，法制落后于社会发展。此时，上海英租界率先推出近代法制，在租界内施行，正好切合上海近代社会发展的需要，于是其便发育、成长了。

3. 上海英租界法制易被华人认同与接受

上海英租界在法制的设计中，还考虑到近代法制的中国化问题，有些地方加上了中国元素，使其更易被华人所认同与接受。华人是中国租界的主体，人数大大超过洋人。有数据显示，上海英美租界 1870 年时，洋人为 1666 人，华人为 75047 人；1880 年时，洋人为 2197 人，华人为 107812 人；1890 年时，洋人为 3821 人，华人则为 168129 人。① 华人所占比率都保持在近 98%。华人对上海英租界法制的运行具有决定性作用。上海英租界明白这一点，于是采取了一些中国化措施，巡捕和工部局的命名就是如此。

上海英租界在建立近代警察制度时，有意识地把其命名为"巡捕"。巡捕之名源自中国本土。元朝至元二十九年（1292 年）上海建县时，设置了县尉与巡检司两个岗位，其官吏的职能是"巡捕"和"巡捕盗贼奸宄"。到了明、清，除了仍设有巡检司外，还另设了县丞和主簿两个职位，其官吏要"分掌粮马巡捕等事宜"。还有，清朝在京师地区设立了"巡捕营"，长官称为"提督九门巡捕五营步军统领"，其职责是："诘禁奸宄，平易道路、肃清辇毂"。考虑到近代警察制度的中国化，上海英租界于 1854 年建立自己的警察制度时，没有使用"警察"字样，而是命名以"巡捕"，于是警察机构称为"巡捕房"，其成员则称为"巡捕"了。②

工部局的命名同样如此。上海英租界在设立自己的行政管理机

---

① 邹依仁：《旧上海人口变迁研究》，第 127、141 页。

② 上海通社：《上海研究资料》，第 92—93 页。

构时，为了使其名称中国化，借用了中国古代中央政府长期使用的"六部"衙门中的"工部"名称，定名为"工部局"。① 这些名称的命名都借鉴了中国古代长期使用、中国人耳熟能详的称呼，也都贴上了中国标签，带有中国元素，而内核则是近代的制度。这样，那些近代的制度便易被华人记忆与理解，同时也增加了认同感。上海英租界法制能为华人认同与接受，也就意味着被租界内的绝大多数人认同与接受，其生命力就体现出来了。正因为如此，以后的有些租界也纷纷跟进，借鉴上海英租界的做法，建立类似的制度，采用相似的名称。② 在中国法制近代化进程中，上海英租界法制在"自下而上"和"由点到面"过程中的初创性作用不应被忽视。也正因为有这些原因，上海英租界法制才能成为中国法制近代化的开山鼻祖与领头羊。

（三）中国租界法制随着租界的 管理需求而演进与扩张

中国租界诞生以后，接着就是管理，法制是一种重要管理手段。中国租界的管理需求促进了其法制的演进。

1. 租界法制随着租界的管理需求而逐步演进

1853年9月上海小刀会起义军攻入县城，"华官保护租界能力之薄弱，已不可掩"，为了保护上海英租界稳定与安全，上海英租界作出了一些针对这一需求的规定，其中就包括了建立行政管理机

---

① 姜龙飞：《上海租界百年》，文汇出版社2008年版，第85页。
② 费成康：《中国租界史》，第161页。

构工部局与设立近代警察巡捕,加强对租界内行政与治安管理。[1]这一规定一直得到执行,直至上海公共租界收回。新机构与人员的设置增加了租界的运行成本,财政支出增多。为了弥补财政上的缺口,上海英美租界又出台新的税收规定。1863年上海英美租界规定"向租界内的华人征收房捐百分之二十"。[2]同年,由于上海英租界人口的增加和行政诉讼的需要,上海英租界又颁行了关于建立和运作领事公堂的规定,以满足租界内居民起诉工部局的需求。[3]1869年随着上海英美租界民、刑诉讼案件的增加,也为了更好规范租界内案件的审判,上海英美租界又对会审公廨的建立与施行作出了规定。[4]上海租界的法制是如此,中国其他租界的法制也大致如此。

中国租界的管理虽针对广大的租界居民,但在很大程度上首先考虑的是满足洋人的需求,这在法制上有集中反映。上海英租界对公园的管理就是一个典型。上海英美租界为了满足洋人休闲与娱乐的需求,于1868年首先在外滩开设了一个公园,即外滩公园。[5]这是上海设立的第一所正式的现代公园。[6]可是,当时规定,只允许洋人进出,不准华人入内。以后建造的上海租界其他公园也有相似规定。尽管这个公园是在中国的土地上,而且华人也是上海英美租界的纳税人,但却被排斥在外。"虽然地皮是中国的官地,填地和造园的经费也出自中外居民所纳捐税,然而外滩公园是跟以后所造的几个公园一样,不许华人入内。"[7]不仅如此。在这个公园门口

---

[1] 蒯世勋等:《上海公共租界史稿》,上海人民出版社1980年版,第26页。
[2] 同上书,第30页。
[3] 同上书,第157页。
[4] 同上书,第163—164页。
[5] 上海通社:《上海研究资料》,上海书店出版社1984年版,第473页。
[6] 同上书,第480页。
[7] 同上书,第481页。

还曾竖立过一块有侮辱华人的牌子，上面写着"华人与狗不得入内"。① 直到1928年，这种只满足洋人需求的情况才被改变，华人才被允许进入上海租界的公园。② 其中相隔了整整60年，华人的这种合理需求也被拒绝了60年。

还有，华人占了上海租界人口的绝大多数，也有强烈的参政议政需求，可长期被拒入上海英租界的议政机关租地人会，上海美英租界和上海公共租界的议政机关纳税人会也是如此。华人的参政议政需求长期无法实现。③ 这在中国租界中是一种较为普遍的情况，很多租界的议政或权力机构中，均排斥华人参与，华人在租界中的议政、决策需求得不到应有满足。比如，天津法租界的权力机构华侨民董事会成员全由侨民构成，无华人份额。④ 又如，汉口法租界的议政机构纳税人会议的参加人员中也无华人，其参加人员的委员条件是法国人或没有放弃治外法权特权的国家管辖的外国人，华人也在拒入之列。⑤ 可见，中国租界首先要满足的是洋人的需求。

为了能够体现近代的管理水平，中国租界在制定相关规定时，还会关注本国国内的立法，从中借鉴，以满足本租界的需求。这种情况在中国租界不足为奇。这里以上海英租界、英美租界的一些规定为例。1848年英国颁行了第一部改善工业城镇环境的《公共卫生法》，上海英租界以其为蓝本，制定了一些相似的规定，采取了一些维护公共卫生的措施；1853年英国制定了第一部交通法规，上海

---

① 蒯世勋等：《上海公共租界史稿》，第438页。
② 史梅定主编：《上海租界志》，第526页。
③ 马长林：《上海的租界》，第46页。
④ 天津市政协文史资料研究委员会：《天津租界》，天津人民出版社1956年版，第73页。
⑤ 袁继成主编：《汉口租界志》，第234页。

英美租界于1872年以其为模板，也制定了自己的交通规则等等。①上海英租界和英美租界的许多规定都源自英国的最新法律，使其紧跟世界潮流，成为名副其实的近代法制。用这种法制来规制，不仅可以满足租界法制近代化的需求，也可以满足租界建设的需求，使其成为真正的现代城市。

2. 中国租界法制的演进过程就是一种近代法制的扩张过程

中国租界法制演进的过程也是其不断扩张的过程。中国租界法制从一个上海英租界的《上海租地章程》开始，逐渐发展，不仅中国其他租界的法制纷纷诞生，而且其触角还不断延伸，深入到社会的政治、经济、文化等各个领域。这些领域扩张的背后都可以看到法制的影子。②可以说法制无处不在。这种扩张具有两重性。一方面，规范了中国租界社会的各个领域。这使租界内的这些领域都有章可循，朝着近代化方向发展，形成一种与华界不同的近代社会秩序，造就了一个近代化城市，上海、天津、汉口等城市都是如此。其中，有的城市还跻身于世界大都市之列，最为典型的是上海。这从一个侧面说明，中国租界的近代法制可以在中国领土上存活，也可以发挥其应有作用，并对华界、清末法制改革产生影响。这是积极的一面。

另一方面，侵害了中国的主权。中国租界法制在不断扩张之中，也同时侵害了中国的主权。这种扩张与侵害中国主权相伴，甚至以侵害中国的主权为代价。先从立法权来看，中国租界攫取了租

---

① 马长林、黎霞、石磊等：《上海公共租界城市管理研究》，第3页。
② 费成康：《中国租界史》，第121页。

界内的立法权，侵害了中国主权。这从上海英租界的《上海租地章程》就开始了。正如有的学者所说："外人首先取得的对租界的立法权，是会同订立的关于开辟租界的法令之权。"① 第一个这种法令即是《上海租地章程》。往后，中国其他租界制定的这类规定都是如此。随之而来的许多其他规定尾随其后，继续侵害中国的立法权，以致"中国政府却反而丧失了对租界内一切事务的立法权"。②

中国租界法制的扩张还窃取了租界内的行政、司法权等，进一步侵害了中国的主权。在上海租界，按《上海英法美租界租地章程》规定而建立起来的工部局和巡捕制度，篡夺了租界内的行政权；按《上海洋泾浜设官会审章程》的规定而建立的会审公廨又损害了中国在租界内的司法权。其他一些租界也亦步亦趋，"攫夺了租界内更多的司法权"。③ 可见，中国租界法制的扩张也就意味着中国立法、行政、司法等权的被损，即中国主权的被侵。这是消极的一面。中国租界法制发展所导致的扩张，具有积极与消极的两重性。因此，对中国租界法制及其扩张的认识要持两点论，不要一点论。

（四）中国法制近代化进程中的"自下而上""由点到面"与"自上而下""由面到点"的主要区别

中国法制近代化进程中的"自下而上""由点到面"与"自上而下""由面到点"都是这一进程的组成部分，都在中国领土上建设近

---

① 费成康：《中国租界史》，第115页。
② 同上书，第118页。
③ 同上书，第139页。

代法制，然而它们的区别还是十分明显，主要体现在以下几个方面。

1. 法制的起点与存续时间不同

"自下而上"和"由点到面"的起点在一些中国城市中的租界，其只是这些城市中的部分区域，不是城市的全部。其中，最早的是上海的英租界，然后再向其周边区域拓展，出现了上海美、法租界。此后，中国另外的9个城市也设立了租界。自上海英租界法制诞生开始，到1945年中国租界全面、彻底收回，中国租界法制前后存续了百年时间，整整一个世纪。[①]"自上而下"和"由面到点"则不同。其起点是除了中国租界等特殊区域以外的全国范围，不管是城市还是农村，都包括在内，其地域范围大大超过租界，涉及的人口也大大超过租界。自清末法制改革起算，到中华人民共和国成立前，前后存在时间仅50年，只有半个世纪，只是中国租界法制存续时间的一半。它们之间很不一样。

2. 法制主体与法制发展路径不同

"自下而上"和从"由点到面"的法制主体主要是中国租界内的法制主体，其成员主要是一些外侨，他们决定法制的存在与发展。其中，最为重要的租界内的议政或权力机关，它们决定着包括立法在内的各种法制要务。上海英租界的租地人会和以后的纳税人会等都是如此。中国租界现代法制的发展路径是开创路径，即从无到有，从零开始。在中国租界区域中，没有传统法制的负担，法制从建立起，就是现代法制，没有改革的经历，只是开创。"自上而下"和"由面到点"的法制主体则是中国政府，其中包括清末政府、南

---

① 上海市政协文史资料委员会等：《列强在中国的租界》，第2页。

京临时政府、北洋政府、南京国民政府等。它们均掌控着国家权力，包括法制权。这一现代法制的发展路径是改革路径，即废立同存。清末以前，中国施行的是传统法制，到了清末，中国开始走法制近代化道路。这是一条废立同存的改革路径，一方面要废除传统法制，另一方面又要建立近代法制，两者需要兼顾与衔接，否则就会留下法制空白，造成社会混乱。它们之间非常不同。

3. 法制存在的区域与法律效力不同

"自下而上"和从"由点到面"中法制的存在区域是中国有些城市中的租界区域，中国绝大多数城市中都无这种法制的区域，中国的农村更无这种区域。这也决定了这种区域法制的法律效力只是一种区域法制的效力，不是一种全国有效的法律效力。这种法制离开所属区域也就无效，不能在全国通行。由于中国存在27个租界及其法制，它们都相对独立，所以那时中国至少存在27个区域法制。"自上而下"和从"由面到点"的法制则是全中国通行的法制，不是区域法制，在全中国都有法律效力，城市、农村都要实施这一法制，违反者都要受到法律的追究。它们之间存在很大的不同。

4. 法律体系与法律内容不同

"自下而上"和从"由点到面"的法制中，存在的是区域性法律体系，在整个体系中没有法律、只有区域性法规等组成部分。这种体系只是完整法律体系中的一小部分，不是全部。中国租界区域性规定的内容偏向于城市建设，综合了近代城市中政治、经济、文化建设的一些方面，以适应城市的发展，没有像国家法律那样的全面内容。"自上而下"和"由面到点"所建立的是国家近代的法律体系，包括法律、法规、规章等各个完整的组成部分，内容涉及宪法、民商法、行政法、刑法、民事诉讼法、行政诉讼法与刑事诉讼法等各领域。它们之间也明显不同。

这些不同，归根结底是它们法制性质的不同。"自下而上""由点到面"的法制都是鸦片战争以后，根据不平等条约，由外侨在中国部分城市的自治区域即租界内，所建立的区域性近代法制。这一法制在区域的范围内，建立早、独立性强。因此，它便起步早，存续时间长；法制主体是外国侨民为主的机构，发展路径是新创路径；法制的存在空间和法律效力都在本区域内；所建立的是一种区域性法律体系，其内容以城市建设为主；等等。"自上而下"和"由面到点"法制则是中国政府自主在全国范围内推进的法制近代化过程中所颁行的近代法制。这一法制建立较晚，但是一种国家法制，不受区域限制。所以，这一法制起步晚、存续时间短；法制主体是中国政府及其机构，发展路径是改革路径；法制的存在空间和法律效力都在全国范围；所建立的是一种法律体系，法律内容涉及社会的方方面面；等等。可见，不同的法制性质决定了它们之间存在的不同，而这种不同的存在具有一定的必然性，绝非偶然而为之。

中国法制近代化进程的起始不在于20世纪初的清末法制改革，也不是只有一种"自上而下""由面到点"的过程。只要正视中国领土上于19世纪中叶出现的租界法制，就可以发现，随着这一法制的诞生，中国法制近代化的进程就开始了，而且这个进程中还有"自下而上"和"由点到面"的过程。这就把中国法制近代化进程提前了50余年，前后持续时间长达百余年。这种租界法制是中国现代的一种区域性法制，有多少租界法制就有多少这种区域法制。这一区域法制自建立之时起，便是一种近代法制，在法律体系、法律语言、法律内容、司法制度等各个方面都能体现出它的近代性，而与中国的传统法制明显不同。这种现代法制登陆中国以后，便迅速蔓延，不仅向中国的其他租界传播，还向中国城市中的华界延伸，以至于在清末法制改革前，这些华界已借鉴租界的法制，开始颁行近代法制。中国租界法制的影响力逐渐扩大。这在一定程度上为中国法制近代化开辟了道路，做了实实在在的尝试，起了试验田的作用。这种近代法制在中国法制近代化进程中的地位不应被低估。对中国法制近代化进程的再认识就是对中国法制近代化的再认识，可以对这种法制近代化有较为全面的理解，较为深刻的认知，较为科学的把握，其意义不可谓不重要。

（原载《社会科学》2019年第6期。
原名《近代中国法制现代化进程再认识》）

专题三

当代法制史

"一带一路"建设与复兴中华法系

中国正在大力提倡、推进"一带一路"建设，中国的学人也在研究复兴中华法系。但是，罕见把"一带一路"建设与复兴中华法系联系起来研究。这是一个缺憾。其实，这两者关系密切，把其联系起来研究，既有助于推动"一带一路"建设，也有利于复兴中华法系，可谓一举两得。本书就其中的有些问题，发表个人之管见，与大家交流。

一、丝绸之路曾助力造就了中华法系

丝绸之路发展自汉武帝时张骞出使西域而迈出了一大步，从此国门渐开。到了唐朝，不仅有陆上丝绸之路，还发展了海上丝绸之路，于是便有了陆上与海上两条丝绸之路。[1] 中华法系在唐朝以前已在逐渐建设中，唐朝时终成正果，中华法系形成，代表作是唐律。唐后的丝绸之路仍在发展，唐后的封建朝代继续推进中华法系的建设。丝绸之路助力造就了中华法系，突出表现在以下这些方面。

---

[1] 王仲荦:《隋唐五代史》上，上海人民出版社2003年版，第631页。

（一）唐朝的丝绸之路丰富中华法系母国即中国法律的内容

中华法系形成于唐朝，母国是中国。丝绸之路打开了国门，中国与中亚、西亚、南亚、东亚，甚至欧洲都有了联系。外国人员与文化随之来到中国，法律关系变得复杂，唐朝的法律不得不作出回应。中华法系母国的法律因此而丰富起来。这里以唐律为例。第一，唐律在法律原则中增加了外国人即化外人犯的内容。这一内容把属人与属地主义结合起来，规定同一国家外国人之间相犯的，适用其本国法律；不同国家外国人相犯的，则适用唐律。"诸化外人，同类自相犯者，各依本俗法；异类相犯者，以法律论。"① 在中国古代法制史上，唐律第一次作出这样的原则规定，意义非凡。

第二，唐律规定了新的犯罪主体。佛教在东汉明帝时从印度传入中国。② 佛教的神职人员僧、尼中，也有人从事犯罪活动，他们成了新的犯罪主体。唐律对犯罪的僧、尼进行惩治，惩治范围主要是：行奸、盗毁佛像等犯罪行为。其中，僧、尼行奸的，用刑要比普通人员的"凡奸"加重二等，即要被徒二年半。③ 另外，僧、尼盗毁佛像的，要被判为"加役流"。④ 在中国法制史上，唐律首次对这些犯罪作了规范的规定，实属不易。

第三，唐律吸收了外来的规定。这里以吸收佛教的规定为例。唐律把佛教中的有些规定吸收进来，成为自己的内容，关于"禁屠

---

① 《唐律疏议·名例》"化外人相犯"条。
② 白寿彝总主编：《中国通史》第4卷上册，上海人民出版社2004年版，第404页。
③ 《唐律疏议·杂律》"监主于监守内奸"条。
④ 《唐律疏议·贼盗》"盗毁天尊佛像"条。

月"的规定就是如此。它源自佛教,唐律确定并把每年的正月、五月与九月规定为"断屠月"。"正月、五月、九月断屠,盖源于佛教。"① 唐律吸收了佛教的内容,作了相应的规定,即在"断屠月"执行死者,要被处以刑罚。"若于断屠月及禁杀日而决(死刑)者,各杖六十。"② 印度法是宗教法,宗教规则往往就是法律的内容。唐律的这一规定实际上就意味着,印度的法律被唐律吸纳了,中国古代法律也因此而有了外来法律的因素。

唐律是中华法系的代表作。唐律的内容丰富了,也就意味着中华法系母国的法律内容也丰富了。中华法系内容的丰富十分有利于其被成员国所移植,最终形成中华法系。

(二)唐朝的丝绸之路促成了中华法系成员国的形成

任何法系都由母国与成员国组成,缺一不可。中华法系也是如此。中华法系的母国是中国,其成员国在唐朝形成中华法系时,就已有日本、朝鲜与越南等一些国家。唐朝的丝绸之路扩大了唐律等法律的影响,方便这些东亚国家来中国学习、移植以唐律为核心的唐朝法律,制定本国的法律。这些法律处处都有唐律等法律的影子,实是它们的翻版。这些国家自然而然地进入了中华法系文化圈,成了中华法系的成员国。

唐朝的海上丝绸之路已经比较发达,通商的港口也有扬州、明州、泉州、广州等一些地方。其中,扬州是长江下游与日本、新

---

① 刘俊文:《唐律疏议笺解》下,中华书局1996年版,第2102页。
② 《唐律疏议·断狱》"立春后秋分前不决死刑"条。

罗、波斯、大食等国海上贸易的重要港口。①日本借助这条海上丝绸之路,与唐朝保持着文化等领域的交流。据统计,从唐贞观五年(631年)到乾宁元年(894年)间,日本先后派出遣唐使19次,最多一次达651人。②有些遣唐使还到唐朝的高等学府国子监求学。"太学诸生三千员,新罗、日本诸国,皆遣子入朝学习。"③他们中有人在唐朝学习唐律等法律,回国后为日本移植唐律等法律做出了贡献。日本历史上第一部成文法典《近江令》就是"由留唐学生高向玄理等人制定的"。④此后,日本还仿效《永徽律》制定了《大宝律令》,制定人员中也有日本留学生。"参与撰写《大宝律令》的人当中,伊吉博德、土部生罗、白猪男曾在唐留学。"⑤这部《大宝律令》是日本封建时期立法的重要成果,在日本古代法制史上具有十分重要的地位。《大宝律令》又"堪称日本封建立法的典范"。⑥就是这部法典,实是《永徽律》的翻版,大量的篇目、刑名、罪行与法定刑等都与其完全一致或者雷同。⑦日本在唐朝时就大量移植唐朝的法律,顺理成章地成了中华法系的成员国。

朝鲜、越南邻近唐朝,有水、陆交通的方便,利用丝绸之路,与唐朝的文化交流也很多。它们同样大量移植包括唐律在内的唐朝法律。其中,朝鲜的《高丽律》等法律就大量移植了唐律的内容。《高丽史·刑法志》记载:"高丽一代之制,大抵皆仿唐,至于刑法,

---

① 白寿彝总主编:《中国通史》第6卷上册,上海人民出版社2004年版,第745页。
② 郑显文:《律令时代中国的法律与社会》,知识产权出版社2007年版,第327页。
③ 《唐语林》卷5。
④ 〔日〕石田琢智:《日本移植唐朝法律考述》,载《法学》1999年第5期。
⑤ 同上。
⑥ 同上。
⑦ 杨鸿烈:《中国法律在东亚诸国之影响》,中国政法大学出版社1999年版,第358—366页。

亦采唐律，参酌时宜而用之。"事实也是如此。《高丽律》在体例与内容上都大量抄袭唐律，只是在规模上小于唐律而已。[①]越南的情况也十分相似。同样大量移植唐律在内的唐朝法律。《历朝宪章类志·刑法志》记载：李太尊制定的《刑书》和陈太尊制定的《国朝刑律》都"遵用唐宋旧制，但其宽简之间，时而斟酌"。正因为如此，李、陈两朝被认为是"摹仿'唐宋律'时代"。[②]朝鲜、越南也毫无例外地成了中华法系的成员国。

在唐朝，既有中华法系的母国中国，也有成员国日本、朝鲜、越南等国家，中华法系名副其实地成为世界五大法系之一，而这一切均得益于丝绸之路。

（三）唐后的丝绸之路继续为中华法系的巩固和发展发力

唐朝以后，丝绸之路还在运行，甚至还有所发展。比如，明朝郑和下西洋的规模就非常大，超过以往。他率领200多艘船与2万多人，浩浩荡荡下西洋，被认为是"中国古代规模最大、船只最多、船员最多、航行时间最长的海上航行"。[③]同时，唐后封建朝代的法律也在颁行。丝绸之路把中国的法律源源不断地输出至中华法系的成员国，而它们继续以中国的法律为楷模，制定本国的法律，中华法系因此而得到了巩固与发展。比如，明朝时，以《大明律》与《大明会典》为楷模，日本制定了《暂行刑律》《新律纲领》和

---

① 杨鸿烈：《中国法律在东亚诸国之影响》，第34页。
② 同上书，第416页。
③ 瞿依贤：《"一带一路"是前无古人的创新——葛剑雄谈古丝绸之路与"一带一路"之别》，载《劳动报》2018年1月8日。

《改定律例》等法律,朝鲜制定了《朝鲜经国典》《经济六典》和《刑法大全》等法律,越南则制定了《嘉隆皇越律令》《钦定大南会典事例》等法律。由于这些中华法系的成员国大量移植明朝《大明律》与《大明会典》等法律,以致这一时期被认为是"摹仿《明律》及《会典》之时代。"①

随着丝绸之路的开拓,唐朝以后还有国家也加入了移植中国法律的队伍,也成了中华法系之成员国,琉球群岛即是如此。它在海上丝绸之路沿线,与中国关系密切,有"琉球自明迄清每有贡船,多以载货,自华归来即获资亿万"之说。②借助海上丝绸之路,它与中国的文化交流持续不断,包括对中国法律的移植。其中,《科律》就是以《大清律例》为蓝本,其体例与律文大多取自于《大清律例》。③琉球群岛在唐朝以后,也加入了中华法系的行列,成了这一法系的成员国。中华法系在唐朝以后,又多了一个成员国,其队伍有所扩大了。可见,丝绸之路在唐后的一些封建朝代中,仍在为巩固与发展中华法系发力。

在中国古代,丝绸之路作为一种载体,帮助中国与日本、朝鲜、越南、琉球群岛等一些东亚国家加强了联系与交流。中国法律借助这一载体被移植到这些国家,输出到这些国家,使其成为中华法系的成员国,最终形成了以中国为母国、这些东亚国家为成员国的中华法系。十分明显,丝绸之路助力造就了中华法系。丝绸之路与中华法系都是中国古代史上的一部分,也是一种先例。它告诉今天的人们,中国历史上曾经有过这样一种经验,还可以对今天的"一带一路"建设与复兴中华法系,提供一些有益的启示。比如,

---

① 杨鸿烈:《中国法律在东亚诸国之影响》,"全书提要"第 3 页。
② 同上书,第 388 页。
③ 同上书,第 391—392 页。

复兴中华法系，母国的法治要比较完善，能够与这一法系的成员国平等交流；要找到并充分利用一种比较现实的载体，为实现复兴中华法系母国与成员国的平等交流、取长补短提供方便；法系成员国的形成有个过程，不会一蹴而就，等等。

二、"一带一路"建设有利于复兴中华法系母国的形成

　　丝绸之路的现代版就是"一带一路"，但其又不是对丝绸之路简单的翻版，而是具有新的内涵。"一带一路"于 2013 年由中国提出，是指共建丝绸之路经济带和 21 世纪海上丝绸之路重大倡议。中国要以"一带一路"建设为重点，坚持引进来和走出去并重，遵循共商共建共享原则，加强创新能力开放合作，形成陆海内外联动、东西双向互济的开放格局。① "一带一路"建设已迈出了坚实的步伐。至 2017 年，中国企业对"一带一路"沿线国家的投资总额已超过 500 亿美元，贸易总额也已超过 3 万亿美元；一大批互联互通项目得到实施，各领域的人文合作积极开展；"一带一路"的国际影响力也已经显现，全球 140 多个国家和 80 多个国际组织支持和参与这一建设，有些联合国大会、联合国安理会等决议中也含有"一带一路"建设的内容。② 连外国学者都认为："'一带一路'的创想，是为了造福天

---

① 习近平：《决胜全面建成小康社会　夺取新时代中国特色社会主义伟大胜利》，载《文汇报》2017 年 10 月 28 日。
② 党的十九大报告辅导读本编写组：《党的十九大报告辅导读本》，人民出版社 2017 年版，第 408 页。

下这一共同事业而提出的,是一个'深度合作的黄金机遇'。"① 可以预见,这一建设还会取得更大的成就,包括其中的法治建设。

中华法系是世界五大法系之一,但在20世纪初的清末法制改革中逐渐解体,现在只能算是一个死法系。复兴中华法系就是要把一个死法系复活,成为一个活法系。当然,这种复活不是简单恢复原来的中华法系,而是利用其外壳,赋予其新的内容,打造一个全新的法系。在新时代背景下,已不可能也没有必要再恢复原来的中华法系。原来的中华法系只能算是一个传统法系,复兴的中华法系应是个现代法系。因此,它需具有现代法系的一般特征,同时还具有自己的特色并与世界上其他的现代法系有所区别,能和它们并驾齐驱。

复兴中华法系的母国还是中国,关键是法治建设。中国处在复兴中华法系的中心地位,是复兴中华法系的关键。中国的法治建设达不到一个现代法系母国的水准,整个复兴中华法系的目标就不可能实现。从这种意义上讲,复兴中华法系首要的就是要建设好中国的法治。

"一带一路"虽以经贸为先导,但不能没有法治。法治是"一带一路"建设的重要保障,不可或缺。"一带一路"建设将会与中国的法治建设联系在一起。这就决定了"一带一路"建设会有利于推进中国的法治建设,起到复兴中华法系母国法治的作用,其突出表现在以下一些方面。

(一)"一带一路"建设有利于法律内容的完善

"一带一路"建设有利于法律内容的完善。比如,"一带一路"

---

① 〔英〕彼得·弗兰科潘:《丝绸之路》,邵旭东等译,浙江大学出版社2016年版,"中文版序言"第5页。

建设有利于民法内容的整合与完善。"一带一路"建设中少不了与经贸相关的私法，可是中国民法典分则还未出台。中国是个成文法国家，也是个决定制定、使用民法典的大国。民法总则已在2017年颁行，分则还未整合与完善。只有等这一分则出台后，中国民法典才算完整。"一带一路"建设会倒逼中国民法分则的早日出台。如果是这样，"一带一路"建设就可为完善中国的法律内容做出贡献了。

（二）"一带一路"建设有利于有些法治机构的完善

"一带一路"建设有利于有些法治机构的完善。比如，"一带一路"突出经贸，其纠纷的解决少不了仲裁。中国已有一些仲裁机构，专门从事民商、劳动等纠纷案件的仲裁，但还没有专门适用于"一带一路"案件的仲裁机构，这样的仲裁机构需要尽快建立起来。这会促使中国的仲裁机构进一步完善。

（三）"一带一路"建设有利于中国法治特色的形成

任何法系都有自己的特色。无特色，无以成为法系。大陆法系与英美法系都有自己的特色，在法律渊源、法律部门、司法制度等方面都明显不同。[①] 以往的中华法系也有自己的特色，其中包括：农本主义、道德至上、家族本位、质地纯洁等等。[②] 在复兴中华法系中，除了必须具备现代法系的一些特质外，还需具有自己的

[①] 何勤华等：《法律移植论》，北京大学出版社2008年版，第29—31页。
[②] 张晋藩主编：《中华法系的回顾与前瞻》，中国政法大学出版社2007年版，第41—42页。

特色。"一带一路"建设将会有利于复兴中华法系特色的形成。比如，在"一带一路"的经贸交往中，利用中国特色的调解来解决其中的纠纷，不失为一种好办法。中国自古以来就有调解纠纷的传统与做法，到了现代又有所发展。赋予这种调解以新的内涵，使其适合"一带一路"建设，有百利而无一害。同时，这还会促成复兴后中华法系特点的形成。

（四）"一带一路"建设有利于法治人才的培养

"一带一路"建设少不了法治人才的贡献，其中既包括法官、检察官，也包括律师、仲裁员等等。"一带一路"建设要涉及境外的国家，会有特殊的管辖与要求，需要有专门的法治人才来担当。目前，这类人才奇缺，需要大力培养。这类法治人才的培养会有利于弥补当前法治人才的不足，提高法治人才的整体水平。这一作用不可低估。

总之，"一带一路"建设与中华法系母国的复兴相关联，这一建设的关键就是法治建设，以其为动力，可以弥补当前中国法治建设中的一些不足，使其不断完善。这种法治的完善又为复兴中华法系中母国即中国法治建设所不能缺少，否则这一法治就不完善，达不到先进的程度，也形成不了特色，这对建设一个现代的中华法系母国十分不利。当前要把"一带一路"建设作为推进复兴中华法系母国的动力，有意识地在"一带一路"建设中，不断完善中国法治，为复兴中华法系母国作准备。

"一带一路"建设和复兴中华法系母国都有一个过程，也都有量的积累，而且都需以中国的国力为支撑。国力强大，"一带一路"建设和复兴中华法系母国的资源丰富了，其进程才会更顺利。

根据中国的发展前景,要到本世纪中叶,中国才能建成一个富强民主文明和谐美丽的社会主义现代化强国,成为世界上综合国力和国际影响力领先的强国。① 可以想象,到那时,"一带一路"建设应该取得了成功,全面开放的格局也可以形成。与此同时,中国的法治建设也得到长足的进步,中国特色社会主义法治国家已经建成,复兴中华法系母国的目标也有望实现。本世纪中叶,对"一带一路"建设与复兴中华法系母国来说,都是一个重要时间节点。

三、"一带一路"建设有利于复兴中华法系成员国的形成

在复兴中华法系中,除了需有母国以外,还需有成员国。成员国是其中不能没有的组成部分。缺少了成员国,复兴中华法系也就成了空谈。然而,成员国的形成需有一个平台。在这个平台上进行母国与成员国之间的法治交流,实现共赢,"一带一路"是个较为理想的平台。它既是一个以经贸为主的舞台,也是一个法治经验交流的平台。"一带一路"国家的法治在这一平台上亮相,为了纠纷的解决而相互博弈,各国法治的长处、短处暴露无遗,取长补短不可避免。中国作为"一带一路"的提倡国,又往往是"一带一路"的起点与终点,在"一带一路"建设中的地位举足轻重。中国的法治会

---

① 习近平:《决胜全面建成小康社会 夺取新时代中国特色社会主义伟大胜利》,载《文汇报》2017 年 10 月 28 日。

引起沿线国家的关注，也会影响较大。中国法治建设中的一些优越之处会在与"一带一路"国家的交流中显示出来，实现共赢、共建、共享。与中国法治经验交流越多的国家，越有可能成为复兴中华法系的成员国。

从目前的情况来看，"一带一路"国家法治的情况比较复杂。在"一带一路"的66个国家中，涉及多个法系与法源，就是在同一法系与法源中，法治状况也不尽相同。[①] 其中，有的国家的法治与中国的法治相差甚远。比如，英美法系国家以判例法为主，又没有部门法的明确划分，这些都与中国法治明显不同。不能奢望"一带一路"国家都成为复兴中华法系的成员国。

有可能成为复兴中华法系成员国的国家会是具有这样一些基本条件的国家。首先，这些国家与"一带一路"建设关系比较密切，在"一带一路"建设中，受益比较多。在与中国大量的经贸往来中，能够感受到中国法治建设取得的成就，并有认同感。其次，这些国家具有大陆法系的传统，与中国的成文法为特征的法治比较接近。这样，它们与中国交流法治经验会比较方便，遇到的障碍也会比较少。最后，这些国家法治中的不足之处往往是中国法治中的优越之处，通过平等交流，可以弥补本国法治的不足，使自己的法治得到长足的进步。这会提高这些国家与中国交流法治经验的积极性。这些基本条件必须同时具备，缺一不可。否则，很难成为复兴中华法系的成员国。

从历史法系发展史的视角来审视，形成一个法系成员国的数量各不相同。英美、大陆、伊斯兰法系成员国的数量比较多，以至于

---

① 何佳馨：《"一带一路"倡议与法律全球化之谱系分析及路径选择》，载《法学》2017年第6期。

当时以世界总人口 18 亿来计算，它们占了其中近一半人口。其中，3 亿人口处在英美法系的管辖之下，3 亿人口处在大陆法系的管辖之下，还有 2.5 亿人口处在伊斯兰法系的管辖之下，"也就是说，三大法系统治了将近一半的世界人口。"[①] 传统中华法系成员国的数量不算多，也就是朝鲜、日本、琉球群岛、越南等一些东亚国家。成员国最少的要算希伯来法系，其成员国只有 2 个，即犹太国和以色列国。以此来推测，复兴中华法系的成员国的数量至少是 2 个，否则难以成为一个法系。

复兴中华法系成员国的形成不会在一朝一夕，而是有一个过程。这个过程在很大程度上取决于"一带一路"建设的进程与中国法治的影响力。如果"一带一路"建设进程快，中国法治的影响力又大，那么这一成员国形成的过程就会短一些，否则这个过程就要长一些。从这种意义上讲，"一带一路"建设的速度与中国法治的影响力都会对复兴中华法系至关重要。

复兴中华法系成员国的形成将会成为复兴中华法系成功的标识。只要当成员国确定后，复兴中华法系才算告成。这种告成要由世界来评判，其中既要有母国、成员国自己承认，也要第三人认可。第三人的认可比较重要，也会更具权威性。传统中华法系就得到过第三人的认可。美国学者威格摩尔在《世界法系概览》中，就把中华法系列为其中，作为世界的主要法系之一。[②] 他的这一观点还具有广泛的认同性。复兴后的中华法系也应如此。

"一带一路"是个复兴中华法系较为现实的平台。在"一带一路"建设中，就要有意识地加强中国的法治建设，用和平与平等交

---

① 〔美〕约翰·H.威格摩尔：《世界法系概览》（下），何勤华等译，第 942 页。
② 〔美〕约翰·H.威格摩尔：《世界法系概览》（上），何勤华等译，第 110 页。

流方式积极促成复兴中华法系成员国的形成,为复兴中华法系添砖加瓦。

四、复兴中华法系也有助于推动"一带一路"建设

"一带一路"建设与复兴中华法系有密切的关联。"一带一路"建设有利于复兴中华法系,复兴中华法系也会有助于"一带一路"建设,即复兴中华法系可以反哺"一带一路"建设。这突出表现在以下两个方面。

(一)复兴中华法系母国即中国法治水准的提升有助于推动"一带一路"建设

复兴中华法系的过程,也是一个提升其母国中国法治水准的过程。在这一过程中,中国的法治要达到现代法系母国的水准,这对中国会是一个挑战。中国改革开放只有40年,走上法治道路也只有40年。与已有数百年历史的英美法系母国英国、大陆法系母国法国的法治相比,中国的法治建设还有一段路程要走。如今,正可以借复兴中华法系之东风,更好更快地建设中国法治,使其在较短的时间里达到现代法系母国的水准。

根据中国法治发展的目标,到2035年,中国的法治国家、法治政府、法治社会基本建成,各方面制度更加完善,国家治理体系和治理能力现代化基本实现;到本世纪中叶,中国要实现国家治理体

系和治理能力现代化。①按照这一法治发展目标来推算，中国法治至晚在本世纪中叶已经成熟，那时中国正式建成了现代法治国家，中华法系母国也有望建成。此时，中国的法治已经比较完善，包括关于"一带一路"的法治。这就十分有利于规范"一带一路"建设中的各种行为，解决"一带一路"建设中产生的种种纠纷，保证"一带一路"的畅通。

现在，已有利好消息传来。至2017年11月，上海东方域外法律查明服务中心已经揭牌成立，"一带一路"国际仲裁中心也将在上海落成；另外，已有155家境外律师事务所的代表处在上海落户，上海成了这类代表处在国内最集中的城市。这些都被认为是"为保障'一带一路'倡议搭建平台"。②可以乐观地认为，中国关于"一带一路"的法治保障措施还会相继出台，这一平台将会越来越大，越建越好，同时复兴中华法系母国中国的法治对"一带一路"建设的贡献也会越来越大。

（二）复兴中华法中成员国的形成有助于推动"一带一路"建设

复兴中华法系的母国与成员国都是这一法系大家庭中的成员，也可以说是现代法治共同体的成员。成员国与母国、成员国之间的法治会在许多地方具有相通之处，尤其是在民商法治方面。这是因为"一带一路"以经贸为主，民商法治是大头。有了这些相通之处，一旦出

---

① 习近平：《决胜全面建成小康社会 夺取新时代中国特色社会主义伟大胜利》，载《文汇报》2017年10月28日。

② 陈颖婷：《沪将建"一带一路"国际仲裁中心》，载《上海法治报》2017年11月20日。

现问题，母国、成员国与成员国之间的沟通就比较方便，也容易达成共识，方便解决问题。这就十分有助于推动"一带一路"建设。

目前，"一带一路"国家的法治状况参差不齐，但是经贸的进行又不该因此而减速，最佳的选择则是尽快改变这种参差不齐的状况，尽量缩小其中的差距。复兴中华法系成员国的形成会有利于缩小这种差距，使母国、成员国的法治都处在同一水平上。这样，大家就会有更多共同语言，齐心协力推进"一带一路"建设。

复兴中华法系告成以后，估计在"一带一路"国家中，这一法系的成员国还属少数，多数国家还不是这一法系的成员。这并不妨碍"一带一路"建设的推进。这就像当年传统中华法系在唐朝确立时，这一法系的成员国只是东亚一些国家一样。那时的丝绸之路照样延伸到除了东亚以外的中亚、西亚、南亚、欧洲等许多国家，然而传统中华法系国家只是丝绸之路中的少数国家，可丝绸之路还在运行。只不过，同为传统中华法系国家，它们之间的交流比较多，经贸开展比较顺畅，各国得益比较丰硕，丝绸之路的作用更为凸现。历史上从来没出现过因为不是传统中华法系国家的原因而退出丝绸之路，甚至导致丝绸之路中断的情况。复兴中华法系以后也会是如此。

历史上的丝绸之路曾经助力造就过中华法系，这可以作为一种历史经验加以关注。今天在研究复兴中华法系时，不要忽略了"一带一路"的作用。它们之间也有关联。"一带一路"可以作为复兴中华法系的动力与平台，推动复兴中华法系。复兴中华法系也可以反哺"一带一路"，推进"一带一路"建设。当前，"一带一路"建设与复兴中华法系的研究方兴未艾，可以有意识地关注它们之间的这种关联，加快"一带一路"建设，重视中华法系的复兴，期望获得双赢。

（原载《法治现代化研究》2018年第3期）

复兴中华法系的再思考

传统中华法系是世界五大法系之一，曾在历史上生存了千余年之久。[①]这一法系的母国即中国在清末法制改革的大潮中，随着西方法制的大量引进，逐渐解体，其成员国也在此前后纷纷改换门庭，中华法系不复存在了。现在，传统中华法系被认为是死法系。[②]可是，随着法制的发展和法学研究的深入开展，关于复兴中华法系的思考不断，成果不少。民国时期就有高维廉的《建设一个中华法系》，[③]马存坤的《建树新中华法系》，[④]王汝琪的《中华法系之复兴》，[⑤]刘陆民的《建立中国本位新法系的两个根本问题》，[⑥]居正的《为什么要复兴中国法系》，[⑦]等等。近30余年来，还有一些中国学人也对中华法系进行了思考与研究，发出了复兴中华法系的呼声。陈鹏生、王召棠和张传桢的《社会主义中国法系初探》一文，从复

[①] 为了区别已经解体的中华法系与现在要复兴的中华法系，本文把前者称为"传统中华法系"，后者称为"现代中华法系"。另外，"传统中华法系"属于死法系范畴，"现代中华法系"则应属于活法系范围。

[②] 陈朝璧：《中华法系特点初探》，载《法学研究》1980年第1期。

[③] 高维廉：《建设一个中国法系》，载《法学季刊》1926年第2期第8号。

[④] 马存坤：《建树新中华法系》，载《法律评论》1930年第7卷第39期。

[⑤] 王汝琪：《中华法系之复兴》，载《复兴月刊》1933年第1卷第10期。

[⑥] 刘陆民：《建立中国本位新法系的两个根本问题》，载《中华法学杂志》1936年新编第1卷第1号。

[⑦] 居正：《为什么要复兴中国法系》，载张晋藩主编：《中华法系的回顾与前瞻》，中国政法大学出版社2007年版，第289—319页。

兴中华法系的角度出发，专门提出了研究社会主义中国法系的重要意义，同时还指出社会主义中国法系的形成，将是一个长期的过程，它涉及广泛的理论和实践问题，有待法学界和司法实际部门的同志共同探讨解决。① 以后，王召棠在《法系·中国法系的再议论》一文中，强调社会主义中国法律制度具有自己不同于西方所有法系的特色，应该成为一个独立法系，应该进行研究。② 张晋藩的《重塑中华法系的几点思考——三论中华法系》一文，不仅对重塑中华法系的基础进行了深入研究，还提出研究中华法系的特点、价值，剖析它赖以形成的历史与社会根源，寻求重塑中华法系的必要性与可能性的解释。③ 往后，林中也参与了重塑中华法系的研究，在与张晋藩一起同著的《中华法系的价值与重塑中华法系的思考》中，不仅坚持要"重塑中华法系"，而且还认为："重塑体现中华法系法文化精粹的中华法系是一个必然趋势。"④ 尽管复兴中华法系的呼声不断，研究成果也不算少，然而，立足当今中国法治建设的现实与世界法系的实际状况，仍有必要对其进行再思考，思考一些重要问题，进一步推进复兴中华法系及其研究。

一、复兴中华法系的现代意义

现在，提出复兴中华法系特别具有一种现代意义，而与以往会

---

① 陈鹏生、王召棠、张传桢：《社会主义中国法系初探》，载《法学》1982年第2期。
② 王召棠：《法系·中国法系的再议论》，载《南京大学法律评论》1999年春季号。
③ 张晋藩：《重塑中华法系的几点思考——三论中华法系》，载《法律评论》1999年总第11期。
④ 载张晋藩、林中：《法史钩沉话智库》，中国法制出版社2016年版，第38—40页。

有所不同，突出表现在以下三个方面。

（一）有利于显示改革开放以来中国法治建设所取得的伟大成就

改革开放以后，中国逐渐走上了依法治国的道路，而且还取得了伟大的成就。1978年的十一届三中全会指出要加强社会主义法制建设。1997年党的十五大明确提出要依法治国，建设社会主义法治国家的治国方略。1999年还把这一方略写进宪法，得到宪法的确认。2014年党的十八届四中全会再次作出决定，要全面推进依法治国。2017年党的十九大进一步要求坚持全面依法治国与深化依法治国实践。中国的法治正是沿着这一道路前行，实现了跨越，在立法、行政执法、司法、法律监督等法治的各领域都取得了伟大成就。①

如果把中国法治建设的成就提升到复兴中华法系这一层面，不仅可以从法系的重要侧面来说明中国的这一建设取得了伟大成就，而且在世界上都会占有重要地位。第一，复兴后中华法系的母国即中国的法治已能达到一个高水平，列在世界的前位，足以与世界上其他现代法系母国的法治齐名而不逊色。第二，中国还可与世界上其他一些国家进行法治经验的平等交流，取长补短，为复兴后中华法系成员国的形成作准备。这两者结合起来，可以从国内外双重视角来显示中国法治建设的非凡成就，这在现代中国还史无前例。

用复兴中华法系来显示改革开放以后中国法治建设所取得的成就，是一种新视角，一种世界性视野。任何法系都具有跨国性与世界性，是对世界上的一些具有共同特征国家法制（法治）进行的组合

---

① 王立民：《中国依法治国中实现跨越的法治意义》，载《学术月刊》2015年第9期。

与分类。① 其中的母国处于法系的核心地位，具有向其成员国输出法制（法治）的功能；成员国则处于非核心地位，具有输入其母国法制（法治）的功用。复兴中华法系的母国中国的法治可以在世界法系的平台上来展示自己法治建设所取得的成就，是一种很佳的选择。这可以在显现中国自改革开放以后法治建设各领域所取得的成就的同时，突出法治的特点、风格、作用、影响范围等一些与法系相关的内容。这些内容又往往只能在法系的平台上才得到充分、有效的反映。一旦得到反映，中国法治建设的成就也就会得到更为广泛的认同，其地位也会相应提高。这又十分有利于弘扬中国精神、传播中国价值，增强中国法治的生命力和影响力。通过法系来展现中国法治建设的成就还具有不可替代性，没有其他平台可以来替代这种展现。从这层意义上讲，这还是一种不可多得的展示路径，不要随便放弃。

（二）有利于传承中国优秀的传统法律文化

中国传统法律文化的起源很早，历史悠久。它随着中国法制等的产生、发展，也产生、发展。早在先秦时期，中国就制定过"禹刑""汤刑""吕刑"与《法经》等法律，中国的传统法律文化在先秦时期已经存在。往后，中国的法制有了大发展，特别是唐律的诞生。它不仅总结了唐朝以前的法制，还对唐朝以后封建朝代的法制产生很大影响。中国传统法律文化也在向前发展。中国传统法律文化中，有不少优秀的成分，其中包括：重视道德教化的作用、敬老爱幼的规定、慎重用刑和注重调解化解社会矛盾的做法等等。这些

---

① 古代法系与法制相联系，用"法制"为妥。现代法系则与法治相关联，用"法治"为好。

优秀成分在传统中华法系中都有所体现。在复兴中华法系时，可加以吸收、借鉴，赋予新的内涵，成为复兴中华法系中的内容。也就是说，复兴中华法系十分有利于传承中国优秀的传统法律文化。这对于全面提升人们的文化素养，增强国家文化的软实力，推进国家治理体系和治理能力现代化，又都具有十分重要的意义。

复兴中华法系在传承中国优秀的传统法律文化的同时，也赋予了自己的特色。这些中国优秀传统法律文化中的成分融入复兴的中华法系后，就转化为这一法系的特色。在世界上的现代法系中，还没有一个法系同时具备这些特色。这些成分随着中国传统法律文化数千年的发展而积淀形成，以中国传统的法律、社会、文化等为背景，具有自己的独特性。其中，蕴含着中国优秀传统法制文化特有的理念、智慧、气度和神韵。它们被融合进复兴的中华法系中后，十分有助于作为复兴的中华法系的特色而被保存下来，传承下去。

中国优秀的传统法律文化通过复兴的中华法系传承下来具有其特有的优越性，即可使这一优秀传统法律文化具有了跨国性、世界性意义。复兴后的中华法系由其母国与成员国构成，即由中国与其他成员国一起构成。复兴后中华法系中的中国优秀传统法律文化不仅在母国中国的法治中得到体现，还会影响到其成员国，这就跨出了中国的国门，具有了跨国性、世界性。中国的优秀传统法律文化利用复兴中华法系的平台上升到世界舞台，与其他法系的法律文化同台争艳，其影响必定扩大，中国法治在世界上的地位也会得到提升。这一切非复兴中华法系莫属。

（三）有利于对世界现代法系建设做出中国贡献

中国在历史上曾对世界法系建设做出过贡献，建立过传统中华法系。这一法系还被认为是世界五大法系之一。① 然而,在世界法制现代化大潮中,传统中华法系退出了历史舞台。现代世界法系中,没有中华法系。复兴中华法系是使中华法系得到重生,成为一个现代法系。这样,世界现代法系中就会多一个新成员,即现代中华法系。世界的现代法系成员队伍因此而得到了壮大,这不能不说是对世界现代法系建设做出的中国贡献。

复兴中华法系不仅使世界现代法系壮大起来,还会改变现有现代法系的格局。世界上的现代法系主要是两个,即大陆法系与英美法系。② 这两个法系的母国都在西方,不在东方。东方没有现代法系的母国。复兴中华法系以后,东方有了自己现代法系的母国,从而使世界现代法系的格局发生变化,以至于东、西方均有了现代法系的母国,并形成了新的局面。这种新局面的出现说明,现代东方国家沦为大陆法系与英美法系成员国的时代结束了;一个新法系诞生了,即东方国家有了自己的现代法系,既有母国,也会有成员国。现代中华法系,既不属于大陆法系,也不属于英美法系,是一个独立于这两个法系的新法系。现代中华法系将跻身于世界现代法系家庭之中,成为一个来自东方的新成员。

对世界现代法系建设的贡献实际上就是对世界法治建设的贡献。法治已成为现在世界上普遍认同与采纳的一种治国方略。然而,由于世界各国的法治不尽相同,其面貌与种类也会有所不同。现代法系重点反映的世界上现代法治的不同面貌与种类,突出的是

---

① 张晋藩、林中:《法史钩沉话智库》,第3页。
② 世界上的现代法系中,仅有大陆法系与英美法系,其影响也最大。这正如程树德在20世纪30年代时就讲的:"今盛行者惟英美法系与罗马法系,其印度、回回、印度三大系,则渐渐趋衰歇。"程树德:《论中国法系》,载《法律评论》1934年第11卷第19期。

它们的差异性。复兴中华法系的核心是建设、建成中国特色社会主义法治。这可使占世界人口 1/5 左右的中国进入世界法治国家行列，不仅如此，中国的这一法治还与其他国家的法治有所不同，具有中国特色社会主义法治的特点。这正好一举两得，既使具有世界人口 1/5 左右大国的中国进入了世界法治国家行列，又使世界法治多了一个类型，即中国特色社会主义法治。这个贡献还真不算小了。

复兴中华法系的重要意义决定了复兴中华法系会引起关注、重视，因此现在就要进行不懈的研究，为这一复兴做好思想、理论铺垫。

二、复兴的中华法系性质

世界上曾存在过中华法系，但这只是个传统法系，其母国是中国，成员国在东亚地区。唐朝是中华法系的确立时期，代表作是唐律。在唐朝以前，中华法系就一直在演进过程中，逐渐地积淀，为唐朝的最终确立创造了条件。唐朝以后，中华法系仍在延续、发展，直到 20 世纪初的清末法制改革，中国法制现代化建设的步伐加快，中国传统法制在整体上开始瓦解，传统中华法系也渐渐解体。在那个时期的前后，中华法系的成员国也纷纷通过法制改革，走上法制现代化之路，脱离传统中华法系，跻身于世界现代法系之列，传统中华法系不再存在了。以后，这一法系没有再成活，也没有条件再成活，只是作为一种传统法系在历史上出现过。从这种意义上讲，它与楔形文字法系、印度法系等法系有相似之处，即都是一种死法系。

今天，要复兴的中华法系，不是传统法系，而是一个现代法系。它就应具有现代性，而不是传统性。现在，世界已处在现代时期，历史已把传统社会远远抛在后面，世界的经济、政治、文化等各个方面都深深扎根在现代的土壤里。在此基础上复兴起来的只能是现代法系，而不会是传统法系。世界法系的复古已没有可能，也不会再有机会。复兴的中华法系无疑只能是一个现代法系。

现代中华法系根植于现代中国社会。其中，主要内容包括：中国特色的社会主义思想、社会主义国家政权与制度、社会主义市场经济、社会主义核心价值观等等。因此，现代中华法系中不会含有传统中华法系的一些特质。比如，农本主义、道德至上、家族本位、质地纯洁等等。[①]相反，现代中华法系则应具备一些现代法系的属性，比如，现代的法治理念、法治体系、法治文化、法学教育与研究等等。不仅如此，现代中华法系还需具有中国现代自己法系的特色，即中国特色，比如社会主义的法治理念、法治体系、法治文化、法学教育与研究；还有，从传统中华法系中借鉴而来的重视道德教化的作用、敬老爱幼的规定、慎重用刑和注重调解化解社会矛盾的做法等等。现代中华法系应是现代法系的属性与中国社会主义法系特色两个方面的有机结合，既是一种现代法系，又是一种具有中国特色的现代法系。其中，不可缺少任何一个方面。缺少了现代法系的属性，现代中华法系的现代性质就会丧失；缺少了中国社会主义法系特色，就不像现代的中华法系了。因此，这两个方面都要兼顾。

现代中华法系与传统中华法系之间并不是完全断裂关系，而有

---

① 张晋藩主编：《中华法系的回顾与前瞻》，中国政法大学出版社2007年版，第41—42页。

一种天然的联系。传统中华法系是现代中华法系的前身，现代中华法系又是传统中华法系今生。由于时代的变迁，中华法系也随之转型，要从传统中华法系转型为现代中华法系。它们具有同源性，即都是中华法系而不是其他法系，这一法系的母国都在中国而不在其他国家。复兴中华法系具有一种从传统向现代转型的性质。现代中华法系与传统中华法系之间这种不可割舍的联系，决定了现代中华法系可以从传统中华法系中得到一些借鉴，赋予传统中华法系一些新的内涵，使其获得重生。比如，传统中华法系中重视道德教化作用的一些内容，可以为现代中华法系中法治与德治结合、法主德辅的内容所用；还有，传统中华法系中敬老爱幼、注重调解等内容也都可以被赋予新的内涵，为现代中华法系所用。传统中华法系中的可借鉴资源不要被白白浪费了。

复兴中华法系，建设现代中华法系，就是要把一个死法系复活，即把一个死法系变成一个活法系。这在世界法系发展史上是一种创新。世界法系史上出现过的法系仅有两种情况。一种是死法系，比如楔形文字法系、希伯来法系、印度法系、伊斯兰法系、传统中华法系等等。它们都曾在古代产生、成长，但到了现代都不复存在，以解体告终。另一种是活法系。比如，大陆法系、英美法系。它们可以溯源到古代，但在现代迅速成长、发达，影响也越来越大，形成一个法系，至今依然存在。在这两种情况中，没有一种情况是死法系复活并变成活法系的情况。复兴中华法系，只能是另外的情况，即是第三种情况，那就是死法系复活并变成活法系的情况。也就是说，一个死法系通过复兴变成了一个活法系，一个传统法系变成了一个现代法系。当然，这种变化是一种本质的变化，复活只是借用其外壳，来体现这两个法系之间的某种联系。从这种意义上讲，复兴中华法系是对世界法系建设、发展的一个重大贡献，实现了零的突破，其意义不可谓不大。

复兴中华法系将使世界现代法系中多了一个新成员。而且，它产生、建立于21世纪，是最晚的一个，也是最年轻的一个。它的诞生昭示着东方国家的法治建设出现了突破，特别是中国法治的崛起，改变了自现代以来，东方国家长期移植西方法制，融合进西方为母国的法系之中，成为其成员国的历史状况。复兴中华法系，意味着东方走出了一条适合自己的法治道路，并足够形成一个独立的并与大陆法系、英美法系齐名的另一个新兴法系，即现代中华法系。这在世界法系发展史上不愧是一个创举。

三、复兴中华法系的母国即中国所需具备的基本条件

一个法系不可能由一个国家组成，而需由一些国家组成，其中就包含有母国与成员国。而且，母国必须具备一定的条件，复兴中华法系也是如此。

从世界法系发展史来审视，不论是死法系，还是活法系，其母国均处于法系的核心地位，对它的要求比较高，至少需要具备三个基本条件：国力强，社会文明程度高，法制（法治）先进且具特色。这些条件都应排在当时世界的前列，而且缺一不可。国力强，既可以显示出母国法制（法治）建设所产生的实际成就，也可以为输出自己的法制（法治）到成员国提供物质保障。社会文明程度高，既可以为母国形成先进且具特色的法制（法治）提供精神、文化上的支持，也可以为成员国所借鉴，提高自己法制的文明程度。

法制（法治）先进且具特色，既可以确立母国在法系中的核心地位，又可以为其成员国引进母国的法制（法治）提供范本。这三个主要条件分别是从物质、精神与法制（法治）层面对一个法系母国提出的要求，也是其所应该具备的基本条件，而且应同时具备。中国作为现代法系的母国也该如此。

世界上出现过的法系都曾具备了这样的条件。世界上的死法系都曾具备过这样的条件。这里先以楔形文字法系为例。早在公元前30世纪的西亚两河流域产生了国家和法制以后，楔形文字法便不断演进，先后制定过《乌尔纳姆法典》《苏美尔法典》《李必特·伊丝达法典》《俾拉拉马法典》等。公元前19世纪，阿摩利人占据了幼发拉底河中游东岸的巴比伦城，建立了古巴比伦国家。公元前18世纪，第六代国王汉穆拉比用30年时间征服了两河流域国家，建立了统一的奴隶制专制国家巴比伦。①此时的巴比伦生产力水平已很高，是西亚地区最强大的国家。那里的农业灌溉系统有了扩大和改善，青铜被广泛使用，附有播种漏斗的改良犁也开始使用，农业生产水平持续提高；手工业分工相当发达，内外贸易都很兴盛，白银已具货币功能；等等。②同时，它的社会文明程度也在世界前列，文字、宗教、文学、科学都达到史无前例的水准。③以这些为基础，诞生了两河流域文明并成为世界上最古老的五大文明之一。④就在此时，颁行了《汉谟拉比法典》，达到了当时西亚地区立法的最高水平，并成为楔形文字法的代表作。同时，楔形文字法的特点也十

---

① 何勤华主编：《外国法制史》，法律出版社1997年版，第25—26页。
② 周一良、吴于廑主编：《世界通史》上古部分，人民出版社1973年版，第86—87页。
③ 同上书，第91—93页。
④ 白寿彝总主编：《中国通史》第1卷，上海人民出版社2004年版，第350页。

分明显，特别是：法典的内容同时与多神教相联系，而且是习惯法的汇编等。①在此基础上形成的楔形文字法系，不愧为世界古代法系之一。

传统中华法系，现在是一个死法系，但在古代曾十分风光。它在那时也具备了一个法系母国所应具备的三个基本条件。这一法系的确立时期是在唐朝。唐朝同样具备了这些条件。唐朝的经济、政治、文化等方面都得到了充分发展。它是中国封建社会的鼎盛时期，经济得到恢复与迅速的发展，国家实现了长时间的统一与稳定，文化繁荣与兴盛。②唐朝的国力使其成为当时亚洲最强大的国家和世界最强大国家之一。唐朝的社会文明程度亦很高，在哲学、文学、艺术、数学、天文学、地理学、生物学、物理学、化学和医学等领域都有长足的进步。唐朝的高水平社会文明还使中国成为东方文明的渊源。③难怪这一文明被认为在世界文明史上赢得了"伟大的领先地位"，而且还持续了一千年左右时间。④在这些基础上产生的唐朝法制也很先进。其中的唐律不仅传承了以往中国立法的经验，还为唐朝以后封建朝代的立法所继承，显示了中国古代立法的辉煌成就。它的礼法完美结合、律文与疏议并用等一些特点都十分突出。⑤不仅如此，唐律还被东亚的朝鲜、日本、琉球群岛、越南等国家作为立法楷模，其内容被大量吸收。⑥中国顺理成章地成为传统中华法系的母国。

---

① 王立民：《古代东方法研究》，北京大学出版社2006年版，第17页。
② 张晋藩：《中华法制文明史》古代卷，法律出版社2013年版，第275页。
③ 白寿彝总主编：《中国通史》第6卷上册，上海人民出版社2004年版，第501页。
④ 张晋藩：《中华法制文明史》古代卷，第275页。
⑤ 张晋藩：《中华法制文明的演进》，法律出版社2010年版，第383—388页。
⑥ 杨鸿烈：《中国法律在东亚诸国之影响》，"全书提要"第2页。

死法系是如此，活法系也是这样。现代法系同样具备了这样三个基本条件。这里以大陆法系为例。大陆法系的母国是法国。1789年的大革命之后，法国迅速崛起。拿破仑的贸易自由政策大大促进了本国的工商业发展。1799年，法国的毛织品比革命前增加了4倍，生铁增加了2倍；1799年的贸易是5亿5300万法郎，到1810年便增至7亿500万法郎。随着工商业的发展，农业也很快发展起来，农业的播种面积和生产量都有大幅增加。[1] 经济的发展增强了法国国力，也为拿破仑发动战争提供了物质基础。法国发动的战争占领过奥地利、意大利、德国、俄国、西班牙、葡萄牙等欧洲大陆国家的大片领土，拓展的殖民地总面积达到1200多万平方公里，比法国自身的55万多平方公里多了20余倍。[2] 法国成了欧洲的强国。法国社会文明程度也很高，特别在18世纪的启蒙运动中，产生了伏尔泰、孟德斯鸠、卢梭、狄德罗、费尔巴哈、爱尔维修等一批思想家。他们大力宣传自然科学知识，批判宗教的蒙昧主义与腐朽的封建意识形态，为冲击封建制度、唤醒革命意识发挥了积极的作用。[3] 他们的有些思想至今仍在发生影响。很强的国力与很高社会文明程度，都为法国制定包括法国民法典在内的一些法典创造了有利条件，其中的民法典最具典型性，是大陆法系的代表作。拿破仑主导了这一法典的制定。1804年夏天，"他（拿破仑）委派三名大法学家着手编撰。四个月后，一部之后被称为《拿破仑法典》的民法典草案出炉。该法典被提交参议院审议。一年半后，法典经参议院投

---

[1] 周一良、吴于廑主编：《世界通史》近代部分上册，人民出版社1972年版，第178页。

[2] 何勤华主编：《法律文明史 第9卷 大陆法系》上卷，商务印书馆2015年版，"导论"第10—11页。

[3] 周一良、吴于廑主编：《世界通史》近代部分上册，第52—57页。

票通过"。① 以这一法典为基础的法国法形成了自己的特点,并与英国法明显不同,突出表现为:以成文法为主要法律渊源;全面继承、吸收了罗马法,公法与私法有严格区分,审判采用纠问制,等等。② 往后,大陆法系逐渐形成,影响不断扩大,"遍及从魁北克到开罗,从布达佩斯到布宜诺斯艾利斯的广大地区","它统辖着世界人口的六分之一,整整3亿人的生活"。③ 法国是名副其实的大陆法系母国。

已被世界法系发展史所证实的这三大法系母国所应具备的基本条件,不仅死法系、活法系的母国都需具备,就是包括复兴中华法系在内的新法系的母国也都应具备。复兴的中华法系的母国中国不具备这三大基本条件,就无法成为这一法系的母国。只有当中国具有了这三大基本条件,才有望复兴中华法系,并成为一个真正的现代法系母国。

四、复兴的中华法系中成员国形成的途径

复兴的中华法系与其他法系一样,都由母国与成员国构成。缺少了成员国,同样不能构成现代中华法系。复兴中华法系除了有母国中国以外,还会有成员国。成员国的形成不可或缺,也应得到关注、重视。

---

① 〔德〕埃米尔·路德维希:《拿破仑传》,梁锡江等译,译林出版社2016年版,第121页。
② 何勤华等:《法律移植论》,北京大学出版社2008年版,第29—31页。
③ 〔美〕约翰·H.威格摩尔:《世界法系概览》(下),何勤华等译,第889页。

从世界法系发展史角度来审视，成员国的形成主要通过两条途径，即强制性途径与非强制性途径。强制性途径是一种法系的母国通过暴力手段占领成员国，强行把自己的法制（法治）移植至成员国的途径。这一法系的成员国是在强制的情况下，被动接受了母国的法制（法治），变成了成员国。非强制性途径则是一种法系的母国通过非暴力手段将自己的法制（法治）移植到成员国的途径。它们是在自愿的情况下，主动吸收母国的法制（法治），变成了成员国。这两种途径在世界法系发展史上都存在过，只是法系、国家不同而已。

英美法系的所有成员国都是通过强制性途径而形成的，是一种十分典型的强制性途径。英国就是采用这种途径，强制在成员国移植自己的法治，形成了英美法系。17 世纪，英国进行了资产阶级革命，社会得到进步，逐渐进入现代门槛。18 世纪，英国又率先进行了工业革命，国家强大起来，于是大肆侵略其他国家，在那里建立殖民地。英国建有许多殖民地，遍及欧、亚、澳、非、美等各洲，因此而有了"日不落"之称。[①] 英国在自己的殖民地强制移植英国法，以致"英国的普通法就是殖民地的普通法"。[②] 由此而逐渐形成了英美法系，其中的英国是英美法系的母国，而其殖民地便成了这一法系的成员国。因此，所有的英国殖民地都是英美法系的成员国，没有例外。它的成员国有很多，英美法系国家覆盖的人口也有许多。有人做过一个统计，以当时世界的 18 亿总人口来计算，约有 3 亿人口生活在英美法系国家。[③] 众多的成员国使英美法系真正成为

---

① 〔日〕早川武夫等：《外国法》，张光博等译，吉林人民出版社 1984 年版，第 4 页。
② 〔美〕约翰·H.威格摩尔：《世界法系概览》（下），何勤华等译，第 935 页。
③ 同上书，第 889 页。

一个现代法系。

与大陆法系不同,英美法系法源比较复杂,这就是其成员国只能通过强制性途径而形成的重要原因。大陆法系的法源主要是成文法,它们在制定过程中已进行过归纳,在运用时只要演绎就可以了,比较简单。这就决定了大陆法系的成员国也可以通过非强制性途径来形成。英美法系则不同。它以判例法为主,其中还分为普通法与衡平法,适用时有一个抽象与演绎的双重过程。即先要从具体的判例中抽象出一般原则,然后再通过演绎,把一般原则再适用于具体案件,这就显得比较复杂。这种复杂性不仅决定了英美法系国家法治只能使用强制性手段进行移植,也决定了这一法系的成员国只能由强制性途径来形成。[1]

由于殖民地有强制性移植母国法制的便利,法国的殖民地也会被强制移植法国法,成为大陆法系的成员国。早期欧洲的德国、比利时、瑞士、荷兰等殖民地,非洲撒哈拉沙漠以南的非洲殖民地,亚洲越南等亚洲殖民地,美洲加拿大的魁北克、美国的路易斯安那、海地等殖民地,都被强制移植过法国法,成为大陆法系国家的成员国。[2] 还有,楔形文字法系、罗马法系等法系的一些成员国也都是通过强制性途径而形成的。

法系的成员国还可以通过非强制性途径来形成。有些大陆法系国家的成员国就是如此。这里先以日本为例。日本没有成为殖民地国家,却在明治维新以后,大量移植法国法,最终成为大陆法系的成员国。那时的日本首先移植法国法。"从1869年起(日本)就着手翻译法国法典","仿照法国法典编制的刑法典和刑事诉讼法典

---

[1] 王立民:《中国近代成为大陆法系国家的原因及相关问题探析》,载《华东师范大学学报(哲学社会科学版)》2017年第4期。

[2] 何勤华等:《法律移植论》,第38—47页。

于1882年正式颁布"。① 以后,日本又转向移植德国法。② 总之,日本在没有成为殖民地的情况下,通过非强制性途径,先后引进了法国、德国等大陆法系国家的法律,实现了向大陆法系的过渡,最终成了一名大陆法系的成员国。③ 鸦片战争以后,特别是20世纪初进行法制改革的中国,也经过非强制性途径,大量移植大陆法系国家的法制,使自己成了大陆法系的成员国。④

传统中华法系的成员国也是通过非强制性途径而形成的。唐朝的国力、文明程度和法制吸引了许多国家,特别是朝鲜、日本、琉球群岛、越南等一些东亚国家和地区。它们纷纷派出遣唐使等人员,到唐朝学习,包括入学国子监。据统计,从贞观五年(631年)至乾宁元年(894年)中,仅日本政府派到唐朝的遣唐使就有19批,其中最多一次为651人。⑤ 在国子监就学的外国学生中,以日本、新罗的学生为多。那里有"太学诸生三千员,新罗、日本诸国,皆遣子入朝学习"。⑥ 这些东亚国家派往唐朝的遣唐使等人员自愿学习唐朝的法制,带回本国并进行借鉴与移植,以至于其法制有许多地方与唐朝的相似,甚至一致。这里仅以日本为例。日本封建时期的法制代表作《大宝律令》就是唐律的翻版,日本学界就是这样认为。他们认为:"《大宝律令》的依据是《永徽律》",而"《大宝律令》又堪称日本封建立法的典范"。⑦《大宝律令》中的"八虐""六

---

① 〔法〕勒内·达维德:《当代主要法律体系》,漆竹生译,上海译文出版社1984年版,第50页。
② 何勤华主编:《法律文明史 第9卷 大陆法系》下卷,第1067页。
③ 丘日庆主编:《各国法律概况》,知识出版社1981年版,第273—274页。
④ 王立民:《中国近代成为大陆法系国家的原因及相关问题探析》。
⑤ 郑显文:《律令时代中国的法律与社会》,知识产权出版社2007年版,第327页。
⑥ 《唐语林》卷5。
⑦ 〔日〕石田琢智:《日本移植唐朝法律考述》,载《法学》1999年第5期。

议"等规定就是唐律中"十恶""八议"的翻版。① 制定《大宝律令》的成员中就有一些是唐朝的留学人员、唐人或大陆移民的后代,都有研读唐律的便利条件。"参与撰写《大宝律令》的人当中,伊吉博德、土部生罗、白猪男曾在唐留学,萨弘恪本身就是唐人,调老人、黄文亩、锻大角、山口大麻吕都是大陆移民的后代,都有研读唐法的有利条件。"日本历史上第一部成文法典《近江令》就是"由留唐学生高向玄理等人制定的"。② 他们为日本法制的发展作出了努力,也为日本通过非强制性途径成为传统中华法系的成员国而作出了贡献。唐朝以后明、清两朝的法制继续对这些东亚国家产生影响。③ 传统中华法系的成员国牢牢锁定在这些国家,前后延续了数百年。它们无疑都是传统中华法系真正的成员国。

  复兴的中华法系也会有成员国,但其成员不可能由强制性途径形成,只可能由非强制性途径形成。这是由世界的大势与中国的国策所决定。先看世界的大势。第二次世界大战前后,世界上的殖民地纷纷独立,原来设立殖民地的大势已去,世界被国家独立、自主的大势所取代。以殖民地为依托的强制性途径形成法系成员国之路已经被堵死,剩下的只有非强制性途径,没有其他选择。

  再看中国的国策。自改革开放以后,中国迅速发展,现在已经与改革开放之前不可同日而语。然而,中国再发展,也是一种和平发展,不会对外扩张、侵略,建立殖民地。中国的国策是高举和平、发展、合作、共赢的旗帜,恪守维护世界和平、促进共同发展的外交政策,坚定不移地在和平共处五项基本原则基础上发展同世

---

① 何勤华等:《日本法律发达史》,上海人民出版社1999年版,第19页。
② 〔日〕石田琢智:《日本移植唐朝法律考述》。
③ 杨鸿烈:《中国法律在东亚诸国之影响》,导言第17—18页。

界各国的友好关系，推动建设相互尊重、公平正义、合作共赢的新型国际关系。中国要与世界各国人民同心协力，构建人类命运共同体，建设持久和平的普遍安全、共同繁荣、开放包容、清洁美丽的世界。中国还会与世界各国相互尊重、平等协商，坚决摒弃冷战思维和强权政治，走对话而不对抗、结伴而不结盟的国与国交往新路。因此，中国绝不会把自己的意志强加于人，更不会干涉别国内政，以强凌弱。① 这就决定了复兴中华法系的成员国只能通过非强制性途径形成，绝不会用强制性途径。

五、复兴中华法系的努力方向

现在，历史上的传统中华法系已逝，现代的中华法系还没建立起来，出现了中华法系的真空。要填补这一真空，复兴中华法系，让现代中华法系横空出世，就需作出努力并有明确的努力方向，这样才能事半功倍。

（一）复兴中华法系的母国即中国自身的努力方向

俗话说得好，打铁还得自身硬。复兴中华法系的母国即中国也应如此。中国要在国力、社会文明程度与法治三个基本条件方面作出努力，都在世界前列，使其能够达到一个现代法系母国的要求。

关于中国的国力。中国在改革开放以后国力有了很快提升，有

---

① 习近平：《决胜全面建成小康社会，夺取新时代中国特色社会主义伟大胜利——在中国共产党第十九次全国代表大会上的报告》，载《文汇报》2017年10月28日。

目共睹。中国的经济始终处在高、中速增长阶段,在世界上实属罕见。自2013年以来,中国的国内生产总值从54万亿元增长到80万亿元,稳居世界第二大经济体之位,对世界经济的增长贡献率超过30%,成绩喜人。然而,中国现在还不是世界上的强国。根据发展规划与预期,中国在2020年全面建成小康社会,2035年基本实现社会主义现代化,要到21世纪中叶才建成富强民主文明和谐美丽的社会主义现代化强国,成为一个综合国力和国际影响力领先的国家。① 到那时,中国的国力在世界上才能算强,才有望达到复兴中华法系母国的水准。

关于中国社会的文明程度。改革开放以后,在全体中国人民的参与、建设之下,中国的社会文明程度有了较大提高,特别是在2013年以后,其中突出表现为:正能量的社会主义意识形态领域的指导地位更加鲜明,中国梦深入人心,社会主义核心价值观与中华优秀传统文化得到广泛弘扬,群众性精神文明创建活动扎实开展,公共文化服务水平不断提高,文艺创作持续繁荣,文化工业和文化产业蓬勃发展,全民健身和竞技体育全面发展,等等。但是,现在中国还不在世界社会文明的前列。这一建设的任务还很艰巨,特别是要:牢牢掌握意识形态工作的领导权,培育和践行社会主义核心价值观,加强思想道德建设,繁荣社会主义文艺,推动文化事业和文化产业的发展,等等。② 可以想象,到21世纪中叶,中国成为世界上的社会主义现代化强国之时,也就是其社会文明程度达到世界前列的之时。

关于法治先进且具特色。改革开放以来,中国的法治建设取得

---

① 习近平:《决胜全面建成小康社会,夺取新时代中国特色社会主义伟大胜利——在中国共产党第十九次全国代表大会上的报告》,载《文汇报》2017年10月28日。
② 同上。

了很大的成就，逐渐从法制迈向法治。从2013年来，更是推进全面依法治国，科学立法、严格执法、公正司法、全民守法一并推进，法治国家、法治政府、法治社会建设相互促进，中国特色社会主义法治体系日益完善，全社会法治观念明显增强。可是，中国法治建设的任务还远没完成。民法典等法律有待出台，司法改革任务还有待深入，新的国家监察体制还要完善，等等。总之，中国还需深化依法治国实践。[1]当中国特色社会主义法治国家建成之际，中国才会形成世界上先进且有特色的法治。

中国同时具备这三个基本条件，估计要在21世纪中叶以后，才有希望形成现代中华法系母国的雏形，为最终复兴中华法系奠定基础。从现在起到21世纪中叶，中国要不懈努力，不能怠慢，全力致力于国力、社会文明程度提高与法治建设，这样才有可能达到复兴中华法系的彼岸。

（二）复兴中华法系成员国的努力方向

复兴中华法系既要复兴这一法系的母国，也要复兴这一法系的成员国。这两者要一体建设，齐头并进，缺一不可。否则，复兴中华法系还是无法成功。复兴中华法系成员国的法治与复兴中华法系母国的法治要具有趋同性，而且还是一种母国与成员国合作共赢的结果。传统中华法系的形成就是如此。中国的唐、明、清等朝代都与一些东亚国家开展合作，法制资源共享，这些国家因在这一合作、共享中而受益。一方面，提升了它们本国的法制水平；另一方

---

[1] 习近平：《决胜全面建成小康社会，夺取新时代中国特色社会主义伟大胜利——在中国共产党第十九次全国代表大会上的报告》，载《文汇报》2017年10月28日。

面,则与唐、明、清的法制具有一定的趋同性。传统中华法系就此而形成并兼备了自己的特点,与世界上其他法系并驾齐驱。

复兴中华法系的母国中国要与其成员国遵循共商、共建、共享原则,开展法治的深度合作,实现共赢。前提是对成员国有利,可以帮助其实现自己的梦想,在复兴的中华法系命运共同体中感到温暖,而不是相反。这就须有一个实实在在的平台。在这一平台上,中国与成员国来进行法治的合作、交流与互动,并使大家受益。

从目前的情况来看,"一带一路"是个较为理想的平台。中国在 2013 年提出共建丝绸之路经济带和 21 世纪海上丝绸之路的倡议,概括为"一带一路"倡议。这意义非凡,被认为是中国扩大对外开放的重大举措和经济外交的顶层设计,为破解人类发展难题提供的中国智慧和中国方案,探索全球经济治理新模式,构建人类命运共同体的新平台和新时代中国特色社会主义的伟大开放实践。[①] 连外国学者都认为:"'一带一路'的创想,是为了造福天下这一共同事业而提出的,是一个'深度合作的黄金机遇'。"[②] 4 年多来,全世界共有 140 多个国家和 80 多个国际组织积极支持"一带一路"建设,联合国及其安理会等重要决议还收纳了相关内容。同时,中国与"一带一路"国家的经贸合作也在紧锣密鼓地进行,国家投资已超过 500 亿美元,贸易总额也超过 3 万亿美元,金融合作网络初具规模,人文合作也在深入开展。[③] 中国的"一带一路"建设已见成效。

"一带一路"建设虽聚焦于经济领域,但同样对法治提出了要

[①] 党的十九大报告辅导读本编写组:《党的十九大报告辅导读本》,人民出版社 2017 年版,第 407—409 页。

[②] 〔英〕彼得·弗兰科潘:《丝绸之路》,邵旭东等译,浙江大学出版社 2016 年版,第 11 页。

[③] 党的十九大报告辅导读本编写组:《党的十九大报告辅导读本》,第 408 页。

求。在当今世界上,要使这一建设稳步推进,没有法治不行。而且,这种法治还包括跨国法治合作,涵盖"一带一路"的有些国家。与"一带一路"的经济带建设相匹配,涉及的法律更多的将是民商法、国际法等一些部门法,其中的私法会占很大的比例。这与传统中华法系有所不同。传统中华法系的代表是唐律。唐律则是唐朝的一部刑法典,凸显的是公法。这会是现代中华法系与传统中华法系的一个明显差异。目前,"一带一路"的司法合作已见端倪。至 2017 年 11 月,已有 155 家境外律师事务所在上海设立办事处,上海东方域外法律查明服务中心正式揭名,"一带一路"国际仲裁中心也将在上海落成。① 这些都是利好消息。

在复兴中华法系并把"一带一路"作为一个建设平台中,要实现复兴中华法系成员国与中国法治的共赢,至少应该具备两大条件。第一个条件是这一法治是现代法治,具备现代法治的共性。不具备这一共性,就不是一种现代法治,也不可能与其成员国进行合作。第二个条件是这一现代法治要适合"一带一路"建设,能推动这一建设。这就要形成适用于"一带一路"建设法治的特点,具有明显的个性。现在,中国正在推进中国特色社会主义法治建设,有必要也关注有利于"一带一路"的法治建设,为"一带一路"建设打下基础。也只有这样,复兴中华法系的成员国才会产生,现代中华法系才有望建成。

复兴中华法系的母国当然只有一个国家,即中国。这符合法系发展的规律。世界上任何法系的母国都只有一个。这不仅是法系的核心国,也是最早产生、对外发生影响的国家。楔形文字法系中的

---

① 陈颖婷:《沪将建"一带一路"国际仲裁中心》,载《上海法治报》2017 年 11 月 20 日。

巴比伦、大陆法系中的法国、英美法系中的英国、传统中华法系中的中国等无一不是如此。然而，复兴中华法系的成员国就不该是一个，至少要有两个。从世界法系发展史来看，成员国最少的法系即是希伯来法系，仅有两个成员国，即犹太国、以色列国。其他法系的成员国均在两个以上，没有少于两个成员国的法系。[①] 从这种意义上讲，在"一带一路"国家中，除了中国以外，至少还要有两个成员国，这样才算是一个法系。如果成员国多于两个就更好，多多益善。复兴后中华法系的成员国越多，影响也会越大。

（三）复兴中华法系的研究

研究复兴中华法系的目的是使复兴中华法系更加理性。中华法系解体后不久，就有人关注复兴中华法系问题，二十世纪二三十年代时，都有研究成果发表。新中国成立以前，中国灾难深重，复兴中华法系只是一种少数人的梦想。新中国成立以后，法律虚无主义横行，复兴中华法系绝无可能。改革开放以后，中国逐渐走上依法治国的道路，法治成为治国方略，而且还取得辉煌的成就。现在，中国又提出"一带一路"建设，得到国际社会的普遍认同。这既给复兴中华法系带来曙光，也为复兴中华法系的研究提供了少有的机遇。这个机遇不可丧失，必须牢牢把握。

这种研究应该要兼顾理论与实践两个方面。理论上的研究有利于解决一些基本理论问题，为复兴中华法系提供理论支持；实践上的研究则有利于解决复兴中华法系中出现的具体实践问题，使其顺

---

① 宗教法是一种属人法，以宗教为依托。此法系随着人员的流动而分散到其他国家。本文是以国家为统计单位，没把这种信奉宗教的人员纳入其中。

利推进。这两种研究相辅相成，缺少任何一方，都会对复兴中华法系产生不利影响。如果条件允许，还可以邀请相关国家的法学、法律人参与这一研究。他们的参与往往会互相取长补短，集思广益，不仅可以使这种研究具有国际化，也可以使其更全面。

研究复兴中华法系，在理论上要重点研究复兴中华法系的一般问题与特殊问题。一般问题中会涉及现代法系应有的要素、实现的路途、法系中母国与成员国的关系等等。特殊问题中会包括：复兴后中华法系的应有特征、与"一带一路"战略的衔接、复兴后中法系成员国的组成等等。复兴中华法系的研究应是这些一般问题与特殊问题的结合研究。一般问题决定了复兴后的中华法系是个现代法系，不是传统法系。特殊问题则决定了复兴后中华法系的特点，正是这些特点才使它与其他现代法系有所区别，在世界现代法系中有立足之地。研究复兴中华法系，这两个问题的研究一个都不能少。

复兴中华法系的研究人员可以来自不同的法学学科，既可以是法理学、法史学的人员，也可以是宪法学、部门法学的人员。他们都有各自学科的优势，研究的角度也可以有所不同，但研究的主题则都围绕复兴中华法系。其中，法理学、法史学人员的任务会更重一些，毕竟法系的研究主要相关的是这两个学科。如果志同道合者能够组成一个研究团队，既有分工又有合作，则更佳。既然是进行研究，那么研究计划与相关成果的出版、发表就不可少了，这便于与同行间的交流，使大家都从中得益。

复兴中华法系既是一项中国工程，也是一项世界工程。复兴中华法系不仅要复兴法系中的母国，还要复兴法系中的成员国，两者都需兼顾，不可偏废。这就不只局限于中国，而要跨国，连及世界。这一工程是否建成，要由世界作出评判，其中就要母国、成员国和第三国学人都认可，否则还不能成为一个名副其实的法系。传统中华法系就曾得到母国、成员国与第三国学人的认同。母国即中国的学人广泛认同传统中华法系的存在，也赞成把其作为世界上曾经出现过的五大法系之一。① 成员国学人也认为自己是传统中华法系的成员国。以日本为例。日本学人认为，从"大化革新"到"明治维新"的千余年时间里，日本大量移植中国各个时期的封建法的事实中，得出中国的法律在日本"均得到翻版"的结论。② 因此，"大部分日本学者均认为日本的封建法是中华法系的组成部分。"③ 这一组成部分实际上就是中华法系的成员国。作为第三国学人的代表人物，美国的威格摩尔在《世界法系概览》一书中，全面介绍了世界上曾出现过的16个法系，其中就有"中华法系"。④ 他提出的"中华法系"被许多人认可。⑤ 复兴的中华法系是一种现代法系，应当得到现代学人的认同，除了其母国、成员国学人外，还包括第三国学人，这样才能算是复兴成了实实在在的中华法系。中国学人应该有信心期待这一天的到来并为之而努力。

（原载《法制与社会发展》2018年第3期）

---

① 张晋藩主编：《中华法系的回顾与前瞻》，中国政法大学出版社2007年版，第35页。
② 〔日〕石田琢智：《日本移植唐朝法律考述》，载《法学》1999年第5期。
③ 何勤华等：《日本法律发达史》，第19页。
④ 〔美〕约翰·H.威格摩尔：《世界法系概览》（上），何勤华等译，第110页。
⑤ 张晋藩主编：《中华法系的回顾与前瞻》，第2页。

中国民法典设置条标新论

《中华人民共和国民法总则》(下简称"中国民法总则")已经十二届全国人大五次会议通过,正式出炉。它与以往全国人大通过的法律一样,没设条标。条标也称"条旨""条名""条文标题"等,是法条标题的简称,也是法条的重要组成部分。[①] 中国民法典是否应该设置条标的问题十分令人关注,也有必要进行一些探研。

一、中国民法典设置条标的重要意义

中国民法典中的条标,虽然只是法条中的一个组成部分,但其在民法典中却有重要的意义。这一意义突出表现在以下三个方面。

(一)向世界展现一部具有 21 世纪水平的民法典

中国现在制定的民法典是在 21 世纪制定的民法典,应该具有代表 21 世纪民法典制定的水平,在结构和内容上保持完整,尽量避免

---

① 刘风景:《法条标题设置的理据与技术》,载《政治与法律》2014 年第 1 期。

缺憾，不设条标就是一种缺憾。从世界上现行的民法典总体结构来看，一般都由编、章、节、目、分目、条、款、项等组成，而且除了款、项以外，其他的往往都设有自己的标题。这里以大陆法系的代表作现行的《德国民法典》为例。它共有5编；第一编下设7章；第一编第一章下有2节；第一章第二节下分3目；第二节第一目下设2个分目；第一目第二个分目下有24条；第二分目的第55a条下分7款；第55a条第一款下有3项。①其中的编、章、节、目、分目、条都有自己的标题。第一编的标题是"总则"，第一编的第一章的标题是"人"，第一章的第二节的标题是"法人"，第二节的第一目的标题是"社团"，第一目的第二分目的标题是"财团"，第二分目的第55a条的标题是"电子社团登记簿"。法条下的款、项不设标题。②条标成了《德国民法典》中最基础的标题，条标之上还有分目、目、节、章、编的标题。条标比其他标题的数量要多，因为法条的数量比较多，要明显多于编、章、节、目、分目的数量。比如，在它的第一编中，编的标题是1条，章的标题是7条，节的标题是11条，目的标题是3条，分目的标题是2条，条标是89条，法条以下的款、项都没设标题。③《德国民法典》其他编的情况也大致如此。中国民法典不设条标，就会使中国在21世纪制定的民法典的结构中留有了不足。

条标还是民法典法条内容的组成部分，缺少了条标，民法典法条内容的构成也有了缺陷。民法典中法条的内容主要由两部分构成，即条标与法条条文。它们之间互相依存，关系十分密切。条标

---

① 《德国民法典》，陈卫佐译注，法律出版社2006年版，第3—19页。
② 同上。
③ 同上书，第3—79页。

是对法条条文内容的高度概括与简要的提炼，表述十分扼要。因此，条标十分简练，集中反映法条条文的内容，一看条标就可知晓法条条文的大概内容。法条条文的内容则是条标内容的展开与细化，具体规定条标所要规定的内容。因此，要知晓法条的完整内容，除了要明了条标以外，还要知道法条条文的全部内容。《德国民法典》第13条的条标是"消费者"；法条条文的内容是："消费者是指既非以其营利活动为目的，也非以其独立的职业活动为目的而缔结法律行为的任何自然人。"[①] 此条的条标是民法意义上"消费者"的概念，法条条文的内容则是这一概念的内涵与法律上的含义。民法典中条标与法条条文之间像是一种"根"与"木"的相互依存关系。其中，条标是"木"，法条条文是"根"。没有法条的"根"，条标这一"木"也就不存在，变成了无"根"之"木"；没有条标的"木"，只有法条条文的"根"而没有"木"，变成有"根"无"木"了。因此，理想的民法典法条应是条标与法条条文都具备，缺少其中的条标，就会留下缺陷。

中国现在是世界上成文法国家中唯一一个没有完整民法典的大国，也是世界上应拥有民法典而还没有制定出完整民法典的大国。中国现在正在制定民法典过程中，预计颁布时间是2020年，这比《法国民法典》《德国民法典》等民法典的制定都晚百年以上时间。中国应该在前人制定民法典的基础上有个跨越，而不应停留在原有水平上，更不能低于原有水平。条标作为整个民法典的结构与法条内容中的一个重要组成部分，缺少它，就留有遗憾了。中国应该向世界展现一部具有21世纪水准的优秀民法典，尽可能避免缺憾，因此不能没有条标。

---

① 《德国民法典》，陈卫佐译注，第5—6页。

（二）传承中国传统律典中设置条标的优秀传统

中国具有编撰法律的传统，早在先秦时期就已有"禹刑""汤刑""九刑""吕刑"和《法经》等。其中的《法经》还是中国第一部体例、内容较为完备的封建法典。以后，编撰律典成为一种常态，成文律典层出不穷，在唐朝以前的秦、汉、魏、晋、南北朝和隋等的各朝都有自己的律典。[1]《唐律》在总结以往立法经验的基础上，博采众长，成为中国一部传统的优秀律典，对唐以后的封建朝代以及一些东亚国家的立法产生了巨大影响，是中华法系的代表作。[2]它不仅是中国现存体例、内容都十分完备的第一部律典，还是中国采用条标的第一部律典，开启了中国传统律典中设置条标的优秀传统。

现存《唐律》共有502条，也有502条条标。这些条标主要有三大功用，即反映《唐律》的立法思想、《唐律》的体例和《唐律》的内容。条标的类型主要是六种，即原则、刑罚、特权、附带的行政制裁方式、罪名和罪状。[3]条标的排列顺序十分有讲究。《名例》条标的排列顺序与其他11篇条标排列的顺序还不一样。《名例》条标排列的顺序先后是：刑罚，如"笞刑五""杖刑五"等；重点打击的犯罪，如"十恶"等；特权，如"八议者""官当"等；附带的行政制裁方式，如"除名""免官"等；原则，如"同居相为隐""化外人相犯"等。其他11篇中条标的排列顺序先后是：依照

---

[1] 怀致锋主编：《中国法律史》，中国政法大学出版社2007年版，第2—4页。
[2] 张晋藩：《中华法制文明史》（古代卷），法律出版社2013年版，第341—344页。
[3] 王立民：《唐律新探》（第五版），第67—74页。

律名排列条标，如《卫禁》就按先"卫"后"禁"两种不同的犯罪进行排列；同一类犯罪中，则以用刑重的律条的条标为先，如《贼盗》的"贼"中先是"谋反大逆"，后是"谋叛"。

《唐律》是一部传统刑事律典，以打击犯罪为己任，其条标的排列与内容的排列保持一致，所以《名例》中刑罚与重点打击犯罪的条标为先，其他 11 篇则以重点打击犯罪的条标为先。[①]《唐律》开创了中国传统律典设置条标的先例，并对以后中国古代律典设置条标产生了很大影响。《宋刑统》《大明律》和《大清律例》等律典都沿用了《唐律》设置条标的做法，继续向前演进。

《宋刑统》是宋朝的一部主要律典，沿革了《唐律》设置条标的做法。它虽在内容上大量沿用《唐律》的规定，但在法典结构上与《唐律》有不同之处，其中增设了 213 个门，门下再设条。[②]这一门的作用在于把相近律条作了归类，合在同一个单元中，一个门下往往会设有多条律条。《名例律》的"五刑"门下就设有 5 条律条，分别是"笞刑五""杖刑五""徒刑五""流刑三"和"死刑二"等。[③]这一结构的变化也引起了条标的变化，突出表现在以下两个方面。

第一，条标之上增设了门标。《宋刑统》中的门与条都设有标题，门有门标，条有条标。由于其律下分门，门下设条，所以条标之上便设有了门标，这为《唐律》所没有。《名例》中的"笞刑五""杖刑五""徒刑五""流刑三"和"死刑二"5 个条标虽与《唐律》条标相同，可它们之上有门标"五刑"。这个"五刑"在《唐律》中则没有。

---

① 王立民：《唐律条标探析》，载韩延龙主编：《法律史论集》（第 2 卷），法律出版社 1999 年版。
② 张晋藩总主编：《中国法制通史》（第 5 卷），法律出版社 1999 年版，第 76 页。
③ ［宋］窦仪等撰：《宋刑统》，吴翊如点校，中华书局 1984 年版，第 1—5 页。

第二,有些条标演变为门标。《宋刑统》中的有些门标就来自于《唐律》的条标,是从《唐律》的条标演变而来,内容与用词都与《唐律》的一致。《宋刑统·贼盗律》中的门标"谋杀""劫囚""造畜蛊毒"等都取自于《唐律疏议·贼盗》中相应的条标,它们的内容与用词完全一致。① 可见,《宋刑统》门标、条标的设置既受到《唐律》条标的影响,又没有拘泥于《唐律》的条标,而是根据自己立法的需要,对《唐律》条标的设置进行了沿革,有创新之处。

《大明律》与《大清律例》是明、清朝的主要律典,也都继承了《唐律》《宋刑统》设置条标的做法,只是在结构与内容上都对《唐律》作了较大改变。它们改《唐律》的12篇(律)为7篇(律),改《唐律》的502条为460条、436条等。② 这些都直接导致了它们条标的改变。与《唐律》的条标相比较,这种改变主要体现在以下两个方面。

第一,《大明律》与《大清律例》的条标数减少了。《大明律》与《大清律例》与《唐律》一样,都是一条律条有一条条标,它们的律条少了,条标自然也就少了。《唐律》有502条条标,《大明律》只有460条条标,《大清律例》仅有436条条标了。

第二,使用了新的条标。《大明律》与《大清律例》在内容上与《唐律》有差异。除了仍保留《唐律》的许多内容外,还有所变化,内容变化了的条标往往为新增条标。它们《吏律》中的"大臣专擅选官""文官不许封公侯""官员袭荫"等条标均为新设,为《唐律》所没有。③ 可见,明、清两朝不仅承袭唐、宋制定律典时设置条标

---

① [唐]长孙无忌等撰:《唐律疏议》,刘俊文点校,中华书局1983年版,第9页。
② 张晋藩:《中华法制文明的演进》,法律出版社2010年版,第678、768页。
③ 王立民:《中国古代律中条标演进之论纲》,载《甘肃政法学院学报》2008年第1期。

的优秀传统，还根据本朝制定律典的变化，对条标进行了沿革，使其更适合本朝代的立法。《大明律》与《大清律例》的条标在以往条标设置的基础上，还在向前迈进，没有停滞不前。

综观中国古代律典条标的设置可见，在唐朝以后的主要律典中，都设置了条标，历经千余年，已成为中国古代立法中的一种优秀传统。《唐律》《宋刑统》《大明律》与《大清律例》都把条标作为自己的一个组成部分，与律条紧密联系在一起。这种传统为人们所接受，即条标被使用。

有些司法官在判案过程中，会引用律中条标，反映律条内容，作为判决的依据。明朝严州司理嵇永稷在"活杀人命案"的适用法律时，提到了《大明律·刑律三·斗殴》中的"斗殴"条标，以其中内容来确定最后的法律适用。"查'故杀'之例，即附于'斗殴'之条，故前谳引'斗殴'而依'故杀'。"①

有些律学家在其研究成果中，会引用律典中的条标，引申出其中的律条内容，来论证自己的观点。《读律佩觿》是清朝的一部律学力作，被认为是代表了"明清律学（理论研究）发展过程中的一个高潮"。②此著作中就大量引用《大明律》中的条标及其内容来论证自己的观点。在《读律佩觿·卷之四下》中就引用许多条标，其中仅论证"枭示"一个问题中，引用的条标就有"盐法""私出外境及违禁下海""强盗""贼盗窝主""杀一家三人""放火故烧人房屋"等等。③

---

① 未了、文菡编著：《明清法官断案实录》（上），光明日报出版社1999年版，第40页。
② 何勤华：《中国法学史》（第2卷），法律出版社2006年版，第337页。
③ ［清］王明德：《读律佩觿》，何勤华等点校，法律出版社2001年版，第137—138页。

有些办案人员在其办案经验总结中，也会运用律中条标，显示律中内容，来阐述自己的办案经验。清朝的刑幕王又槐在《办案要略》一书里，就使用过《大清律例·刑律·杂犯》中的条标"私和公事"，以其来暗指相关内容并阐述对自杀案中由个人调处而又无受贿情节的处理。"自尽命案从中调处，并无得贿情事者，照'私和公事'律，笞五十。"① 可见，条标作为古代律典中的一个组成部分，还被司法官、律学家与刑幕在司法审判与律学著作中运用，这种优良传统在实践中还产生过积极作用。

中国古代律典中设置条标的传统是一种优秀传统，其在现实生活中还起过积极作用，可以作为中国传统法律文化中的积极因素，而被当今的法治建设所借鉴。中国正在制定自己的民法典，借鉴中国古代律典中设置条标的做法，就是传承中国立法中的优秀传统与弘扬中华法制文明，这十分有利于今天的法治文化建设。

（三）融入当今世界民法典制定的潮流

世界上民法典的制定有着不短的历史，自1804年的《法国民法典》至今也有200余年。世界上民法典的制定者对设置条标的态度有所不同，设置条标的情况也就不同了，总观起来其情况大致可以分为三种。

第一种是始终不设条标。即民法典自制定时，就没设条标，以后也一直不设条标，始终没有发生变化。《法国民法典》就是如此。以后，有些民法典也没设条标。比如，《比利时民法典》（1804年）、《荷兰民法典》（1838年）、《智利民法典》（1857年）、《罗马尼亚民

---

① ［清］王又槐：《办案要略》，华东政法学院语文教研室注释，群众出版社1987年版，第5页。

法典》（1864年）、《葡萄牙民法典》（1867年）、《阿根廷民法典》（1869年）、《西班牙民法典》（1889年）、《埃及民法典》（1949年）、《菲律宾民法典》（1950年）、《阿尔及利亚民法典》（1975年）、《朝鲜民法典》（1990年）等等。有的民法典虽经过重新制定，但其始终不设条标，一贯到底。《荷兰民法典》施行以后，就逐渐有重新制定新民法典的呼声。1947年莱顿大学教授麦恩斯（E. M. Meijers）被任命为新民法典的起草人，主持制定一部民法典。① 但是，相隔100多年后，新《荷兰民法典》仍然不设条标。

有的民法典虽立法者没设条标，但在法典出版时，非立法者为其加注了条标，现在看到的法典文本中便有了这种条标。但是，为了区别正式的条标，这种条标被框在括号里，以便辨认。《葡萄牙民法典》就是如此。它的第1条的条标是"（直接渊源）"，第2条的条标是"（判例）"，其他条标也都是如此。② 还有，《意大利民法典》《马耳他民法典》和中国台湾地区的民事规定也都属于这种情况。正因为这种条标是非立法者所加注，无法律效力，充其量只是一种法理解释，因此不同版本的同一种民事规定中的这种条标在表述上也不尽一致，有差异。中国台湾地区的民事规定中的条标就是如此。由台湾地区五南图书出版公司于1986出版的《新编六法全书》中的"民法典"第1条的条标是"（民事法规之适用顺序）"，第2条的条标是"（习惯适用之限制）"。③ 由台湾地区高点文化事业有限公司于2003年出版的《新简明六法实用小法典》中的"民法典"第1条的条标是"（民事事件适用法规之顺序——法源）"，第2

---

① 《荷兰民法典》，王卫国主译，中国政法大学出版社2006年版，"译序"第2—4页。
② 《葡萄牙民法典》，唐晓晴等译，北京大学出版社2009年版，第5页。
③ 林纪东等编：《新编六法全书》，台湾五南图书出版公司1986年版，第63页。

条的条标是"(适用习惯之限制)"。① 由台湾地区元照出版有限公司于2009年出版的《月旦简明六法》中的"民法典"第1条的条标是"(法源)",第2条的条标是"(适用习惯之限制)"。② 会出现这种差异的主要原因是因为这些条标都为非立法者所加注;如果是立法者设置,就不会出现这种情况了。这样的条标不是民法典及其法条的组成部分,无法律效力,在表述上也各显神通,不那么规范。

第二种是始终设有条标。即民法典在制定时就设置了条标,以后也一直保留着条标。这种条标是立法者在制定民法典时就设置了,是法典的一个部分,也是法条的组成部分,具有法律效力。这种由立法者撰写的条标与非立法者加注的条标在形式上的一个重要区别在于,其在条标两边没有使用括号,而非立法者添加的条标则使用了这种括号。世界上有许多国家的民法典都设有这种条标,其中包括了《韩国民法典》(1958年)、《埃塞俄比亚民法典》(1960年)、《蒙古国民法典》(1994年)、《俄罗斯联邦民法典》(1996年)、《土库曼斯坦民法典》(1998年)等等。比如,《蒙古国民法典》第1条的条标是"本法典的任务",第2条的条标是"民事法律规范"。③ 从整体上看,这类条标不因民法典的修订而被废用,相反,始终保留着条标。比如,《韩国民法典》自颁行以后,经过了近20次修改,但条标依然存在。④ 这类条标会根据需要而作局部调整。当民法典中的法条在修改时被废止,这类条标就会被废用。条标作为民法典法条的一个组成部分,也是依附部分,依附于法条,

---

① 高点文化事业有限公司等编:《新简明六法实用小法典》,台湾高点文化事业有限公司2003年版,第1—2页。
② 黄荣坚等编:《月旦简明六法》,台湾元照出版公司2009年版,第1—3页。
③ 《蒙古国民法典》,海棠、吴振平译,中国法制出版社2002年版,第5页。
④ 《韩国民法典 朝鲜民法典》,金玉珍译,北京大学出版社2009年版,第3—4页。

法条不存在，条标也就没有存在的必要，而被废用了。《韩国民法典》的第 773 和 774 条法条在 1990 年被废止，其条标也因此被废用了。① 同样，当民法典中的法条增加了，那么其条标也会随之增加。2001 年《韩国民法典》在第 60 条后增加了"第 60b 条"，其条标"职务代理人的权限"也随之增加了。②

第三种是先不设条标后改为设条标。即民法典在开始制定时没设条标，以后在民法典修订时改为设置条标了。这里就有个"先无后有"的过程。这是因为立法者对设立条标的态度转变所导致。开始制定民法典时，立法者认为没有必要设置条标；以后在修改民法典时，立法者改变原来的态度，认为有必要设立条标了。于是，民法典中的条标就经历了"先无后有"的过程。经历过这样过程的民法典非常少，《德国民法典》和《日本民法典》是其中的代表。

在 2001 年以前，《德国民法典》不设条标，只有非立法者加注的有括号的条标。到了 2001 年，德国的立法者在债法现代化改革中，对民法典设立条标的态度有所改变，并出于对民法典条标作统一与规范的考量，决定在民法典中设置条标，使其成为《德国民法典》及其法条的组成部分。③ 从此以后，《德国民法典》便设置了条标，也加入了有条标民法典的行列。从现存的中译本《德国民法典》中也能觉察到这种变化。2001 年前出版的中译本《德国民法典》中的条标带有括号，此后再出版的中译本《德国民法典》就不带括号了，这正好是这一民法典条标发生变化的真实写照。1999 年出版的中译本《德国民法典》的第 1 条是"（权利能力的开始）"，④

---

① 《韩国民法典 朝鲜民法典》，金玉珍译，北京大学出版社 2009 年版，第 120 页。
② 同上书，第 11 页。
③ 魏磊杰:《民法典编纂的技术问题》，载《华东政法大学学报》2011 年第 2 期。
④ 《德国民法典》，郑冲、贾红梅译，法律出版社 1999 年版，第 1 页。

而 2006 年出版的中译本《德国民法典》的第 1 条则变成了"权利能力的开始",没有了括号。①2001 年以前《德国民法典》的条标为非立法者所加注,缺乏统一性与规范性,因此,其中的有些条标就与 2001 年以后《德国民法典》中由立法者设置的条标,在表述上不尽一致。这在中译本也能被发现。

《日本民法典》也是如此。它原是没设条标,但在 2004 年进行大规模修改时,为绝大多数法条设置了条标,也经历了一个"先无后有"的过程。②这从一个侧面说明,由立法者来设定民法典的条标具有统一与规范条标的优势。另外,还值得关注的是,世界上民法典的条标有"先无后有"的先例,却没有"先有后无"的情况,即没有出现过在制定民法典时设有条标,以后在修订民法典又取消条标的情况。

世界上民法典设置条标的情况大致可以分为这三类,但从发展趋势来看,则是越来越多的民法典设置了条标。自二十世纪五六十年代以来,规范性法律文件的制作技术明显提高,设立条标作为这种制作技术中的一部分也在提高并为越来越多国家的立法者所接受、运用。③民法典中条标的设置也是如此。一是,新制定的民法典大多设置条标,韩国、埃塞俄比亚、蒙古国、俄罗斯、土库曼斯坦等国民法典都是如此。二是有的原来不设条标的民法典改为设置条标,德国、日本等国的民法典就是这样。三是不设置条标的民法典在公开出版时也被非立法者添加了条标,如葡萄牙、意大利、马耳他等的民法典都是这样。可见,设置条标成了世界民法典制定的一种潮流,这一潮流

---

① 《德国民法典》,陈卫佐译注,第 3 页。
② 刘风景:《法条标题设置的理据与技术》,载《政治与法律》2014 年第 1 期。
③ 徐向华、黄卉:《论我国规范性法律文件条标的增设》,载《政治与法律》1994 年第 4 期。

直射了世界民法典制定的一种趋势，也反映了世界民法典制定的一个方向。中国现在制定民法典时就应该设置条标，融入世界民法典制定的这种潮流，顺从这一趋势与走向，成为21世纪世界上优秀民法典中的一个新成员，而不是游离于这种潮流之外。

综上所述可见，中国制定民法典设置条标意义非凡，特别是在21世纪时制定的民法典，应该具有21世纪的水平，高于以往民法典制定的水平，尽量不留缺憾，保持法典的完整性。因此，中国正在制定中的民法典设置条标比不设置条标为好。

二、中国民法典中设置条标的作用

条标是民法典中体系与内容的一个重要组成部分，中国民法典中的条标也是如此。总归起来，中国民法典中设置条标有以下三个重要作用。

（一）设置条标有利于中国民法典的制定与实施

中国民法典的制定与实施都是中国法治建设中的重要内容，既不能缺少也不能偏废，都需大力推进，条标在其中有用武之地。首先，设置条标有利于中国民法典的制定。民法典的制定总有一个整体设想，一个总体规划。中国制定民法典也是如此。其中的编、章、节和法条标题的设定便于把这种设想与规划烘托出来，特别是条标。它可便于这一设想与规划落实到每个法条，即构成民法典的最基本单位。其中，它贯穿于这种设想与规划的提出、调整、确定等的整个过程。在这一过程中，条标可在民法典体系与内容的提出、变动与确定时，帮助法条定位、调动、完善。而且，条标的这一作用为其他标题所不可替代。条标的这一作用也引起部分专家、学者的重视并在实践中加以运用。在由梁慧星负责编撰的《中国民法典草案建议案·总则编》、杨立新执笔的《中华人民共和国民法·总则编建议稿》、中国法学会民法典编纂项目领导小组和中国民法学研究会联合编写的《中华人民共和国民法典·民法总则专家建议稿》中，都设置了条标，而且还都附有"条标目录"。① 可见，中国民法典中设置条标在立法中作用不小。

其次，设置条标有利于中国民法典的实施。中国民法典的实施环节有多个，这里以司法与守法为例。设置条标有利于中国民事司法。在中国民法典颁行以后，民事检察与民事审判中都会适用这部法典。在中国民法典适用过程中，直接引用条标比不引用条标而引用条文编号强，因为这样可以直截了当地显示条文的含义，使人们对这种适用更快知晓与理解法条内容。另外，设置条标还有利于中国的民事司法解释。中国的民事司法往往离不开司法解释。在这一解释中，条标不仅可以直观地凸现条文的内容，还可以揭示条文与条文之间联系，从而进一步深刻理解民法典中的内容并作出合理、合法的司法解释。这一切在民事司法中又不可或缺。

再次，设置条标还有利于人们的守法。中国需由民法典来调整的民事关系非常广泛，与人们日常生活的关系也非常密切。中国民法典颁行的一个重要目的是让人们知晓、遵守民法典中的规则，以形成一个良好民事秩序与环境。对广大民众来说，知法是

---

① 何勤华主编：《民法典编纂论》，商务印书馆2016年版，第227—394页。

为了守法，要守法就要知法。中国民法典设置条标也可在人们的守法中发挥作用。它的简要文字表述与对法条内容的高度概括，十分有助于人们对中国民法典内容的记忆与把握，从而转化为守法，避免或减少民事违法。可见，条标的设置也十分有利于中国民法典的实施。

（二）设置条标有利于中国民法典的教学与研究

中国民法典公布以后，不可避免地会成为中国民法教学与研究的对象。首先，设置条标有利于中国民法典的教学。现在，民法学已是中国法学教育中的一个重要组成部分，还是法学的核心课程之一。在当前民法学的教学过程会涉及中国现行的《民法通则》《物权法》《合同法》《担保法》《婚姻法》《继承法》和《侵权责任法》等法律。这些法律都不设条标，因此给教学带来一些不便。中国民法典制定的过程，就是将这些法律重新筛选、调整、整合的过程，而不是把中国现存这些法律简单组合。中国民法典的体系将比现在的每部法律都庞大，内容比现在任何一部法律都丰富。如果再不设条标，给民法教学带来的不便将会更加突出。民法教学首先是针对大量的法学本科生。他们都是第一次全面、系统接受中国民法教学的青年学生，民法学对他们很陌生，面对中国民法典这样有着庞大体系和丰富内容的法典，有条标来概括与反映法条的内容，将会更有助于他们的记忆和运用。

其次，设置条标有利于中国民法典的研究。中国民法典颁行以后，对中国民法的研究不仅不会减弱，反而会进一步加强。特别是民法典在实施过程中碰到的种种问题，都会成为民法学研究的内容。其中，少不了要引用民法典的条文，进行必要的法理解释与民法学的研究等。设置条标以后，直接引用条标来反映条文的内容，会更明确、清晰，让人一目了然。这同样可为中国民法典的研究开辟捷径，减少研究成本。

（三）设置条标有利于中国民法典的宣传与传播

中国正在制定并将颁行的民法典是新中国成立后第一部正式民法典，其总则已通过，分则则要在现有《物权法》《合同法》《担保法》《婚姻法》《继承法》与《侵权责任法》等法的基础上，重新进行编撰，在体系与内容等方面都不会与现行的这些法律都完全相同，因此会使人们产生有陌生感。为了保证民法典的顺利实施，绕不过对其的宣传与传播，而条标设置也有利于这种宣传与传播。改革开放以后，中国开始进行法治建设，法治宣传与传播也应运而生，而且还从没间断过。可以预计，中国民法典颁行以后，也会对其进行宣传与传播，使更多的民众知晓、熟悉民法典的内容，以便其得到有效实施。在这其中，条标也可发挥自己的作用。在接受民法典宣传与传播的人群中，情况比较复杂，人们的年龄、性别、文化程度和法律素质不同，其中大多数人对这一法典的体系与内容不太熟悉。要通过宣传与传播，使他们尽快受益，掌握民法典的内容，就要使用能让大家都感到方便的学习途径，起到事半功倍的效果，条标的设置可为这助一臂之力。在宣传与传播过程中，把条标与法条条文的内容结合起来，不仅便于查找民法典法条及其内容，而且还可以帮助大家记忆、掌握法条内容，提高宣传与传播效率，便于遵守民法典的规定。

总之，在中国民法典中设置条标，具有多方面的作用，可取得一举多得的效果，何乐而不为呢？

三、中国民法典设置条标已有一定的经验与基础

中国制定法律有结构上的要求。现行《立法法》的第61条规定:"法律根据内容需要,可以分编、章、节、条款、项、目。"同时,它还对序号的表述作了规定:"编、章、节、条的序号用中文数字依次表述,款不编序号,项的序号用中文数字加括号依次表述,目的序号用阿拉伯数字依次表述。"但是,《立法法》没有对设置条标作出规定。实际情况是,凡是由全国人大制定的法律都不设条标,但有编、章、节的标题。中国刑法典就是如此。此法典第一编的标题是"总则",第一编第二章的标题是"犯罪",第二章第一节的标题是"犯罪和刑事责任",但没有条标。其他法律也是这样。不过,中国的法律中不设条标不等于中国就没有设置条标的实践。事实证明,中国在设置条标方面已有一些尝试,也有一定的经验与基础。

(一)全国人大的法律草案中设置过条标

全国人大的立法过程要经历多个环节,包括提出与确定立法计划、提出法律案、听取提案人的说明、进行统一审议、进行表决等等,其中还要广泛听取专家、学者、公民的意见等等。在这一过程中,免不了要推出法律草案,听取大家的意见,进行必要的修改,使其比较成熟。在全国人大的法律草案中,设置过条标,只是在最后表决通过时,把条标给删除了,所以现在看到正式公布的法律文

本里就没有条标了。1990年《残疾人保障法》在制定过程中，其草案里的法条前面都设置了条标。全国人大法律委员会审议草案时，也认为法条中设有条标后，会看起来比较清楚。可是，此法的草案经全国人大常委会审议后，条标被删去了，此法公布时就没有了条标。[①]还有，在梁慧星主持起草的《物权法》草案建议稿和王利明主持起草的《物权法》草案建议稿中，也都设置了条标，只是最后没被全国人大所采纳，在公布的《物权法》中没有了条标。[②]另外，在由法学家起草的《立法法》草案中，也主张设置条标，使其作为法条的组成部分。可是，这一主张没有实现，《立法法》在全国人大正式通过时这一表达被删掉了。李步云于1996年带头起草的《立法法》专家建议稿里，就有要求设置条标的愿望。此建议稿的第96条第3款规定："法律、法规可以使用条旨。条旨应当准确概括法律、法规条文的内容。"[③]然而，在2000年由全国人大通过的《立法法》中则删去了建议稿中的这一条文；2015年全国人大修订了《立法法》，仍然没有再增设这一条文，此法的正式文本中，始终没有对设置条标作出规定。全国人大是中国最高的权力机关，也是中国最高的立法机关，在其法律草案中设置过条标就意味着，从国家立法层面来讲，具有设置条标的潜力。

（二）最高人民法院在司法解释中给1997年刑法设置了条标

从国家法治层面来讲，除了立法机关以外，还有司法机关。最

[①] 刘风景：《法条标题设置的理据与技术》。
[②] 李步云主编：《立法法研究》，湖南人民出版社1998年版，第27页。
[③] 张新宝：《民法典制定的若干技术层面问题》，载《法学杂志》2004年第2期。

高人民法院与最高人民检察院是中国最高的司法机关。作为刑法适用机关之一的最高人民法院,为了司法工作的需要与方便,曾在司法解释中,对1997年刑法设置过条标。改革开放以后,中国于1979年颁行了刑法,后又对此刑法进行了修订并颁布了1997年刑法。这两部刑法均未设条标。1997年刑法的容量要比1979年刑法扩大很多,法条从192条增加到452条。考虑到便于司法适用,在1997年刑法颁行后,最高人民法院专门通过司法解释设置了条标。而且,此刑法的452条法条都被设置了条标,共有452条条标。① 其中,第1条的条标是"立法目的",第2条的条标是"任务"。此后,最高人民法院又发布了《关于执行〈中华人民共和国刑法〉确定罪名的规定》的司法解释。② 此解释把1997刑法分则的第102条至448条中所涉及的罪名都作了明文规定,而文字的表述与刑法中设置的条标的表述一致。其中,第102条都是:"背叛国家罪",第448条都是"虐待俘虏罪"。

1997年刑法中的条标与罪名得到了有效适用,这在法院判决书中能体现出来。在"矫立军抢劫、非法买卖枪支、寻衅滋事、矫立祥与安明力抢劫案"的判决书里,判处矫立军犯有"抢劫罪""非法买卖枪支罪"和"寻衅滋事罪"三个罪的表述与最高人民法院为1997年刑法中设立条标与确定罪名的两个司法解释中的表述完全一样,还有矫立祥与安明力均构成"抢劫罪"的表述也是如此。③ 这说明,中国的最高司法机关之一的最高人民法院已掌握了设置条标的技术,具有了设置条标能力,其设置的条标还能为司法实践所认可,得到了适用。

---

① 《中华人民共和国司法解释全书》,法律出版社2006年版,第1119—1165页。
② 同上书,第1179—1190页。
③ 同上书,第1256页。

（三）有些地方人大、地方政府制定的地方性法规、规章中设置了条标

中国的地方人大具有立法功能，可以制定地方性法规。有些地方的人大在其制定的地方性法规中，也使用了条标，把其作为法规中法条的组成部分。这在20世纪80年代已是如此。这里以江苏、浙江、广东省人大制定的法规为例。1980年6月江苏省五届人大常委会第四次会议批准了《江苏省城市卫生管理暂行规定》，此规定共10条，其中有条标的是9条，只有最后一条无条标。它的第1条条标是"加强领导，搞好群众性的爱国卫生运动"，第2条条标是"加强环境卫生管理，保护市容整治"。[①] 两年后，浙江省人大也进行了相关实践。1982年3月浙江省五届人大常委会第十三次会议通过了《浙江省城市卫生管理条例》。此条例共14条，除了第12、13、14条没设条标外，其他11条均设置了条标。第1条的条标是"加强领导"，第2条的条标是"环境卫生"。[②] 三年后，广东省人大也有了设立条标的实践。1985年10月广东省六届人大常委会第十六次会议通过了《广东省人民代表大会常务委员会关于制定地方性法规程序的暂行规定》。此规定共14条，除了第1、2、12、13、14条无条标外，其余的9条法条都设置了条标。其中，第3条的条标是"地方性法规的范围"，第4条的条标是"制定地方性法规计划的审核"。[③] 不过，这不是一种普遍情况，

---

① 《地方性法规选编》（上），中国经济出版社1991年版，第2502—2504页。
② 同上书，第1444—1446页。
③ 《地方性法规选编》（下），第2502—2504页。

多数地方人大制定的地方性法规中,都不设条标。有的地方人大还表示不主张在自己制定的地方性法规中设置条标。北京市人大就是如此。① 因此,北京市人大制定的地方性法规中,就没有设置过条标。

除了中国的地方人大以外,还有些地方政府在制定的政府规章中,也进行了设置条标的尝试,取得可喜的成绩,上海市政府就是如此。它在20世纪90年代就开始在自己制定的政府规章中设置条标。1994年1月上海市人民政府发布了《上海市人民政府规章制定程序规定》。② 这一规定共31条,每条法条都设了条标,共有31条条标。其中,第1条的条标是"制定本规定的目的和依据",第2条的条标是"制定规章的权限和主管部门"。1995年5月上海市人民政府对这个规定进行了修改,条标仍然保留。从这一规定颁行以后,凡是上海市政府制定的规章都设置了条标。③ 不过,这也不是普遍情况,中国的大多数地方政府在其制定的规章中都未设条标。

尽管中国的多数地方人大和地方政府在其制定的地方性法规和政府规章中没设条标,但设置条标已在中国有些地方人大和地方政府20世纪的立法实践中作了尝试,也获得了成功,取得了可贵的经验,走在了全国人大的前面。从这种意义上说,设置条标不仅在中央层面存在潜力,而且在地方层面已有成功的实践,具有一定的基础。中国在设置条标方面不是一片空白。

---

① 刘风景:《法条标题设置的理据与技术》。
② 徐向华、黄卉:《论我国规范性法律文件条标的增设》。
③ 王立民:《中国传统法典条标的设置与现今立法的借鉴》,载《法学》2015年第1期。

（四）民间机构编写、公开出版物中给中国民法添加了条标

除了官方机构以外，中国的民间机构也在设置条标方面也做了努力。这一民间机构就是一种民间力量。首先，他们利用自己的智慧与能力，在一些在自己组织编写并公开出版的法律、法规汇编中，添加了条标，方便读者学习、掌握法条的内容。这在公开出版物中已不是个别现象，带有一定的普遍性。这里以两本与法律硕士联考、国家司法考试相关的法律法规汇编为例。《2017法律硕士联考必备法律法规汇编》[①]由北京万国学校组编，是一本帮助参加法律硕士入学考试的考生学习和掌握中国重要法律法规的公开出版物，其中编排了中国民法的内容，包括:《民法通则》《物权法》《合同法》《担保法》《婚姻法》《继承法》和《侵权责任法》等。它们的所有法条中都附有被民间机构添加的条标。比如，《民法通则》第1条的条标是"立法目的"，第2条的条标是"本法调整对象"；[②]第155条的条标是"与期间计算有关的术语"，第156条的条标是"施行时间"。[③]《2017年国家司法考试法律法规汇编》[④]由法律考试中心编，是一本帮助参加国家司法考试的考生学习和掌握中国重要法律法规的公开出版物，其中也编排有中国民法的内容，包括了《民法通则》《物权法》《合同法》《担保法》《婚姻法》《继承法》和《侵

[①] 北京万国学校组编:《2017法律硕士联考必备法律法规汇编》，中国政法大学出版社2016年版。

[②] 同上书，第191页。

[③] 同上书，第243页。

[④] 法律考试中心编:《2017年国家司法考试法律法规汇编》，法律出版社2016年版。

权责任法》等。它们的所有法条中也都附有被他们添加的条标，只是在具体表述上与《2017法律硕士联考必备法律法规汇编》不尽相同。以《民法通则》的条标为例。它的第1条条标为"立法目的"，第2条条标为"调整范围"；第155条条标为"与期间计算有关的术语"，第156条条标为"生效日期"。这两部法律法规汇编中，《民法通则》条标的第2、156条在表述上有出入，但内涵一致。在这些公开出版物里，中国民法被民间机构添加了条标，是一种民间的行为，不是官方行为，所以在不同版本中，条标的表述也不尽一致。

民间机构为中国民法设置条标告知人们，设置条标并非是立法者的专利，也可以为非立法者所享用。如果由立法者在立法过程中设置条标，那条标就会更统一与规范，因为立法者更专业。

综上所述可知，中国由全国人大制定的法律中虽都没设置条标，但在民法典中设置条标已存在很大的可能，因为在全国人大的法律草案、最高人民法院的司法解释、地方立法、民间机构编写的公开出版物中，都有设置条标的先例，而且还有不短的历史。这预示着，中国已存在一支能够为中国民法典设置条标的队伍与人才，也在一定程度上掌握了设置条标的技术，具有设置条标的能力，同时，也具备了一些经验与基础。这些都十分有利于中国在民法典中正式设置条标，将可能变成现实。

还有，在民间的教研队伍中，存在一支更为重要的力量，由民法学专家、学者组成，特别是民法学专家。他们富有民法学知识，也有民事立法与司法的经验，又推出了中国民法典的专家建议稿。在他们的建议稿中，都设置了条标。在梁慧星负责的《中国民法典草案建议稿·总则编》、杨立新执笔的《中华人民共和国民法·总则编建议稿》、中国法学会民法典编纂项目领导小组与中国民法学研究会共同撰写的《中华人民共和国民法典·民法总则专家建议稿》都是如此。这三部中国民法典的专家建议稿中的条标还有一些是一致的，比如第一条条标都是"立法目的"。可见，中国民法专家对民法典设置条标的重视。

四、中国民法典设置条标需解决的问题及其办法

中国的民法典由全国人大制定。从目前情况来看，要在民法典中设置条标，还存在一些问题。这些问题不解决，就不利于条标的设置；只有当这些问题都解决了，中国民法典中设置条标的工作才会顺利进行。

（一）观念方面存在的问题及其解决办法

自改革开放以来，由全国人大制定的法律都没设条标。其中，就有观念问题，不是制度问题，因为《立法法》没有对是否设置条标作出规定，因此可以在法律中设置条标，也可以不设置条标。事实也证明，不设置条标确是个观念问题。1990年《残疾人保障法》在草案中设置的条标被删除就是如此。当时，全国人大法律委员会的主要理由是，全国人大及其常委会通过的法律都不设条标，今后也很难这样做，考虑到法律文书格式规范化的需要，建议不要条标为好。[①] 这一不设条标的主要理由是考虑到法律文书格式的一致性，即以前不设条标，所

---

① 刘风景：《法条标题设置的理据与技术》。

以现在也不设条标，将来也很难再设条标。这一观念阻碍了全国人大在制定法律时设置条标的工作，是中国的法律中不设条标的观念障碍。

这种观念在当前制定民法典时要得到改变。要充分认识到在中国民法典中设置条标的重要性，从向世界展现一部具有21世纪水平的民法典、传承中国传统律典中设置条标的优秀传统和融入当今世界民法典的潮流等维度，充分认识这一重要性，使对民法典中设置条标认识有个显著提高，摒弃原有不设条标的旧观念，代之以设置条标的新观念。另外，从利弊的权衡上来看，在中国民法典中设置条标也是利大于弊。设了条标以后，确会增加全国人大立法的工作量，也会造成民法典里有条标，以往制定的法律中无条标的情况。但是，民法典是给全国10多亿民众阅读与运用的，有了条标会给他们查阅与运用带来许多方便。这种方便已形成共识，连全国人大宪法和法律委员会都认为，法条中设有条标后，会看起来比较清楚。既然可以为10多亿民众带来便利，那么给少量的立法人员增加了些设置条标的麻烦又算得了什么呢？

改革开放以来，中国在国家建设的许多方面都已取得了辉煌的成就，还领跑了全世界的经济发展，甚至有望赶上世界上的第一大经济体。然而，中国的法治建设却起步较晚，道路曲折，制定民法典正是个迎头赶上的机会，使其跻身于世界优秀民法典之列。其中，不能没有条标，否则就会留有缺憾了。至于以往的法律和民法总则没有条标，一是可以维持现状，二是也可以进行增补。相信全国人大有智慧、有能力能够做好这一工作。

（二）队伍方面存在的问题及其解决办法

设置条标是一种人的立法活动，中国民法典条标的设置也是如此。这一任务不可能由一两个人来完成，需有一支队伍来完成。目前的实际情况是，全国人大制定的法律中从未设置过条标，立法队伍还没有这种实战的经历与经验。这是一个问题。中国需要建立一支能够胜任设置条标工作的队伍，来解决这一问题。

现在，中国有四支队伍可以为解决这一问题出力。第一支队伍是中国民法学界的专家、学者。他们在撰写民法典建议稿时，就有了设置条标的经历与经验。在他们编写的民法典建议稿中，都设有条标，梁慧星、杨立新和中国法学会民法编纂项目领导小组、中国民法学研究会中的民法学专家、学者都在此列。第二支队伍是撰写过条标的法律人员。他们虽没有撰写过民法典的条标，但他们有过撰写其他法律与法规、规章中条标的经历与经验。最高人民法院在司法解释中为中国刑法典撰写条标的人员、为有些地方人大地方性法规撰写过条标的人员与为有些地方政府制定的规章中撰写过条标人员等都是如此。第三支队伍是研究过条标并有相关成果的人员。中国有些专家、学者研究过条标，掌握了设置条标的一般理论，还公开发表过相关的成果。张新宝、魏磊杰、刘风景、徐向华和黄卉等都在其中。张新宝的《民法典制定的若干技术层面问题》，魏磊杰的《民法典编纂的技术问题》，刘风景的《法条标题设置的理据与技术》，徐向华和黄卉的《论我国规范性法律文件条标的增设》等都是关于设置条标的重要研究成果。第四支队伍是为公开出版物中民法内容添加过条标的民间人员。比如，为《2017法律硕士联考必备法律法规汇编》与《2017年国家司法考试法律法规汇编》等公开出版物中民法内容添加条标的民间人员。这四支队伍的人员各有千秋，而且都涉足过条标，如果能把他们整合起来，组成一支设置中国民法典条标的专家队伍，形成互补与合力，相信一定能完成设置中国民法典设置条标的任务。

（三）研究方面存在的问题及其解决办法

对于中国民法典中设置条标的研究还不够充分，这在理论界与实务界都是如此。突出的问题是，研究并形成相关研究成果的不多，有些需要研究的问题没有涉及或很少涉及，等等。这些都会导致对中国民法典设置条标认知不足，准备不足，动力不足。这个问题同样需要解决。否则，设置条标的工作就无法及时跟进，甚至流产。

当前，要加紧开展对中国民法典设置条标的研究。研究可以多角度展开，既可以是理论的，也可以是实践的。不过，首先要研究在中国民法典中设置条标的重要性，改变过去在法律中不设置条标的陈旧观念，克服墨守成规的思想，使全国人大也充分认识到在中国民法典设置条标的重要意义并付诸实施。其次，也要研究古今中外在法典中设置条标的经验、教训，特别是民法典中设置条标的经验与教训，借鉴其成功的经验，不重蹈覆辙，以使今天制定民法典的条标不走或少走弯路。最后，还要研究一些中国民法典设置条标的具体问题，以备操作需要。比如，使用民法的规范语言、条标与条文的协调等。可以预见，研究越深入，研究涵盖的相关问题越广泛，研究成果的质量越高，对中国民法典设置条标的工作也会更有利。

（四）技术方面存在的问题及其解决办法

条标的设置工作是一项技术性很强的工作。它的存在问题及其解决办法同样值得关注。由于全国还未在制定的法律中设置过条标，它的设置条标技术不得而知。可是，从在司法解释、地方性法规与规章、民法典的建议稿、民间的公开出版物等中增设过的条标来看，这一技术的掌握程度参差不齐，条标的设置不够规范。有的地方性法规中的条标没有全覆盖，即多数条文有条标，少数条文无条标。《江苏省城市卫生管理暂行规定》《浙江省城市卫生管理条例》和《广东省人民代表大会常务委员会关于制定地方性法规程序的暂行规定》中的条标不同程度地存在这种情况。还有，有的民间机构编写、公开出版物中设置的民法条标，出现了同一条文不同条标的情况。《2017法律硕士联考必备法律法规汇编》中《民法通则》第2条法条的条标是"本法调整对象"，而《2017年国家司法考试法律法规汇编》中《民法通则》第2条法条的条标则是"调整范围"。它们同是对《民法通则》第2条法条设置的条标，但在表述上就存在差异。可见，立法技术在条标的设置方面也存在问题。

要解决立法技术上的问题，提高设置条标的质量，使其规范化，需要进行一定的训练。这种训练的内容可以包括以下一些方面：设置条标的位置、条标的字数控制、条标表达的准确性、条标与法条内容的一致性、条标印刷的醒目性等。当然，也可以借鉴古今中外条标设置技术的成功之处，为己所用。可以相信，只要不断实践与总结，立法技术就会不断提高，逐渐精湛，最终使中国民法典中的条标规范化、合理化。

以上这些问题都是中国民法典设置条标中存在的问题，只要采取正确的解决办法，这些问题可以迎刃而解，并使设置条标的工作顺利开展，取得令人满意的效果。

中国是世界上成文法国家中唯一一个还没有完整民法典的大国，也是世界上应该拥有民法典而还没有制定出完整民法典的大国。中国的民法总则已经出炉，分则将在2020年完成，这不会不引起全世界法律界乃至法学界的高度关注。中国一定要在21世纪制定出一部具有21世纪水平的民法典。这部民法典要尽量不留缺憾，而没有条标就是一个明显的缺憾。中国在民法典中设置条标不是一件很困难之事，因为已有前期成果。尽管在全国人大制定的法律中还从来没有设置过条标，但在全国人大的法律草案、最高人民法院的司法解释、有些地方性法规与政府规章、民间机构编写并公开出版等中，都尝试过设置条标。中国在设置条标问题上，不是从零开始。只要全国人大在观念、队伍、研究与立法技术等问题上，狠下决心，着力解决，民法典中设置立标之事就会水到渠成。衷心期望中国制定的民法典能在前人的肩膀上再上一层楼，尽量不留缺憾，真正具有21世纪的水平。

（原载《学术月刊》2017年第10期）

中国百年民法典编纂历程与启示

《中华人民共和国民法典》于2020年5月28日由第十三届全国人民代表大会第三次会议通过，2021年1月1日起施行。至此，中国民法典的编纂已走过百年历程。其中，先有1911年清末法制改革时期纂成的《大清民律草案》，1925至1926年北京政府（北洋政府）时期纂成的《民国民律草案》，后有1929至1930年间南京国民政府时期纂成的《中华民国民法》，直至今日的《中华人民共和国民法典》，前后历经百年时间。对这百年来中国民法典编纂历程的回顾与思考，具有积极意义。首先，有利于梳理百年中国民法典编纂的历史，理清中国民法典发展的家底。从清末法制改革时启动民法典的编纂以后，中国编纂过一些民法典草案与正式民法典，其结构、内容及其变化情况如何，需要梳理，全面把握，做到心中有数，便于对中国民法典发展史进行研究。其次，有利于全面、正确地认识中国民法现代化的进程，探索中国民法发展的规律。民法典是中国民法的核心与结晶，也是中国法制现代化中的重要组成部分。从百年中国民法编纂的历程中，可以从一个侧面认识中国法制现代化进程，并从其发展轨迹中，探索其发展规律，为更自觉地加强民事法治建设作铺垫。最后，有利于借鉴前人编纂民法典的经验，为往后完善民法典提供一些有益的依据。在中国民法典编纂的百年历程中，积累了不少经验。这些前人的经验十分宝贵，可以作为以后完善民法典的借鉴，使其更为完备。

一、《大清民律草案》开启了中国百年民法典编纂的历程

中国古代有民法,但没有民法典;民法的内容分散而得不到系统、集中的展现。进入近代以后,随着清末法制改革的推进,《大清民律草案》的编纂应运而生。

(一)《大清民律草案》的编纂势在必行

鸦片战争以后,内忧外患日益加重,加之西方文化的东渐与冲击,清末政府不得不于1900年推出新政。其中,包括了法制改革,即清末法制改革。这一改革就是要通过引进西方的近代法制,改革中国的传统法制,使中国逐步走上法制近代化的道路,融入世界近代法制的潮流,最终目的是为了维护摇摇欲坠的清朝政权。清末法制改革随着新政的推出,也出台了。

在清末法制改革中,选择什么样的西方国家法制是个回避不了的问题。当时,世界上影响最大的是大陆与英美两大法系。其中,大陆法系的影响力"遍及从魁北克到开罗,从布达佩斯到布宜诺斯艾利斯的广大地区";"统辖着世界人口的六分之一,整整3亿人的生活"。[①] 英美法系的影响力也很大,与大陆法系旗鼓相当。"英美法系的影响遍及全球";"世界总人口大约为18亿,其中大约3亿人处

---

① 〔美〕约翰·H.威格摩尔:《世界法系概览》(下),何勤华等译,第889页。

在英美法系的管辖下。"① 最终，中国选择了大陆法系，把其作为主要模式加以引进。这由多种原因所决定，是多因一果。② 其中，有一个十分重要的原因，不能被忽视。这就是中国不是英国的殖民地。如果是英国殖民地，毫无例外地会选择英美法系，因为所有的英国殖民地都成了英美法系国家。③ 中国不是英国的殖民地，就有了选择法系的余地，考虑到英国的法律比较复杂，不仅是判例法，而且还有普通法与衡平法之分，等等。大陆法系国家的法律则相对简单，由成文法构成，也比较适合中国国情，最后决定选择引进大陆法系国家的法律。从此，中国近代就走上了一条大陆法系国家的道路。

大陆法系国家都是成文法国家，要制定相关法典，形成自己的法律体系。其中，民法典不可或缺。在法国的法律体系中，除了宪法典，还有民法典、商法典、民事诉讼法典、刑法典、刑事诉讼法典等。④ 在德国的法律体系中，也有民法典。⑤ 日本的法律体系中，同样有民法典。⑥ 其他的大陆法系国家也都是如此。而且，民法典在其中的作用还很大，会对其他法律制度产生重大影响。《德国民法典》就是如此。"德国民法典及其附属的诉讼法律对其他法律制度有重大的影响。"⑦ 中国从清末开始，走上大陆法系国家的道路，编纂《大清民律草案》就势在必行，绝非可有可无。

---

① 〔美〕约翰·H.威格摩尔:《世界法系概览》(下)，何勤华等译，第942页。
② 杨晓莉:《对清末法律移植的思考与借鉴》，载《理论导刊》2010年第1期。
③ 王立民:《中国近代成为大陆法系国家的原因及相关问题探析》，载《华东师范大学学报(哲学社会科学版)》2017年第4期。
④ 参见〔日〕早川武夫等:《外国法》，张光博等译，吉林人民出版社1984年版，第323—333页。
⑤ 参见丘日庆主编:《各国法律概况》，知识出版社1981年版，第200—209页。
⑥ 参见何勤华等:《日本法律发达史》，上海人民出版社1999年版，第24页。
⑦ 丘日庆主编:《各国法律概况》，第200页。

(二)为《大清民律草案》的编纂作了大量准备工作

中国古代制定过民法,但没有编纂过民法典。编纂民法典对清末政府来说,是件新鲜事。为此,做了大量准备工作,主要是以下这些。

1.翻译外国的民法典与民法学著作

翻译外国的民法典与法学著作是了解外国民法典编纂的重要窗口。通过这个窗口,可以知晓外国民法典的结构、原则、制度、内容等一系列与民法典编纂有关的知识,借鉴外国的相关经验,便于《大清民律草案》的编纂。清末法制改革时期,修订法律馆翻译过的外国民法典和民法学著作主要有:日本民法、德国民法、法国民法、奥地利民法、意大利民法、瑞士民法等民法典,还有日本学者所著的民法理由、继承法等法学著作。① 这些都是大陆法系国家较为典型的民法典和日本较为著名的民法学著作,为编纂《大清民律草案》提供了宝贵的资料与借鉴。

2.进行民事习惯调查

考虑民法典的编纂与民生息息相关,中国的民事习惯应在《大清民律草案》中有所体现,得到认可,清末还专门进行过民事习惯调查。而且,在编纂民法典时,进行民事习惯调查已是当时的一种国际惯例,西方国家基本如此。法国、德国、瑞士、日本等国在编

---

① 参见程燎原:《清末法政人的世界》,法律出版社2003年版,第192—194页。

纂民法典时，都进行过本国的民事习惯调查，吸收过其中的内容。①于是，在全国范围内，启动了民事习惯调查工作，先在直隶、江苏、安徽、浙江、湖北、广东等地开展。②调查的内容很广泛，包括民情风俗、地方绅士办事习惯、民事习惯、商事习惯、诉讼习惯等大类。③然而，遗憾的是这一调查的成果没有大量被融入进《大清民律草案》。有学者对此作过研究并说："在编纂法典草案（《大清民律草案》）的过程中，由于当时立法极为仓促，立法未及对调查所得的大量民事习惯进行深入分析，民事习惯对民律草案的影响微乎其微。"④此话十分中肯。

3. 组织编纂人员

编纂民法典是一种专业活动，需有专业人员参与。清末政府决定编纂《大清民律草案》后，就着手组织编纂人员。最终，编纂组有五人，他们是松冈义正、章宗元、朱献文、高种和陈箓。松冈义正是日本法学家，毕业于东京帝国大学法科。另外四人全为中国人，而且都有海外的留学背景。其中，章宗元留学美国加利福尼亚大学，朱献文毕业于东京帝国大学，高种毕业于日本中央大学，陈箓留学法国巴黎大学。他们编纂《大清民律草案》中的不同部分，而且有明确分工。松冈义正负责起草总则、债权和物权三编；章宗元和朱献文负责起草亲属编，高种和陈箓负责起草继承编。⑤从这

---

① 参见张生：《中国近代民法法典化研究》，中国政法大学出版社2004年版，第90页。
② 参见眭鸿明：《清末民初民商事习惯调查之研究》，法律出版社2005年版，第43—44页。
③ 参见杨立新点校：《大清民律草案 民国民律草案》，吉林人民出版社2002年版，"点校说明"第14页。
④ 张生：《中国近代民法法典化研究》，第108页。
⑤ 参见张晋藩：《清代民法综论》，中国政法大学出版社1998年版，第249页。

一分工可见,松冈义正承担起草的任务比较重,编纂的内容也比较多。这也成了《大清民律草案》的内容中,借鉴外国民法的成分会较多,而考虑中国国情的成分会比较少的一个重要原因。难怪有学者评论说:"清末立法的草案率多出自日本法律专家的手笔,立法过程中,虽然也体察'中国民情',但总体上仍被批评'参酌各国法理'的多,考虑本国风土民情者少。"① 此话不假。

4.聘请外国学者讲授民法课程

为使世界近代民法理论能在中国得到传播,使更多学生受益,清末还聘请外国学者在中国讲授民法课程。松冈义正是其中的代表人物。他于1906年受聘来华担任清末政府修订法律馆的顾问,其间不仅帮助起草了《大清民律草案》等法典,还在"京师法律学堂讲授民法",② 培养中国法科大学的学生。

以上各项准备都聚焦《大清民律草案》的编纂,为其共同发力,促成这部草案于1911年编成。

(三)《大清民律草案》是一部名副其实的近代民法典草案

编纂《大清民律草案》是中国近代史上第一次编纂民法典草案,史无前例。它是否符合近代民法典的规格,像一部近代的民法典呢?回答是肯定的。通过与当时世界具有代表性的1900年施行的

---

① 黄源盛:《法律继受与近代中国法》,元照出版有限公司2007年版,第32页。

② 王健:《西法东渐——外国人与中国法的近代变革》,中国政法大学出版社2001年版,第546页。

《德国民法典》作比较，可以证实《大清民律草案》在结构、原则、制度与具体内容等方面，都达到近代民法典的要求，是一部名副其实的近代民法典草案。

1.《大清民律草案》运用了近代民法典的体系

《大清民律草案》分为5编，分别是：总则、债权、物权、亲属和继承，共有36章，1569条。①《德国民法典》同样分为5编，分为：总则、债的关系、物权、亲属和继承，共是2385条。②把它们的体系作比较以后，可以发现，它们的编数相同，都是5编；它们的编名基本相同，只有债权与债的关系的差异；它们的编序也相同，依次为总则、债权或债的关系、物权、亲属和继承，只是在法条数上差别比较大，《大清民律草案》要比《德国民法典》少816条。不过，世界各国民法典的法条数都不一样，有多有少是常态。比如，《法国民法典》有2281条，《日本民法典》是1146条。③经过这样的比较可以认为，《大清民律草案》在体系上已达到近代民法典的水准。

2.《大清民律草案》运用了近代民法典的原则

《大清民律草案》确立了中国近代民法中的民事权利平等、契约自由、尊重个人财产、过失责任等原则。④这些原则在《德国民法

---

① 参见张晋藩：《中华法制文明史》(近、当代卷)，法律出版社2013年版，第227页。
② 参见林榕年主编：《外国法制史新编》，群众出版社1994年版，第386页。
③ 参见何勤华主编：《外国法制史》，法律出版社1997年版，第320、436页。
④ 参见朱勇主编：《中国民法近代化研究》，中国政法大学出版社2006年版，第143页。

典》也都有体现。①对照《大清民律草案》与《德国民法典》的相关规定，可以发现它们具有一致性。这里以民事权利平等与契约自由两大原则为例。关于民事权利平等原则。《大清民律草案》的第5条规定："权利能力于出生完成时开始。"②《德国民法典》的第1条也规定："人的权利能力自出生完成之时开始。"③两者在文字、意思上几乎完全相同。关于契约自由原则。《大清民律草案》第200条规定："解释意思表示不得拘泥语言、字句，须探究其真意。"④《德国民法典》的第133条也规定："解释意思表示，应探求当事人的真实意思，而不拘泥于所用的词句。"⑤这两个规定意思上没有任何差别。《大清民律草案》已经在使用近代的民法原则了。

3.《大清民律草案》运用了近代民法典的制度

《大清民律草案》大量接受近代的民法制度，比如法人、债权、物权等一系列制度。⑥这些制度与《德国民法典》中的相关制度基本吻合。这里以法人制度为例。《大清民律草案》的法人制度共有105条，分别规定了通则、社团法人、财团法人。《德国民法典》的法人制度共有68条，分别规定了法人、社团、基金会、公法法人。虽然，两者在法条数上有差别，《大清民律草案》多了37条，但在内容上极为相似。比如，关于非经营性社团的建立。《大清民律草案》第69条规定："设立社团法人无经济上之目的者，须经主管衙

---

① 参见林榕年主编：《外国法制史新编》，第386—387页。
② 杨立新：《大清民律草案　民国民律草案》，吉林人民出版社2002年版，第3页。
③ 《德国民法典》，郑冲等译，法律出版社1999年版，第1页。
④ 杨立新：《大清民律草案　民国民律草案》，第26页。
⑤ 《德国民法典》，郑冲等译，第26页。
⑥ 杨立新：《大清民律草案　民国民律草案》，"点校说明"第14页。

门允许。"① 《德国民法典》的第 21 条也对此作了规定:"不以经营为目的的社团,通过在主管初级法院的社团登记簿上登记而取得权利能力。"② 它们虽在语句上的表述不尽相同,但意思相同,即非经营性社团的建立,都须由相关机关批准。《大清民律草案》在制度上也跨入近代门槛。

4.《大清民律草案》运用了近代民法典的内容

《大清民律草案》大量移植了近代的民法内容。特别是在总则、债权、物权编中。这里以物权编中关于不动产所有权转移的登记为例,《大清民律草案》的第 988 条规定:"以不动产所有权之移转为标的,而结契约者,须以文书订之。"③《德国民法典》中也有相似的规定。它的第 873 条规定:"转让土地所有权、对土地设定权利以及转让此种权利或者对此种权利设定其他权利,需有权利人与相对人关于权利变更的协议,并应将权利变更在土地登记簿中登记注册,但法律另有其他规定的除外。"④ 尽管《德国民法典》这一规定的范围比《大清民律草案》要宽泛一些,包括了对土地所有权设定的其他权利,但在不动产所有权转让方面,两者高度一致,即都要履行签订相关文书的程序。不过,《大清民律草案》的有些内容与《德国民法典》有所不同,突出表现在亲属和继承两编里。《大清民律草案》的亲属和继承两编中,大量内容体现中国传统社会的宗法礼教精神,沿用一些传统习俗,被认为是"充满了浓厚的封建性内容"。⑤

---

① 杨立新:《大清民律草案 民国民律草案》,第 10 页。
② 《德国民法典》,郑冲等译,第 2 页。
③ 杨立新:《大清民律草案 民国民律草案》,第 206 页。
④ 《德国民法典》,郑冲等译,第 206 页。
⑤ 李显冬:《从〈大清律例〉到〈民国民法典〉的转型》,中国人民公安大学出版社 2003 年版,第 178 页。

这就与《德国民法典》中的亲属和继承两编的内容有了较大区别。不过，这并不妨碍《大清民律草案》的内容在总体上已经实现了近代化。

通过《大清民律草案》与《德国民法典》的比较，可以看到《大清民律草案》在法典结构、原则、制度与内容各方面都与《德国民法典》有诸多的一致或者相似，已把近代民法的体系、原则、制度与内容移植进来，是一部名副其实的近代民法典草案，也是"我国民法史上第一部按照资本主义民法原则起草的民法典"。[①]然而，由于清政府的垮台，此草案也就丧失了变成正式民法典的机会。

二、《民国民律草案》接续了 《大清民律草案》编纂的历程

进入民国时期后，由于多种原因，南京临时政府没有编纂过民法典。民国初年，只是把《大清现行刑律》中民事部分加以援用。"至于民事法方面，民国成立以民法一时未能公布，暂将《大清现行刑律》中'民事有效部分'继续援用。而有关民法法典的修订，进行可说相当缓慢。"[②]直到1915年，才出现转机，编纂了《民律亲属编草案》。

---

① 朱勇主编：《中国民法近代化研究》，第144页。
② 黄源盛：《法律继受与近代中国法》，第32页。

（一）《民律亲属编草案》先于《民国民律草案》而被编纂

《大清民律草案》由于没有公布，更没有生效，故不能名正言顺地加以实施。但是，北京政府的法律修订机关始终有以《大清民律草案》为蓝本，制定一部自己民法典的打算。1914年北京政府正式启动编纂《民律亲属编草案》工作。这一工作由法律编委会负责，朱献文与高种操笔。翌年，此草案编纂结束。它共有7章，141条。其结构、内容与《大清民律草案》十分相近，改动之处十分有限。比如，把第一章的"总则"改为"通则"；把第二章家制的内容归并，只设"总则"一节；第五章第一节的"未成年人之监护"分为"监护之成立""监护之职务"和"监护之终止"三款；第五章中则增加了"保佐"一节；等等。[①] 可以说，《民律亲属编草案》只是《大清民律草案》亲属编的翻版而已。

由于《大清民律草案》纂成后，一直遭到法律界的诟病，而北京政府编纂的《民律亲属编草案》又是其亲属编的翻版，殃及池鱼，也就被搁置起来，出现的编纂民法典转机没有进一步转换成编纂民法典的现实。这种情况直到1918年北京政府成立修订法律馆才有了改变。

（二）《民国民律草案》是北京政府时期唯一的一部内容完整的民法典草案

北京政府编纂的《民律亲属编草案》虽被搁置，但编纂民法典

---

① 参见张生：《中国近代民法法典化研究》，第120页。

的努力没有终止。1918年修订法律馆成立,其中设置了总裁、副总裁、总纂、纂修、调查员等人员。当时,著名的法学、法律界人士先后担任总裁。他们是:董康、王宠惠、罗文平、江庸、马德润、余棨昌、石志泉等人。修订法律馆负责起草各种法典,其中包括民法典。①1922年的华盛顿会议加速了《民国民律草案》编纂的进程。

在1922年华盛顿召开的国际会议上,中国代表又一次提出撤废领事裁判权的要求。其实,这已不是中国代表第一次提出这样的要求。鸦片战争结束后,中英不平等《南京条约》的附件《五口通商章程:海关税则》第一次对领事裁判权作出规定。②此后,又有19个列强国家也在中国取得了这一权利。③领事裁判权严重损害了中国的司法权乃至主权。自清末开始,中国政府都致力于收回领事裁判权,而西方国家则把中国近代法制的完善作为放弃这一权利的前提条件。④1922年华盛顿会议上,西方国家仍坚持这一前提条件,不作让步,这促使北京政府加快了编纂《民国民律草案》的步伐。

于是,修订法律馆加大工作力度,包括参照《大清民律草案》,调查各省的民商事习惯,借鉴西方的最新民事立法等,终于在1925至1926年间纂成了《民国民律草案》。这是北京政府时期编纂的唯一一部内容完整的民法典草案,史称"第二次民草"。⑤

北京政府编纂的《民国民律草案》为5编,32章,1522条。

---

① 参见谢振民:《中华民国立法史》(下册),中国政法大学出版社2000年版,第747页。

② 王铁崖:《中外旧约章汇编》(第1册),上海财经大学出版社2019年版,第36—38页。

③ 参见王立民:《中国租界法制诸问题再研究》,载《法学》2019年第11期。

④ 参见张生:《北洋政府时期民法近代化三题》,载张生主编:《中国法律近代化论集》,中国政法大学出版社2002年版,第378—379页。

⑤ 参见谢振民:《中华民国立法史》(下册),第747页。

这 5 编依次是：总则、债、物权、亲属和继承编。编纂时，有具体分工。其中，余棨昌负责总则，应时、梁敬镦负责债编，黄右昌负责物权编，高种负责亲属和继承两编。此草案完成时，发生北京政变，曹锟被囚禁，国会被解散，没法继续审议、通过。但是，司法部却通令各法院把《民国民律草案》作为"条理"适用，因而其便一度作为民事司法的依据。①

（三）《民国民律草案》的主要变化

与《大清民律草案》相比，《民国民律草案》呈现了以下一些主要变化。

1. 从体系上来看，《民国民律草案》的法条比《大清民律草案》要少

《民国民律草案》的编数与《大清民律草案》一样，都是 5 编，编名稍有差异，把《大清民律草案》的"债权"改为"债"。《民国民律草案》的法条数比《大清民律草案》少了 47 条。这两部民法典草案的各编法条数分布情况如下。②

民法典草案名称	总则编	债、债权编	物权编	亲属编	继承编	总计
大清民律草案	323 条	654 条	339 条	143 条	110 条	1569 条
民国民律草案	223 条	521 条	310 条	243 条	225 条	1522 条
民国民律草案法条变化情况	-100 条	-133 条	-29 条	+100 条	+115 条	-47 条

从这一法条分布情况可以发现，《民国民律草案》的法条在总

---

① 参见杨立新：《大清民律草案 民国民律草案》，"点校说明"第 8 页。
② 根据杨立新《大清民律草案 民国民律草案》进行整理。

则、债、物权编中均有不同程度的减少，在亲属、继承编中则有增加，而且增加的幅度还比较大，均在百条以上。从一个侧面说明，《民国民律草案》加大了亲属、继承两编在整部法典中的分量，比较重视这两编。

2. 从制度上看，《民国民律草案》增加了典权制度

在《大清民律草案》中，没有规定典权制度，而是规定了土地债务制度，《民国民律草案》则专门规定了典权制度。① 而且，在第三编物权中设第八章为"典权"，专门规定有关典权的内容。此章从第998条至1014条共17条围绕典权作出规定。其中，包括了典权的内涵、典权的存续时间、典权灭失的责任、典权的转让、典权取得的条件、典权价格增加后的处理等一系列内容。比如，第1000条规定了典权的时间，内容是："典权存续时间为十年。不满十年者，不得附有到期不赎即应作绝之条款。以十年以外之期间设定典权者，其期间缩短为十年。典权届满，经当事人同意，得更新之。但自更新时起，不得过十年。典权未定存续期间，除有特别习惯外，设定典权人得随时备价回赎。但须于六个月前预告典权人。"② 典权制度的规定使《民国民律草案》的内容更贴近中国人的民事习惯。

3. 从内容上来看，《民国民律草案》有增有减

与《大清民律草案》相比较以后可以看到，《民国民律草案》在内容方面有增有减。减少的是前三编，即总则、债权、物权编，减少的法条总数达262条。增加的是后两编，即亲属、继承编，增加的总数有215条。特别需要关注的是一些增加的内容，因为涉及对

---

① 参见谢振民：《中华民国立法史》（下册），第748页。
② 杨立新：《大清民律草案 民国民律草案》，第336页。

中国传统伦理法的态度。《民国民律草案》在增加的内容中,引入了一些中国传统伦理法的内容。在订婚与结婚的规定中,就有新增的内容。比如,第1092条规定:"定婚,因交换婚书或已纳聘财而生效力。"① 第1105条规定:父母双亡,结婚"须经祖父母允许"。② 第1106条规定:丈夫死亡,妻子再婚,"须经夫家父母允许";夫家父母死亡,"须经夫家祖父母允许"。③ 这些内容与中国传统伦理法的规定基本一致。在唐律中,就有相似的规定。比如,《唐律疏议·户婚》"许嫁女辄悔"条规定:"诸许嫁女,已报婚书及有私约,而辄悔者,杖六十。虽无许婚之书,但受聘财,亦是。"这一规定与《民国民律草案》第1092条关于定婚的规定十分相似,都是一种"父母之命"之下的买卖婚姻。这些规定在《大清民律草案》中都没有出现,都为《民国民律草案》所新增,有一种回归中国传统伦理法的倾向。

4. 从法律实施上来看,《民国民律草案》的有些规定通过"条理"得到一定程度的实施

《大清民律草案》编纂后,便被束之高阁,清末政府没有将其实施。《民国民律草案》则不然。它被编纂后,虽为草案,其有些规定却通过"条理"的形式得到一定程度的实施。这里的"条理"也称"事理",是指法条背后的法理、道理。

1926年11月18日北京政府大总统颁令,要求司法部刊印、颁行《民国民律草案》等法律草案,除与现行法令、判例、习惯法不同外,其草案的条文均可作为各级法院的"条理"加以参酌

---

① 杨立新:《大清民律草案 民国民律草案》,第349页。
② 同上书,第350页。
③ 同上书,第351页。

采用。①北京政府司法部也确实下令至全国各级法院，可以把《民国民律草案》中的有些规定作为"条理"在司法实践中运用。"此草案（《民国民律草案》）曾经司法部通令各级法院作为事理援用。"②那时的各级法院便可以"条理"的名义，名正言顺地实施《民国民律草案》中的有些规定了。这一草案也就在一定程度上得到了实施。

事实也是如此。《民国民律草案》的规定确实作为"条理"得到一定的实施，有审判文书可为证。在"江苏吴县地方法院民事判决十六年初字第二号"中显示，构成此案的"事实"是被告胡士达欠借款60元逾期不还，而原告施曹氏起诉被告，要求法院判令其偿还。吴县地方审判厅经过审理认为被告确有偿还义务，还发出支付令。"缘原告以被告延欠借款洋陆拾元逾期不还，声请前吴县地方审判厅于民国十六年（1927年）九月二十三日发给支付命令在案。"③审理此案的江苏吴县地方审判厅会发出支付令，要求被告偿还原告借款的"条理"在于《民国民律草案》的规定。此草案的第286条规定："债权人得据债之关系，向债务人请求给付。"④据此，吴县地方审判厅发出支付令，要求被告履行偿还义务。从中可见，《民国民律草案》的规定在一定程度上具有法律效力，而且还得到了实施。

《民国民律草案》的这些变化是中国百年民法典编纂过程中，一个阶段民法典编纂的变化。它不仅证明，《民国民律草案》是一部中国近代的民法典草案，而且还是一部有特色的民法典草案。另

---

① 参见张生：《中国近代民法法典化研究》，第299页。
② 谢振民：《中华民国立法史》（下册），第748页。
③ 谢森等：《民刑事裁判大全》，北京大学出版社2007年版，第17—18页。
④ 杨立新：《大清民律草案 民国民律草案》，第240页。

外，从《民国民律草案》的编纂与实施情况来分析，可以认为，在北京政府时期，中国近代民法典的编纂工作没有停滞不前，而仍有进步。那时编纂的《民国民律草案》也是一部名副其实的民法典草案，并且接续了《大清民律草案》编纂的进程，使清末法制改革时期开启的中国民法典编纂历程不至于中断。这在中国百年民法典编纂历程中，就起了一种承前启后的作用，即承《大清民律草案》之前，启《中华民国民法》之后。《民国民律草案》在中国百年民法典编纂历程中，有其一定的地位。

三、《中华民国民法》是中国百年民法典编纂历程中的第一部正式民法典

南京国民政府时期编纂了中国百年民法典编纂历程中的第一部正式民法典《中华民国民法》，在1929—1930年间分编公布。这也是中国近代法制史上唯一的一部正式民法典，与1911年纂成的《大清民律草案》相隔19年，1926年完成的《民国民律草案》相间4年。

（一）《中华民国民法》的编纂与判例解释例的补充

《中华民国民法》经过编纂后颁布、施行。在施行过程中，又形成判例和解释例。它们起了补充《中华民国民法》的作用。

1.《中华民国民法》的编纂

南京国民政府时期编纂的《中华民国民法》共5编，29章，

1225 条。它是分编编纂、公布与实施,其基本情况如下表。①

《中华民国民法》编纂基本情况

编目	公布时间	施行时间	章数	法条数
总则	1929 年 5 月 23 日	1929 年 10 月 10 日	7	152
债编	1929 年 11 月 23 日	1930 年 5 月 5 日	2	604
物权编	1929 年 11 月 30 日	1930 年 5 月 5 日	10	210
亲属编	1930 年 12 月 6 日	1931 年 5 月 5 日	7	171
继承编	1930 年 12 月 26 日	1931 年 5 月 5 日	3	88

《中华民国民法》的编纂任务由一个群体完成。其中,包括立法原则的审议人、各编立法原则的拟订人、起草委员会的顾问和起草委员会委员等。立法原则的审议人由国民党中央政治会议常务委员组成,包括了谭延闿、蔡元培、宋子文、孔祥熙、孙科、陈果夫等人。各编立法原则的拟订人由立法院的院长胡汉民、副院长林森担任,他们负责拟定各编立法原则后,提交并参与中央政治委会议审议。起草委员会顾问主要由司法院院长王宠惠和考试院院长戴传贤充任。起草委员会委员则由五位民法专家构成,他们是:傅秉常、史尚宽、焦易堂、林彬、郑毓秀(后由王用宾替任)。②《中华民国民法》的编纂工作在他们的合力下完成。

2.《中华民国民法》的判例与解释例起了补充作用

《中华民国民法》的法条比较抽象,还相对固化,而社会情况却又千变万化。为使编纂后的《中华民国民法》能适应社会变化的需求,与时俱进,其判例、解释例应运而生。南京国民政府颁行的判例、解释例各具含义。民事判例是指最高法院作出的民事判决并可

---

① 参见朱勇主编:《中国法制史》(第二版),高等教育出版社 2019 年版,第 272 页。
② 参见张生:《中国近代民法法典化研究》,第 177—178 页。

作为下级法院判案援用的先例。① 民事解释例也是一种"司法院解释",是指司法院对民事法律所做的解释,加以汇编并作为法律适用时的一种依据。② 民事判例与解释例在南京国民政府的司法实践中得到广泛运用。

关于民事判例。比如,依据《中华民国民法》第 2 条关于适用习惯的规定,最高法院就作出了判例。此法条规定:"民事所适用之习惯,以不背于公共秩序或善良风俗者为限。"③ 此条的判例作了补充:"习惯法则应以一般人所共信、不害公益为要件,否则,纵属旧有习惯,亦难认为有法的效力";"亲房拦产之习惯,不惟旧律有明文禁止且足长亲房把持揩勒之风,于社会毫无实益,不能认为有法之效力";"卖产应先尽亲房之习惯,有背于公共秩序,不能认为有法之效力"。④ 这些判例对法条的内容作了补充,使"亲属拦产之习惯"与"卖产应先尽亲属之习惯"的认定十分明确,便于施行。

关于民事解释例。比如,1934 年司法院在回答江西高等法院关于《中华民国民法》第 987 条女子再婚禁止期间提出的问题时,作出了民事解释例。《中华民国民法》第 987 条规定:"女子自婚姻关系消灭后,非逾六个月不得再行结婚,但于六个月内已分娩者,不在此限。"⑤ 司法院对此条的解释内容是:"业经本院统一解释法令会议议决,民法亲属编无妾之名称,其施行前之妾,与家长同居一

---

① 参见方乐:《民国时期法律解释的理论与实践》,北京大学出版社 2016 年版,第 20 页。

② 参见同上书,第 14—15 页。

③ 《六法全书》,会文堂新记书局 1946 年版,第 17 页。

④ 殷梦霞等:《民国司法史料汇编》(第 10 册),国家图书馆出版社 2011 年版,第 47 页。

⑤ 《六法全书》,第 116 页。

家，虽得视为家属，但不适用法律上关于婚姻之规定。故于脱离关系后与人结婚，自不受六个月期间之限制。"① 司法院的这一解释例对《中华民国民法》第987条的规定作了补充，明确了妾的结婚期间不受六个月限制的适用，便于准确无误地实施这一法条的规定。

《中华民国民法》编纂后，与其配套的民事判例与解释例又作了补充，使南京国民政府时期民事法律的体系、内容都更为完备了。

（二）《中华民国民法》在中国百年民法典编纂历程中创下了多个"首次"

《中华民国民法》作为中国百年民法典编纂历程中的第一部正式民法典，在这一历程中创了多个"首次"。这些"首次"突出表现在以下一些方面。

1. 首次正式确定了中国近代民法典的体系、原则、制度与内容

在《中华民国民法》以前编纂的《大清民律草案》和《民国民律草案》，虽然也确立过中国近代民法典的体系、原则、制度与内容，但都是以草案面目出现，不具有法律效力。其中，《民国民律草案》的有些规定虽然也能以"条理"的形式出现在司法实践中，但终究不能以正式民法典的规定冠冕堂皇地加以运用。《中华民国民法》则不同。它是一部正式民法典，其中的体系、原则、制度与内容都具有法律效力，是一种民事法律，也是国家、社会、组织、

---

① 殷梦霞等：《民国司法史料汇编》（第5册），国家图书馆出版社2011年版，第39—40页。

公民都必须遵守的民事行为规则。这在中国百年民法典编纂历程中，尚属于首次。

《中华民国民法》的体系、原则、制度与内容都符合于中国近代民法典相应的要求。比如，五编体系；男女平等、契约自由、过失责任等原则；法人、禁治产、典权等制度；法定代理与意定代理、违约支付违约金、遗产的法定继承与指定继承等内容，都是如此。其中，有些亦有中国特色。比如，典权制度、维护父权与夫权的规定等。可以说，《中华民国民法》是近代民法与中国特色相结合的产物。这也符合当时世界民法典编纂的潮流，即每个国家的民法典在充分体现近代法典的一般性以外，还会照顾本国的特殊性，都是这种一般性与特殊性的结合。《中华民国民法》也不例外。

《中华民国民法》首次正式确定中国近代民法典的结构、原则、制度与内容背后的支撑，是中国近代民事立法的理念与技术。这个理念是以自由、平等、公平正义为核心，而立法技术则是把近代民事立法的语言、民法典体系的设计、条序的安排等有机融为一体。《中华民国民法》中的立法理念与技术主要来自西方。它的自由、平等、公平、正义的立法理念是西方近代民法契约自由、人人平等、公平正义理念的翻版；立法技术也是对西方近代民事立法技术的借鉴，其中包括了德国、苏俄、瑞士等国的立法技术，特别是德国的立法技术。[①]洋为中用在《中华民国民法》中得到了体现。

2. 首次确立了民商合一的体系

以《中华民国民法》的编纂为核心，南京国民政府建立了"民商合一"的体系。这一体系在中国百年民法典历程中，还属首次。

[①] 参见李显冬：《从〈大清律例〉到〈民国民法典〉的转型》，第204—205页。

在《大清民律草案》和《民国民律草案》编纂过程中，由于多种原因，都没有形成"民商合一"的体系，南京国民政府时期建构了这一体系，使其成为现实。关于建立这一体系的原因共有八个，分别是：历史关系、社会进步、世界交通、各国立法趋势、人民平等、编订标准、编订体例、商法与民法的关系的原因，决定"订民商统一法典也"。① 在这八个原因聚合之下，"民商合一"体系正式登场了。

在南京国民政府时期的"民商合一"体系中，《中华民国民法》处在体系的核心地位。商法以关系法形式出现，作为民法的特别法，以民法的原则为商法的原则。商法主要由公司法、票据法、海商法、保险法组成，它们的基本情况如下表。②

民国时期商法颁布实施的基本情况

名称	公布时间	实施时间	章数	法条数
公司法	1929年12月30日	1931年7月1日	6	233
票据法	1929年10月30日	1929年10月30日	5	139
海商法	1929年12月30日	1931年1月1日	8	174
保险法	1929年12月30日	未施行	3	82

在南京国民政府时期的这一体系中，由《中华民国民法》和商事关系法、民商事判例与解释例四个部分共同构成。它们各有侧重，各司其职，相互配合，共同构筑"民商合一"体系。其中，《中华民国民法》含有民商法的原则、民法的制度与内容；商事关系法规定了商法作为民法特别的制度与内容，使"民商合一"名副其实；民商事的判例与解释例作为民商事法的补充，完善整个"民商合一"体系。在这一体系中，缺少哪个部分都不行，都会有损这个体系，使其名不副实。

---

① 谢振民：《中华民国立法史》（下册），第759—760页。
② 参见王立民等主编：《中国法制史》（第二版），科学出版社2016年版，第234页。

3. 首次以正式民法典的名义在司法上适用其规定

在《中华民国民法》以前,《大清民律草案》和《民国民律草案》都没有在清末、北京政府时期,以正式民法典的名义加以实施。《中华民国民法》则不然。它在颁行后,各级法院都以其名义正儿八经地加以实施,并在司法文书中得到充分体现。这类司法文书既有初审的司法文书,也有上诉的司法文书。

在初审的司法文书中,有适用《中华民国民法》的规定。比如,1931年3月1日江苏吴县地方法院依照《中华民国民法》的规定,对一起租赁案件作出了初审判决。此案的原告夏镛坤继承了其父"坐落吴县直街福民桥塽水灶一座,内附设茶馆"。1918年时,原告悔"该水灶及一切生财器具续租"给被告诸长庆,"租期订为十年(自民国七年十一月初一起算)"。可逾期后,被告仍以种种借口,不予以返还。为此,原告起诉至江苏吴县地方法院。此法院经审理后认为:"查租赁定有期限者,其租赁关系于期限届满时消灭,承租人与租赁关系终止后,应返还租赁物,此在民事法第四百五十条第一项及第四百五十五条前半段已有明文规定。"①《中华民国民法》第450条第1项的规定是:"租赁定有期限者,其租赁关系于期限届满时消灭。"②第455条前半段的规定是:"承租人于租赁关系终止后,应返还租赁物。"③根据这两条的规定,该法院作出一审判决,即"被告应将租赁原告所有水灶茶馆之生财器具交与原告"。④

在上诉审的司法文书中,也有适用《中华民国民法》的规定。

---

① 谢森等:《民刑事裁判大全》,第38—39页。
② 《六法全书》,第61页。
③ 同上书,第62页。
④ 谢森等:《民刑事裁判大全》,第39页。

比如，1931年9月8日江苏高等法院依照《中华民国民法》，对一起赔偿生活费的案件作出二审判决。此案上诉人施少康不服上海地方法院于1931年2月9日的判决，上诉至江苏高等法院。被上诉人是刘蕴玉。上诉人与被上诉人没有正式结婚，"不生婚姻关系"。可是，被上诉人却要上诉人偿付4年的开房金、饭食、衣服费用等共计864元。上海地方法院支持被上诉人的诉求，故上诉人不服上海地方法院的判决，上诉至江苏高等法院。该法院审理后认为："查民法第九百七十七条只依第九百七十六条之规定，婚约解除时无过失之一方，得向有过失之他方请求赔偿其因此所害之损害"，"乃第一审误认为两造原有婚姻关系，判令上诉人应赔偿被上诉人生活费八百六十四元"，"均属于法无据"。因此，作出判决，上海地方法院的判决"废弃"，"被上诉人之诉驳斥"，"诉讼费用由被上诉人负担。"① 在江苏高等法院的此判决书中，全文引用了《中华民国民法》第977条的主文，② 作出了自己的判决。

在这里还要提及的是，《中华民国民法》的适用范围很广，包括了中国的租界。自1930年后，中国租界陆续设立了中国法院并适用中国法律。1930年2月17日签署的《关于上海公共租界内中国法院之协定》规定："中国政府依照关于司法制度之中国法律、章程及本协定之规定，在上海公共租界内设置地方法院及高等法院各一所，所有中国现行有效及将来依法制定公布之法律、章程，无论其为实体法或程序法，一律适用于各法院。"③ 1931年7月28日签署的《关于上海法租界内设置中国法院之协定》中，也有类似于上海

---

① 谢森等：《民刑事裁判大全》，第178—179页。
② 《六法全书》，第116页。
③ 王铁崖：《中外旧约章汇编》（第3册），上海财经大学出版社2019年版，第717页。

公共租界的规定。①《中华民国民法》颁行后，中国租界内的法院都依其适用民事案件。这里以上海第一特区（上海公共租界）地方法院受理的一起涉外离婚案为例。原告俄国人阿拉阿维托瓦于1940年起诉被告俄国人米海衣洛阿维托夫，要求离婚。江苏上海第一特区地方法院受理了此案。法院查明，原、被告于1922年在赤塔结婚，1925年来到中国哈尔滨，1930年转至上海公共租界。被告于1930年"不辞而别""且无音信"。原告在10年后，起诉被告，要求离婚。法院根据《中华民国民法》第1052条的规定，即"生死不明已逾三年者"，"得向法院请求离婚"，判决"原告准与被告离婚"。②这起涉外婚姻的判决依据就是《中华民国民法》的规定。

在以上的司法文书中，都载明依照《中华民国民法》的规定，还明指具体法条，这在中国百年民法典编纂历程中，还属首次，史无前例。

（三）《中华民国民法》在中国百年民法典编纂历程乃至中国近代法制建设中有其意义

《中华民国民法》的纂成，在中国民法典编纂历程乃至中国近代法制建设中，具有其意义，主要表现在以下三个方面。

1.《中华民国民法》的编纂是中国百年民法典编纂历程中的一个重要节点

《中华民国民法》是中国百年民法典编纂历程中的第一部正式

---

① 王铁崖：《中外旧约章汇编》（第3册），第788页。
② 上海档案馆藏：案卷号Q180-1-44。

民法典，是一个重要节点。它是中国近代民法典编纂历程中的收官之作，对自《大清民律草案》以来，中国近代民法典的编纂作了总结，使中国近代民法典编纂的理念、技术乃至民法的原则、制度、内容都有了个较为完美的体现，史无前例的呈现。同时，也实现了中国民法典编纂质的跨越，标志着中国近代的民事立法达到了新的高度，补齐了民事立法的短板。从此，中国的民法典编纂走向一个新的阶段，即从民法典草案阶段走向正式民法典阶段。这为中国往后再编纂民法典铺就了一条新的道路。

《中华民国民法》的纂成结束了中国近代史上缺少正式民法典的历史。这是一个从无到有的突破。民法典在中国法制近代化中十分重要。它系统、全面地规定了公民的财产与人身的基本权利，为其他法律所不可比拟。有了民法典，就可以将民法原则、制度和内容，按照体系化、统一化的民法规范，来规制自然人、法人的民事行为，建立一种有序的民事秩序，支撑建立近代的国家秩序。当然，除了民法典，还有一些关系法、判例与解释例，但是民法典始终是其中的核心部分，是一般法与特殊法关系中的一般法，其重要性不言而喻。《中华民国民法》的编纂使中国近代的民事立法上了新台阶，开启了一个新的民法时代。这不能不说是中国百年民法典编纂历程中的一个重要节点了。

2.《中华民国民法》的编纂促进了中国近代的"六法"体系建设

中国近代的法律体系即是"六法"体系，其中包括了宪法、行政法、民法、刑法、民事诉讼法和刑事诉讼法。除行政法没有专门的法典外，都由法典、关系法、判例与解释例组合而成。法典是其中的核心，关系法、判例与解释例都是法典的延伸、补充。在《中华民国民法》纂成以前,行政法、刑法、刑事诉讼法都有单行法规或法典颁行。南京国民政府的行政法以单行法规形式颁行,其中有:《省政府组织法》(1927年)、《交通部组织法》(1927年)、《国籍法》(1929年)、《考试法》(1929年)等。刑法是1928年颁行的《中华民国刑法》。[①]刑事诉讼法是1928年施行的《中华民国刑事诉讼法》。[②]《中华民国民法》纂成以后,再加上1931年施行的宪法性文件《中华民国训政时期约法》和1932年施行的《中华民国民事诉讼法》,中国近代"六法"体系正式建成。

这一"六法"体系的建成意味着中国实现了法律形式上的近代化。它模仿了大陆法系国家的法律体系,构建了以法典为中心,集关系法、判例、解释例于一体的中国近代自己的法律体系。这是中国近代法制建设取得的一大成绩。鸦片战争以后,中国租界首先出现近代法制,但这只是一种城市中的区域法制,不是全国性的法制。[③]清末法制改革以后,中国才在全国范围内开始推进近代法制建设,历经30余年,终于在20世纪30年代建成了这一体系。在这一体系中不能没有《中华民国民法》,否则这一体系就残缺不全了。

中国近代建成"六法"体系以后,彻底摆脱中国古代的法律体系,使其进入近代时代,实现了法律体系的革命,完成了从古代到近代的转型。从这种意义上讲,《中华民国民法》的促进作用十分显著,是一种促进中国近代"六法"体系不可替代的推动力量。

[①] 参见朱勇主编:《中国法制史》(第二版),第265—269页。
[②] 参见王立民等主编:《中国法制史》(第二版),第238—239页。
[③] 王立民:《上海:中国现代区域法制建设领先之地》,载《东方法学》2017年第6期。

3.《中华民国民法》的编纂使中国真正成为大陆法系国家的成员

民法典产生于世界近代,也是大陆法系的标志性法典。大陆法系又称"罗马-日耳曼法系""民法法系"。① 受罗马法、日耳曼法的影响,法国在大革命时期,开始建立自己的近代法律体系,民法典是其中的重要组成部分。"可以说,法国民法典是法国大革命的成果。"② 拿破仑主持了民法典的编纂,"他委派三名大法学家着手编纂。四个月后,一部之后被称为《拿破仑法典》的民法典草案出炉。该法典被提交参议院审议。一年半后,法典经参议院投票通过"。③ 民法典又引领了其他法典的编纂。"随后几年中陆续完成——刑法、商法、民事诉讼法和刑事诉讼法。"④ 法国近代法被世界上许多国家所吸收,最终形成大陆法系。这个法系是世界近代的主要法系之一,影响很大。大陆法系中的民法典特别重要,因为"民法典给那种将法作为市民生活规范或社会关系楷模来理解的市民的法观念提供了坚实的基础"。⑤《法国民法典》和以后编纂的《德国民法典》《瑞士民法典》等都是大陆法系的代表性法典。在近代大陆法系国家里,没有一个国家不编纂自己国家的民法典。

中国在清末法制改革以后,开始走上大陆法系的道路,逐渐成为大陆法系国家的成员。编纂民法典是一个至关重要的因素。经过《大清民律草案》和《民国民律草案》之后,终于在南京国民政

---

① 何勤华等:《法律移植论》,北京大学出版社2008年版,第29页。
② 〔美〕约翰·H.威格摩尔:《世界法系概览》(下),何勤华等译,第875页。
③ 〔德〕埃米尔·路德维希:《拿破仑传》,梁锡江等译,译林出版社2016年版,第121页。
④ 〔美〕约翰·H.威格摩尔:《世界法系概览》(下),何勤华等译,第876页。
⑤ 〔日〕早川武夫等:《外国法》,张光博等译,吉林人民出版社1984年版,第248页。

府时期纂成《中华民国民法》。中国也因此而建成了"六法"体系，真正成为大陆法系国家的成员。没有《中华民国民法》，中国不可能真正成为这一法系的成员。至此，中国成为大陆法系国家的尘埃落定，最终决定了自己在近代法系中的站队，即没有站到英美法系这一边。这一站队是正确的。事实也证明，近代中国编纂《中华民国民法》与选择大陆法系都是一种比较理智的选择。

四、《中华人民共和国民法典》是中国百年民法典编纂历程中的一座重要里程碑

《中华人民共和国民法典》是中国当代唯一的一部正式民法典，是新中国民法典编纂中的结晶，也是中国百年民法典编纂历程中的一座重要里程碑。

（一）新中国成立后民法典编纂的步伐没有停止

新中国成立以后，民法典编纂的步伐没有停止，一直在向前推进，这主要历经了四次编纂过程。只是因为各种原因，编纂的历程不是一帆风顺。

1. 第一、二次编纂《中华人民共和国民法典》均未取得实际成果

第一次启动编纂《中华人民共和国民法典》是在 1954 年。1949 年 10 月新中国成立，百废待兴，法制建设也在其中。南京国

民政府的《六法全书》随着这一政府的垮台而被废除,新中国需要建立自己的法制,取而代之。于是,新中国迈开了建设自己法制的步伐,除了颁行一系列有关土地改革、镇压反革命等的规定外,还开展了其他方面的立法。1950年5月1日《中华人民共和国婚姻法》颁行。① 这是新中国建立初期的一部重要的民事法律。接着,1954年9月20日,新中国的第一部宪法《中华人民共和国宪法》通过。② 随着新中国法制建设的向前推进,民法典被摆上了议事日程。

1954年冬,第一届全国人大常委会组建了专门的班子,着手起草《中华人民共和国民法典》。1956年9月在中国共产党第八次全国代表大会上,提出了扩大人民民主、完善社会主义法制的方针,并要求制定新中国自己的刑法、民法、诉讼法、劳动法、土地使用法等一系列法律的目标。依据"八大"提出的这一目标,在1956年底,草拟了《中华人民共和国民法典》的总则、所有权、债、继承4编,共500余条。此后,这部民法典草稿又几易其稿。其中,总则编有4稿,所有权篇有8稿,继承法有8稿,再加上对各部分草稿的修订,至少达70余稿。可是,由于那时的政治环境一波三折,经济制度也剧烈变动,给这部民法典草稿的拟订带来了极大的困难,以致不得不搁置。③

第二次启动编纂《中华人民共和国民法典》是在1962年。经过对反右派运动与"大跃进"的反思后,1960年冬中共中央实行"调

---

① 参见韩延龙主编:《中华人民共和国法制通史》(上),中共中央党校出版社1998年版,第129页。

② 参见同上书,第194页。

③ 参见赵晓耕主编:《新中国民法典起草历程回顾》,法律出版社2011年版,第93—95页。

整、巩固、充实、提高"的经济方针,1962年又在全国范围内开展了国民经济与各项工作的调整。此时的中央领导也感觉到法制的作用。毛泽东就认为:"不仅刑法需要,民法也需要,现在是无法无天,没有法制不行,刑法、民法一定要搞。不仅要制定法律,还要编案例。"① 于是,全国人大常委会的工作机构在1962年9月重新成立民法研究小组,恢复《中华人民共和国民法典》的起草工作。1964年7月完成《中华人民共和国民法典(试拟稿)》,分为总则、财产的所有、财产的流转3编,24章,共262条。可是,不久"四清"运动全面展开,接着又是"文化大革命",第二次启动《中华人民共和国民法典》编纂工作再次中断。②

2. 第三、四次编纂《中华人民共和国民法典》是以编纂民事单行法律形式进行

改革开放以后,中国社会主义建设事业的发展进入快车道,建设中国特色社会主义法治的迫切性与重要性日益显现,编纂《中华人民共和国民法典》再次提到议事日程。1979年11月第三次启动这一民法典的编纂,全国人大法制委员会还组建了专门的民法起草小组。③ 然而,由于当时刚进入改革开放时期,要制定一部完整的《中华人民共和国民法典》条件尚不具备。于是,"当时领导全国人大法制委员会立法工作的彭真、习仲勋等同志深入研究后,在80年代初决定按照'成熟一个通过一个'的工作思路,确定先制

---

① 周振想等主编:《新中国法制建设40年要览》,群众出版社1990年版,第99页。
② 参见何勤华等主编:《中华人民共和国民法典史》,复旦大学出版社1999年版,第172—173页。
③ 参见张玉敏主编:《新中国民法典起草五十年回顾与展望》,法律出版社2010年版,第74页。

定民事单行法律"。① 在这一工作思路的指导下，一些有关《中华人民共和国民法典》的民事单行法律被编纂、颁行。其中有：婚姻法（1980年）、继承法（1985年）、民事通则（1986年）、担保法（1995年）、收养法（1991年）、合同法（1999年）等。这些民事单行法律经过调整，最终都被编入《中华人民共和国民法典》。

2001年第四次启动《中华人民共和国民法典》的编纂工作。那年，九届全国人大常委会组织起草了《中华人民共和国民法（草案）》，还于2002年12月进行了一次审议。② 可是，听取了各方的意见并经过讨论与研究，觉得要马上编纂一部内容完整的民法典，时机还是不够成熟。最终"确定先制定继续采取分别制定单行法的办法推进我国民事法律制度建设"。③ 自2003年十届全国人大以后，又有一些有关《中华人民共和国民法典》的民事单行法律被编纂、颁行。其中有：物权法（2007年）、侵权责任法（2009年）、涉外民事关系法律适用法（2010年）等。这些民事单行法律经调整后，也被编入《中华人民共和国民法典》。

新中国第三、四次启动《中华人民共和国民法典》编纂工作产出了实际成果，富有成效，为总成这一民法典奠定了坚实的基础。也就在这第三、四次编纂时期，中国的民法理论有了长足的进步，产出了许多高质量的研究成果；民法教学广泛、深入开展，培养了一大批民法学者与民法实践者；全社会的民法普及水平有了很大提升，民事法治观念得到前所未有增强。同时，中国也"逐步形成了

---

① 王晨：《关于〈中华人民共和国民法典（草案）〉的说明》，载《解放日报》2020年5月23日。

② 参见成涛等：《新中国民商事法60年》，上海社会科学院出版社2009年版，第38—39页。

③ 王晨：《关于〈中华人民共和国民法典（草案）〉的说明》。

比较完备的民事法律规范体系,民事司法实践积累了丰富经验,民事法律服务取得显著进步"。① 中国快步走向并接近纂成《中华人民共和国民法典》的目标。

3.《中华人民共和国民法典》终于纂成并经十三届全国人大三次会议审议通过

党的十八大以后,党和国家都把全面依法治国放在突出位置,推出一系列相关措施,使中国特色社会主义法治体现在社会生活的方方面面,着实"推动党和国家事业发生历史性变革、取得历史性成就,中国特色社会主义已经进入新时代"。② 新中国需要更为充分地调动各类民事主体的积极性与创造性,保护交易安全,维护市场秩序,用法律来营造良好的市场环境,推动中国经济的高质量发展。这些都需有民法,特别是民法典的支撑。新中国呼唤《中华人民共和国民法典》早日诞生。

盼望已久的时刻终于来临。在2020年5月28日召开的十三届全国人大三次会议上,高票通过《中华人民共和国民法典》。③ 它有总则、物权、合同、人格权、婚姻家庭、继承、侵权责任7编,84章,1260条。从此,新中国有了自己的正式民法典,告别了中国当代没有正式民法典的时代。这不仅是新中国法治建设史上的一件大事,也是中国百年民法典编纂历程中的一件幸事。不仅如此,它在

---

① 王晨:《关于〈中华人民共和国民法典(草案)〉的说明》。

② 同上。

③ 在2020年5月28日举行的十三届全国人大三次会议上,共有2886名代表出席,投票《中华人民共和国民法典》的情况是:"2879票赞成、2票反对、5票弃权。"罗沙等:《新时代的人民法典——〈中华人民共和国民法典〉诞生记》,载《解放日报》2020年5月29日。

中国特色社会主义法律体系中还具有重要地位，是一部固根本、稳预期、利长远的基础性法律，对推进全面依法治国、加快建设社会主义法治国家，对发展社会主义市场经济、巩固社会主义基本经济制度，对坚持以人民为中心的发展思想、依法维护人民权益、推动我国人权事业发展，对推进国家治理体系和治理能力现代化，都具有重要意义。①

(二)《中华人民共和国民法典》具有诸多超越之处

在中国百年民法典编纂历程中，与以往的民法典草案、民法典相比较，《中华人民共和国民法典》具有诸多方面的超越之处。

1. 在体系方面具有超越之处

《中华人民共和国民法典》的七编中，人格权和侵权责任两编为中国以往的民法草案、民法典所不具备。这是《中华人民共和国民法典》体系上的一大突破，也是其超越前人的一种表现。新增两编以后，有明显好处。首先，可以突出这两编的地位。在中国以往民法草案、民法典中，虽有关于人格权与侵权责任的内容，但都不独立成编，而是规定在其他编目中，即淹没在了其他编目中，显示不出它们的重要地位。《中华人民共和国民法典》则把它们独立成编，与分则中的其他四编一样，处于醒目位置，其地位得到提升。其次，可以扩充这两编的内容。独立成编以后，人格权与侵权责任的相关内容可以得到扩充，不受编目的限制。如果列入其他编中，就

---

① 习近平：《充分认识颁布实施民法典重大意义 依法更好保障人民合法权益》，载《求是》2020年第12期。

会受其他编中内容的制约与平衡,扩充空间往往会受到挤压。现在它们都独立成编,相关内容就容易扩充,更为完善。就中国的实际情况而论,这两编的内容也确实十分重要,独立成编的效果更佳。人格权与侵权责任独立成编在世界上都是首创。正如一位民法专家所言:"我国民法典突破了传统大陆法系的安排,增设了人格权编和侵权责任编,这是我国民法典体系的重大创新。人格权独立成编是我国民法典最重要的创新之一和最大亮点,也是我国民法典对世界民事立法作出的重要贡献。"[①]这种创新、亮点、重要贡献实际上就是一种超越的外化表现形式。

2. 在基本原则方面具有超越之处

在民法典的原则方面,《中华人民共和国民法典》也有超越之处,其中最为突出的是把"以人民为中心"作为基本原则。[②]这正如一位人大代表所说,民法典编纂全程都把"'以人民为中心'奉为基本原则,以保护民事权利为出发点和落脚点,充分反映人民日益增长的美好生活的需要,将现行民法的滞后规定加以完善和体系化整合,健全和充实民事权利种类,形成更加完备的民事权利体系,完善权利保护和救济规则,对于更好地维护人民权益,不断增加人民群众获得感、幸福感和安全感,促进人的全面发展,具有十分重要的意义"。[③]

《中华人民共和国民法典》的各编中都有大量体现"以人民为中

[①] 陆宇峰:《走近民法典:最大化地谋求人民利益》,载《社会科学报》2020年6月25日。

[②] 王晨:《关于〈中华人民共和国民法典(草案)〉的说明》,载《解放日报》2020年5月23日。

[③] 马一德:《以民法典实施强化全民法治信仰》,载《法制日报》2020年6月9日。

心"原则的内容。在总则编中,对包括各种人身权利、财产权利的民事权利制度作了规定;在物权编中,对有关所有权、用益物权、担保物权、占有等各项权利都作了规定;在合同编中,对债权转让、债务转移、保护房屋承租人利益等作了规定;在人格权编中,对生命权、身体权、健康权、姓名权、名称权、肖像权、名誉权、荣誉权、隐私权、个人信息保护等作了规定;在婚姻家庭编中,对结婚、离婚、收养等作了规定;在继承编中,对法定继承、遗嘱继承、遗赠等作了规定;在侵权责任编中,对精神赔偿在内的损害赔偿、监护、具体的侵权责任等作了规定。① 可以说是面面俱到,使这部民法典真正成为"以人民为中心"之法。这与以往西方国家的民法典不同。因为,"西方(民事)立法的原则往往是以物为本",②而中国以往的民法典草案与民法典都以西方民法典为蓝本,也以"以物为本"为基本原则。《中华人民共和国民法典》则不同,是"以人民为中心"为基本原则。这就是一种创新,也是一种超越,超越了中国以往的民法典草案、民法典的基本原则。

3. 在制度方面具有超越之处

《中华人民共和国民法典》在制度方面,也有超越之处,监护制度就是其中之一。这部民法典在总则编中设专节,专门规定监护制度,内容涉及监护人义务与职责、监护种类、履行监护职责应遵循的原则、监护人资格的撤销与重新指定、监护人资格的恢复、监护关系的终止等与监护制度相关的各个方面。特别是其中对被监护人住所地的居民委员会、村民委员会、民政部门的监护职责作了规

---

① 参见《中华人民共和国民法典》(实用版),中国法制出版社2020年版,第2—17页。
② 陈晶莹:《以人为本贯穿全法》,载《上海法治报》2020年5月25日。

定,在发生紧急情况时这些机构都要负起监护职责。《中华人民共和国民法典》第34条规定:"因发生突发事件等紧急情况,监护人暂时无法履行监护职责,被监护人的生活处于无人照料状态的,被监护人住所地的居民委员会、村民委员会或者民政部门应当为被监护人安排必要的临时生活照料措施。"① 这一规定完善了民法典中的监护制度,起到了有效的"保险"作用,彻底解决了被监护人在特殊情况下可能失去监护的问题。在中国以往的民法典草案、民法典中,没有类似的规定,《中华人民共和国民法典》的监护制度超越了以往的水准。从中亦可窥知,《中华人民共和国民法典》在制度方面也有超越前人的地方。

4. 在具体内容方面具有超越之处

《中华人民共和国民法典》在具体内容方面,也有许多超越之处,关于个人信息保护的规定就是如此。随着计算机技术的广泛运用,个人信息的使用越来越普遍,在日常生活、工作等各领域不可避免地会接触到大量的个人信息。为了个人的信息安全免受侵犯,《中华人民共和国民法典》专门对个人信息的安排作了规定,其中涉及多个法条,主要分布在总则与人格权两编里。第111条规定了个人信息权,② 第1034条规定了个人信息的保护,第1035条规定了个人信息处理的限制,第1037条规定了个人信息的决定权,第1038条规定了个人信息的安全,第1039条规定了国家机关及其工作人员对个人信息保密的义务,等等。③ 可以说,对个人信息安全的各个领域都作了较为完备的规定。而且,规定的相关内容

---

① 《中华人民共和国民法典》(实用版),第30页。
② 同上书,第82页。
③ 同上书,第566—568页。

十分明确与周全。比如，对个人信息处理的限制。首先，规定了处理个人信息的原则，即"应当遵循合法、正当、必要原则，不得过度处理"。其次，规定了个人信息处理必须符合的四个条件。它们是："征得该自然人或者其监护人同意，但是法律、行政法规另有规定的除外""公开处理信息的规则""明示处理信息的目的、方式和范围""不违反法律、行政法规的规定和双方的约定"。最后，还规定了个人信息处理的范围，即"个人信息的收集、存储、使用、加工、传输、提供、公开等"。①《中华人民共和国民法典》对个人信息安全规定的这些内容为中国以前的民法典草案、民法典所没有，明显超越了它们规定的内容。

经过与中国以往编纂的民法典草案与正式民法典的比较以后可以发现，《中华人民共和国民法典》在法典的体系、原则、制度与内容诸多方面都有超越之处。这些超越之处烘托出它的辉煌，不愧为"我国法制建设道路上的一座里程碑""21世纪民法典的代表作"。②

（三）《中华人民共和国民法典》的特点

除了在诸多方面超越中国以往的民法典草案、民法典以外，《中华人民共和国民法典》与外国的一些民法典相比较，还有一些特点。

1. 当代性

《中华人民共和国民法典》的当代性是指重视直面、回应当代的民事问题。这一当代性也是一种时代性。民法典本身是一部社会

---

① 《中华人民共和国民法典》（实用版），第566页。
② 沈栖：《21世纪民法典的代表之作》，载《上海法治报》2020年5月25日。

生活的百科全书,要反映民事主体在社会交往中应遵循的基本、重要的规则,回应他们的各种民事需求,解决民事问题,释放社会活力,促进人与社会的共同发展。《中华人民共和国民法典》特别重视正视、解决中国当代产生的一些民事问题,并在法典中作了回应。这使这部民法典特别具有了当代性。比如,中国曾出现过一些因救人却反而被告的情况,"扶不扶""救不救"一度困扰了公众。《中华人民共和国民法典》作了回应,不仅规定侵权人与受益人的各自责任,还专门规定了见义勇为者可以不承担民事责任的内容。[1]此法典的第183条特别规定了见义勇为的侵权责任和补偿责任。"因保护他人民事权益使自己受到损害的,由侵权人承担民事责任,受益人可以给予适当补偿。没有侵权人、侵权人逃逸或者无力承担民事责任,受害人请求补偿的,受益人应当给予适当补偿。"[2]这一规定有利于杜绝"英雄流血又流泪"现象。又比如,中国长期存在民间的高利贷状况,而且还屡禁不止。[3]为了加大对这一状况的规制力度,制止这一状况,《中华人民共和国民法典》特别对高利贷作了规定。它的第680条规定:"禁止高利放贷,借款的利率不得违反国家有关规定。"[4]

另外,还有许多规定也是如此。有关破解高空抛物难题;维护小区业主合法权益;性骚扰认定标准和单位制止性骚扰的义务;扩大精神损害赔偿的范围;环境污染和生态破坏的惩罚性赔偿等规定都在其中。[5]这些内容都着眼于解决中国当代的一些突出问题,在一些外国

---

[1] 叶佳琦:《关注生老病死,让人更有尊严》,载《劳动报》2020年5月25日。
[2] 《中华人民共和国民法典》(实用版),第153页。
[3] 里赞:《民法典不仅要为人所知更要被人理解》,载《法制日报》2020年6月9日。
[4] 《中华人民共和国民法典》(实用版),第444页。
[5] 罗沙等:《新时代的人民法典——〈中华人民共和国民法典〉诞生记》,载《解放日报》2020年5月29日。

的民法典中没有规定,是《中华人民共和国民法典》的一个特点,明显具有当代性,被称为是"具有其他法典不具备的时代特征"。[1]

2. 整合性

《中华人民共和国民法典》的整合性是指在一些生效的单行民事法律基础上,通过整合的方式,调整相关内容,融合为一部系统、完整的民法典。在《中华人民共和国民法典》纂成以前,中国已有九部相关的单行民事法律在施行,婚姻法、继承法、民法通则、担保法、收养法、合同法、物权法、侵权责任法、涉外民事关系法律适用法等都在其中。《中华人民共和国民法典》在编纂过程中,把这些正在施行的单行民事法律,按照民法典的要求,依照一定的体系,整合起来,使其成为一部体系科学、结构严谨、规范合理、内容完整并协调一致的法典。[2]当然,《中华人民共和国民法典》生效以后,这九部单行民事法律也就同时被废止,不再施行了。这种整合很有意义,如同一位民法专家所言:"使我国民事法律从分散零碎走向完善统一,有效减少了规则间的冲突和不协调,为民事主体权利的保护和义务的履行提供了全面的规则资源。"[3]

《中华人民共和国民法典》的整合不是一种凑合,而是一种科学的调整。在这个调整过程中,需有正确的思想为指导,专业的理论为基础,精湛的立法技术为方法,群策群力,齐心协力。事实证明,《中华人民共和国民法典》在编纂中,确实调整了原来单行民事法律中的有些内容,使之更为合理与科学。比如,它把原来民法

---

[1] 里赞:《民法典不仅要为人所知更要被人理解》。

[2] 王晨:《关于〈中华人民共和国民法典(草案)〉的说明》,载《解放日报》2020年5月23日。

[3] 段丹洁等:《推进民法典有效施行》,载《中国社会科学报》2020年6月10日。

通则中关于10岁以上的未成年人确定为限制民事行为能力人的规定,调整为8岁以上。《中华人民共和国民法典》第19条规定:"八周岁以上的未成年人为限制民事行为能力人。"① 这样调整的原因在于:随着中国经济社会的发展和教育水平的提高,未成年人的生理心理成熟程度和认知能力有了提高,适用降低限制民事行为能力人的年龄下限,有助于他们从事民事活动。这是对未成年人自主意识的尊重。还有,关于未成年人遭受性侵害赔偿诉讼时效的起算(第191条)、业主共有部分产生收入的归属(第282条)等一些规定的改变也都有利于这种调整。②

与一些外国的民法典相比较,其就没有这种整合性。在颁布以前,它们没有像中国那样已有那么多施行的单行民事法律,也没有在编纂时所经历的一种整合过程,《中华人民共和国民法典》的整合性也是一个特点。

3. 创新性

除了当代性、整合性以外,《中华人民共和国民法典》的创新性也十分突出。这是指《中华人民共和国民法典》所具有的创新之处,而为一些外国民法典所不具备。《中华人民共和国民法典》的创新性体现在多个方面。在体系上设有独立的人格权编,在原则上强调"以人民为中心",在制度上有特别法人制度,在具体内容上破解高空抛物坠物问题等,特别是在立法精神上引入了社会主义核心价值观。这里以社会主义核心价值观入法为例,加以论述。

社会主义核心价值观是当代中国根本利益体现,也是中华民族

---

① 《中华人民共和国民法典》(实用版),第17页。
② 王利明:《如何理解民法典中的总则、物权、合同等重大疑难问题》,载《人民法院报》2020年6月11日。

当代的核心价值观,应该在社会的各领域都有反映,包括民法典。《中华人民共和国民法典》以其为指导,落实在法典的方方面面,正如一位全国人大代表所言:"民法典实现了把社会主义核心价值观转化为法理,转化为权利、义务、行为、责任等法律概念,转化为法言法语形成调整民事主体之间的人身关系、财产关系的法律制度。"① 事实也是如此。在《中华人民共和国民法典》的各编中,都能体现出社会主义核心价值观。比如,在总则编中,第1条就从立法目的出发,直接规定:"弘扬社会主义核心价值观。"② 又如,在物权编中,第207条从平等观出发,规定:"国家、集体、私人的物权和其他权利人的物权受法律平等保护。"③ 在合同编中,从诚信观出发,规定:"当事人应当遵循诚信原则"④ 等。总之,社会主义核心价值观在《中华人民共和国民法典》中,处处都能凸显它的存在。这在一些外国的民法典中,都不存在。"区别于西方民法典的价值理念,我国民法典清晰地将社会主义核心价值观注入到我国民事法律制度的价值内核之中。"⑤ 此话是真。可见,创新性同样是《中华人民共和国民法典》的一个特点。

《中华人民共和国民法典》的当代性、整合性与创新性结合起来,集中显现了它的三大特点。这部民法典可以称得上是"一部具有鲜明中国特色的民法典"。⑥

---

① 韩永进:《民法典是社会主义核心价值观入法的生动实践》,载《法制日报》2020年6月16日。
② 《中华人民共和国民法典》(实用版),第1页。
③ 同上书,第165页。
④ 同上书,第341页。
⑤ 罗沙等:《新时代的人民法典——〈中华人民共和国民法典〉诞生记》,载《解放日报》2020年5月29日。
⑥ 同上。

五、从中国百年民法典编纂历程中得到的启示

从中国百年民法典编纂历程中，可以得到不少启示，较为重要的是以下三个。

（一）中国百年民法典编纂历程中蕴含了多代国人的不懈努力

在中国百年民法典编纂历程中，蕴含了多代人的不懈努力。其中，既有官员（领导人）、学者，也有广大民众。民法典草案与正式民法典的编纂成果正是他们共同努力的结果。

1.《大清民律草案》与《民国民律草案》的编纂蕴含了不少国人的努力

《大清民律草案》与《民国民律草案》两部民法典草案的编纂蕴含了不少国人的努力，其中包含了官员、学者与广大民众。

《大清民律草案》与《民国民律草案》的编纂蕴含了官员的努力。当清末法制改革的大幕拉开以后，就有清末的官员要求把编纂民法典归入修订法律馆的工作范围之中。宪政编查馆大臣奕劻就在《奏议复修订法律办法折》中，不仅要求"请特开修订法律馆"；特别强调要编纂民法典在内的一些法典，"查编纂法典，与订立单行法不同，法典之大者，如民法、商法、刑法、民事诉讼法、刑事诉讼法诸种"，还主张要"遴选国中法律专家，相与讨论，研究其范

围"。① 除此以外，沈家本、俞廉三、刘若曾等官员也为编纂《大清民律草案》作出过努力。② 到了北京政府时期，同样有官员参加《民国民律草案》的编纂，直接编纂的官员就有：大理院院长余棨昌编纂总则，修订法律馆副总裁应时与总纂梁敬镦编纂债编，等等。③ 总之，在《大清民律草案》与《民国民律草案》的编纂过程中，就有清末法制改革、北京政府时期的官员参与，为此而做出过努力。

《大清民律草案》与《民国民律草案》的编纂蕴含了学者的努力。在《大清民律草案》的编纂过程中，章宗元、朱献文与高种、陈箓都是负责起草的人员，也都曾是学者。其中，章宗元曾留学美国加利福尼亚大学，后任唐山工业学校校长等职；朱献文毕业于日本帝国大学法科，后任国务院法制局参事等职；高种毕业于日本中央大学，获法学士学位，后任北洋法政专门学堂教员等职；陈箓先入自强学堂，毕业后留校任教，后又留学法国，获巴黎大学法学学士学位。④ 他们都有高等教育的学历与留学外国的背景，后来又从事过一些与学者相关的工作，是一个学者群体，被认为是参与编纂《大清民律草案》的"法律家"。⑤ 在编纂《民国民律草案》的过程中，也有一些学者参与。除了应时、余棨昌以外，黄右昌、梁静镦也都曾是学者。黄右昌先留学日本，回国后曾任北京大学法律系教授；梁敬镦留学过英国，在伦敦大学获硕士学位，回国后在司法部

---

① 故宫博物院明清档案部：《清末筹备立宪档案史料》（下），中华书局1979年版，第849—851页。
② 参见眭鸿明：《清末民初民商事习惯调查之研究》，法律出版社2005年版，第23—25页。
③ 参见谢振民：《中华民国立法史》（下册），中国政法大学出版社2000年版，第747页。
④ 参见张生：《中国近代民法法典化研究》，第304—306页。
⑤ 同上书，第304页。

任参事，还兼任北京大学、朝阳大学法律系的教授。[①] 他们都是北京政府时期学者群体中的成员，也被认为是参与编纂《民国民律草案》的"法律家"。[②]

《大清民律草案》与《民国民律草案》的编纂蕴含了民众的努力。这突出表现在清末民初的两次民商事调查中，调查成果为这两部民法典草案的编纂提供了一个方面的依据。有不少民众参与这一调查。调查的内容涉及民法典草案的总则、物权、债权、亲属与继承等各编的民事习惯，以及商事总问题、具体商事行为等商事习惯。[③] 调查的收获十分丰富，清末的调查报告书有近900册，民初的调查报告书也有70余册。[④] 其中，有不少民众参与，他们又往往是被调查的对象。这可以从所调查的内容来佐证。在调查内容中，涉及居民生活、居住方式、家庭教育、礼仪、宗教等一些内容。在需民众回答的问题中，有许多与民众息息相关。比如，"土著之人工于谋生计否，业农之外何业为多？""各乡村团系聚族而居者大多数，抑众姓杂居者占多数？""农工商等业，居民所最注重者何类？"等等。[⑤] 没有民众参与，民商事习惯调查根本无法进行。不少民众也参与了《大清民律草案》与《民国民律草案》的编纂。

清末法制改革时期编纂的《大清民律草案》和北京政府编纂的《民国民律草案》是在当时官员、学者、民众的共同参与下，才草拟成功，是他们协同合作的最终产物。

[①] 参见张生：《中国近代民法法典化研究》，第307—309页。
[②] 同上书，第307页。
[③] 参见眭鸿明：《清末民初民商事习惯调查之研究》，"序"第1页。
[④] 参见同上书，"前言"第2页。
[⑤] 参见同上书，第78—79页。

2.《中华民国民法》的编纂蕴含了不少国人的努力

《中华民国民法》的编纂同样蕴含了不少国人的努力，他们中主要包括了官员、学者与民众。

南京国民政府时期的官员为《中华民国民法》的编纂做出过努力。其中，中央政治会议委员胡汉民、林森等人都参与了编纂《中华民国民法》中一些重大问题的决策，发表了关键性意见。1928年胡汉民、林森提议拟具民法总则编的立法原则；1929年他们又提出民商合一的主张；同年，他们又提出了14条物权编的编纂原则；1930年他们又提出9条亲属编的编纂原则和9条继承编的编纂原则。他们的意见都在编纂过程中，被采纳、吸收，直接推动了《中华民国民法》的编纂工作。[①] 另外，蔡元培、孔祥熙、孙科、陈果夫、宋子文等中央政治会议委员也都参与了《中华民国民法》的议订。[②] 这一时期的官员为这一民法典的编纂做出了努力。

南京国民政府时期的学者也为《中华民国民法》的编纂做出过努力。这一时期参与《中华民国民法》编纂学者的数量比以往都要多，傅秉常、史尚宽、焦易堂、林彬、郑毓秀、王用宾等人都在其中。他们都曾经受过高等教育，有人还有留学的背景，从事过学者工作。傅秉常毕业于香港大学，然后在圣士提反男中学任教。焦易堂曾在法政专门学校、中国公学就学，毕业后曾与王用宾创办过首都女子法政讲习所。林彬毕业于北京大学法律系，后曾任政府法制局编审。郑毓秀曾留学法国，回国后曾任上海法政学院院长。王用宾早年留学日本法政大学，毕业回国后曾在太原创办《晋阳公

---

① 参见公丕祥：《中国的法制现代化》，中国政法大学出版社2004年版，第351—359页。

② 参见张生：《中国近代民法法典化研究》，第320页。

报》。① 他们都被称为"参与南京国民政府《中华民国民法》修订的法律家"。② 他们都直接参与了《中华民国民法》的编纂，是参与编纂这一法典学者群体的代表。

南京国民政府时期的不少民众同样为《中华民国民法》的编纂做出过努力。这也同样突出表现在民商事习惯的调查中。为了配合《中华民国民法》的编纂，那时也开展了全国范围的民商事习惯调查。立法院的"民法起草委员会为慎重起见，特先商同院统计处，制定调查表多种，发交各地征求习惯"。③ 据调查后的统计，共收集了19个省的民事习惯，按民法总则、物权、债权、亲属、继承的习惯分类，总计3432则。大量的民事习惯都在调查之列，"会""老佃""典""先买""铺底"等都是如此。④ 这些情况也只有民众最为熟悉，他们理所当然地成了被调查对象，参与了《中华民国民法》的编纂。

在南京国民政府时期的官员、学者、民众共同努力下，《中华民国民法》才得以编纂出笼。

3.《中华人民共和国民法典》的编纂蕴含了更多人的努力

新中国成立以后，《中华人民共和国民法典》的编纂就一直安排在国家工作的议事日程上，只是由于各种原因，未能编纂成功。十八大以后，《中华人民共和国民法典》的编纂驶入了快车道，编

---

① 参见张生：《中国近代民法法典化研究》，第314—320页。
② 同上书，第309页。
③ 杨幼炯：《近代中国立法史》，商务印书馆1936年版，第379页。
④ 郑定等：《民事习惯及其法律意义——以中国近代民商事习惯调查为中心》，载《南京大学法律评论》2005年春季号。

纂步伐明显加快。国家领导人、相关部门单位、专家学者、广大民众都共同努力，编纂工作更加有声有色。

在2014年10月召开的党的十八届四中全会上，习近平总书记作了《中共中央关于全面推进依法治国若干重大问题的决定》的报告，提出了"编纂民法典"的任务。全会通过了这一决定，编纂《中华人民共和国民法典》成为全党全国人民共同的任务，编纂工作进入了一个新的阶段。2016年6月、2018年8月、2019年12月，习近平总书记又三次主持中央政治局常委会会议，听取并原则同意全国人大常委会党组就《中华人民共和国民法典》编纂工作所作的请示汇报，还对这一编纂工作作了重要指示，为此部民法典的编纂工作提供了重要指导和基本遵循。可以认为："自始至终，民法典编纂工作都是在党中央的领导下进行"；而且，"不少立法中的关键问题和重大争议，都是党中央在科学研判的基础上拍板解决。"①

依据党中央的工作部署，由全国人大常委会法制工作委员会牵头，最高人民法院、最高人民检察院、司法部、中国社会科学院、中国法学会共同作为参加单位，成立了《中华人民共和国民法典》工作协调小组和工作专班，齐心协力，积极参入这一法典的编纂工作。他们确定了分"两步走"的工作思路，即先编纂民法典总则编，后编纂分则编，最后合成完整的民法典；开展立法调研，广泛听取意见、建议；编纂成总则、分则编的草案后，印发地方人大、基层立法联系点、中央有关部门征求意见，还在中国人大网公布征求社会公众意见，等等。②他们都为《中华人民共和国民法典》的

---

① 罗沙等：《新时代的人民法典——〈中华人民共和国民法典〉诞生记》，载《解放日报》2020年5月29日。
② 王晨：《关于〈中华人民共和国民法典（草案）〉的说明》，载《解放日报》2020年5月23日。

编纂做了大量工作。

中国的法学专家学者特别是民法学界的专家学者,热情参与了编纂《中华人民共和国民法典》的工作。他们运用掌握民法理论知识的优势,从法理上对民法典的编纂进行探研,产出了许多有价值的研究成果。其中有:王利明的《全面深化改革中的民法典编纂》[①]《民法分则合同编立法研究》[②],梁慧星的《制定中国物权法的若干问题》[③]《物权法草案的若干问题》[④],杨立新的《民法分则继承编立法研究》[⑤]《〈民法总则〉民事责任规定之得失与调整》[⑥],等等。与此同时,中国的有些民法学专家学者还积极投入民法典的专家建议稿编纂工作,为编纂正式民法典提供范本。其中就有梁慧星负责的《中国民法典草案建议稿·总则编》、杨立新执笔的《中华人民共和国民法·总则建议稿》、中国法学会民法典编纂项目领导小组与中国民法学研究会共同撰写的《中华人民共和国民法典·民法总则专家建议稿》,等等。[⑦]他们都为《中华人民共和国民法典》的问世立下汗马功劳。

中国的广大民众也参与了《中华人民共和国民法典》的编纂工作。当时的一个编纂思想是"开门立法,求得社会共识'最大公约数'"。这就必须到广大民众中去,倾听他们的意见,以寻求经济发展和群众生活基本规范的广泛共识。这也决定了在编纂这

---

① 王利明:《全面深化改革中的民法典编纂》,载《中国法学》2015年第4期。
② 王利明:《民法分则合同编立法研究》,载《中国法学》2017年第2期。
③ 梁慧星:《制定中国物权法的若干问题》,载《法学研究》2000年第4期。
④ 梁慧星:《物权法草案的若干问题》,载《中国法学》2007年第1期。
⑤ 杨立新:《民法分则继承编立法研究》,载《中国法学》2017年第2期。
⑥ 杨立新:《〈民法总则〉民事责任规定之得失与调整》,载《比较法研究》2018年第5期。
⑦ 王立民:《中国民法典设置条标新论》,载《学术月刊》2017年第10期。

一民法典过程中,会有许多民众也参与进来,出谋划策。实际情况也是如此。全国人大常委会10次向社会公开征求意见,开展了一场广泛而热烈的"民法典大讨论"。①另外,还在网上公开征求意见,"共收到13718位网民提出的114574条意见"。②这些都是在面上听取民众意见,还有在点上听取民众意见的。2020年1月,上海市长宁区虹桥街道还召开了来自各行各业的居民各抒己见,"与立法机关面对面的交流","针对涉及老百姓切身利益的问题提出了许多意见和建议"。广大民众参与编纂的《中华人民共和国民法典》,一定会"更接地气、更具实效"。③中国的广大民众为此而做出了努力。

新中国成立的第70年,终于实现了"新中国几代人的夙愿",④《中华人民共和国民法典》的诞生了。这是中国领导人、相关部门单位的专家学者、广大民众共同努力的结果,这也验证了中国的一句名言"众人拾柴火焰高"。

在这百年中国民法典编纂历程中,蕴含了多代人的不懈努力,前赴后继,薪火相传,谱写了中国人自己的民法典编纂史,为世界民法典编纂史增添了浓墨重彩的一笔。

(二)在中国百年民法典的编纂历程中受到《德国民法典》的影响最大

在中国百年民法典编纂的历程中,虽然受到过多国民法典的影

---

① 罗沙等:《新时代的人民法典——〈中华人民共和国民法典〉诞生记》。
② 新华社:《中国民法制度将迎新时代》,载《上海法治报》2020年5月13日。
③ 罗沙等:《新时代的人民法典——〈中华人民共和国民法典〉诞生记》。
④ 彭诚信等:《〈民法典〉与中国法治的未来》,载《探索与争鸣》2020年第5期。

响，但受到《德国民法典》的影响最大。

1.《大清民律草案》与《民国民律草案》的编纂受到《德国民法典》的影响最大

在《大清民律草案》与《民国民律草案》编纂以前，世界上已制定过一些民法典。在《大清民律草案》编纂前，已有了《法国民法典》《日本民法典》和《德国民法典》，但最终确定的《大清民律草案》的体系、原则、制度、内容都大体模仿了《德国民法典》与《日本民法典》。这正如谢振民所说：《大清民律草案》"全案大体仿德日民法"。① 然而，《日本民法典》本身就是模仿《德国民法典》而来，是《德国民法典》的翻版，因此认为《大清民律草案》"完全是德国潘德克吞模式在中国的翻版"，② 一点都不过分。

清末法制改革时，清政府通过从翻译德国民法与民法学著作、驻外使节、派遣考察团到德国考察的路径，直接了解德国法包括《德国民法典》。③ 这是一种通过直接途径吸收《德国民法典》。同时，清政府还从日本民法中间接吸取《德国民法典》，其途径有：从日本聘请法学家到中国讲授民法和帮助编纂《大清民律草案》，从翻译日本民法和与民法有关法学著作中获取民法知识，派遣中国留学生到日本学习民法理论。但是，此时的日本民法已是德国化的民法。日本在明治维新以后的19世纪80年代末期，先走了模仿法国法的道路，但法国法不合日本国情，效果不理想。从19世纪90年代开始，日本又转向仿制德国法的道路，1898年编纂成功的《日本

---

① 谢振民：《中华民国立法史》（下册），第746—747页。
② 朱勇主编：《中国民法近代化研究》，第143页。
③ 王立民：《论清末德国法对中国近代法制形成的影响》，载《上海社会科学院学术季刊》1996年第2期。

民法典》就是仿效了《德国民法典》,"实是德国民法典的日本版而已",中国清末引进的日本民法正是这一《日本民法典》。① 可见,清末法制改革时,虽然引进过日本民法,而实是参照德国民法编纂中国自己的《大清民律草案》。

《大清民律草案》在吸取《德国民法典》时,有点囫囵吞枣,连它的糟粕也一并照搬过来。比如,《德国民法典》的第 963、964 条都是关于所有人蜂群的问题,也是"历来的德国学者所批评的条文,因为如此狭窄的适用范围,如此具体的规定方式,都与法典适度抽象的总体风格不相符合"。②《大清民律草案》都没有顾及这一点,在 1031、1032 条中都作了相应的规定,为专家、学者所诟病。

《民国民律草案》虽对《大清民律草案》有所改动,但也是在《大清民律草案》基础上的改动,而且改动之处也不多。与其他国家的民法典相比较,《德国民法典》对《民国民律草案》的影响依然最大。

《大清民律草案》与《民国民律草案》都胎死腹中,但从其体系、原则、制度、具体内容来看,《德国民法典》对其的影响最大。这说明,在中国百年民法典编纂历程中,《德国民法典》是首先对中国民法典草案编纂影响最大的民法典,其他国家民法典的这种影响力远远不及《德国民法典》。

2.《中华民国民法》的编纂受到《德国民法典》的影响最大

在《中华民国民法》编纂前,除《法国民法典》与《德国民法典》《日本民法典》已颁行之外,还有一些民法典也被施行,其中

---

① 王立民:《清末中国从日本民法中吸取德国民法》,载《法学》1997 年第 1 期。
② 张生:《中国近代民法法典化研究》,第 88—89 页。

包含了《瑞士民法典》(1912年)、《苏俄民法典》(1923年)、《泰国民法典》(1925年)、《土耳其民法典》(1926年),等等。然而,与这些民法典相比较,《德国民法典》在总体上对《中华民国民法》的影响依然最大,无论是在体系方面,还是在内容方面,都是如此。

《中华民国民法》的体系受《德国民法典》的影响最大,几乎是全盘接受,只是在个别用词上有点区别。如《德国民法典》的第二编是"债的关系法",①而《中华民国民法典》的第二编则是"债"。②这正如一位学者所说的:"《中华民国民法》仍采德国五编制体系,且编排顺序几乎同德国民法典完全相同,显示了对德国民法典潘德克吞体系的全盘接受。"③

《中华民国民法》的内容也受《德国民法典》的影响最大。甚至有些内容在草案时并非受《德国民法典》的影响,而最后定稿时仍采用《德国民法典》的内容,最终还是受到了它的影响。物权编中的有些内容就是这样。"此编仿德国民法,认留置权有物权之效力,第一次草案及第二次草案均仿日、瑞民法,以留置权为双务契约之效力,称为给付之拒绝。"④这只是代表性的一例,其他的还有不少。⑤孙宪忠对此有精辟的论述。他说:"可以肯定地说,中国1930年代民法典的最显著的特征是受到了《德国民法典》的巨大影响";"这部法典(《中华民国民法》)最显著的优点,是它从一开始就接

---

① 《德国民法典》,郑冲等译,第2页。
② 《六法全书》,会文堂新记书局1946年版,第2页。
③ 申建平:《潘德克吞法学对我国民法典体系构建的影响》,载何勤华主编:《大陆法系及其对中国的影响》,法律出版社2009年版,第473页。
④ 谢振民:《中华民国立法史》(下册),第778页。
⑤ 同上书,第777页。

受了德意志法学特征的'处分行为理论'或者物权行为理论,在涉及物权变动的法律规则方面,它的规定与《德国民法典》完全一致";"中国民法成为继受德意志法系最为彻底的法律"。① 这些论述都很有道理,都能真实地反映出当时对《德国民法典》吸收所取得的实际效果。

在《中华民国民法》编纂期间,吸收《德国民法典》以直接方式为主,而且途径更多样化。除了继续派有留学生到德国留学、翻译德国民法与民法学的著作以外,中国人撰写的法学著作、论文中有关德国民法的内容还往往受到重视。《民法总则编》《罗马法与现代》《各国民法条文比较》等都是这样的著作,《德国历史法学派之学说及其批评》《各国抵押权制度之进化》《世界民法思潮的新趋势》《外国财产继承法述略》《比较民法导言》《各国抵押权制度之研究》等都是这样的论文。② 这为全面了解、接受《德国民法典》提供了便利,因此成为《中华民国民法》受到《德国民法典》影响最大的重要原因之一。

3.《中华人民共和国民法典》的编纂也受到《德国民法典》的影响最大

新中国成立以后不久,就开始着手编纂《中华人民共和国民法典》,仅现存的这一法典草案的总则与分则就达近百个。③ 20世纪50年代,中国大规模引进苏联的法学,以致"中国法对于民法人文

---

① 孙宪忠:《中国近代继受西方民法的效果评述》,载《中国法学》2006年第3期。
② 何勤华等:《我国民法典编纂与德国法律文明的借鉴——中国继受1900年〈德国民法典〉120年考略》,载《法学》2020年第5期。
③ 参见何勤华等:《新中国民法典草案总览》(上卷),法律出版社2003年版,"序"第1—2页。

主义思想和技术规则不但没有理解，反而采取批判态度，以至于民法的规则体系被摧毁"。①改革开放以后，拨乱反正，而且随着社会主义市场经济地位的确立，公民权利观念的加强，民法作为市场经济体制下基本法地位越来越引起人们的关注。《中华人民共和国民法典》的编纂紧锣密鼓地进行，《德国民法典》的影响开始复兴。

有学者在20年前，就主张中国编纂民法典就要借鉴、继受德国民法。他认为："当代中国，包括大陆、台湾和澳门的法制实际都是在借鉴和继受大陆法系法制，特别是德国法制的基础上建立的，无论从法律传统还是从现实情况看，我国目前正在进行的民事立法及将来的法典编纂没有特别的理由偏离这一既定取向。"②这位学者的主张具有科学的预见性。《中华人民共和国民法典》的编纂确实借鉴、继受了《德国民法典》，使其对《中华人民共和国民法典》产生了很大影响，这种影响超过了其他国家的民法典。

何勤华等曾把2019年12月23日由十三届全国人大常委会第十五次会议通过的《中华人民共和国民法典（草案）》与《德国民法典》逐条作了比较。比较后得出了《中华人民共和国民法典（草案）》"在很大程度上借鉴了德国民法的经验"的结论。具体来看，这一民法典草案的许多法条都与《德国民法典》相同或者相似。《中华人民共和国民法（草案）》共1260条，与《德国民法典》相同或相似的有345条，占了总数的27.38%，没有哪个国家的民法典的影响可以与其同日而语。这345条的分布情况是："总则"87条，"物权"65条，"合同"122条，"人格权"4条，"婚姻家庭"27条，"继承"23条，"侵权责任"17

---

① 孙宪忠：《中国民法继受潘德克顿法学：引进、衰落和复兴》，载《中国社会科学》2008年第2期。

② 米健：《现今中国民法典编纂借鉴德国民法典的几点思考》，载《政法论坛》2000年第5期。

条。① 可见,《德国民法典》的影响遍及《中华人民共和国民法典（草案）》中的各编,而对《中华人民共和国民法典（草案）》的影响,也就是对《中华人民共和国民法典》的影响,两者具有同一性。

在中国百年民法典编纂历程中,《德国民法典》长期对中国民法典草案、民法典的编纂产生影响,而且其影响还最大,远远超过其他国家的民法典。究其原因有多种,而《德国民法典》的优越之处是个重要原因。有人曾对其有过一个概要的表述,即"来自工业化社会初期的《德国民法典》,以其逻辑严谨、体系周密而传承"。② 由此而形成了以《德国民法典》为代表的大陆法系的一个支系,这个支系在世界法系中占有很重要的地位。"这个法系,同盎格鲁-撒克逊和法国的传统的法律体系一样占有一个光荣的地位。"③ 中国从编纂《大清民律草案》开始,便加入了这一支系,成为其一个成员,《德国民法典》的影响也就持续不断了。

（三）《中华人民共和国民法典》颁布后还有许多后续工作要做

《中华人民共和国民法典》颁布后,不是万事大吉,坐享其成,而是有许多后续的工作要做,还要继续努力。

1. 有些方面有作进一步调整的空间

《中华人民共和国民法典》颁布后,在法条结构和内容方面还有

---

① 何勤华等：《我国民法典编纂与德国法律文明的借鉴——中国继受1900年〈德国民法典〉120年考略》。
② 罗沙等：《新时代的人民法典——〈中华人民共和国民法典〉诞生记》。
③ 丘日庆主编：《各国法律概况》,知识出版社1981年版,第200页。

进一步调整的空间。在法条结构方面,可以考虑增设条标。在一部法典中,条标具有很重要的作用,它以高度概括的语言,反映繁琐的法条内容,使人们一目了然,便于学习、宣传、研究、实施等等。[①]特别是具有1266条的《中华人民共和国民法典》,有了条标,会给人们带来很多便利。可是,这一民法典不设条标,不能不说是个缺憾。从世界民法典编纂的趋势来看,越来越多国家的民法典设置了条标,就是有些原先没有设条标的民法典,在以后修改民法典时,也增设了条标,《日本民法典》和《德国民法典》都是其中的代表者。[②]

中国法典中设置条标的历史悠久,早在编纂《唐律疏议》时,就开始设置条标,以后的《宋刑统》《大明律》《大清律例》都沿袭《唐律疏议》的做法,也都先后设置了条标。[③]而且,那时设置的条标被广泛运用,包括官员的奏折、法官的判词、法学著作、学术论文等等。至今,中国古代律中条标仍在法学著作与学术论文中被运用。[④]改革开放以后,中国的法治建设不断向前推进,立法日益被重视,有些地方性法规与政府规章中,也都设置过条标。1980年江苏省五届人大常委会第四次会议批准的《江苏省城市卫生管理暂行规定》与1982年浙江省五届人大常委会第十三次会议通过的《浙江省城市卫生管理条例》等地方性法规中,都设有条标。还有,1994年上海市人民政府发布的《上海市人民政府规章制定程序规定》及以后所发布的政府规章中,也都设有条标。中国在法典中设置条标方面,不仅历史悠久,还有过实践,《中华人民共和国民法典》在

---

① 张新宝:《民法典制定的若干技术层面问题》,载《法学杂志》2004年第2期。
② 王立民:《中国民法典设置条标新论》。
③ 王立民:《中国古代律中条标演进之论纲》,载《甘肃政法学院学报》2008年第1期。
④ 王立民:《〈大清律例〉条标的运用与启示》,载《中国法学》2019年第1期。

此基础上增设条标,应该不难。

在法条内容方面,可以考虑兼顾国际公约和惯例。《中华人民共和国民法典》颁行后,在个别法条内容方面还可进一步完善,兼顾与国际公约和惯例是其中之一。比如,《中华人民共和国民法典》在货物的灭失与运费的处理规定中,与国际公约和惯例就不一致。此法典的第835条规定:"货物在运输过程中因不可抗力灭失,未收取运费的,承运人不得请求支付运费;已经收取运费的,托运人可以请求返还。"① 国际公约和惯例则不是如此。这正如陈晶莹所说的:"发生不可抗力,承运人预先收取运费需要退给被承运人,而此举与国际惯例相悖。"② 这在以后的修订时,可以考虑作合理的调整,兼顾国际公约与惯例,避免相关矛盾。

其实,民法典颁行以后,作必要的调整是件很正常、必然之事,任何国家的民法典都是这样。以《德国民法典》的修订为例。自颁行之后,1908年就开始修订,到1998年时,修订之处多达141处。其中,既有被"增加""删除",也有被"修改""废除"。③ 究其原因,主要是:情势变化、编纂时疏忽、与新的国际公约对接等等。《中华人民共和国民法典》颁布后,难免要进行调整,而且使用的时间越长,调整的次数与地方也会越多。关于这一点,要有足够的认识。

2. 法律的实施要及时跟进

法律的生命力在于实施,《中华人民共和国民法典》也是如此。这一法典颁布以后,对其的实施要及时跟进,做到无缝对接,避免产

---

① 《中华人民共和国民法典》(实用版),第486页。
② 陈晶莹:《期望民法典与其他法律规则公约"无缝衔接"》,载《上海法治报》2020年5月25日。
③ 参见《德国民法典》,郑冲等译,第547—573页。

生"两张皮"现象。即这一法典的颁布是一张皮,实施又是一张皮,好像互不相干。中国的行政机关与司法机关都负有法律实施的重要责任,尤其要认真实施《中华人民共和国民法典》。这一法典是中国民事权利的宣言书,市场经济的基本法,也是社会生活的百科全书,为民事主体权利的保护和义务的履行提供了全面的规则资源。[①] 行政机关、司法机关都要接受、尊重这部法典,依法办事,避免闪失。

行政机关是行使行政权的机关,具有行政管理的职能,在行使决策、管理、监督权时,都要关照到《中华人民共和国民法典》,特别是要注意平等民事主体之间行为自由的边界,保持公平公正。同时,行政机关还是行政执法主体,在行使行政许可、行政强制、行政征收、行政检查、行政收费、行政处罚、行政复议、行政裁决等权时,都要严守公权与私权的边界,严格遵守《中华人民共和国民法典》的规定,认真行使义务主体的职责,不断提高行政执法的水平。行政机关行使的各项权利与广大民事主体的关系极大,惟有依法行使,方能维护他们的合法权益,营造和谐有序的民事关系。

司法机关包括了审判机关和检察机关。它们都有司法权,负有公正司法的责任,有必须把实施《中华人民共和国民法典》作为重要己任。在司法活动中,要以这一法典为依据,使民事主体的生命健康、财产安全、交易便利、生活幸福、人格尊严都受到保障,充分实现。这就需要司法机关兼顾质量与效率,确保司法公正。对一些有关民事的关切问题,司法机关尤其要以《中华人民共和国民法典》的规定为准绳,加强民事审判与监督指导,坚持依法司法,彰显司法在实施这一民法典中的重要地位与功能。

行政机关与司法机关的活动都要通过行政人员与司法人员来实

---

① 段丹洁等:《推进民法典有效施行》,载《中国社会科学报》2020年6月10日。

现。对行政机关与司法机关的要求，就是对行政人员与司法人员的要求。为了保证《中华人民共和国民法典》的有效施行，他们都要认真学习、全面掌握这一法典的精神与内容，牢牢树立"以人民为中心"的理念，在每个相关活动中，都要以其为方圆，严格依法办事。《中华人民共和国民法典》颁布以前，中国已有相关民事方面的九部法律，但它们在整合编入民法典后都有调整，体系、内容都有更新，在实施时一定要克服经验主义，避免墨守成规，要不折不扣地实施这一民法典，给行政、司法带来新面貌。

3. 法治宣传与法学研究要积极开展

《中华人民共和国民法典》是新中国法治史上第一部以"法典"命名的法律，不仅法条多，而且内容新。要使其变成广大民众的行为，得到大家遵守，提高实施水平，需有法治宣传与法学研究的支持。这在这部民法典的实施中，不可或缺。

法治宣传是广大民众学习法律知识，增强法律意识，自觉守法的一种有效手段。《中华人民共和国民法典》的宣传也是这样。这一法典宣传的组成部分主要包括：宣传主体、宣传内容、宣传对象、宣传渠道等等。宣传主体可以是政府机关、企事业单位、司法机关、律师事务所、学校与研究机构及其所派遣的人员。他们各有所长，有的熟悉法典的内容及其理论，有的掌握大量民事法律实施的案例与情况，有的则理论与实践兼蓄。可以根据宣传的需要，派遣他们进行民法典的宣传，发挥自己的专长。宣传的内容以普及为主，涵盖民法典的精神、体系、原则、制度与具体内容等各个方面。可以根据需求，重点讲其中的一些问题，不一定面面俱到，但要强调效果，使被宣传者学有所获，听有所得。宣传的对象十分广泛，可以包括各年龄段的成年人，还可以是青少年。应该没有性别上的差异,因为大家都需要学习、了解、掌握民法典的相关知识。另外,针对不同年龄段、性别人群的需求,可以有针对性地进行宣传,做到有的放矢。宣传渠道具有多样化,既可用传统的宣传渠道,也可用新型的宣传渠道。传统的渠道包括集中宣传、利用广播电视宣传等。新型的宣传渠道则可以通过网络进行宣传,包括电脑、手机等载体,甚至可以运用人工智能进行答疑、咨询等。这些渠道各有长短,可以取长补短,综合利用。目前,要重视网络上的民法典宣传,不仅受众面宽,还十分便捷,易起到宣传的良好效果。可以预计,《中华人民共和国民法典》的宣传是今后一段时间内法治宣传的重点,要早作安排,早获效果。

法学研究是推进中国全面依法治国的重要动力。《中华人民共和国民法典》颁布以后,更需进一步对其进行研究。研究队伍可以由来自研究机关、高等院校、实践部门等的人员组成。他们是法学研究的主力军,也是研究民法典的主力军。以前,他们在研究中国的民事法律方面,屡建奇功,对《中华人民共和国民法典》的编纂做出了很大贡献。今后,他们还将为这一法典的调整、实施作进一步的研究,产生高质量的研究成果,不负众望。研究的内容是开放性的,可以围绕《中华人民共和国民法典》而展开。可以研究其中的精神、原则,也可以研究其中的制度与具体内容。当然,还可拓展研究视角,研究一些与民法典相关的问题。比如,民法典的解释问题,民法典与其他部门法的协调问题,民法典与国际公约与惯例的衔接问题,甚至可以研究《中华人民共和国民法典》在中国、世界民法典编纂史中的地位、特点、可预期的影响等一系列问题。研究内容会非常广泛,研究人员可以发挥自己的专长,有所作为。研究方法是多元化的,可以是法学的研究方法,也可以是社会学、历史学等的研究方法。当前,特别要注意使用一些较新、有效的研究方法，比如大数据的研究方法等。总之，要用科学的研究方法，对《中华人民共和国民法典》进行科学的研究，产出有价值的成果，为往后的调整与实施打下坚实的理论基础。

《中华人民共和国民法典》颁布以后，后续工作很多，任重而道远，需要不断努力，不可沾沾自喜，停滞不前。

中国民法典的编纂，从民法典草案到正式民法典，前后历程百年时间。在这百年历程里，全国上下共同努力，前赴后继，呕心沥血。好在功夫不负有心人，编纂成果不断面世，正式民法典也昭示天下。其中，《中华人民共和国民法典》是这百年民法典历程中的一座重要里程碑。与中国以往编纂的民法典草案和正式民法典、国外的民法典相比较，在法典精神、体系、原则、制度、具体内容等诸方面，均有明显突破，为其他民法典所不及。今后，《中华人民共和国民法典》的后续工作将接踵而来，不仅要关注其内容的调整，更要重视其的实施。期望这一民法典能真正成为维护民事主体的各种合法权益，促进社会主义市场经济的发展，营造和谐氛围的强有力守护者。

（原载《法学》2020年第10期）

"双千计划"与法治人才的培养

法治是一种人类的活动,人是法治的主体。人的素质决定法治的面貌与进程。人的法治素质高,法治就进行得顺利;反之,则会不顺利,甚至导致法治受挫折。法治人才是指在法律规范、法治实施、法治监督、法治保障、党内法规等五大法治体系中工作的人才。中国要全面依法治国,就需有大量的法治人才,法治人才的培养就显得十分重要。"双千计划"是指一个选聘1000位左右法律实务部门专家到高校兼职或挂职任教,派出1000位左右高校法学专业骨干教师到法律实务部门兼职或挂职的计划。"双千计划"落实可以助推法治人才的培养。现在,"双千计划"与法治人才的培养结合在一起,关系密切。然而,目前对其研究十分不足,亟需作些深入探讨。

一、"双千计划"助推中国高校优秀法治人才的培养

中国正在全面推进依法治国。这十分重要,事关我们党执政兴国、人民幸福安康、党和国家事业发展,即与每个个人、家庭、地区都息息相关,没有可以例外。法治人才在依法治国中,尤为重

要。虽然,人人都是依法治国的主体,但法治人才在依法治国中却是关键性人才,这由他们所从事的工作相关。他们的工作涉及依法治国中的立法、执法、司法、法律监督、法律服务、法学教育与研究等法治的各个环节。他们认真履职,中国的法治才能正常运行,否则,中国的法治就会出现偏差,对依法治国产生不利影响。

中国的高校是培养法治人才的主渠道,即是法治人才培养的第一阵地。改革开放以后,中国的法学教育逐渐得到恢复与发展,有法学专业的高校和在校培养的学生人数也渐渐增多。据统计,改革开放以前,中国一度只有北京大学和吉林大学两个大学有法学专业。①1984年增加到93个高校有法学专业。②2012年这一数字增加到624个。③此后,还有所增长。与此同时,法学专业的在校学生也在增加。据统计,1979年全国在校的法学专业的人数仅为3008人,1980年增加到5565人,1988年已达到28778人。④法学专业扩招以后,法学教育的发展速度更快,法学专业的在校人数增加更多了。2001年在校的法学专业学生人数是236551人,2003年就增加到364322人,2005年还达到了449295人,2011年更是突破70万人。⑤此后在校的法学专业人数还有所增加。

法学教育的大发展,一方面为中国的法治建设提供了法治人才,另一方面法学教育还存在一些问题,需要进行改革。这正如有一位法学专家所言:"尽管经过半个多世纪尤其是最近二十余年的发展,我国高等法学教育取得了令人瞩目的成绩,但仍然存在诸多问题,如高

---

① 朱景文主编:《中国法律发展报告2013》(法学教育与研究),中国人民大学出版社2014年版,第3页。
② 霍宪丹:《中国法学教育的发展与转型》,法律出版社2004年版,第332—333页。
③ 朱景文主编:《中国法律发展报告2013》(法学教育与研究),第3页。
④ 霍宪丹:《中国法学教育的发展与转型》,第326页。
⑤ 唐波等:《法学专业标准研究》,上海人民出版社2014年版,第3页。

等法学教育与法律职业之间脱节,高等法学教育规模的迅速扩大与法学教育质量之间存在矛盾,高等法学教育的管理体制和评估机制有待进一步完善,高等法学教育的内容与方法比较单一,诸如此类,亟待改革。"① 此话较为客观地反映了当时中国法学教育的实际状况。

为了保证法学教育在内的高等教育的健康发展,培养更多优秀的高层次人才,国家推出了一些举措。2007年教育部、财政部牵头推出了"高等学校本科教学质量与教学改革工程"。此工程以着力提高本科教学质量与推进教学改革为目标,在全国范围内大力开展了教学团队、精品课程、双语示范课程、实验教学示范中心、人才培养模式创新实验区等项目建设,激励高校完善教学质量保障体系,提高教学质量。这一"工程"的施行,取得了良好的成效。② 法学教育与其他本科教育一样,也从中受益。

为了继续解决中国法学教育在内的本科教育存在的问题,2011年教育部、财政部又联合推出"十二五"期间继续实施"高等学校本科教学质量与教学改革工程"。这一"工程"的第一任务就是推进专业的质量标准建设,其中先组织制定100个本科专业的教学质量国家标准,促进中国高等教育教学质量标准体系的建设与完善,从而进一步提高教学质量。③ 在这一背景下,同年,教育部、中央政法委启动了卓越法律人才教育培养计划,还下发了《关于实施卓越法律人才教育培养计划的若干意见》,以此来改进法学高等教育人才培养模式,提高人才培养质量。④ 寄希望于通过该计划的实施,

---

① 朱立恒:《法治进程中的高等法学教育改革》,法律出版社2009年版,"序二"第1页。
② 唐波等:《法学专业标准研究》,"绪论"第1页。
③ 同上书。
④ 王立民:《卓越法律人才的培养与诊所法律教育》,载《探索与争鸣》2014年第11期。

形成科学先进、具有中国特色的法学教育理念，形成开放多样、符合中国国情的法律人才培养体制，培养造就一批信念执着、品德优良、知识丰富、本领过硬的高素质法律人才。①

中国的卓越法律人才教育培养计划依托于卓越法律人才的培养基地建设，其承接着培养卓越法律人才的主要任务。根据对卓越法律人才培养的不同需求，这一基地分为应用与复合型、涉外型和西部基层型三种不同类型。这三种不同类型的卓越法律人才培养基地适应不同区域、领域对卓越法律人才的需求，进行分类培养。其中，应用与复合型法律人才培养基地是建设的重点，其目的是为了适应多样化法律职业的需求，提高法专业学生的运用法学知识与实践能力，促进高等法学教育与法律职业的衔接。涉外型、西部基层型法律人才的基地建设则是为了对接涉外法律事务与中国西部地区对基层法律人才需要而设立。2012年正式启动这三类卓越法律人才培养基地的工作，全国共设有92个这样的基地，上海的复旦大学、上海交通大学、同济大学、上海财经大学、华东政法大学等高校名列其中。

为了配合和呼应全国的卓越法律人才教育培养计划与基地建设，上海也于2014年推出了自己的卓越法学教育计划并根据本市的情况，设立了卓越法律人才培养基地、涉外卓越法律人才培养两类基地。与此同时，还专门拟制了上海卓越法律人才培养的通用标准，涉及基础素养、专业素养和职业素养三大部分。通过遴选，复旦大学、上海交通大学、同济大学、上海财经大学、华东政法大学、上海政法学院、上海外国语大学、华东理工大学、上海海事大学、上海对

---

① 叶青主编：《法学名家评案说法》（"双千"专家专辑），复旦大学出版社2017年版，"序言"第1页。

外贸易大学等高校设立了基地，进入培养上海卓越法律人才的行列。

为了做好卓越法律人才培养教育工作，加强卓越法律人才培养教育基地的建设，2013年教育部、中央政法委、最高人民法院、最高人民检察院、公安部和司法部又联合推出了高校与法律实务部门人员互聘的"双千计划"。计划用5年时间（2013—2017年），选聘1000位左右有较高理论水平和丰富实践经验的法律实务部门专家到高校兼职或挂职任教，承担法学专业课程的教学任务；选聘1000位左右高校法学专业的骨干教师到法律实务部门兼职或挂职，参与法律实务工作。

这一"双千计划"优先支持具有卓越法律人才教育培养基地的高校与法律实务部门人员的互聘，并要求凡有这类基地的高校5年内累计选聘不少于5位法律实务部门专家来校兼职或挂职任教，派出不少于5位法学专业骨干教师到法律实务部门兼职或挂职。选聘的专家、教师需符合一定的条件。其中，选聘到高校兼职或挂职任教的法律实务部门专家的条件是，应具有较高的思想政治素质，忠于党、国家、人民和法律；具有10年以上法律实务工作经验，较高的职业素养和专业水平，实绩突出；法学理论功底扎实，对本专业领域法律问题有深入研究；爱岗敬业，能够在聘期内完成相应的教学任务。

选聘到法律实务部门兼职或挂职的高校法学专业骨干教师的条件是，应具有较高的思想政治素质，认真学习中国特色社会主义理论体系，模范践行社会主义法治理念；师德师风好，教书育人的荣誉感和责任感强，具有高级专业技术职务，较强的业务能力，能够帮助法律实务部门分析解决疑难复杂案件；忠实履职，能够在聘期内完成相应的实务工作。总之，要通过这一计划的实施，助推卓越法律人才培养教育的基地建设，为依法治国培养更好更多的法治人才。

二、上海全力落实"双千计划"并已显成效

教育部、中央政法委、最高人民法院、最高人民检察院、公安部和司法部于2013年推出"双千计划"以后，上海于同年就开始全力落实这一计划，并拟定了适用于上海的"双千计划"实施方案。这一方案立足上海的实际情况，细化了"双千计划"，使其更具操作性。上海要求，在2013年至2017年的5年中，上海选聘50位左右的法律实务部门专家和50位左右高校法学专业骨干教师，进入"双千计划"。上海卓越法学教育专家工作组负责这一计划的日常具体工作，市教委提供落实这一计划的政策支持、保障，并对这个计划的实施情况开展检查。

四年来，经过大家的共同努力，上海的"双千计划"取得了可喜的成绩。

2013年至2016年上海落实"双千计划"专家人数的统计表

需求上海高校选聘的人数	实际选聘人数	要求上海高校派出人数	实际派出人数
45人	44人	45人	34人

可以预计，上海在2017年能够完成尚未完成的"双千计划"任务。上海高校选聘的实务部门专家分别来自法院、检察院、司法行政等系统的30余家法律实务部门单位。上海高校派出的法学专家分别来自于10余所高校。经过这些法律实务部门与高校的共同发力，"双千计划"得到落实，初步成效也已显现，突出表现在以下三个方面。

（一）有助于高校法治人才的培养

长期以来，中国高校的法学教育一直偏重于理论教学，开设的课程也以法学理论为主，把系统传授法学理论知识作为教学的目标。这样的法学教育往往导致法学理论与法律实践的关系疏远，甚至脱节，不利于法治人才的培养，无法满足全面依法治国的需求。因为，这种教育忽视了社会发展特别是法治对法治人才的实际需求，忽略了学生实践操作能力的培养，许多学生毕业、走上工作岗位以后，解决实际问题的能力较弱。[①] 法学教育是一种职业教育，法学专业本身是一门实践性很强的专业。高校法学教育培养的学生都不能很快进入状态，解决实际问题的能力较弱，不能不说是一种遗憾。

要解决这一问题，处理好知识教学与实践教学的关系，就要加大实践教学的力度，弥补实践教学的不足。"双千计划"可以助其一臂之力。这一计划可以通过把实际工作部门的优质实践教学资源引进高校，加强法学教育、法学研究工作者和法治实际工作者之间的交流的路径，来加大实践教学的力度，使知识教学与实践教学有机融合起来，让培养的学生能在毕业、工作以后，尽快进入角色，满足中国全面依法治国的需要。

经过四年的实践，"双千计划"取得了初步成效，学生们从中受益，而且深有体会。学生对法律实务部门选聘的"双千计划"专家来校任教十分满意，对他们开设的课程十分喜爱。上海交通大学凯原法学院选聘的来自法律实务部门的"双千计划"专家全面参与了法律实务方面的课程。这些课程不仅成为日常课程，还深受学生的

[①] 叶青：《"双千计划"有效创新法律人才培养模式》，载《法制日报》2017年5月24日。

喜爱。"双千计划专家全面参与企业法务、模拟法庭建设、法律诊所、法律专业实习等课程教学已成为日常并深受学生喜爱。"[1] 华东政法大学的学生对来校任教的"双千计划"专家也十分满意，从他们那里学到了很多在原来课堂上学不到的知识。用学生们的话来说是："学到了很多法律和实务方面的知识，收获很大。"[2] 得益于"双千计划"的学生毕业、走上工作岗位以后，也深感这一计划的价值，对其有高度的评价。

上海对外经贸大学在落实"双千计划"时，选聘了上海律师事务所的一位律师，作为法律硕士校外导师。经过他指导的学生毕业、到了工作岗位以后，表现突出。"用人单位对他的学生有较高评价，特别是对实务问题的把握比较准确，体现了理论联系实务的'双千计划'的制度设计的初衷。"[3] 法学专业的学生确实从"双千计划"中得到了实惠。这一计划把知识教学与实践教学融合为一体，对法治人才的培养产生了积极效应。

（二）有助于提升高校法学专业的办学水平

中国高校的法学专业虽然在教学上有过一些改革，有些学校也开设过一些由法官、检察官、律师参与的实务课程，但理论与实践脱节的问题没有根本得到解决，没有形成制度化的解决路径，实际上，"法学教育界和法律实务部门之间有一堵墙"。[4] 这种法学教育

---

[1] 上海市教委高教处编：《上海高校与法律事务部门人员互聘"双千计划"工作调研座谈会交流材料汇编》，2017年，第8页。

[2] 同上书，第14页。

[3] 同上书，第21页。

[4] 叶青：《"双千计划"有效创新法律人才培养模式》。

与法律实务部门之间存在的隔阂，使法学教育与法律实践之间无法完全贯通，高校法学专业的办学水平上不去，长期处在徘徊状态。

"双千计划"的落实有利于打破法学教育与法律实务部门之间存在的隔阂，提升法学专业的办学水平。这种提升表现在教学计划、教学人员、教学内容、教学考核等诸多环节上。关于教学计划。"双千计划"的课程纳入了法学专业的教学计划，增加了法律实务方面的课程，使教学计划得到改变，突破了原来仅有法学理论课程的状况。法律实务方面的课程因此而融入了法学教学计划，使这一计划更能体现法学理论与法律实践的结合，变得更为合理了。

其一，关于教学人员。因"双千计划"而选聘到高校任教的教学人员是有丰富法律实践经验、理论功底扎实的法律实务部门的专家，不是长期从事法学理论教学的高校教师。他们的知识结构与高校教师不同，法律实践的经验和知识特别丰富，对中国法律实践情况特别熟悉，对中国需要的法治人才需求也非常明了。这与长期在高校任教的法学教师明显不同，可以弥补他们这方面知识结构的不足。

其二，关于教学内容。"双千计划"专家给学生讲授的内容是法律实务方面的知识，而非纯粹法学理论方面的知识。通过"双千计划"专家的讲授，学生可以学到这类知识，使自己的知识结构也更为全面与完整。

其三，关于教学考核。与以往法学专业的考核不同，"双千计划"专家教学考核的内容不是一般的法学理论，而是法律实务的经验与知识，在原有的教科书中往往找不到现存的答案；没有选听这些专家的课程，也无法解答考核的问题。这种教学考核也为以往所不具备，是一种"双千计划"的新产物。以上由"双千计划"带来的变化，实际上是法学专业的一种创新。这一创新直接有利于提升高校法学专业的办学水平。

实践也证明，经过"双千计划"，高校法学专业的办学水平确实有所提升。一些高校以不同侧面反映这种水平的提升。复旦大学从提高人才培养质量来反映办学水平的提升。"通过（'双千计划'）互聘互派工作，为学校和相关实务部门搭建起有效畅通的沟通桥梁，在学生实习、科研合作、开设讲座等方面深化学界与实务界的交流合作，不仅很好地服务社会需求，也极大地提高了人才培养质量。"[①] 上海外国语大学从提高学生职业素养与执业能力来反映办学水平的提升。"在创新联合培养机制、提升涉外卓越法律人才培养质量、丰富教学教育形式、提升学生法律职业素养和执业能力等方面取得了显著的成效。"[②] 上海政法学院则从提高教学科研质量、社会价值来反映办学水平的提升。"在实施'双千计划'的过程中不断挖掘自身优势和寻求科学可持续的做法，将人才培养与社会实践衔接，将学科发展与推动法治建设融合，不断地提高教学科研质量，提升社会价值。"[③] 可见，"双千计划"的落实对高校法学专业办学水平的提升确有帮助。

（三）有助于提高高校法学专业教师的业务素质

"双千计划"最终落实于个人，即高校法学专业教师与法律实务部门专家。其中，要求高校法学专业教师被选派到法律实务部门兼职或挂职。在他们兼职或挂职过程中，对他们个人业务素质的提高也极有帮助。以往，不少高校法学专业的教师有一种不关注社会、

---

① 上海市教委高教处编：《上海高校与法律事务部门人员互聘"双千计划"工作调研座谈会交流材料汇编》，2017年，第5—6页。
② 同上书，第15页。
③ 同上书，第24页。

不参与法律实践、不了解法律事务的倾向。①这十分不利于法学教学。因为，这些教师本身的业务素质有缺陷，这种缺陷又会影响到他们的教学质量，不利于对学生知识的传授。"双千计划"的落实有助于改变这种倾向。教师在兼职或挂职过程中，得到充电，弥补自己业务素质的缺陷，深化理论与实际的结合。这样，就十分有利于深化教学内容，丰富教学手段，不断改进课堂教学效果。②这可达到教师与学生双赢的效应，一举两得。

选聘进入"双千计划"到法律实务部门兼职、挂职的教师在工作过程中，也深感这一计划的落实对自己的业务素质有所提高并对自己以后的教学工作有帮助。华东政法大学的一位教师在法律实务部门挂职过程中，接触到最新、最热的法律问题，这为他以后的教学研究工作提供了大量素材。他认为，在法律实务工作中，"接触到了我国处于社会结构转型与制度变革的中后期之时，市民生活中产生的最新最热的法律纠纷，这为我今后的教学研究工作提供了大量案例素材"。③上海对外经贸大学的一位教师在法律事务部门兼职以后，接触到大量现实案例，这些案件可为以后回到学校所用。他认为，在法律实务部门兼职"有利于高校法学教师将司法实务中的真实素材带进课堂、丰富教学内容、提升理论与实践相结合的能力"。④上海商学院的一位教师到法律实务部门挂职一年，也深感颇有收获。她说："通过在法院一年的工作，与法院相关庭室资深法官、法官助理、书记员的接触与交流，使我对一线办案部门人才使

---

① 叶青：《"双千计划"有效创新法律人才培养模式》。
② 曹文泽：《积极打造法治人才培养重镇》，载《光明日报》2017年5月26日。
③ 上海市教委高教处编：《上海高校与法律事务部门人员互聘"双千计划"工作调研座谈会交流材料汇编》，2017年，第51页。
④ 同上书，第61页。

用和能力培养的需求有了更为深入的了解,这为我回到教学岗位后紧密联系实际,更好地开展教育教学工作提供了助力。"[1] 尽管他们认识的角度不同,但殊途同归,都感到"双千计划"的落实丰富了自己的实践知识,并使自己的业务素质得到了提高。

"双千计划"实施以来,成果已经显现,而且为其他途径所不可替代,其功效独特,是新形势下大力培养法治人才的一种不可多得的路径,值得坚持与发展。

三、进一步推进"双千计划"需要解决的问题

"双千计划"的成效已经显现,其优越性也得到公认。为了适应全国依法治国的需要,培养更好更多的法治人才,今后要发展这一计划势在必行。要进一步推进这一计划,就要着力解决目前存在的一些问题。

(一)要着力解决"双千计划"的制度建设问题

四年前,"双千计划"才出炉,依据的主要是党和政府的文件,而且内容比较笼统,还没形成较为完备的制度。这在试点的初期,作为一种探索,还勉强可以应付。但是,如果要进一步推广"双千计划",制度建设就刻不容缓了,这已成为今后进一步发展的瓶颈问题。这一计划一旦铺开,凡有法学专业的高校都开始效仿,制度

---

[1] 上海市教委高教处编:《上海高校与法律事务部门人员互聘"双千计划"工作调研座谈会交流材料汇编》,2017年,第81页。

建设便不可或缺。只有在较为完备的制度规范下,"双千计划"才能有序进行,充分发挥其应有的作用,避免走弯路。否则,这一计划难免走样,给法学教育带来负面影响。

经过这几年"双千计划"的实施,已经取得一些有益的经验。这些经验可以上升为制度,加以固化。比如,"双千计划"的宗旨、选聘为"双千计划"人员应具备的条件、每位人员在"双千计划"中的工作年限等。这些经验通过实践证明已经比较成熟、可行,可以上升为制度,进行推广使用。当然,作为"双千计划"的一种制度,光有这些内容是不够的,还需增加一些新内容,使其更为完备。新增的内容可以包括:"双千计划"人员在选聘单位的工作时间,比如每周的工作天数;每位"双千计划"人员教学计划的制订与确认;"双千计划"教材的编写;对"双千计划"人员工作的评估与考核;等等,都可在规范之列。"双千计划"制度的确立将进一步规范这一计划,使其得到更有效的实施。

当然,"双千计划"制度建立以后,随着形势的变化与发展和这一制度在实施中暴露的新问题,还可以进行修改。这一制度的完备应该是个渐进过程,逐渐趋向完备,不要指望其一蹴而就,十全十美。还有,中国地广,社会情况不一,法学教育的水平也参差不齐,各地高校和法律实务部门还可根据本地区的实际情况,制定适合本地区的"双千计划"制度。这一制度不可能千篇一律,也做不到千篇一律。不过,一些基本原则、宗旨、重要的内容应该保持一致,不能使其变异,也不能违背原来确定"双千计划"的初衷。

(二)要着力解决"双千计划"的宣传问题

"双千计划"虽然是卓越法律人才培养基地建设中的一个组成部

分，似乎仅与高校和法律实务部门相关。其实不然。这一计划是当前培养优秀法治人才的一个必由之路，直接关系到中国全面依法治国的大计，事关重大。因此，有必要着力宣传这一计划，让更多的人知晓这一计划、关注这一计划，甚至参与这一计划，为其出谋划策，使其精益求精。

现在，了解"双千计划"的人数太少，甚至有些业内人士也不知晓，这就成了落实"双千计划"的一个弱项。在一次关于法治人才培养的学术研讨会议上，一位高院的领导表示，自己对"双千计划"并不知情，还是在此次会议上首次听说有这一计划。还有，一所高校的组织部门选派一位法学教授到法律实务部门去挂职工作，还被任命为领导，达到"双千计划"要求的条件。可是，组织部门不知有"双千计划"，也没有与选送"双千计划"的部门联系，以致这位教授失去了选聘为这一计划人员的机会。这些都不能不说是一种遗憾。产生这种遗憾的一个重要原因是，大家对"双千计划"并不了解。这就有着力宣传"双千计划"的必要，以保障往后不再发生这种遗憾之事。

"双千计划"的宣传首先要在高校与法律实务部门内广泛展开，使业内人士都明了这一计划的基本情况，包括它的宗旨、计划安排、选聘人员的基本要求、选聘工作年限等一些情况，使大家心中有数，便于这一计划的落实。同时，还要向业外人士宣传"双千计划"，使这一计划有更多人知道并得到大家的支持，特别是"双千计划"人员的家庭成员与相关人员。有了他们的支持，"双千计划"人员才能更有精力、信心投入这一计划，否则，后院起火，后果不堪设想。当然，社会上有越多人知晓这一计划越好，以便形成一个有利于其落实的良好社会环境，让"双千计划"人员有自豪感、成就感。这样，这一计划的落实也就会更顺畅。

宣传方法可以有多种，切忌单一。比如新闻报道、先进事迹的传播、学术交流、经验共享等。宣传的平台既可以是传统的，也可以是当代的，特别要利用现代的科技手段，充分发挥微信等的作用，使相关信息快速传播，而且受众面宽。可以想象，只要着力宣传"双千计划"，有更多人来关注、重视这一计划，其前景将会更好。

（三）要着力解决"双千计划"人员的后顾之忧

目前，选聘到"双千计划"的人员存在一些后顾之忧，如果其不及时得到有效解决，就会影响这些人员的工作积极性，对这一计划的落实产生不利影响。这些后顾之忧都十分现实，而且与他们的利益有不同程度的关联。先从高校教师来看。他们到法律实务部门去工作，既没有课时、难出学术研究成果，也没有优先评职称的鼓励，还不能以律师身份办案，等等。这些都直接影响到他们职称的评审和收入的增加，即会影响到他们选聘"双千计划"的积极性。事实已是这样显露。上海目前选聘的高校教师少于选聘法律实务部门专家10人，缺口不算小。再从法律实务部门专家来看。他们选聘到高校兼职或挂职以后，在原部门的实际工作量没有减少，也没有专门的时间备课。也就是说，他们的兼职或挂职成了额外的负担。因此，目前这些专家在高校的时间并不多，一般上完课即离校，与学生的接触、交流较少。这些后顾之忧最终会影响到"双千计划"落实的质量，需要及时着力解决。

解决"双千计划"人员的后顾之忧问题，虽然也可通过建立"双千计划"制度的办法，对这些存在的问题作出明文规定，统一规范、一并解决。但是，现在这些问题都已火烧眉毛，已到了不解决不行的地步，而"双千计划"制度的制定需有一个过程，远水救不了近火。因此，还是要依靠"双千计划"的落实单位，各自行动，拿出可行方案，解决"双千计划"人员的后顾之忧，使他们无后顾之忧地投入到这一计划中去，发挥更大的作用。

"双千计划"功效已被肯定，"双千计划"要被扩大的呼声亦很高涨。可以预计，今后的"双千计划"将会不断扩大与推广，或许会发展成为"万人计划"，甚至人数更多。然而，要使这种计划持续生效，还需在发展过程中不断解决存在的问题，在解决问题中前行。可以把今天正在落实的"双千计划"作为一种试点，以后可以以点带面，把其作为一种常态，真正把知识教学与实践教学融为一体，为全面依法治国培养更多优秀的法治人才。

（原载《上海政法学院学报》2017年第5期）

中国法制史研究 70 年若干重要问题

中国法制史是中国法律制度史的简称,反映的是中国历史上法制的产生、发展及其规律。其中,既包括了中国法制的古代、近代史,也包括了中国法制的当代史。新中国成立已有 70 年,中国法制史研究也走过了 70 年历程。在这 70 年中,有些重要问题特别值得回顾与前瞻,以便往后发扬成绩,弥补不足,克服困难,使中国法制史研究再上新台阶。

一、70 年来的中国学者充分认识到中国法制史研究的重要性

新中国成立 70 年中,特别是改革开放以后,中国学者在研究中国法制史的过程中,越来越感觉到这一研究的重要性。这成为推动这一研究的强大动力,使得中国法制史研究的学者辈出,成果丰硕,逐渐走向辉煌。这一重要性主要可归纳为四个"有利于"。

(一)有利于推动中国法制史的课程、学科建设

长期以来,中国法制史是中国法学的一门核心课程,也是一门

法学的重要学科,处于法学基础的课程、学科地位。法学专业的学生要学习中国法制史这门课程,以完善自己的知识结构,为进一步学习法学的其他课程打下良好基础。研究中国法制史是为了促进中国法制史这一课程建设,提高它的水准,使法学专业的学生受益。中国法制史还是法学中的一门重要学科。要提升这一学科水平,促进、带动法学其他学科,不研究中国法制史不行。鉴于中国法制史课程、学科的重要性,国家还把其列入国家司法考试(现为法律职业资格考试)的范围。可见,在中国法学的课程与学科建设中,中国法制史课程与学科都不可或缺,十分重要,需要研究。

70年来,中国学者已经认识到中国法制史在法学课程、学科的重要地位,并作了一系列阐述。叶孝信从法学课程设置的视角来阐述中国法制史课程的重要性。他认为:"在高等法学教育的课程设置中",中国法制史是"一门基础法学学习","学习中国法制史也为学习部门法学提供必备的有关历史知识"。[①] 郑秦与江兴国则从法学的核心课程来认识中国法制史。他们认为:"中国法制史作为法学领域的基础学科,是法学高等教育必修的核心课程之一。"[②] 郑显文则从法学基础性学科的角度,叙述中国法制史研究的重要性。他认为:"中国法制史是一门法学专业的基础性学科,也是一门法学和历史学交叉性的学科,更是一门提升法学专业学生人文社会科学素养的综合性学科。"[③] 从他们的论述中,都可以体会到研究中国法制史在课程、学科建设中的重要性,从而说明研究中国法制史的重要性。

---

① 叶孝信主编:《中国法制史》,北京大学出版社1996年版,"绪论"第5页。
② 郑秦、江兴国主编:《中国法制史》,中国政法大学出版社1999年版,"前言"第1页。
③ 郑显文:《中国法制史》,中国法制出版社2017年版,"编写说明"第1页。

（二）有利于弘扬中国优秀的法律传统

中国优秀的法律传统中包含有中国法制史中的优秀部分，要弘扬优秀的法律传统，不能缺少中国法制史中的这一部分。中国法制史本身包含着许多内容，其中涉及法律思想、立法、司法、法律监督史等等。这些组成部分还包括有自己的内容。比如，立法史中就包括有立法机关、法律渊源、法律体系、法律内容、法律语言、立法技术史等。在弘扬中国优秀的法律传统中，就不能没有中国法制史中的优秀部分，其前提就是要加强中国法制史的研究。

70年来的中国学者对研究中国法制史有利于弘扬中国优秀的法律传统有深刻的认识。张晋藩认为，中国法制史有值得弘扬之处。他认为："在悠久的中国法制历史中，凝聚着治国理政的丰富经验和智慧，集中体现了中华民族的精神。尽管时移势易，沧桑变幻，但其中依然蕴藏着产生新智慧、创造新经验的深厚文化底蕴。"[1] 朱勇还专门列举了中国法制史中蕴含的优秀法律传统。他讲："中华文明一脉相承，其中集聚了诸多与治国理政、社会进步相关的民族智慧，形成了诸多优秀的法律传统。特别是中华文明所特有的一些制度、措施、规范，符合国情，适应社会，在规范社会秩序、推进社会发展方面起到了不可替代的积极作用。"[2] 然而，要弘扬中国优秀的法律传统，就必须研究中国法制史。他们是从阐明中国法制史中蕴含着中国优秀法律传统的角度，来证实研究中国法制史的重要性。

---

[1] 张晋藩总主编：《中国法制通史》（第1卷），法律出版社1999年版，"总序"第2页。

[2] 朱勇主编：《中国法制史》（第2版），高等教育出版社2019年版，"绪论"第7页。

（三）有利于为当今的法治建设提供必要的借鉴

历史上的中国法制与当今正在建设的社会主义法治，都立足于中国本土，是中国本土的产物。它们之间存在一定的联系，其中包括中国法制史可为今天的法治建设提供必要的借鉴。可以借鉴其中的成功经验，避免重蹈覆辙，加快法治建设的步伐。可以借鉴之处蕴含在中国法制史的各个组成部分之中，只要有利于推进今天的法治建设，都在可借鉴之列。但是，要学会借鉴就必须研究中国法制史，这是一条必经之路。

70年中的中国学者清楚认识到研究中国法制史的这种借鉴作用，并作了相关论述。怀效锋专门罗列了中国法制史中的可借鉴之处。他说："中华民族在长期的法制实践中，形成了许多优秀的法律传统，总结出了大量可资借鉴的法制经验。"这种借鉴充分表现在法律和上层建筑的关系上、处理立法和执法关系上、对待改革更制与法律关系上、认识法制与社会问题上等。比如，"在法律和其他上层建筑关系上，重视把法律建立在民族的伦理和道德上，形成了'礼法互补，综合为治'的传统，通过礼法的互动保证国家机器的有效运行"。[①] 其他的也都有自己的相关内容。丁凌华则认为，中国古代法制中的有些方面可以用作借鉴。他说："我们应该看到封建法制中的某些原则至今仍有其可借鉴的价值。"接着，他以立法的宽简原则为例，展开了论述。"立法的宽简原则一直被开明的封建王朝奉为圭臬，历史上的秦朝、隋朝都是法网严密、用行峻刻，结果

---

① 怀效锋主编：《中国法制史》（第3版），中国政法大学出版社2007年版，"绪论"第7页。

均二世而亡,而继之而起的汉唐的繁荣期如文景之治、贞观之治则都与立法的宽简有直接的关联。"① 他们认为的中国法制史可为今天的法治建设所借鉴的先决条件是对中国法制史要有研究,否则无法从中获得借鉴。

(四)有利于推进中外的学术交流

随着中国改革开放的推进与深入,中国与海外学者的国际间学术交流也开始活跃起来,其中包括了对中国法制史的交流。世界上的有些海外学者关心、参与了中国法制史的研究,而且还产出了研究成果。比如,日本学者江村治树的著作《中国战国时代法令的形式》(1998年)②、韩国学者任大熙的论文《中国历史上"存留养亲"规定的变迁及其意义》(1999年)③、美国学者钟威廉的论文《大清律例研究》(1994年)④等。要与海外学者进行学术交流,中国学者不深入研究中国法制史不行,因为这是交流的本钱。

70年来的中国学者也意识到研究中国法制史在推进中外学术交流的价值,还专门作了阐述。王立民认识到,研究中国法制史"还可在国际学术交流中发挥作用。中国法治的悠久历史和中华法系特有的魅力,吸引了诸多国家的学者,他们亦在本国从事中国法制史的教学与研究,其中包括日本、美国、德国、韩国等国家的学者。

---

① 丁凌华主编:《中国法律制度史》,法律出版社1999年版,"绪论"第5页。
② 俞荣根等:《中国法律史研究在日本》,重庆出版社2002年版,第144页。
③ 张中秋主编:《中国法律形象的一面》,中国政法大学出版社2012年版,第291—295页。
④ 高道蕴等:《美国学者论中国法律传统》,清华大学出版社2004年版,第413—418页。

随着中国的改革开放和学术交流的进一步扩大,这些学者也会有更多的机会与中国同行进行更广泛的交流"。①要进一步扩大这种交流,推进中外间的合作,必须研究中国法制史。

以上这四个"有利于"的综合,集中反映了70年来中国学者对研究中国法制史重要性的认识。这一认识又成为推进中国法制史研究的强劲动力,着实推动着中国法制史研究一步步向前迈进。

二、改革开放前30年中国法制史研究的两个发展阶段

新中国成立70年中的前30年,即改革开放前30年,中国法制史研究大致经历了两个发展阶段,即起步阶段和停滞阶段。

(一)起步阶段(1949—1965年)

新中国成立以后,百废待兴,中国法制史研究也在其中,开始起步。那时的研究人员主要是新中国成立后自己培养的学者。他们中有人是新中国成立前接受过高等教育,新中国成立后转为研究中国法制史;有人是新中国成立后,才接受中国法制史的教育,进入研究中国法制史的队伍。那时的中国法制史研究学者主要来自于两个领域,即法学与史学领域。张晋藩、陈光中、肖永清、戴克光等来自于法学领域,韩国磐、王永兴、侯外庐等则来自于史学领域。

---

① 王立民主编:《中国法制史》(第2版),科学出版社2016年版,"导论"第1—2页。

他们都发表过中国法制史的论文研究成果。其中有：张晋藩的《中国古代国家与法权历史发展中的几个问题》[①]、陈光中的《我国古代刑事立法简述》[②]、肖永清的《学习中国法制史初探》[③]、戴克光的《试论唐律是中国封建社会的标准法典》[④]等。还有，韩国磐的《略论隋朝的法律》[⑤]、王永兴的《〈唐律〉所载"同居相为隐"一语如何理解》[⑥]、侯外庐的《论中国封建制的形成及其法典化》[⑦]等。他们的成果都反映当时中国法制研究起步阶段的水平。

这个阶段的中国法制研究成果虽然不算多，但已涉及中国法制史研究的多个方面，特别是在中国法制史研究对象、部门法史、断代史等一些方面。在中国法制史研究对象方面，有一些成果。除了《学习中国法制史初探》以外，还有蒲坚的《试论中国国家与法的历史的对象和范围》[⑧]、张晋藩的《试论〈中国国家与法的历史〉的对象》[⑨]等。在中国法制史部门法史研究方面，也有少数成果。《我国古代刑事立法简述》就是这样的成果。在中国法制史断代史方面，同样有少量成果。《略论隋朝的法律》是其中之一。

然而，这一阶段是新中国成立以后，中国法制史研究的起步阶

[①] 张晋藩：《中国古代国家与法权历史发展中的几个问题》，载《政法研究》1963年第2期。

[②] 陈光中：《我国古代刑事立法简述》，载《政法研究》1963年第4期。

[③] 肖永清：《学习中国法制史初探》，载《政法研究》1963年第3期。

[④] 戴克光：《试论唐律是中国封建社会的标准法典》，载《政法教学》1958年第1期。

[⑤] 韩国磐：《略论隋朝的法律》，载《历史教学》1956年第12月号。

[⑥] 王永兴：《〈唐律〉所载"同居相为隐"一语如何理解》，载《历史教学》1962年第3期。

[⑦] 侯外庐：《论中国封建制的形成及其法典化》，载《历史研究》1956年第8期。

[⑧] 蒲坚：《试论中国国家与法的历史的对象和范围》，载《新建设》1958年第7期。

[⑨] 张晋藩：《试论〈中国国家与法的历史〉的对象》，载《教学与研究》1958年第5期。

段,参与研究的人数和成果数量都不多,研究的面也不宽,学术争鸣更是开展得很不充分。总之,可以提升的研究空间很大。

(二)停滞阶段(1966—1977年)

1966年"文化大革命"爆发,全国处于浩劫之中。国家的立法全面停顿,司法也基本瘫痪,法学教育与研究遭到沉重打击。① 那时,除了北京大学、吉林大学还曾招生、保留了一些法学课程以外,全国其他高校的法学专业全部被裁撤,法学教育处于停止状况。② 那时的中国法制史研究也未能幸免于难,处在一种停滞状态。1977年,虽然"文化大革命"已经结束,但还处在拨乱反正之中,中国法制史研究的春天还未真正到来。

在这一阶段中,参与中国法制史研究的学者比前一阶段的还少。属于法学领域的主要就是张晋藩与刘海年两位。张晋藩发表过《海瑞执行的王法究竟是什么样的法?》③和《关于李悝的〈法经〉》④等论文。刘海年发表过《唐律的阶级实质》一文。⑤ 其他参与中国法制史研究的学者则多集中于考古学与史学领域,张天保、胡厚宣、郑鹤声、吴荣曾等都是如此。他们每个人都发表过少量研究成果。其中有:张天保的《清末"预备立宪"》一文⑥;胡厚宣的《殷

---

① 参见朱景文主编:《中国法律发展报告2013》(法学教育与研究),中国人民大学出版社2014年版,第429页。
② 参见朱景文主编:《中国法律发展报告》,中国人民大学出版社2007年版,第595页。
③ 张晋藩:《海瑞执行的王法究竟是什么样的法?》,载《文汇报》1966年2月4日。
④ 张晋藩:《关于李悝的〈法经〉》,载《光明日报》1974年12月16日。
⑤ 刘海年:《唐律的阶级实质》,载《历史教学》1966年第3期。
⑥ 张天保:《清末"预备立宪"》,载《历史教学(高校版)》1966年第2期。

代的刖刑》一文①;郑鹤声的《李悝的变法》②;吴荣曾的《论秦律的阶级本质——读云梦秦律札记》③等。

从这一阶段发表的成果来看,有以下三点特别明显。第一,研究成果数量较少。总成果数量不到10篇,比前一阶段发表的成果还少。第二,研究成果内容涉及的面较窄。在仅有的少量成果中,集中于出土法律文献的研究。《殷代的刖刑》《论秦律的阶级本质——读云梦秦律札记》都是如此。其他领域研究的成果就很少,而且有些朝代法制研究的成果还没有,春秋、汉、魏晋南北朝、宋、清、民国时期和新中国法制等的研究成果都是如此。第三,研究成果的研究深度较浅。这一阶段的论文研究成果一般仅有数千字,几乎没有上万字的论文。这些论文的研究深度不足,未能做较有深度的研究。从这三点可见,此阶段的中国法制史研究没能向前推进,而是处在停滞状态。

总之,改革开放前30年中国法制研究不顺利,阻碍较多,成果与研究人员均较少,是中国法制研究70年中的不景气时期。

三、改革开放后40年中国法制史研究的两个发展阶段

改革开放给中国法制史研究带来了千载难逢的好机遇,这一研

---

① 胡厚宣:《殷代的刖刑》,载《考古》1973年第2期。
② 郑鹤声:《李悝的变法》,载《文史哲》1974年第3期。
③ 吴荣曾:《论秦律的阶级本质——读云梦秦律札记》,载《历史研究》1977年第5期。

究得到了前所未有的大发展。其中,亦可分为两大阶段。

(一)恢复与发展阶段(1978—1999年)

改革开放如同春天,给国家带来了生机,中国开始走上法治道路。中国立法、行政执法、司法、法律监督等机构重新建立起来,开始正常运作。法学教育与研究也恢复与发展起来,特别是法学教育的发展速度很快。[①]法学院、系与法学专业的大幅增加,给中国法制史研究带来恢复与发展的机遇,因为中国法制史是法学专业的核心、基础课程,学生要学习中国法制史,授课教师有中国法制史教学与研究的双重任务。这样,研究队伍就随之壮大,研究成果也逐渐增多了。

在这一阶段中,中国法制史的研究队伍已具规模。其中,既有改革开放以前的老兵,也有改革开放以后的新兵。其中,张友渔、张晋藩、曾宪义、栗劲、刘海年、陈鹏生、高潮、杨廷福、张希坡、韩延龙、王召棠等都算是改革开放前的老兵。老兵们引领这一阶段的中国法制史研究,成果丰硕。其中有:张友渔的《关于法制史研究的几个问题》[②]、张晋藩的《试论中国封建审判制度的特点》[③]、曾宪义的《新编中国法制史》[④]、栗劲的《秦律通论》[⑤]、刘海年的《秦代刑罚考析》[⑥]、陈鹏生的《税法史上的一次重大改革》[⑦]、高潮的《铜

[①] 王立民:《中国法制与法学教育》,法律出版社2011年版,第252—253页。
[②] 张友渔:《关于法制史研究的几个问题》,载《法学研究》1981年第5期。
[③] 张晋藩:《试论中国封建审判制度的特点》,载《学习与探索》1981年第3期。
[④] 曾宪义:《新编中国法制史》,山东人民出版社1987年版。
[⑤] 栗劲:《秦律通论》,山东人民出版社1985年版。
[⑥] 刘海年:《秦代刑罚考析》,载《中国法学文集》,法律出版社1984年版。
[⑦] 陈鹏生:《税法史上的一次重大改革》,载《政治与法律》1985年第5期。

器铭文中的法律史料——兼论周代的财产所有权》①、杨廷福的《唐律初探》②、张希坡的《学习马锡五同志审判方式》③、韩延龙的《试论抗日根据地的调解制度》④、王召棠的《中国古代法制史的几个问题》⑤等。此阶段中,还有一批改革开放后加入中国法制史研究队伍的新兵,杨一凡、钱大群、朱勇、苏亦工、霍存福、侯欣一、张中秋、王立民等都是这样的新兵。这些新兵也都有自己的研究成果面世,开始加入中国法制史研究队伍。其中包括有:杨一凡的《明初重典考》⑥、钱大群的《唐律译注》⑦、朱勇的《中国古代法律的自然主义特征》⑧、苏亦工的《清律颁年考略》⑨、霍存福的《论元代不动产买卖程序》⑩、侯欣一的《孝与汉代法制》⑪、张中秋的《中西法律文化比较研究》⑫、王立民的《唐律新探》⑬等。

这些老兵与新兵的组合,形成了一个新老结合的研究队伍。这预示着中国法制史研究队伍后继有人,中国法制史研究新生代正在崛起。他们会为往后的中国法制史研究,发挥新的推动作用。

---

① 高潮:《铜器铭文中的法律史料——兼论周代的财产所有权》,载《中国法学》1988年第6期。
② 杨廷福:《唐律初探》,天津人民出版社1982年版。
③ 张希坡:《学习马锡五同志审判方式》,载《法学研究》1979年创刊号。
④ 韩延龙:《试论抗日根据地的调解制度》,载《法学研究》1980年第5期。
⑤ 王召棠:《中国古代法制史的几个问题》,载《法学》1982年第3期。
⑥ 杨一凡:《明初重典考》,湖南人民出版社1984年版。
⑦ 钱大群:《唐律译注》,江苏古籍出版社1988年版。
⑧ 朱勇:《中国古代法律的自然主义特征》,载《中国社会科学》1991年第9期。
⑨ 苏亦工:《清律颁年考略》,载《法学研究》1986年第4期。
⑩ 霍存福:《论元代不动产买卖程序》,载《法学研究》1995年第6期。
⑪ 侯欣一:《孝与汉代法制》,载《法学研究》1998年第4期。
⑫ 张中秋:《中西法律文化比较研究》,南京大学出版社1991年版。
⑬ 王立民:《唐律新探》,上海社会科学文献出版社1993年版。

这一阶段中产出的中国法制史研究成果遍地开花，涉及中国法制史的通史、断代史、部门法史、地方法制史等各领域。关于中国法制史的通史研究成果。这类通史的成果把中国法制史的古、近（有的还有当代）部分，都作了系统梳理与论述。这类成果不少，但张晋藩总主编的《中国法制通史》（10 卷本）则是其中的代表作。① 此著作共有 10 卷本，总计 500 多万字，内容涵盖了中国法制史的古、近代各个时期。王立民主编的《中国法制史》则把中国法制史的古、近、当代部分全都包括在内，这种体例与内容在当时很鲜见。② 还有很多中国法制史通史的成果。如肖永清主编的《中国法制史简编》（上、下册）③、蒲坚主编的《中国法制史》④ 等等。关于中国法制史的断代史研究成果。这类研究成果专门研究和反映中国历史上断代的法制史，其中多为古代，少数涉及当代。其中，有冯卓慧、胡留元的《西周法制史》⑤，孔庆明的《秦汉法律史》⑥，韩玉林的《元朝法律史》⑦，张晋藩的《清朝法制史》⑧，还有陶希晋的《新中国法制建设》⑨ 等。关于中国法制史的部门法制史研究成果。这类成果以部门法制史为研究对象，反映的是部门法制史的状况。如，蔡枢衡的《中国刑法史》⑩，陈光中、沈国峰的《中国古代司法制度》⑪，

---

① 张晋藩总主编：《中国法制通史》，法律出版社 1999 年版。
② 王立民主编：《中国法制史》，上海人民出版社 2003 年版。
③ 肖永清主编：《中国法制史简编》（上、下册），山西人民出版社 1981、1982 年版。
④ 蒲坚主编：《中国法制史》，光明日报出版社 1987 年版。
⑤ 冯卓慧、胡留元：《西周法制史》，陕西人民出版社 1988 年版。
⑥ 孔庆明：《秦汉法律史》，陕西人民出版社 1992 年版。
⑦ 韩玉林：《元朝法律史》，中国法制出版社 1997 年版。
⑧ 张晋藩：《清朝法律史》，中华书局 1998 年版。
⑨ 陶希晋：《新中国法制建设》，南开大学出版社 1988 年版。
⑩ 蔡枢衡：《中国刑法史》，广西人民出版社 1983 年版。
⑪ 陈光中、沈国峰：《中国古代司法制度》，群众出版社 1984 年版。

张晋藩、李铁的《中国行政法史》①，蒋晓伟的《中国经济法制史》②等。关于中国法制史的地方法制史研究成果。在这阶段中，这类研究成果不多。其中，有以行政区划为单位的地方法制史研究成果，如王立民的《上海法制史》③；有以少数民族聚居区为单位的地方法制史研究成果，如范宏贵的《少数民族习惯法》④；等等。另外，还有一些专题研究的成果，内容涉及对古代法典、革命根据地等研究。如倪正茂的《隋律研究》⑤，杨永华、方克勤的《陕甘宁边区法制史稿》(诉讼狱政篇)⑥，等等。总之，这一阶段中的中国法制史研究成果如同井喷式地产生，大量涌现。中国法制史研究在这一阶段中，得到了很好的恢复与发展。

在这一阶段中，还要特别提及的是中国法律史学会。这是一个全国性的中国法律史学术研究学会，1979年9月成立于吉林。它的成立对推进中国法制史研究具有积极作用。此后，其便不断召开年会。1983年8月在西安召开了"法律史研究与建立具有中国特色的法学"为主题的年会，1986年8月在合肥召开了第三届年会，1987年7月在昆明召开了学术研讨会等。中国法律史学会的活动持续至今。

中国法制史研究乘改革开放的东风，迅速从第二阶段的停滞中崛起，很快恢复，并得到快速发展。这为下个阶段的进一步发展奠定了基础。

---

① 张晋藩、李铁:《中国行政法史》，中国政法大学出版社1992年版。
② 蒋晓伟:《中国经济法制史》，知识出版社1994年版。
③ 王立民:《上海法制史》，上海人民出版社1998年版。
④ 范宏贵:《少数民族习惯法》，吉林教育出版社1990年版。
⑤ 倪正茂:《隋律研究》，法律出版社1987年版。
⑥ 杨永华、方克勤:《陕甘宁边区法制史稿》(诉讼狱政篇)，法律出版社1987年版。

（二）高潮阶段（2002—2019年）

进入21世纪以后，中国的改革开放继续向前推进，国家建设持续向前发展，学术研究更加繁荣。中国法制史研究顺势而上，达到高潮阶段。在这一阶段中，除了继续巩固恢复、发展阶段的阵地以外，还有新发展。这在研究队伍、研究内容等各方面都有突出表现。

关于研究队伍。除了改革开放前、后进入中国法制史研究队伍的新兵、老兵，仍然坚持在中国法制史研究的第一线以外，改革开放后新兵的学生辈也崭露头角，成为中国法制史研究队伍的新秀。他们的加入使中国法制史研究队伍更有生气，也更富有战斗力了。其中，包括了尤陈俊、聂鑫、刘晓林、王沛、陈新宇等，他们都有骄人的成果。尤陈俊的《中题西影：反思中国传统诉讼文化研究的思维框架及其概念使用》①、聂鑫的《财产权宪法化与近代中国社会本位立法》②、刘晓林的《唐律"七杀"研究》③、王沛的《刑书与道术》④、陈新宇的《〈大清新刑律〉编纂过程中的立法权之争》⑤等，都是这样的成果。中国法制史研究队伍因此而得到了巩固与发展，史无前例。

关于研究成果。在这一阶段中，研究成果的水准又有进一步提

---

① 尤陈俊：《中题西影：反思中国传统诉讼文化研究的思维框架及其概念使用》，载《现代法学》2019年第1期。
② 聂鑫：《财产权宪法化与近代中国社会本位立法》，载《中国社会科学》2016年第6期。
③ 刘晓林：《唐律"七杀"研究》，商务印书馆2012年版。
④ 王沛：《刑书与道术》，法律出版社2018年版。
⑤ 陈新宇：《〈大清新刑律〉编纂过程中的立法权之争》，载《法学研究》2017年第2期。

升。有些成果的研究主题以往很少涉及，这一阶段则大量涌现。出土法律文献的研究即是如此。其中有：张继海的《睡虎地秦简魏户律的再研究》①，刘笃才、杨一凡的《秦简廷行事考辨》②，曹旅宁的《里耶秦简〈祠律〉考述》③；还有，李均明的《张家山汉简所反映的二十等爵制》④，徐世虹的《张家山二年律令简所见汉代的继承法》⑤，闫晓君的《试论张家山汉简〈钱律〉》⑥等。这些成果在研究出土法律文献方面都很有见地。有的成果不断以新版的面目出现，其研究在广度与深度上都有突破。王立民的《唐律新探》的第一版出版于1998年，进入21世纪以后，又于2001、2007、2010、2016年出版了4版。⑦每版都对唐律研究有新体会、新发展。另外，此著作还被韩国学者译成韩文，在韩国出版。⑧有些成果则以学术争鸣为主题，开展学术磋商。郑显文与岳纯之关于《唐律疏议》制作年代的争鸣就是如此。郑显文认为，《唐律疏议》就是《永徽律疏》，并在《现存的〈唐律疏议〉为〈永徽律疏〉之新证——以敦煌吐鲁番出土的唐律、律疏残卷为中心》等论文中作了阐述。⑨岳纯之则认为，《唐律疏议》是《开元律疏》，不是《永徽律疏》，并在《所谓〈唐

---

① 张继海：《睡虎地秦简魏户律的再研究》，载《中国史研究》2005年第2期。
② 刘笃才、杨一凡：《秦简廷行事考辨》，载《法学研究》2007年第3期。
③ 曹旅宁：《里耶秦简〈祠律〉考述》，载《史学月刊》2008年第8期。
④ 李均明：《张家山汉简所反映的二十等爵制》，载《中国史研究》2002年第2期。
⑤ 徐世虹：《张家山二年律令简所见汉代的继承法》，载《政法论坛》2002年第5期。
⑥ 闫晓君：《试论张家山汉简〈钱律〉》，载《法律科学》2004年第1期。
⑦ 王立民：《唐律新探》，上海社会科学出版社1993、2001年版，北京大学出版社2007、2010、2016年版。
⑧ 王立民：《中国唐律研究三十年》，载《法学研究》2014年第5期。
⑨ 郑显文：《现存的〈唐律疏议〉为〈永徽律疏〉之新证——以敦煌吐鲁番出土的唐律、律疏残卷为中心》，载《华东政法大学学报》2009年第6期。

律疏议〉为〈永徽律疏〉的新证——与郑显文先生商榷》等论文中作了叙述。① 他们的争鸣既有很强的学术性,又繁荣了中国法制史研究,值得首肯。中国法制史的研究内容达到了空前的水准,是这一阶段中国法制史研究的突出表现。

另外,在这一阶段中,中国法律史学会的工作也有长足的进步。中国法律史学会每年都召开年会。比如,2001年的年会在安徽合肥市举行,研讨会的主题是"走向21世纪的中国法文化"。② 同时,中国法律史学会下设的各分会也建立起来,开展学术活动。③ 比如,2005年儒学与法律文化分会在广东汕头市举行了年会暨"在现代化过程中如何看待传统中国法文化"研讨会。④ 在这一阶段中,中国法制史学会开展的中国法制史研究学术活动在会议召开的频率、出席会议的人数、会议研讨主题的数量等方面都在这70年中名列前茅。

可见,改革开放以后,中国法制史研究迅速崛起,飞速发展,在研究队伍、成果、学会建设方面都取得了骄人的成绩,而且势不可挡,是新中国成立70年后中国法制史研究的高潮。当然,这得益于改革开放,也得益于中国法制史研究同仁的共同努力。

---

① 岳纯之:《所谓〈唐律疏议〉为〈永徽律疏〉的新证——与郑显文先生商榷》,载《敦煌研究》2011年第4期。
② 陈鹏生等主编:《走向二十一世纪的中国法文化》,上海社会科学院出版社2000年版,"序"第1页。
③ 中国法律史学会下设有东北地区分会、民族法律文化分会、中国法制史专业委员会、中国法律思想史专业委员会、西方法律思想史专业委员会、法律文献古籍整理专业委员会、儒学与法律文化分会、东方法律文化分会、老庄与法律文化分会等分会。
④ 陈鹏生等主编:《现代化与中国传统法文化》,吉林人民出版社2010年版,第325页。

四、70年后中国法制史研究的前瞻

中国法制史研究已经走过70周历程，往后的中国法制史研究还会持续下去，不会中断。为使这一研究可持续发展，有必要在总结经验、教训的基础上，作些前瞻，继续再战。

（一）进一步加强研究队伍建设

目前，中国法制史研究队伍已经形成了老中青相结合的格局，这十分有利于中国法制史研究的开展。然而，这一队伍还有进一步优化的空间。目前，改革开放前加入中国法制史研究队伍的老兵绝大多数已退出战场，很少有人再作研究；改革开放后进入中国法制史队伍的新兵中的40后、50后成了老兵，多数也离开战场，留在中国法制研究第一线的不多了；而风华正茂的生力军正是那些改革开放后加入中国法制史研究队伍新兵的学生辈，他们大多是70后、80后。可是，其中冒尖的人数不多，与进一步发展中国法制史研究的要求还有距离。这一研究不仅要后继有人，还要后继有一大批优秀人才，才能担当往后中国法制史研究的大任。

中国法制史研究的领域很广，既有通史、断代史、部门法史、地方法制史的研究，还有革命根据地法制史、法典、出土法律文献等的研究。在这么广泛的研究领域中，每个领域都应有数位，甚至更多有影响力的学者。这样的学者少了，这些研究领域就会被弱化，甚至出现研究缺口。这对中国法制史研究十分不利。因此，在中国法制史研究队伍中的成员，都应根据研究的需要与自己的爱好相结合的原则，有意识地给自己定位，集中力量，闯出一条新路，开辟一片新天地。

中国法制史研究是一项坐冷板凳的工作。千万不要指望一朝一夕就可产出高质量的研究成果并在高档次学术刊物上发表，也不要以为能一蹴而就成为一位大家。相反，应避免浮躁心态，存有十年磨一剑的决心。只要坚持坐冷板凳，下苦功夫，认真研究，就会有收获。只有经过长年的积累，才有可能产出高质量的研究成果，才有可能在中国法制史学界有一席之地。

（二）进一步拓展研究领域

70年来，虽然中国法制史的研究成果遍地开花，各研究领域都有数量不等的成果，有的研究领域的成果还比较多。可是，从总体上来看，发展还极不平衡，多者很多，少则很少。比如，对于中国古代律典的研究中，对唐律研究的成果最多，有著作近20部，论文达700多篇。[①] 对中国古代其他律典的研究成果却相对很少，不成比例。

还有一些研究领域的成果缺口很大。比如，海外中国法制史研究成果即是如此。海外有不少国家、地区都有中国法制史的研究学者及其成果，日本、韩国、美国、英国、德国等国家都有这样的学者。可是，当前对他们研究成果的研究十分不足，研究成果也很少。这很不利于国内的中国法制史研究。因为，不能知己知彼，就意味着我们的研究可能是重复研究，也可能是低于他人水平的研

---

① 2019年3月26日用"唐律"为"篇目"在中国知网进行搜索，搜索结果是唐律的论文数为700余篇。

究，这在学术研究中是大忌。只有进一步加强对海外中国法制史研究，知己知彼，才能避免重复研究，才能取长补短，共同进步。这就需要与海外的同行交流，也需要有较好的外语基础。不过，只要下定决心，咬定青山不放松，海外中国法制史研究一定会迎头赶上。

随着中国出土法律文献的不断被发现、整理，往后对这一法律文献的研究也需随之拓展，不要落后。要不断研究，坚持研究，使中国的这一研究，始终站在世界的制高点上。世界上关注、研究中国出土法律文献的国家，不只是中国，还有外国。中国的中国法制史研究学者应有担当，领先世界的这一研究，不断产出新的研究成果，不要落后。

（三）进一步改进研究方法

70 年来，中国法制史研究队伍主要有两大群体的学者组成，即法学与史学群体的学者。法学的学者主要运用法学的研究方法，去研究中国法制史；史学的学者则主要运用史学的研究方法，在研究中国法制史。这两种研究方法有所不同。法学的研究方法是一种社会科学的研究方法，以求真为目标，侧重于问题意识，解决现实的法治问题，大量使用法学原理去分析、研究中国法制史问题。史学的研究方法则是一种人文科学的研究方法，以求知为目标，通过训诂、考古等的路径，运用大量史料来证明一个史实的存在与否。中国法制史学者应该熟练地掌握、运用这两种方法，把求真与求知结合起来，既使自己的研究成果能为解决现实的法治问题提供帮助，又能使自己的研究史论结合、论从史出。中国法制史本身就是法学与中国史学的交叉专业、学科，只有把这两种研究方法很好地运用在自己的研究之中，才能取得令人满意的效果。

从70年来的情况来看，法学专业毕业的中国法制史研究学者，大多受到的史学训练不足，而史学专业毕业的中国法制史研究学者，则大多受到法学的训练不够，他们都需要弥补自己的缺口，正确使用法学与史学的研究方法。这就需要在研究中国法制史的过程中，相互学习。法学专业的学者多学一些史学的研究方法，而史学专业的学者则要多学一些法学的研究方法，取长补短，完善自己的研究方法，更有成效地研究中国法制史问题。另外，随着时代的发展与研究手段的更新，一些新的研究方法还会涌现，只要有利于中国法制史研究，这些方法也可被尝试使用。

在新中国成立后70年的中国法制史研究中，这三个问题十分重要，而且还存在一种逻辑联系。中国学者特别是改革开放后的中国学者，充分认识到中国法制史研究的重要性是推进中国法制史研究的重要动力。没有这一动力，中国法制史研究不可能向前推进，也不可能取得现在那样的成就。中国法制史研究的进步、停滞、恢复与发展、高涨四个阶段，是这一研究发展的历程，体现了这70年中，中国法制史研究的总体面貌并一定程度上反映其发展规律。70年后中国法制史研究的前瞻则是对往后中国法制史研究的展望，揭示了中国法制史研究可以进一步开拓的领域，期待着这一研究取得更为辉煌的成就。这是一个从动力、历程到前瞻的逻辑，展示的是70年来中国法制史研究的内在关系，也是这70年中国法制史研究的重要问题。新中国成立70年来，中国法制史研究经过曲折，最终达到高潮，实不容易。后浪推前浪，期待70年后的中国法制史研究不断向前迈进，再创辉煌。

（原载《南京社会科学》2019年第9期）

专题四

租界法制史

中国租界法制性质论

根据不平等条约，鸦片战争以后的中国领土上产生了租界及其法制。这种法制是由中国租界制定或认可，并在租界区域内实施并发展、终止。对中国租界法制的认识绕不开这一法制的性质问题。这是有关中国租界法制的根本性问题。目前，学界对中国租界法制性质的认识不尽一致。本文以中国租界法制中，诞生最早、持续时间最长、适用地域最广的上海租界法制为中心，探研中国租界法制的性质，与同仁们交流。

一、中国租界法制是中国领土上的中国法制

中国租界是中国城市中的一个区域，其周边则是城市中的华界。租界与华界都是中国城市中的不同区域。租界法制的性质与中国租界的领土性质联系在一起。这一领土性质在很大程度上，决定了中国租界法制的性质。从中外政府对中国租界领土性质的认定以及中国租界的租地实际情况等视角可以证明，中国租界领土是中国领土。以此为基础，可以得出结论，即中国租界法制也就是中国领土上的法制了。

（一）中外政府都认定中国租界是中国的领土

中外政府对中国租界领土性质的认定，首先在于中外政府签订的不平等条约。在这些条约中，有关于中国租界建立的主要法律依据，也是租界产生的直接原因。中外签订的这些条约都把中国租界的领土认作为中国领土，没有否认其中国领土的这一基本属性。

最早签订的这种不平等条约是 1842 年的中英《南京条约》及其 1843 年的附件《五口通商附粘善后条款》。《南京条约》规定，广州、福州、厦门、宁波和上海五个城市作为通商口岸，而且英国人可以携带家人在这五个中国城市居住。"自今以后，大皇帝恩准英国人民带同所属家眷，寄居大清沿海之广州、福州、厦门、宁波、上海等五处港口，贸易通商无碍。"[①] 这为英国在中国设立租界提供了最早的法律依据。以后的《五口通商附粘善后条款》在这一依据的基础上又进了一步，明确提出英人可以在五口通商城市中，设立专门的区域居住。"广州等五港口英商或常川居住"；"中华地方官应与英国管事官各就地方民情地势，议定界址，不许逾越，以期永久彼此相安"；"中华地方官必须与英国管事官各就地方民情，议定于何地方，用何房屋或基地，系准英人租赁"。[②] 这里的"议定界址"就是以后所称的"租界"。从这些规定可以得知，英国人可以在中国的五个通商口岸居住，但没有动摇这些居住区域的中国领土性质。

1845 年依据《南京条约》及其附件《五口通商附粘善后条款》

[①] 王铁崖编：《中外旧约章汇编》（第 1 册），三联书店 1957 年版，第 31 页。
[②] 同上书，第 35 页。

的规定，上海道台宫慕久与英国驻沪领事巴富尔商定了《上海租地章程》。① 这一章程正式确定了上海英租界的地域，即"划定洋泾浜以北、李家庄以南之地，准租与英国商人，为建筑房舍及居住之用"。② 随后，上海英租界诞生了，"此为中国近代史上设立的第一块租界"。③ 从确定上海英租界地域的内容来看，其只是在上海城市中划出的一个区域；这个区域只是被英国人租用，还是中国领土，没有改变属于中国领土的基本属性。可见，中外政府都把上海英租界作为中国领土上的一个区域；没有把其游离于中国领土之外。上海英租界是这样，中国其他的租界也是这样。④

中外政府在20世纪40年代签署的收回租界的条约中，提到外国政府要归还租界的行政、管理，没有提及中国租界的领土问题。这意味着中外政府对于中国租界领土的态度没变，即中国租界是中国的领土。1943年中英政府签署的《关于取消英国在华治外法权及其有关特权条约》中，明确规定："上海及厦门公共租界之行政与管理归还中华民国政府，并同意，凡关于上述租界给予英王陛下之权利应予终止。"⑤ 中国与美国、法国分别于1943年与1946年也签订了类似的条约，也都同意把租界的行政与管理归还给中国政府。⑥ 其他租界也都是如此。可以说，在中外政府签署的所有关于租界的

---

① 史梅定主编：《上海租界志》，第91页。另外，《上海租地章程》又被称为《上海土地章程》《上海地皮章程》等。姜龙飞：《上海租界百年》，文汇出版社2008年版，第2页。

② 王铁崖编：《中外旧约章汇编》（第1册），第65页。

③ 史梅定主编：《上海租界志》，第92页。

④ 中国共有10个城市正式设立过27个租界及其法制。上海市政协文史资料委员会等编：《列强在中国的租界》，中国文史出版社1992年版，第590页。

⑤ 王铁崖编：《中外旧约章汇编》（第3册），三联书店1957年版，第1264页。

⑥ 同上书，第1257、1363页。

条约中,有关中国租界是中国领土的口径始终没变。它们都是确定中国租界领土性质的法律依据,最具权威性。

秉承中外政府签订的关于租界条约的精神,中外政府官员关于中国租界领土的表态,与其保持一致。1919年,以顾维钧等人组成的中国代表团出席了巴黎和会。会上,中国代表团明确指出,中国租界是通商口岸"划定专界备外人居住、贸易者","租界之地,仍为中国领土"。[①]外国政府官员的表达也没有否认中国租界的中国领土性质。1864年英国公使布罗斯曾表态:"租地与英国并未尝许予该地之管辖权。该地仍属于中国主权。"这一表态所代表的意见:"后为各国公使赞同,并得英国政府同意。"[②]中国租界的中国领土性质在中外官员的表态中进一步得到了证实。

中外政府在条约中作出的规定与中外政府官员的表态,都是一种官方对中国租界领土性质的认定。他们都认为中国租界属于中国领土,就可视为国家、法律对中国租界领土性质的态度。这种态度具有权威性与合法性。

(二)租地实践同样证实中国租界是中国的领土

1845年《上海租地章程》颁行以后,英国人便开始租地。以后,中国有租界的其他城市也根据相关规定,开展了租地实践。租地实践证明,他们是通过承租制形式,取得中国城市中只有使用权、没有所有权的土地,这种承租制形式又因租地主体、程序不同而分为"民租"与"国租"两种。"民租"是一种外国侨民通过契

---

① 费成康:《中国租界史》,上海社会科学院出版社1991年版,第386页。
② 蒯世勋等:《上海公共租界史稿》,上海人民出版社1980年版,第222页。

约,直接向中国城市中的土地业主长期租用土地的租地形式。上海的英租界和以后的英美、公共租界都采用这种租地形式。还有,天津的法、意、奥地利租界,汉口的法、德、日租界,鼓浪屿的公共租界等也都采用了这种租地形式。①"国租"是一种外国政府先以国家名义,向中国政府长期租用中国城市中的部分土地,然后再由外国政府以契约形式,把已经租得的土地,再转租给外国侨民的租地形式。上海法租界采取这种租地形式。还有,镇江、天津、汉口、九江、广州等城市中的英租界和广州等城市中的法租界,也都采取这种租地形式。②

可见,中国租界的租地主体、程序都有所不同,其中"国租"的租地程序较"民租"为复杂。然而,不管通过哪种租地形式租用中国城市中的土地,外国政府、侨民取得的都是中国城市中,只有使用权、没有所有权的土地。中国租界的土地始终是中国领土,这一领土性质没有因为租界的出现而发生改变。难怪一位外国人深有体会地讲:"外人并非为租界内土地所有者,每年缴税金于中国政府,租界土地永为中国领土。"③

另外,从外国人对中国租界的称谓中,也可以看到,中国租界是中国的领土。中国租界诞生以后,就有了称谓问题。英国人习惯把中国租界称为"settlement"。比如,上海公共租界就被称为"The International Settlement of Shanghai"或"Shanghai International Settlement"。这个"settlement"具有居留地的含义。法国人则习惯把中国租界称为"concession",法租界就被称为"Concession Fran-

---

① 费成康:《中国租界史》,第92—93页。
② 同上书,第93页。
③ 蒯世勋等:《上海公共租界史稿》,第201页。

caise"。这里的"concession"具有专管居留地的意思。① 尽管外国人对中国租界的称谓不尽相同,但都翻译为"租界"。尽管用词上有所不同,反映了认识上有点不一致,但都没有否认中国租界是中国领土这一基本事实。在外国人称谓中,中国租界还是被认为是中国领土,是中国领土的一部分。否则,也不会用这两个词而是使用其他词了。

中国租界施行的租地形式与租地以后对租界的称谓都是一种租地的实践及其结果。它们印证了中国租界是中国领土的属性,而不是相反。这是从法律实施的视角来反映,中国租界领土属性的实际情况,其说服力与证明力都很强。

(三)中国领土上的租界法制是中国法制

中国租界法制是一种世俗法制,其地域性十分明显。中国租界法制就是在中国领土上的租界区域内产生、发展、终止的法制。这一法制由租界内的立法机关制定,行政执法机关执法,司法机关司法。② 中国租界法制的效力就在租界内,离开了租界,其就无法律效力了。中国租界法制就是一种属地法制。中国租界法制的这种属地法制与属人法制明显不同。领事裁判权是一种属人法制。1843年中英《南京条约》的附件《五口通商章程:海关税则》确立了在中国实施的领事裁判权。此章程规定有"英人华民交涉词讼一款",其中规定:"其英人如何科罪,由英国设定章程、法律发给管事官照

---

① 上海通社编:《上海研究资料》,上海书店出版社1984年版,第128页。
② 王立民:《中国的租界与法制近代化——以上海、天津和汉口的租界为例》,载《中国法学》2008年第3期。

办。华民如何科罪，应治以中国的法。"① 以后，又有一些列强国家也在与中国政府签订的不平等条约中，确立了这一制度。② 这些有约国人在中国的任何地方违法犯罪，中国的法律与司法机构对其均无管辖权，而由其本国领事按照本国的法律进行管辖。领事裁判权依有约国人所属国家的法制而转移，其属人性十分明显，与中国租界的属地法制有显著差异。中国租界是中国领土，中国租界法制属地性可以证实：中国租界法制是中国领土上曾经出现过的法制。

从历史的角度来观察，中国领土上的立法主体制定并得到实施的法制都被纳入中国法制史的范畴。从夏商的法制开始直到新中国的法制，纵贯古、近、当代，延续了4000余年的中国法制都被归入中国法制史范围。这在近期出版的《中国法制史》著作中也能得到反映。此书从中国法律的起源、夏商法制开始阐述，直至2010年的中国法制，中国古、近、当代的法制一贯到底。这在此书的目录中，就有清晰反映。③ 值得注意的是，一些外来民族入侵中国并建立了自己朝代的法制也列入其中。这些外来民族以后都变成了中国的少数民族。他们建立的法制在中国法制史中同样能够得到反映，辽、金、元、清等朝的法制都是如此。从这种历史的角度来分析，中国租界法制也应是中国法制史中的一个部分，属于中国法制史范畴。如果是这样，研究中国法史就应把这一法制列入其中，不该把它排斥在外了。

---

① 王铁崖编：《中外旧约章汇编》（第1册），第42页。
② 在近代中国获得领事裁判权的国家有：英、美、法、日本、意大利、比利时、丹麦、荷兰、挪威、西班牙、俄、奥地利、匈牙利、德、葡萄牙、瑞典、瑞士、巴西、秘鲁、墨西哥等国家。孙晓楼等编著：《领事裁判权问题》下，商务印书馆1936年版，第167—171页。
③ 朱勇主编：《中国法制史》，高等教育出版社2017年版，"目录"第1—15页。

这里还需特别提及的是，当时，中外政府都曾认可中国租界法制是中国法制，可以被设在中国租界里的中国的法院继续适用。1925年的五卅运动以后，中国人民要求收回租界的呼声更为高涨，会审公廨被裁撤之事正式提到了中外政府的议事日程之上，1926年总算有了结果。此年淞沪督办总署总办及上海交涉员同外国驻沪领事团签订了《收回上海公共租界会审公廨暂行章程》。[①] 这个章程规定，上海公共租界会审公廨被收回，上海公共租界临时法院取而代之。这个临时法院仍可继续适用上海公共租界原来作出的规定。"凡与租界治安直接有关之刑事案件，以及违犯洋泾浜章程及附则各案件，暨有领事裁判权条约国人民所雇佣华人为刑事被告之案件，均得由领袖领事派委员一人观审，该员得与审判官并坐。凡审判官之判决，无须得该委员之同意，即生效力。"[②] 这里的"洋泾浜"是上海租界的代名词（下同）。

上海公共租界临时法院是上海公共租界的会审公廨演变为中国法院的过渡性法院，与会审公廨已有不同，要适用中国政府制定的法律，即它要适用"中国法庭之一切法律（诉讼法在内）及条例，及以后制定公布之法律条约"。[③] 中国政府的地方机关淞沪督办公署签订了《收回上海公共租界会审公廨暂行章程》，并允许"洋泾浜章程及附则"被适用，实际上就认可了上海公共租界法制是中国法制的性质。

中国政府还通过其中央行政机关与外国签订的协定来认可中国租界法制。1930年中国外交部与英国、美国、荷兰、挪威、巴西等五国签订了《关于上海公共租界内中国法院之协定》，法国随后补

---

① 史梅定主编：《上海租界志》，第286页。
② 王铁崖编：《中外旧约章汇编》（第3册），第591页。
③ 同上。

签了这一协定。① 这个协定规定,在上海公共租界内不再设立临时法院,以中国法院取代之,即"在上海公共租界内设置地方法院及高等法院分院各一所",这些中国法院除了要适用中国政府制定的法律以外,还要适用"至现时沿用之洋泾浜章程及附则"。② 这个协定允许上海租界法制在上海公共租界的中国法院内被继续使用,实际上也认可上海公共租界法制的中国法制性质。

一年以后,中国外交部又与法国驻华公使签订了《关于上海法租界内设置中国法院之协定》,这一协定也规定,在上海法租界设立中国法院,即"在上海法租界内设置地方法院及高等分院各一所",这些中国法院除了要适用中国法律以外,"至租界行政章程,亦顾及之"。③ 也就是说,上海法租界里的中国法院还要继续适用上海法租界的法制,这一法制的中国法制性质也得到了确认。上海租界法制是如此,中国其他城市租界的法制也是如此。

综上所述可知,无论是从中外政府认可的中国租界的中国领土性质,还是从中外政府对中国租界法制属于中国法制的认识态度来看,中国租界法制都是中国的近代法制,是这种法制的一个组成部分。

二、中国租界法制是在 20 世纪初清末法制改革前就建立起来的近代法制

中国租界法制不仅是中国的法制,还是中国最早的近代法制,

---

① 史梅定主编:《上海租界志》,第 287 页。
② 王铁崖编:《中外旧约章汇编》(第 3 册),第 770 页。
③ 同上书,第 847 页。

比20世纪初清末法制改革产生的近代法制还要早半个多世纪。这是因为中国租界自建立起,就开始建设自己的近代法制。这一法制伴随着中国租界的诞生、发展与终止,在中国生存了百年时间。这里以20世纪初清末法制改革前上海英租界、英美租界和公共租界的近代法制为例,展开论述。

中国租界中,最早产生的是上海租界,其法制即是中国租界中最早的近代法制,也是中国最早的近代法制。上海租界的近代法制中,又以上海英租界的近代法制诞生最早。上海英租界确立于1845年,同年施行的《上海租地章程》就具有近代性。这个章程使用近代的法律结构、法律语言、制裁方式等等,是一部名副其实的近代性规定。[①] 上海英租界是中国租界中建立时间最早的租界,《上海租地章程》又是上海英租界最早施行的规定,此章程无疑是中国租界中最早的近代法规。同时,也可以认为,它是中国最早的近代区域性法规。上海除了有英租界外,还有美租界与法租界,但它们的建立均晚于英租界,其法制也是如此。

《上海租地章程》施行以后,上海英租界以及它的继承者上海英美租界、上海公共租界,继续推进近代法制建设。[②] 在20世纪初之前,其就已建立了自己的近代立法、行政执法与司法机关,行使自己的立法、行政执法与司法权,使租界的近代法制逐步建立、发展起来。

(一)近代立法

上海英租界与以后上海英美租界、公共租界的立法都是近代立

[①] 王立民:《上海:中国现代区域法制建设领先之地》,载《东方法学》2017年第6期。

[②] 王立民:《上海租界与上海法制近代化》,载《法学》2006年第4期。

法。这一近代立法又体现在近代的立法机关、法律体系和法律内容等一些领域。这里以近代的法律内容为例。

上海英租界与上海英美租界、上海公共租界制定的规定还都具备了近代的法律内容。这又突出表现在其中的调整对象、法律语言和制裁方式等一些方面。

关于调整对象。上海英租界与其后的上海英美、公共租界法制的调整对象是近代人的行为。上海租界自建立之日起，走的就是一条建设近代城市的道路。这就要求人们的行为要与这一建设的各个方面相适应。于是，在上海英租界以及英美租界、公共租界的规定中，都把这一行为作为调整对象并加以规制。这里以三个土地章程中的一些规定为例。《上海租地章程》规定，洋商可以在租界内设立近代宗教、服务机构与相关设施，营造良好的城市环境。即"得修教堂、医院、慈善机关、学校及会堂；并得种花、植树及设娱乐场所"；"亦不得使人不便，如堆积秽物、任沟洫满流路面、肆意喧嚷滋扰等"。①《上海英法美租界租地章程》确定要建立近代的警政制度，开始把更夫改为巡捕。②《上海洋泾浜北首租界章程》规定，建立领事公堂，把其作为近代的行政法庭，专门受理以行政机关工部局为被告的行政诉讼案件。即"凡控告公局（即工部局）及其经理人等者，即在西国领事公堂投呈控告"。③这三个土地章程分别把近代城市中的近代的宗教、服务机构、城市环境、警政机构与行政诉讼法庭等都作为调整对象并作出相应规定，推动租界的区域城市建设。

---

① 王铁崖编：《中外旧约章汇编》（第1册），第67—69页。
② 蒯世勋等：《上海公共租界史稿》，第57页。
③ 王铁崖编：《中外旧约章汇编》（第1册），第299页。

关于法律语言。在上海英租界和以后的英美租界、公共租界颁行的规定中，都使用近代的法律语言，不再运用中国传统的法律语言。这里以《工部书信馆章程》为例。①此章程全部使用近代语言，包括运用近代法律语言。这些语言在中国的传统法律中都没被使用。其中，把契约称为"合同"。它规定："邮政单位将其所接收邮件请工部书信馆进行投递者，亦可与本馆订立合同。"把合同的乙方称为"客户"。它规定："如客户门口能安装一私人信筒，邮件投递工作可大为加速。"货币单位称为"分"。它规定："包裹：每磅或不足1磅，4分"；"快件：每件（400份），25分"。时间以星期、24小时计算。它规定："5号信筒——位于百老汇路、兆丰路口，每24小时取一次信，其第一次取信时间为星期一至星期六上午8:20。星期日仅取一次信，下午3:20。"这些语言都是近代的法律语言，至今都耳熟能详，其近代性十分突出。

关于制裁方式。上海英租界与英美租界、公共租界在制定的规定中，运用的是近代的制裁方式。其中，大量使用经济制裁方式，而且有轻罚的倾向。这里以《上海英法美租界租地章程》为例。此章程对违反规定者使用的是罚银的制裁方式。它规定："禁止华人用篷、簝、竹、木及一切易燃之物建造房屋，并不许存储硝磺、火药、私货、易于着火之物，及多存火酒，违者初次罚银二十五元，如不改移，按每日加罚二十五元，再犯随事加倍。"还规定："禁止堆积秽物，任沟洫满流，放枪炮，放辔骑马赶车，并往来遛马，肆意喧嚷、滋闹，一切惹厌之事，违者每次罚银十元。"这种制裁方式符合当时近代法制的要求，是这一要求在中国租界法制中的反映。

---

① 史梅定主编：《上海租界志》，第687—690页。

（二）近代行政执法

上海英租界、英美租界、公共租界都设有近代行政机关，开展行政执法。这一行政执法是近代行政执法。那时的工部局既是行政机关，也是行政执法机关，其下属机构有行政执法职能。这里以具有代表性的巡捕房行政执法制度及其运行为例，展开论述。

1. 近代的行政执法制度

上海英租界及以后的上海英美、公共租界的行政执法都有制度规定。它们的行政执法行为都受到制度的制约。这里仍以工部局所属的巡捕房为例。工部局的巡捕房及其巡捕都需依法执法。其中的主要规定有：《警务守则》《捕房督察员职责》《警务章程》和《巡捕房章程》等。这些规定的内容包括：巡捕房督察与其他人员的职责、巡捕的主要任务等。

关于行政执法人员职责的规定。这是对巡捕房各种行政执法人员职责的规定。通过执行这一规定，以使他们在规定的范围内行使自己的职权。巡捕房的督察员曾是巡捕房的负责人。《捕房督察员职责》规定，督察员在工部局董事会监督下工作，完成董事会交办的任务；指挥、监督下属执法人员，履行防止抢劫、禁止行乞、阻止打架斗殴、逮捕可疑分子、捉拿罪犯等职权；不可对犯罪嫌疑人施用刑讯；有必要时可向审判机关提起诉讼；等等。①《巡捕房章程》则对巡捕房其他执法人员的职责作了规定，其中巡捕职责62条、译员职责6条、巡长职责19条、巡官职责65条等。违反了职责者，

---

① 史梅定主编：《上海租界志》，第244页。

还要受到处分。比如，巡捕如果在执行任务时，有玩忽职守或行为不端、不服从上级命令、无故脱岗、酗酒、不按时上下班、索贿受贿、诬告他人、假装生病、生病后拖延治疗等行为，都要依照情节，受到"降职、降级、罚款直至开除的处分"。① 可以说，巡捕房行政执法人员的职责都有明文规定，十分明确。

关于行政执法人员任务的规定。上海英租界与上海英美、公共租界的行政执法人员如巡捕房的巡捕，都要在职责范围内完成自己的行政执法任务。这在《警务章程》中作了明文规定。这个章程规定了巡捕的各项执法任务，其中包括有："禁止市民乱倒垃圾、粪便，禁止市民大声喧哗，禁止未经允许施放烟花爆竹"等。② 巡捕都要按照《警务章程》中规定的执法任务，开展行政执法，履行自己的义务。

从那时的行政执法制度来看，已经不同于中国传统的行政执法制度，其中的有些规定只在近代的行政执法制度才能体现。比如，行政执法人员职责中不可对犯罪嫌疑人施用刑讯的规定，行政执法人员任务中禁止未经允许施放烟花爆竹的要求等，都不可能在中国传统的行政执法制度中得到体现。上海英租界、英美租界、公共租界的行政执法制度已是一种近代的行政执法制度，不是中国传统的行政执法制度。

2. 近代行政执法制度的运行

上海英租界与英美租界、公共租界不仅制定了近代行政执法制度，而且还运行了这一制度。这又突出表现在城市公共卫生、公共

---

① 史梅定主编：《上海租界志》，第245页。
② 同上书，第244页。

交通等一些行政执法领域。

关于城市公共卫生行政执法。上海英、英美和公共租界都把租界作为近代城市进行管理，城市公共卫生是其中的一个重要组成部分，开展必要的行政执法。这里以狂犬病的防治与相关行政执法为例。为了消除狂犬病的病源，1876年这一租界作出决定，捕杀游荡在租界的所有野狗。1893年又进一步规定，凡在马路上游荡、不戴颈圈的狗，一律捕捉、关押，7天内无人领取的，即被杀死。这一任务由巡捕房来执行。据统计，此年共捕获4457条游荡狗，其中750条狗被人认领，其余的3707条狗均被溺死。1899年被捕捉的4758条狗也大部分被杀死。这一行政执法效果明显，被认为："射杀野狗对遏制狂犬病的发生起到了重要作用。"[①]

关于城市公共交通行政执法。公共交通是近代城市建设中的一个重要构成部分，也是近代城市的一张名片。上海英美租界在19世纪60年代就规定，租界的道路实行人车分道，即人走人行道与车开行车道，以保证居民、车辆行车安全，道路畅通。对于不遵守这一交通规则者，由巡捕房进行行政执法，一般由巡捕训斥、罚款。据记载，也确有违犯者受到处罚。比如，1865年3月14日一位名为蔡阿九的居民醉倒街上，造成"拦街"，被巡捕训斥。同年7月10日一位名为陆阿和的居民酒醉后"在街凌辱路人"，影响交通，最后被"罚洋二元"。[②] 久而久之，租界居民渐渐养成了行走人行道的习惯。

上海英租界、英美租界、公共租界工部局属下的巡捕房的巡捕依照近代的租界法制进行行政执法，而且主要的处罚手段是训斥、

---

① 马长林等：《上海公共租界城市管理研究》，中西书局2011年版，第93页。
② 同上书，第142页。

罚款等，这是近代行政执法的表现。

（三）近代司法

上海英租界及以后的上海英美、公共租界的近代法制还在近代司法上凸现出来。这又着重反映在司法机关、审判与监狱管理等一些方面。这里以近代的审判为例，作些论述。

自上海英美租界建立了自己的司法机关，特别是会审公廨与领事公堂建立以后，租界里的审判走上了近代审判的道路，采用近代的审判制度。会审公廨与领事公堂的主要区别在于，会审公廨是审理民、刑案件的审判机关，领事公堂则是审理行政诉讼案件的审判机关。它们的近代审判着重体现在审判参与人、审判程序等一些方面。

近代的审判参与人。无论是会审公廨还是领事公堂的审判参与人都具有近代性。除了法官以外，还有民事代理人和刑事辩护人，华洋诉讼案件中，还有陪审人员参加；律师可以作为代理人或辩护人参加审判；刑事案件的公诉人由巡捕房派员担任；如果审判中有洋人参加，还要派翻译人员出庭；等等。[①]这些都与近代的审判参与人吻合，也是近代审判制度的一种体现。

近代的审判程序。上海英美、公共租界的会审公廨和领事公堂的审判程序都包括了宣读诉状、双方责证、辩论与判决等。[②]其间，律师还可以参与全过程，能够充分体现出这种近代的审判程序。有目睹这一近代审判程序者对此作了描述。"华洋互审以来，尤多交

---

① 杨湘钧：《帝国之鞭与寡头之链——上海会审公廨权力关系变迁研究》，北京大学出版社2006年版，第96—111页。

② 上海市政协文史资料委员会等编：《列强在中国的租界》，中国文史出版社1992年版，第215—216页。

涉事件。余观英、法二公堂中西互控之案，层见迭出。无论西人控华人，须请泰西律师以为质证，即华人控西人，亦必请泰西律师。"律师的参与也确实发挥了应有的作用。"案无大小，胥由人证明曲直，律师辩其是非，审官研鞫而公断之，故无黑白混淆之弊。"① 这些审判程序都与近代审判程序一致。

近代审判的运行。上海英美租界的会审公廨与领事公堂按照相关规定进行运行，1869年4月上海英美租界的会审公廨在租界内的南京路香粉弄设立，开始审判案件。根据统计，会审公廨审判的案件不算少。其中，1889年审判的案件数为5117件，1890年5999件，1891年为5600件，平均每天都有10余件。② 其中，有些判案保留至今，这里以一些道路管理违规被罚钱的案件为例。1869年一个木匠把木头放置在街道上，造成了北京路山西路口道路的阻塞，其被会审公廨罚钱半元；1880年马夫陆如松违规驾驶马车，被会审公廨罚钱1元；1893年金松江、金阿太两马夫也在马路上驾车违规，被会审公廨罚钱5元；等等。③

上海英美租界的领事公堂自建立起，也进行审判，但审案的数量较少。据统计，自1882年至1941年这个领事公堂共审判了55个案件。其中，行政机关工部局败诉的案件是22个，败诉率为40%。④ 从具体案例来看，上海闸北水电公司诉工部局一案，就是工部局败诉。此案的起因是1911年上海公共租界工部局以享有专利为借口，不允许闸北水电公司在四川北路与吴淞路一带供自来水。闸北水电公司因此向领事公堂起诉工部局，要求向那里供水。审判结

---

① 《皇朝经世文新编·西律》。
② 马长林：《上海的租界》，天津教育出版社2009年版，第58页。
③ 同上书，第58—59页。
④ 上海市档案馆藏档：U1-4-1273。

果是:"工部局失去了其控制下上海自来水公司对租界的供水独占权,事实上败诉。"①

这里专门要提及的是,中国租界法制在20世纪初清末法制改革前,就已走上近代法制的道路,进入20世纪以后,中国租界的法制仍在近代法制的道路上前行,没有停滞不前,许多规定都得到了进一步发展、完善。以上海英美租界有关公共交通方面的规定为例。进入20世纪以后,在原有《手推车规章》和《交通章程》的基础上,又有发展。1904年上海公共租界印行了《上海工部局治安章程》,其中有大量关于公共交通的内容,包括:"货车执照章程"10条、"马车行执照"10条、"机器车执照"9条、"自用马车执照"6条、"自用东洋车执照"6条、"东洋车行执照"14条、"小车执照"11条和"马路章程"17条,等等。这些规定的内容比以前规定的内容更为丰富与完善。以后,上海公共租界还在1921、1923、1931年分别根据租界内情势的变化,又对这一章程进行了修订,其内容进一步完善了。②其他方面的规定也都有类似情况,得到了发展与完善。这从一个侧面证实,中国租界的近代法制随着租界的存在、发展而存在、发展,前后一贯,始终保持了这一法制的近代性。

三、中国租界法制是中国特殊的近代法制

中国租界法制不仅是中国近代法制的一部分,而且还是一种中国特殊的近代法制。它的特殊性十分突出。

---

① 马长林主编:《租界里的上海》,上海社会科学院出版社2003年版,第222页。
② 史梅定主编:《上海租界志》,第591页。

中国租界在鸦片战争后产生,到20世纪40年代被收回,前后持续百年时间。在这百年中,中国历经清朝与南京临时政府、北京政府、南京国民政府等时期。它们均建有法制。中国租界法制在中国的法制中,非常特殊。中国有10个城市中曾经设立过租界,也建立过自己的法制。这些城市中,既有租界又有华界及其法制。把这些城市中租界的法制与华界的法制作比较以后可以发现,它们存在明显的差别。这种差别正好反映出中国租界法制的特殊性。

(一)中国租界的法制机关不在中国华界法制机关的体系之中

法制机关是国家机关的一个部分,专门行使包括立法、行政执法、司法在内的法制职能。中国华界的法制机关就是中国的法制机关。中国租界的法制机关虽生存在中国领土之上,却不在中国华界的法制机关体系之中,立法、行政执法、司法机关等无一不是如此。这里以立法机关为例。

中国在清末法制改革前,清朝有一套传统的立法体系,主要由中央与地方两大部分构成。在中央,皇帝具有更高的立法权。皇帝之下,设有中枢机构内阁及其六部,兼行中央的立法权。[1] 在地方,设有省、道、府、县四级行政体系,这四级地方的行政机关兼行自己所辖区域内的立法权。[2] 在当时上海华界的上海县的立法权由上海知县直接行使。[3] 可见,清末法制改革前,中国没有按三权分立

---

[1] 张晋藩总主编:《中国法制通史》第8卷,法律出版社1999年版,第88—96页。
[2] 同上书,第104—107页。
[3] 王立民:《上海法制史》,上海人民出版社1998年版,第11—12页。

原则，设立专门的立法机关，立法权往往由行政机关兼行。那是一种中国传统的立法机关体系。中国城市中的华界也是如此。

清末法制改革以后，中国逐渐开始建立独立的立法机关，形成近代的立法机关体系。清末法制改革时期在中央设立的资政院和地方建立的咨议局是形式上的立法机关。南京临时政府时期，中央设置临时参议院行使中央的立法权，地方的立法权由都督府兼行。北京政府时期，先后成立参议院、国会等作为中央的立法机关，地方设立省、县议会作为地方的立法机关。南京国民政府的国民党中央政治委员会、立法院先后是中央的立法机关，地方的省、县参议会是地方的立法机关。①上海华界于1927年由县改为特别市，以后就成立了参议会作为上海华界的立法机关，行使地方立法权。②

中国租界只是中国城市中的一个区域，在其设立以后不久，就建立了自己的立法机关，而且还不在中国华界的立法体系之内，在称谓、人员构成、召集人与主持人等方面都与中国的立法机关不同，显得非常特殊。上海英租界的立法机构称"租地人会"，在中国华界的立法机关体系中，没有这样的称谓，也没有这样的机关。这个租地人会组成的人员都是上海英租界的租地人，即外国人；他们每人都有投票权。"英租界内每位租地人在租地人会讨论议案时均有权投票，但无论该租地人拥有多少土地，都只具有一票。"这个租地人会召开会议的召集人和主持人通常是英国驻上海领事。"会议一般由英国领事召集和主持。"③而且，租地人会也没有上、下级的立法机构，独立独行。中国的立法机关中，没有成员是外国

---

① 曹全来：《中国近代法制史教程》，商务印书馆2012年版，第328—329页。
② 王立民：《上海法制史》，第18—19页。
③ 史梅定主编：《上海租界志》，第153页。

人，国会或地方议会的召集人和主持人也都不是外国驻中国的领事。这也决定上海英租界的立法机关独立于华界的立法机关，不在中国华界的立法机关体系之中。

上海英美租界把租地人会演变为"纳税人会"，上海公共租界继续沿用这一纳税人会。出席这一会议的人员也"全为外国侨民"，召集与主持会议者也都是外国驻上海领事，只是加入纳税人会成员的资格与租地人会的成员有所不同，有了前置条件。这个条件主要是有资产的数量要求。"凡居住界内的外侨，置有价值至少500两的地产，每年缴纳房地捐满10两以上者，或其租赁的房屋，每年缴纳由工部局估定的租价满500两或500两以上者。"[①] 可见，纳税人会只是对租地人会稍作调整，实是租地人会的延续，也不在中国华界的立法机关体系之中。

上海英租界与英美租界、公共租界的立法机关都独立存在，不在中国华界的立法机关体系之中，集中反映了中国租界立法机关的特殊性。

（二）中国租界的法律体系和法律内容与中国华界相比相去甚远

中国租界有自己的法律体系与法律内容，它们也都与中国华界的法律体系与法律内容不同，相去甚远。

1. 法律体系相去甚远

中国租界的法律体系实是中国城市的租界区域里的一种法规体

---

① 史梅定主编：《上海租界志》，第163页。

系。以上海英租界、英美租界、公共租界的法律体系为例。它们的土地章程是这一体系中的基石,是确立租界存在与发展的主要法律依据,故有"根本法""大宪章"之说。① 这一体系的其他部分内容都以租界的城市发展需要为导向而设立起来。其中,就包括有:组织、交通通信、教育卫生、动物保护、中式建筑与公园管理等的一些规定与组成部分。② 在中国租界生存的百年时间里,这一法律体系逐渐成熟,没发生根本性改变。

中国租界的法律体系与清末法制改革前清朝华界的法律体系很不同。那时,中国华界的法律体系即是清朝的法律体系。那是一种中国传统的法律体系,其中主要由律例、则例、会典等构成。律是清朝的主要法典,内容为刑法;例是对律文的补充,由皇帝钦定;清朝采用律、例合编形式,代表作是《大清律例》。还有,则例是各部院政务的行政规则,吏、户、礼、兵、刑、工六部皆有自己的则例。会典是清朝的官制政书,康熙、雍正、乾隆等朝都编撰过会典。③ 中国租界的法律体系中根本没有律例、则例、会典等,其不在清末法制改革前中国华界的法律体系之中,与其差别很大。

中国租界的法律体系与清末法制改革后华界的法律体系也很不同。清末法制改革后,中国大量移植西方的法制,开始建构由宪法与部门法组成的近代法律体系。经过南京临时政府与北京政府时期的发展,南京国民政府建成了这样的法律体系,由宪法、行政法、民法、刑法、民事诉讼法和刑事诉讼法组成的被称为"六法"的体系。其中,主要由法典、单行法规、判例与解释例组合而成。法

---

① 王鹏程等:《上海史研究》,学林出版社 1984 年版,第 100 页。
② 王立民:《上海法制史》,第 196—228 页。
③ 朱勇主编:《中国法制史》,第 251—252 页。

典有:《中华民国训政时期约法》《中华民国宪法》《中华民国刑法》《中华民国民法》《中华民国民事诉讼法》《中华民国刑事诉讼法》等等,另外还有一系列行政法规。它们还与相关的单行法规、判例与解释例共同形成了《六法全书》。[①] 这就是与中国租界同期的中国近代法律体系,中国华界就在这个法律体系之中。这也是一种中国国家的近代法律体系。中国租界的法律体系与其不同,根本不存在这"六法"体系。

中国租界的法律体系与中国华界的法律体系相比较,无论是在清末法制改革前,还是在清末法制改革后,都有很大不同,相距甚远。中国租界的法律体系不在当时华界的法律体系之中,显得很异类,也很特殊。

2. 法律内容相去甚远

中国华界不仅在法律体系上与中国租界的法律体系很不同,而且在法律内容上也是如此。在清末法制改革前,中国华界的法律内容就清朝传统的法律内容。它以传统刑法为主要内容,大量涉及传统的罪名、特权、刑罚等。这在《大清律例》中就有直接反映。《大清律例》重点打击的"十恶"犯罪,"十恶"就是罪名,其中包括了"谋反""谋大逆""谋叛""恶逆""不道""大不敬""不孝""不睦""不义""内乱"10个罪名。[②] 对这些犯罪的用刑很重。比如,凡是犯有"谋反"罪的,不仅本人要被"凌迟处死",家庭成员还要被株连受罚。"祖父、父、子、孙、兄弟及同居之人,如本族无服亲属,及外祖父、妻父、女婿之类,不分异姓;及伯叔

[①] 王立民主编:《中国法制史》,上海人民出版社2003年版,第453页。
[②] 《大清律例·名例律上》"十恶"条。

父、兄弟之子，不限籍之同异，年十六以上，不论笃疾、废疾，皆斩。其十五以下，及母、女、妻妾、姊妹、若子之妻妾，给付功臣之家为奴。财产入官。"① 与犯罪相联系，《大清律例》中还有一些特权的规定，"八议"是其中之一。凡"八议"者犯罪，可不依法律判案，而由皇帝裁定，给予其特权。"凡八议者犯罪，实封奏闻取旨，不许擅自勾问。若奉旨推问者，开具所犯及应议之状，先奏请议，议定奏闻，取自上裁。"② 《大清律例》中的刑罚主要沿用封建制"五刑"，即笞、杖、徒、流、死刑。③ 这些以传统刑法为主的清朝法律内容在上海华界被适用。

清末法制改革以后，中国政府大量引用西方国家的法律，开始走法制近代化道路，南京国民政府在二十世纪二三十年代颁行的《六法全书》正是集大成者。这些法律适用于中国华界。上海公共租界在临时法院时期才逐渐开始适用这些法律。也就是说，中国租界在清末法制改革以后，长期不使用中国华界的法律内容。

中国租界的法律内容是近代的法律内容，与清末法制改革前中国华界的清朝传统法律内容有天壤之别，不存在中国传统的法律内容，如"十恶"罪名、"八议"特权、封建制"五刑"等。同时，中国租界法律内容中，有大量与近代城市建设相关的内容，在中国华界的法律内容也没有。中国租界的法律内容与中国这时的法律内容相比较，特殊性十分明显。

清末法制改革以后，中国华界的法律内容也开始近代化。这时，中国租界的法律内容虽与中国华界的法律内容同为近代的法律内容，

---

① 《大清律例·刑律·贼盗上》"谋反大逆"条。
② 《大清律例·名例律上》"应议者犯罪"条。
③ 《大清律例·名例律上》"五刑"条。

但差别依然存在。其中，突出表现在两个方面。一方面，中国华界的法律内容以国家法为主，即以《六法全书》为主；而中国租界的法律内容是区域性的法律内容，不是国家层面的法律内容；它们法律内容的层级有所不同。另一方面，中国华界的法律内容涉及国家、社会、人民生活的各个方面，而中国租界的法律内容仅局限于与城市建设相关的一些领域，法律内容的面比较狭窄。事实也是如此。中国华界的《六法全书》中的大量内容在中国租界的法律内容中都不存在；同时，中国租界的一些有关近代城市建设的法律内容在中国华界的法律内容里也是缺乏的，如禁放烟花爆竹等。

可见，中国租界的法律内容与清末法制改革前中国华界传统的法律内容不同，与清末法制改革后中国华界近代的法律内容也不同，都相去甚远，其特殊性表现得比较充分。

四、中国租界法制是中国近代的区域法制

中国租界产生于鸦片战争以后，是中国有些城市中的区域。中国的这些城市因此而华、租界并存，华、租界相邻。它们的界限清楚，区域分布清晰。中国华界在中国政府的管辖之下，有从中央到地方的管理、法制体系。中国租界则实行外国侨民自治，是一种自治区域，具有自己特殊的管理、法制体系。这种区域之间各自为政，没有相互的隶属关系，中国租界的法制就是一种区域法制。另外，由于租界的建立国也往往不是同一个国家，这些国家的法制本身不尽一致，因此中国租界法制的区域性就显得特别突出。不仅中国租界的近代法制与华界的法制有明显差异，而且不同租界之间的

近代法制也不完全一样。这里以它们规定中的不同内容为例,作些分析。

(一)同一城市不同租界的近代法制有差异

中国的上海、汉口、天津、广州等城市都曾被设立过两个以上租界。它们又都是城市中的不同区域,相互独立。而且,它们都可以根据本租界的需求颁行规定,以致每个租界的法制都不完全一样,有差异,就是同一城市里不同租界规定的内容也是如此。这里以上海法租界与上海公共租界的相关规定为例。

上海法租界与上海公共租界都曾对租界内禁放花爆作过规定,但规定的内容则不完全一样。上海法租界于1869年颁行的《法租界公董局警务路政章程》对禁放花爆作出规定,内容是:"禁止在马路上或在住屋旁边焚烧纸锭,燃放鞭炮或点燃烟火等;在焚烧这些物品前,须通知当地警局,征得同意后方可行事。"① 上海公共租界于1903年颁行的《公共租界工部局巡捕房章程》也对禁放花爆作了规定,内容是:"租界居民无论在于马路僻径及公地,均不准燃放爆竹,如欲燃放,或于家中天井焚化冥镪,应预向巡捕房领取执照,惟火铳自燃之爆竹,则一概禁用。"② 虽然,这两个规定的内容都是关于禁燃花爆,但在燃放地点、燃放对象、申请燃放程序等都存在差异,以致这两个规定的内容不完全相同。③

如果说,有关禁燃花爆规定差异属于立法方面的差异,那么上

---

① 史梅定主编:《上海租界志》,第713页。
② 同上书,第701页。
③ 王立民:《论上海租界法制的差异》,载《法学》2011年第7期。

海法租界与上海英美租界在会审公廨制度方面的差异则属于司法方面的差异了。上海法租界与上海英美租界都在1869年建立了自己的会审公廨，但这两个租界的会审公廨制度在建立之初就不完全一样，有差异。这种差异突出体现在审判人员、审理的案件和诉讼费等三个方面。上海法租界的会审公廨审判人员全为华、洋人员构成，就是纯属华人的案件的审理也是如此；会审公廨要审理所有案件，就是军徒以上案件也要先审再移送华界；诉讼费为2%。上海英美租界的会审公廨审判人员组成要依所审理案件而定，凡是纯属华人的案件，只有华人审判人员审理，当案件中有了有约国人或被其雇用的华人时，才有洋人参与审判；凡是军徒以上案件直接移送华界审理，没有先审程序；诉讼费为3%。① 可见，同在上海城内的上海法租界与上海英美租界的会审公廨制度，却有差异存在。

（二）不同城市不同租界的近代法制有差异

中国租界的近代法制不仅在同一城市不同租界的内容不一样，而且在不同城市不同租界之间也不一样，差异同样存在。不同城市中的租界就是不同城市里的不同区域。这种不同区域的租界的租界国不一样，其法制也不一样了。这里以汉口英租界与天津法租界关于租地的规定为例。这两个城市中的英租界与法租界均有关于租地的规定，但其规定的内容不尽一致，有差异。这又突出表现在租地的程序上。汉口英租界规定，英国侨民可直接向汉口的华人租地，只是要公平交易。"英国民人，在各口并各地方意欲租地盖屋，设立栈房、礼拜堂、医院、坟基，均按民价照给，公平定议，不得互相

---

① 王立民：《论上海租界法制的差异》。

勒措。"① 天津法租界规定的程序则有所不同。它的程序是：法国领事首先向中国政府租地，然后法国侨民再向法国领事与地方官租地，中间多了个法国领事先向中国政府租地的程序，汉口英租界则没有这一程序。因此，天津法租界的租地规定便是："无论法国何人，愿租地若干，必须呈明领事官与地方官，基指要租地基何处、量地亩若干。"② 这两个租界分属汉口与天津两个不同城市，租界国又分属英国与法国两个国家，它们关于租地的规定也不相同，有差异。

（三）不同城市同一租界国租界的近代法制有差异

有多个租界国在中国的不同城市都设立过自己的租界。也就是说，这些同一租界国的租界处在中国的不同城市。其中，英国在上海、天津、汉口、九江、镇江、广州、厦门设立过英租界，法国在上海、天津、广州、汉口设立过法租界，日本在杭州、苏州、汉口、天津、重庆设立过日租界，美国在上海、天津设立过美租界，德国在天津、汉口设立过德租界，俄国在天津、汉口设立过俄租界，等等。③ 这些不同城市里相同租界国的租界的近代法制也不尽相同，而有差异。这里以上海法租界与汉口法租界关于设立户外广告的规定为例。上海法租界、汉口法租界分别于 1927、1929 年对设立户外广告作出规定，虽然它们规定的内容有相似之处，但差异仍十分明显。从形式上看，上海法租界规定的条文多于汉口法租界规定的条文。上海法租界的规定有 15 条，汉口法租界的规定仅

---

① 袁继成主编：《汉口租界志》，武汉出版社 2003 年版，第 516 页。
② 罗澍伟主编：《天津通志·附志·租界》，天津社会科学院出版社 1996 年版，第 459 页。
③ 上海市政协文史资料委员会等编：《列强在中国的租界》，第 590 页。

有7条。从内容上看,上海法租界的规定与汉口法租界的规定也有差异。首先,上海法租界的有些规定在汉口法租界的规定里没有体现。比如,在设立广告牌的区域里设立广告牌需"得到地产业主或房地产租赁人的同意"、广告必须"安装牢固"、公董局巡捕房"强制执行"本规定等都是如此。其次,上海法租界与汉口法租界虽都有类似规定,但内容不完全一样。比如,上海法租界规定,损坏广告牌者要被"处以1至10元罚金;或向所辖法院起诉"。汉口法租界则仅规定:"处以10元以下的罚款。"① 可见,尽管上海法租界与汉口法租界都是法国设在中国的租界,但它们所颁行规定的内容还是有差异,不完全一致。中国其他同一租界国设在不同城市租界的规定也基本是这样。

在中国租界的近代法制中,同一城市不同租界的法制、不同城市不同租界的法制、不同城市同一租界国的租界法制,都不完全相同,有差异。另外,中国华界的法制与中国租界的近代法制也有差异。这些都说明,中国租界的近代法制只是中国城市中的区域法制,其区域性十分明显。

中国是在鸦片战争以后,根据不平等条约,才产生了租界及其法制。其中,中国租界法制的性质问题是个研究中国租界法制绕不开的问题,也是研究中国租界法制的基础性问题。关于这一问题虽有不同解读,但没有引起法史学界的足够重视,也没有进行广泛研讨。从中国租界法制的四个纬度来分析,其是中国领土上的中国法制,是在20世纪初清末法制改革前就建立起来的近代法制,是中国特殊的近代法制,也是中国近代的区域法制。而且,这一区域先

---

① 史梅定主编:《上海租界志》,第719—720页。袁继成主编:《汉口租界志》,第551—552页。

后存在了百年时间,是中国近代持续时间最长的区域法制。把这四个维度综合起来,中国租界法制的性质就可以表述为:中国租界法制是中国最早的、特殊的近代区域法制。对中国租界法制的性质有了这样的认识,就较易理解这一法制的相关问题,不会产生各种歧义,甚至出现偏颇了。

(原载《华东政法大学学报》2021年第5期)

中国租界法制诸问题再研究

中国租界是中国近代持续时间最长的自治区域，长达百年时间。中国租界里有法制，是中国近代延续时间最长的区域法制，也长达百年时间。对中国租界里法制的研究有多重作用。比如，有助于进一步摸清中国租界法制的状况，有助于进一步认识中国租界法制的法律性质，有助于进一步弄清中国租界法制的两重性特征，有助于进一步理解中国法制近代化的进程，有助于进一步了解中国租界法制在近代城市建设中的作用，等等。改革开放以后，学界开始注意到中国租界法制，也进行了一些研究，产出了一些成果。其中，既有一些著作成果，如《上海租界法制研究》[1]《上海公共租界特区法院研究》[2]《上海英租界巡捕房制度及其运作研究（1854—1863）》[3]《中国租界法制初探》[4]和《上海会审公廨审判研究》[5]等；也有一些论文，如《中国的租界与法制现代化——以上海、天津和汉口的租界为例》[6]《会审公廨司法审判权的"攫取"与"让渡"——

---

[1] 王立民、练育强主编：《上海租界法制研究》，法律出版社2011年版。
[2] 姚远：《上海公共租界特区法院研究》，上海人民出版社2011年版。
[3] 张彬：《上海英租界巡捕房制度及其运作研究（1854—1863）》，上海人民出版社2013年版。
[4] 王立民：《中国租界法制初探》，法律出版社2016年版。
[5] 洪佳期：《上海会审公廨审判研究》，上海人民出版社2018年版。
[6] 王立民：《中国的租界与法制现代化——以上海、天津和汉口的租界为例》，载《中国法学》2008年第3期。

会审公廨移交上海总商会调处民商事纠纷的分析》[1]《上海公共租界行政诉讼制度探析》[2]《上海法租界第三特区法院的现代司法》[3]《东吴大学的罗马法教育》[4]等。然而，在中国租界法制研究的深度和广度上都还留有很大的空间。随着对这一法制研究的深入，还会发现一些以往没有涉及和没有深入研究的问题。其中包括："中国租界的法制"与"在中国租界适用的法制"的不同之处；"中租界的审判机关"和"设在中国租界里的审判机关"的不同之处；还有，怎么理解中国租界法制是中国半殖民地半封建社会的产物；等等。这就需要进行再研究。通过再研究，弄清这些问题，着力推进中国租界法制的研究。

一、中国租界里法制多样化问题的再研究

在中国租界范围内被适用的法制有多种，有一个多样化问题。其中，既有"中国租界的法制"，也有"在中国租界适用的法制"。"中国租界的法制"是指，由中国租界的立法主体制定，在本租界区域内实施的法制。这一法制是一种属地法制，其区域性很强，适用的地域就在本租界的区域范围内，超出这一区域，便无法律效

---

[1] 王红梅：《会审公廨司法审判权的"攫取"与"让渡"——会审公廨移交上海总商会调处民商事纠纷的分析》，载《甘肃社会科学》2011年第1期。

[2] 黄毛毛：《上海公共租界行政诉讼制度探析》，载《上饶师范学院学报》2014年第1期。

[3] 崔雅琼：《上海法租界第二特区法院的现代司法》，载《山西师大学报（社会科学版）》2019年第2期。

[4] 汪强：《东吴大学的罗马法教育》，载《苏州大学学报（法学版）》2018年第3期。

力。"在中国租界适用的法制"是指由中国、有约国等立法主体制定，包括中国租界在内的全中国都适用的法制。这一法制被适用的人与地域都比较宽泛。其中，中国的立法主体制定的法制是属地法制，而有约国立法主体制定的法制则是属人法制。因此，"在中国租界适用的法制"相对复杂一些。目前，对于这两种法制概念的外延与内涵的研究都十分不足，需要进行再研究。

（一）"中国租界的法制"是中国租界立法主体制定仅在本租界内实施的法制

中国的每一个租界都有自己的立法主体，都制定一些仅实施于本租界的法制。这便是"中国租界的法制"。上海于1843年开埠，1845年上海英租界诞生，1848年上海美租界出现，1849年上海法租界确定。1863年上海英美两租界正式合并，成立上海英美租界。1899年上海英美租界改名为上海公共租界。[①] 这些租界都建有自己的立法机关，它们是立法主体，行使本租界的立法权。上海英租界的租地人会和上海英美、公共租界的纳税人会都是立法主体，制定适用于本租界的一些规定，审议通过一些议案。[②] 其中包括制定的一些规定。比如，《上海英美法租界土地章程》(1854年)、《上海洋泾浜北首租界章程》(1869年)、《印刷物的附律》(1919年)等。审议通过了一些议案。比如，建造排水系统的议案（1862年）、英美两租界合并的议案（1863年）、越界筑路的议案（1866年）、增设工部

[①] 参见史梅定主编：《上海租界志》，第91—96页。

[②] 纳税人会议被称为"纳税西人会""外人纳税会"等。参见王立民：《上海法制史》（第2版），上海人民出版社2019年版，第11页。

局华人董事的议案（1930年）等。① 上海法租界的租地人会也是立法主体，也制定过一些适用本租界的规定，审议通过一些议案。其中包括：设置巡捕房的议案（1857年）、调整捐税税率的议案（1864年）、成立公董局的议案（1865年）等。② 中国租界的立法机关行使立法权，是名副其实的立法主体，制定、通过的规定、议案在本租界均有法律效力，是租界内单位与个人的行为规则。

中国租界按照三权分立的原则，设立行政机关。中国租界的行政机关作为立法主体，有立法权。它们根据行政管理的需要，也制定过适用本租界的规定，同样是中国租界的立法主体。上海英租界于1854年成立工部局，行使本租界的行政权，以后的上海英美、公共租界继续沿用工部局。此工部局制定过一些适用于本租界的规定，成了上海英租界、英美租界、公共租界的立法主体。其制定的规定中包括有：《工部局书信馆章程》（1893年）、《公共租界工部局中式新房建造章程》（1901年）、《公共租界工部局治安章程》（1903年）、《公共租界工部局公共菜场章程》（1931年）等。③ 上海法租界的公董局是上海法租界行政机关，成立于1862年。这也是此租界的立法主体，先后制定过《法租界公董局警务路政章程》（1869年）、《法租界公董局印刷业管理办法》（1926年）、《法租界公董局告白章程》（1927年）、《法租界公董局普通职业执照章程》（1939年）等。④ 可见，不仅上海租界的立法机关是租界内的立法主体，行政机关也有立法职能，也是立法主体。工部局、公董局制定的一些规定，本租界内的单位和个人都要遵守，不能违反，否则就要被罚。

---

① 参见史梅定主编：《上海租界志》，第155—173页。
② 参见同上书，第160—162页。
③ 参见同上书，第687—712页。
④ 参见同上书，第712—720页。

上海租界有自己的立法主体，中国其他租界也有自己的立法主体。这里以汉口的日租界为例。汉口日租界成立于1898年，居留民会是其立法主体，具有立法权。它制定过《居留民取缔规则》《警察犯处罚令》《居留地警察规则》《艺伎酌妇佣妇之取缔规则》《消防点检规则》等。① 可见，中国租界都有自己的立法主体，也都行使了本租界的立法权。

"中国租界的法制"的实施情况也能证明，中国租界的立法主体制定的确是仅限于本租界实施的法制。比如，上海租界的法制就是仅限于上海租界适用的法制。据记载，有位北方人士初到上海租界，因为不知道上海的租界都有不准随地大小便的规定，在租界马路上大便，结果被罚。"有北人初到上海，不谙租界章程，在马路上大便，被巡捕捉去。捕房令罚洋释出，其人不服，吵闹不休。解赴公堂，官判加罚数元以为吵闹者戒。"此人被罚后，还觉冤枉，说："老爷何不多出告示，此明明欺我初来上海之人。"② 这充分说明，上海租界都有不准随地大小便的规定，华界则没有，所以此人无意之中造成了违法，还被罚。上海租界法制的区域性在此案的适用中得到了充分的反映。

（二）"在中国租界适用的法制"是由中国、有约国制定的法制

"在中国租界适用的法制"中，主要是那些由中国、有约国立法主体制定的法制。

---

① 参见袁继成主编：《汉口租界志》，第246—247页。由于《汉口租界志》没有标注这些规定制定的时间，故无法在文中标明它们制定的时间（下同）。
② 陈无我：《上海三十年见闻录》，上海书店出版社1997年版，第244页。

中国立法主体制定的中国法制在中国租界具有法律效力，也在中国租界被适用。中国租界是中国的领土，在中国租界的华人如果违反了中国的法制，要受到中国法制的制裁。这在相关条约、规定中有明文规定。1843年签署的中英《南京条约》的附件《五口通商章程：海关税则》明文规定："英人华民交涉词讼"，"华民如何科罪，应治以中国之法，均应照前在江南原定善后条款办理"。[①] 以后，于1864年设立了洋泾浜北首理事衙门。这个由中外审判人员组成的法庭，被称为"混合法庭"，"专门审理租界内发生的以英、美等国侨民为原告，华人为被告的民刑案件"。[②] 对华人适用的是中国的法制。它是以后产生的会审公廨的前身与雏形。

1869年《上海洋泾浜设官会审章程》施行。上海租界的会审公廨取代了洋泾浜北首理事衙门。这个章程对华人在上海租界违法犯罪的法律适用作了较为明确、详尽的规定。《上海洋泾浜设官会审章程》规定："凡有华民控告华民及洋商控告华民，无论钱债与交易各事，均准其（华人委员）提讯定断，并照中国常例审讯"；"华民犯罪，即由该委员核明重轻，照例办理"。[③] 即由中国的审判人员按照中国法制进行审判。其中，一些涉及重大犯罪的案件，还要移送至租界外的华界，适用中国法制，进行审判。"华人犯案重大，或至死罪，或至军流徒罪以上，中国例由地方正印官详请臬司审转，由督抚酌定奏咨，应仍由上海县审断详办。"[④] 如果被洋人所雇用的华人作为被告，也由华人的审判人员按照中国法律进行审判，只是要告知洋人领事官，由其或所派之人进行观审。"凡为外国服役

---

① 王铁崖编：《中外旧约章汇编》（第1册），第43页。
② 史梅定主编：《上海租界志》，第279页。
③ 王铁崖编：《中外旧约章汇编》（第1册），第269—270页。
④ 同上。

及洋人延请之华民,如经涉讼,先由该委员会将该人所犯案情移知领事官,立将应讯之人交案,不得庇匿。至讯案时,或由该领事官或由其所派之员准其来堂听讼,如案中并不牵涉洋人者,不得干预。"① 可见,华人在中国租界还需遵守中国的法律。这样,中国立法主体制定的法制不仅适用于中国的华界,也适用于中国的租界,成为"在中国租界适用的法制"了。

上海租界是中国租界中延续时间最长的租界,前后历经百年时间。百年中,中国先后经历过清朝、南京临时政府、北京政府、南京国民政府时期及其法制。上海租界里的华人都需遵守这些时期的法制,无一可以例外,否则就要被罚。这也意味着他们不仅要遵守"中国租界的法制",还要遵守中国立法主体制定的法制,这两种法制都需遵守。中国其他租界里的华人也是如此。

无约国人虽是洋人,但其国家没有与中国政府签订过不平等条约,不享有领事裁判权。他们与华人一样,要遵守中国法制。如果他们进入租界,也同样要遵守"中国租界的法制"和中国政府制定的法制,否则也会被罚。这在《上海洋泾浜设官会审章程》里也有规定。"尚系无领事管束之洋人,则由(中国)委员自行审断,仍邀一外国官员陪审,一面详报上海道台查核。"② 这从另一个侧面说明,"在中国租界适用的法制"中含有华人与无约国人都须遵守的由中国立法主体制定的中国法制。这一法制也就成为"在中国租界适用的法制"了。

有约国人因享有领事裁判权,所以包括在中国租界在内的中国领土上,都要遵守本国的法制,而无需遵守中国的法制。这在相关

---

① 王铁崖编:《中外旧约章汇编》(第1册),第269页。
② 同上书,第270页。

条约中也有明文规定。中英《南京条约》的附件《五口通商章程：海关税则》规定："英人如何科罪，由英国议定章程、法律发给管事官照办。"① 以后的《上海洋泾浜设官会审章程》的表述与其保持一致。它规定："如系领事管束之洋人，仍需按约办理"；"有领事之洋人犯罪，按约由领事惩办"。② 其他有约国人也是如此适用。可见有约国制定的法制在中国的华界、租界都要被适用。然而，这是一种属人法制，不是属地法制。无论有约国人在中国的何处，一旦违法犯罪成为被告，就得适用其本国的法制。有约国人大量生活、工作在中国租界，是享有领事裁判权的群体，中国租界也就成了适用有约国制定法制的区域，其也成为"在中国租界适用的法制"了。

可见，在中国租界的区域内，至少要适用三类法制，即中国租界立法主体自己制定的法制、中国立法主体制定的法制、有约国立法主体制定的法制。"中国租界的法制"与"在中国租界适用的法制"不一样，不能画等号。同时，中国租界里法制的多样性也得到了充分反映。

（三）"中国租界的法制"与"在中国租界适用的法制"的主要区别

"中国租界的法制"与"在中国租界适用的法制"不一样，其区别之处突出表现在以下几点。

首先，立法主体不同。"中国租界的法制"的立法主体是租界自己设立的立法主体，是一种自治组织，其成员是本租界的外国侨民。

---

① 王铁崖编：《中外旧约章汇编》（第1册），第42页。
② 同上书，第270页。

即他们是租界内的成员,不是租界外的成员。"在中国租界适用的法制"的立法主体中,则有中国、有约国的立法主体,其成员都不在中国租界内,而在中国、有约国的国家里,即在租界外。其差别明显。

其次,法制的性质不同。"中国租界的法制"是一种城市中的区域法制,仅限于区域层面,不是国家层面,不是国家法。"在中国租界适用的法制"则是国家法,无论是中国法制还是有约国法制都是如此。另外,"中国租界的法制"还是一种属地性法制,而"在中国租界适用的法制"中的有约国法制,则是一种属人性法制。它们的区别同样很明显。

再次,法律体系不同。"中国租界的法制"是一种区域性的法规体系,只在中国城市中的租界区域内发挥作用。它既没有宪法,也没有许多部门法。"在中国租界适用的法制"则不同,情况有点复杂。其中,中国法制体系在清朝时是一种由律、例、会典等构成的体系;清末法制改革以后,逐渐形成一种由宪法与部门法构成的"六法"体系。有约国的法律体系却因国家不同而有所不同。英美法系国家的法律体系主要由普通法、衡平法等判例法组成,而大陆法系国家的法律体系主要由宪法与部门法等成文法组成。它们的法律体系也很不同。

最后,适用对象不同。"中国租界的法制"的适用对象是在本租界的人员,不在本租界的人员则不适用,适用人员的地域性很明显。"在中国租界适用的法制"的适用对象则有所不同。其中,中国法制适用在中国领土上的华人与无约国人,包括中国租界内的华人与无约国人;有约国法制适用的是在中国领土上所有的有约国人,包括在中国租界里的有约国人。它们的区别也同样存在。

这些"不同"突出反映了"中国租界的法制"与"在中国租界适用的法制"的主要区别,因此再研究整个中国租界里的法制时,一定要作区分,要有正确的理解,不要混为一谈。当前,"在中国租界适用的法制"已有不少研究成果,其中既有中国近代法制史的研究成果,也有英美、大陆法系的研究成果。但是,"中国租界的法制"的研究成果相对较少,是个可以大力开拓的领域。

二、中国租界内多种审判机关的再研究

在深入研究中国租界的审判机关时,会发现有"中国租界的审判机关"和"设在中国租界里的审判机关"两个不同的概念。"中国租界的审判机关"是指,设在中国租界,由洋人或华人、洋人审判人员参与,专门审理租界里发生案件的审判机关。这一审判机关的设立是为了解决租界里发生的案件,也只审判发生在本租界里的案件,不审理发生在本租界以外的案件。这种审判机关是一种中国城市里的区域性审判机关。"设在中国租界里的审判机关"是指,有约国设在中国租界里的审判机关。有多少有约国就可以有多少审判机关,因此其数量与国别都不算少。有约国审判机关是有约国派驻中国的审判机关,只是其地点设在中国租界而已。其管辖的人员是在中国任何地方的有约国人,其中也包括在中国租界里的有约国人。① 目前,对这两类审判机关都有所研究,但很不充分,有必要对其进行再研究,以免混淆。

---

① 除了"中国租界的审判机关"和"设在中国租界里的审判机关"以外,在会审公廨收回后,中国政府在租界派驻了自己的审判机关,但因为它们既不属于"中国租界的审判机关",也不属于"设在中国租界里的审判机关",所以本文没有加以论述。参见史梅定主编:《上海租界志》,第286—293页。

（一）"中国租界的审判机关"是审理发生在租界案件的审判机关

中国租界也会发生案件，也需有审判机关进行审理。审理这类案件的审判机关就是"中国租界的审判机关"。上海租界设立过这样的审判机关，其中上海英美租界先后设立过三个这样的机关。它们是：洋泾浜北首理事衙门、会审公廨和领事公堂。这些都是"中国租界的审判机关"。在上海公共租界时期，会审公廨和领事公堂仍然存在，还在运行。

关于洋泾浜北首理事衙门。洋泾浜北首理事衙门是设在上海英美租界，由华洋审判人员组成的，专门受理租界内发生的民、刑案件的审判机关。上海英、美租界建立以后，租界里违法情况逐渐滋生，还有增多趋势，即"屡有发生"。其中的有约国人违法，根据领事裁判权，由有约国的审判机关审判；华人违法则由中国的审判机关审判。可是，随着案件的增多，为了方便审判，1864年中外官员协商建立一所由华洋审判人员组成的审判机关，即洋泾浜北首理事衙门。它专门审理以洋人为原告，华人为被告，发生在本租界里的案件。其中的华人审判人员常由同知担任，洋人审判人员则通常由英国副领事担任。诉讼程序无明文规定，"实际上采用西方诉讼程序"。据统计，此审判机关审理的案件不算少。"1864年5月2日至12月31日，理事衙门共审理了拘捕的2178名华人，经过会审，无罪开释557人，移送清政府地方官讯办295人，申斥612人，处笞刑363人，枷刑55人，罚做苦工104人，处罚金192人。"[①] 会审

---

① 史梅定主编：《上海租界志》，第279页。

公廨设立后，此审判机关即被其替代。

关于会审公廨。会审公廨是继洋泾浜北首理事衙门后，设在中国租界，由华洋审判人员组成，专门受理租界里违反民、刑法案件的审判机关。经中英官员商定，1869 年《上海洋泾浜设官会审章程》施行，上海英美租界的会审公廨随之运行。它也是一个由华洋审判人员组成的审判机关。《上海洋泾浜设官会审章程》规定："遴委员同知一员，专驻洋泾浜，管理各国租地界内钱债、斗殴、盗窃、词讼各等案件"；"凡遇案件牵涉洋人必应到案者，必须领事官员会同专员审问，或派洋官会审"。[①]它的下设机构有：秘书处、华洋刑事科、华洋民事科、洋务科、管卷室等，以后又增加了检察处。[②]会审公廨适用西方的律师制度，民刑案件的原、被告人都可聘请律师代理、辩护案件。它每年审理案件的数量不少。据统计，上海英美租界"会审公廨"审理的"刑事和违警案件，1889 年总计 5117 件，1890 年 5999 件，1891 年 5600 件。去除燃放爆竹，妨碍交通及违反工部局规章的轻微犯法行为等外，可视为犯罪的为：1889 年 3672 件，1890 年 3531 件，1891 年 3415 件"。[③]1927 年上海公共租界设立临时法院，会审公廨即被收回。上海法租界也设有会审公廨，与英美租界的会审公廨相似。

关于领事公堂。领事公堂是设在上海英美租界，由洋人审判人员组成，专门受理以租界的行政机关工部局为被告的行政审判机关。1869 年的《上海洋泾浜北首租界章程》对设立上海英美租界领事公堂作了规定，这也是建立领事公堂的法律依据。它规定："公局

---

① 王铁崖编：《中外旧约章汇编》（第 1 册），第 269 页。
② 参见《上海审判志》编纂委员会编：《上海审判志》，上海社会科学院出版社 2003 年版，第 60 页。
③ 史梅定主编：《上海租界志》，第 280 页。

（工部局）可以做原告控人，亦可以被人控告，均由公局之总经理人出名具呈，或用'上海西人公局'出名具呈"；"凡控告公局及其经理人等者，即在西国领事公堂投呈控告"。① 根据这一规定，1871年英国领事与驻沪其他国家领事进行协商，决定设立领事公堂。1882年领事公堂正式出台、运作。它的诉讼规则在同年制定的《上海领事公堂诉讼条例》作了规定。② 审判人员由各国领事组成，适用的实体法无明确规定。③ 1941年太平洋战争爆发，日军占领了上海公共租界，此领事公堂已无存在意义。据统计，自领事公堂设立至太平洋战争前，共审理过55起案件，其中工部局败诉的占了23件，败诉率近42%。④

以上的三种审判机关都是设在上海租界内的审判机关，以审理租界里发生的案件为己任，不受理发生于租界以外区域的案件。它们以上海租界的存在为前提，植根于租界。除了上海租界以外，还有一些城市也有这样的审判机关。比如，汉口、鼓浪屿等租界也设有会审公廨与领事公堂，也专门审判本租界的案件。⑤ 它们也都属于"中国租界的审判机关"。

（二）"设在中国租界里的审判机关"是审理在中国的有约国人案件的审判机关

为了迎合领事裁判权的需要，有约国便在中国设立了一些专门

---

① 王铁崖编：《中外旧约章汇编》（第1册），第299页。
② 参见蒯世勋等：《上海公共租界史稿》，第248—249页。
③ 参见同上书，第157页。
④ 参见马长林：《租界里的上海》，上海社会科学出版社2003年版，第227—228页。
⑤ 参见费成康：《中国租界史》，第126页。

审理有约国人违法犯罪案件的审判机关。由于中国租界都在中国大、中城市的中心区域，市政、经济等都较为发达，环境也相对较好，于是有约国就把审理有约人案件的审判机关设在了租界。[①] 这些审判机关不是"中国租界的审判机关"，而是"设在中国租界里的审判机关"，其审理的是遍及中国的有约国人案件，也包括发生在中国租界里的此类案件。因此，它们这种审判机关又有一审、二审的分工与差别。设在上海的此类审判机关就有领事法庭、英国高等法院和英国上诉法院、美国驻华法院和美国司法委员会法院等。

关于设在中国租界里的领事法庭。这是"设在中国租界里的审判机关"中的一种机关。是指有约国设在驻华领事馆内，由领事担任审判人员，审理本国公民在华违法犯罪并成为被告人案件的审判机关。凡是通过不平等条约，在中国取得领事裁判权的国家，都可在中国设立领事法庭，审理本国的有约国人在中国发生的违法犯罪案件。[②] 因此，在中国的领事法庭数量较多，仅上海公共租界和鼓浪屿公共租界都有10多个领事法庭。[③] 这种审判机关一般设在本国领事馆内，审判人员一般由领事或副领事担任，但是他们一般没有受过专业的司法培训，故"难免影响审判的公正性"。[④] 当中国收回领事裁判权后，这些领事法庭也就被撤回了。

关于设在中国租界里的英国高等法院和英国上诉法院。它们也是"设在中国租界里的审判机关"。其中，英国高等法院由英国任

---

① 参见费成康：《中国租界史》，第126页。
② 共有20个国家通过不平等条约在中国取得了领事裁判权。它们是：英、美、法、德、俄、日、意大利、比利时、丹麦、荷兰、挪威、西班牙、匈牙利、奥地利、瑞典、瑞士、葡萄牙、巴西、秘鲁、墨西哥等国家。参见孙晓楼等：《领事裁判权问题》下，商务印书馆1936年版，第167—171页。
③ 参见费成康：《中国租界史》，第126页。
④ 史梅定主编：《上海租界志》，第294页。

命的审判人员组成,巡回中国各地,审判在中国违法犯罪的英国公民,替代英国领事法庭这一审判机关。它成立于1865年,地点在上海英美租界。设审判人员一人,副审判人员数人,而且都由英国直接任命。不服英国高等法院的判决,可上诉至英国上诉法院。它适用的是英国法,即以判例法为主。判决有罪的较短刑期的英国公民在租界内的监狱里执行,较长刑期者则被解往香港等地服刑。1943年英国的领事裁判权取消后,这一法院也被撤销了。①

英国上诉法院是英国设在上海英美租界,受理在华英国公民不服英国高等法院判决案件的上诉法院。法庭一般由三名审判人员组成,也适用英国法。如果不服英国上诉法院的判决,可向设在伦敦的枢密院上诉。判决的囚犯一般在租界的监狱内服刑,刑期较长者解往香港、澳大利亚等地执行。死刑案件采用绞刑,但需经英国驻华公使核准。这一法院也于1943年撤销。②

关于设在中国租界里的美国驻华法院和美国司法委员会法院。美国驻华法院和美国司法委员会法院也都属于"设在中国租界里的审判机关"。其中,美国驻华法院设在上海公共租界的美国驻沪领事馆内,是美国在华的一审法院,建立于1906年,撤销于1943年,共存37年。专门受理美国在华的领事法庭和美国司法委员会法院不受理的一审案件,即诉讼标的在500美元以上的民事案件、100美元以上罚款或60天以上监禁的刑事案件。需要在中国巡回审判,每年都要到天津、广州或汉口开庭。其地位类似于美国的地方法院,设有法官、检察官、执行官、书记员等人员。③ 美国驻华法院共产

---

① 参见史梅定主编:《上海租界志》,第295页。
② 参见同上书,第295—296页。
③ 参见同上书,第296页。

生过五任法官。上诉法院是设在旧金山的第九巡回法院,终审法院是美国的最高法院。1906至1924年间审理了较为典型的310件案件,其中11件为上诉至美国第九巡回法院的案件。①

美国司法委员会法院成立于1920年,是美国领事法庭的替代审判机关。此年,美国撤销了上海领事法庭,由美国司法委员会法院来取代,其地位与领事法庭相同。只能受理诉讼标的在500美元以下的民事案件、罚金在100美元以下或监禁60天以内的刑事案件。否则,就由美国驻华法院审理。1943年,此法院同样被废止。②

领事法庭、英国高等法院、英国上诉法院、美国驻华法院、美国司法委员会法院都设在上海租界,都属于"设在中国租界里的审判机关"。上海租界内因此而存在了多种审判机关。它们都是领事裁判权的产物,都是设在中国的外国审判机关,只是选址于上海租界而已。它们审判的被告人都是本国公民,用一位美国法官的话来说,就是"被告的国籍是驻华法院受案范围的基本准则"。③

可见,"中国租界的审判机关"与"设在中国租界里的审判机关"差别很大,两者不是一回事,要再作研究,不能相混淆。

(三)"中国租界的审判机关"与"设在中国租界里的审判机关"的主要差异

比较"中国租界的审判机关"与"设在中国租界里的审判机关"以后可以发现,它们的差异还不小,突出表现在以下几个方面。

---

① 参见李洋:《美国驻华法院研究(1906—1943)》,上海人民出版社2016年版,"导论"第2—10页。
② 参见史梅定主编:《上海租界志》,第297页。
③ 李洋:《美国驻华法院研究(1906—1943)》,"导论"第5页。

首先，审判机关的性质不同。"中国租界的审判机关"是设在中国租界里专门审判租界里发生案件的审判机关，其性质是中国租界法制的一个组成部分，也是中国近代区域法制的一个组成部分。"设在中国租界里的审判机关"则是一些外国因领事裁判权而设在中国租界专门受审有约国人案件的审判机关。这一审判机关的性质是外国的审判机关，不是中国的审判机关，只是设在中国租界这个地方而已。这两种审判机关的性质明显不同。

其次，审判人员的组成不同。"中国租界的审判机关"里的审判人员由洋人或华、洋审判人员组成，而且有一些分工。在华、洋审判人员组成的审判机关中，人审判人员主要受理以华人为被告的案件，洋人审判人员则审理以洋人为被告的案件。"设在中国租界里的审判机关"则是一些专门受理有约国人案件的审判机关。这些审判机关的审判人员都由具有领事裁判权国家的审判人员组成，即只有洋人，没有华人。这两种审判机关的审判人员组成也不同。

再次，审判的案件不同。"中国租界的审判机关"审判发生在中国租界内、违反租界自己制定、认可的规定的案件。它既不审判发生在租界之外，也不审判不是租界制定、认可的规定的案件。"设在中国租界里的审判机关"则不同，只审判本国侨民的案件。它们既不审判华人为被告的案件，也不审判非有约国人的案件。这两个审判机关所审的案件也很不相同。

最后，审判适用的法律不同。"中国租界的审判机关"适用的是租界自己制定、认可的法律，不为中国租界制定、认可的法律，都不在"中国租界的审判机关"适用之列。"设在中国租界里的审判机关"适用的则是由有约国制定的法律。由于有约国在中国比较多，其适用的法律也就比较多了。这两种审判机关适用的法律同样也不同。

经过比较，"中国租界的审判机关"与"设在中国租界里的审判机关"的差异就反映得更为清晰，也更为明了。在进行中国租界司法的再研究过程中，不能把其混为一谈。

三、中国租界法制的社会属性再研究

1840年鸦片战争以后，中国开始进入半殖民地半封建社会，很快中国租界就诞生了。① 中国租界法制正是这一社会的产物。它既不是殖民地法制，也不是封建法制，与殖民地、封建法制都不同。中国租界法制是中国租界侨民建立的自治区域的法制，这种法制只能生存在中国的半殖民地半封建社会之中，不会存在于殖民地或封建制社会之内。当前，对中国租界法制的社会属性虽有提及，但缺乏深入研究，有必要进行再研究。

（一）中国租界法制的产生以国家主权受损为前提

中国租界的产生以中外签订的不平等条约为依据。这里以上海租界的产生为例。1842年的中英《南京条约》把英人及其家属成员可以到中国五口通商城市经商、居住的内容归入其中。它规定："自今以后，大皇帝恩准英国人民带同所属家眷，寄居大清沿海之广

---

① 上海于1845年最早出现租界，以后天津、汉口、广州、九江、镇江、厦门、杭州、苏州、福州、重庆、鼓浪屿等城市也都建立了租界。在中国建立租界的国家有：英、美、法、德、日、意大利、奥地利、比利时和俄等国家。参见上海市政协文史资料委员会等编：《列强在中国的租界》，第590页。

州、福州、厦门、宁波、上海等五处港口,贸易通商无碍。"①1843年的《南京条约》附件《五口通商附粘善后条款》进一步明确英人可以在这些通商城市租赁房屋、土地。它规定:"中华地方官必须于英国管事官各就地方民情,议定于何地方,用何房屋或基地,系准英人租赁。"②英人就是以此为依据,制定土地章程,确定英人的租赁地,即租界。1845年《上海租地章程》出笼,上海英租界诞生。③上海英租界是这样,中国的其他租界也是这样。

中国租界是一种外国侨民自治的区域,其自治性非常强。租界内建有自己的立法、行政与司法机关,自行运作,不受中国政府管辖。上海英租界的租地人会(1846年)、上海英美公共租界的纳税人会(1869年)是上海英、英美、公共租界的立法机关。上海英租界成立的工部局(1854年)是上海英、英美、公共租界的行政机关。④上海英美租界建立的洋泾浜北首理事衙门(1863年)和以后的会审公廨(1869年)是上海英美、公共租界的司法机关。⑤上海法租界也建有类似的立法、行政与司法机关。租地人会是它的立法机关(1856年)⑥公董局是行政机关(1862年)⑦,会审公廨是它的司法机关(1869年)⑧。上海租界是如此,中国其他的租界也基本如此。

中国租界建有自己的立法、行政与司法机关以后,租界就不受

---

① 王铁崖编:《中外旧约章汇编》(第1册),第31页。
② 同上书,第35页。
③ 参见同上书,第65—70页。
④ 参见史梅定主编:《上海租界志》,第183页。
⑤ 参见同上书,第278—280页。
⑥ 参见同上书,第154页。
⑦ 参见同上书,第202页。
⑧ 参见同上书,第284页。

中国政府的管辖，成了名副其实的"国中之国"。[①] 这种"国中之国"既在中国的领土之内，又不受中国政府的管辖，不能不说是对中国主权的损害。中国租界法制是一种世俗法制，属地性十分突出。它依托租界的存在而存在，又随着租界的发展而发展。这一法制由租界自己制定，在租界内实施，竭力维护租界的自治性，成了维护这种自治性的工具。这种自治性又是以损害中国的主权为前提，因此中国租界法制是中国主权受损的一种结果。可以想象如果没有不平等条约，没有中国主权的受损，也不会有中国租界的产生，更不会有中国租界法制的出现。

（二）中国租界法制不是殖民地法制

中国租界法制是中国租界侨民自治区域的法制，是中国半殖民地半封建社会的产物，不是殖民地的产物，也不是殖民地法制。它与殖民地法制有明显的区别。这里以印度近代的殖民地法制与上海英、英美、公共租界法制作比较，来窥视它们的区别，从中反映出中国租界法制不是殖民地法制。1757年英国开始殖民印度，直至印度1947年独立。在这将近200年的英国殖民印度时期，印度就是英国的殖民地，英王直接统治印度。[②]

在立法方面，这一时期印度的立法主体就是英国，确立的主要是英国的法律渊源，搬用的是英国的法律。英国主宰着印度的立法权，是印度的立法主体。1833年至1840年英国勋爵麦考莱等主持了第一届"法律委员会"，"提出了著名的属地报告（lex re-

---

① 费成康：《中国租界史》，第203页。
② 参见何勤华主编：《外国法制史》，法制出版社1997年版，第53页。

port)"。①1859年至1882年英国又在印度展开了紧张的立法活动，制定了刑法、刑事诉讼法、契约法、证据法等一些法典。然而，"这种立法都是英国法专家所制定，并且往往是在伦敦完成的"。②印度的主要法律渊源也是来自于英国，特别是在后阶段，"直接引进英国法"。③英国的法律渊源也在印度生根、发芽、成长。印度的法律内容同样被英国化。它的绝大多数法律内容，特别是在公法领域，就是英国法的天下，以致"在印度独立以前，印度法无疑属于普通法系"。④可见，印度法制几乎就是英国法制的翻版。

在司法方面，在英国殖民统治时期，印度的司法也为英国所直接控制。印度国内的司法机构由英国建立，特别是在英国直接管控的孟买、加尔各答、马德拉斯管辖区内，在1726年就建立了专门实施英国法的皇家法院。至19世纪中叶，英国法的"正义、公平和良心"原则被印度各地法院广泛采纳，英国法因此而不断输入印度，成为印度司法的依据。⑤另外，印度法院的终审法院不设在印度，而是设在英国的枢密院司法委员会。它是"英国全球性的裁判机构"，是分散在世界上"各个角落上的自领地、殖民地、保护地"的"最终裁判者"。⑥其中，包括印度殖民地。这个枢密院司法委员会由议长、大法官等人组成，其中有两人专门负责英国海外领地的审判职能。⑦印度殖民地的司法完全被英国所掌握，是英国司法在

---

① 〔法〕勒内·达维德：《当代主要法律体系》，漆竹生译，第472页。
② 同上书，第473页。
③ 何勤华等主编：《东南亚七国法律发达史》，法制出版社2002年版，第31页。
④ 〔法〕勒内·达维德：《当代主要法律体系》，漆竹生译，第476页。
⑤ 何勤华主编：《外国法制史》，第54页。
⑥ 〔美〕约翰·H.威格摩尔：《世界法系概览》（下），上海人民出版社2004年版，第939页。
⑦ 参见何勤华等主编：《东南亚七国法律发达史》，第31页。

印度的延伸。

印度近代殖民地时期的法制是一种被英国宗主国直接掌控的法制，是英国法制在印度的扩展，其依附性极强。中国租界法制不是如此。这是一种外国侨民在自己的自治区域内，由侨民组织独立制定、运行的法制，与租界建立国没有直接的隶属关系，也不是这种租界建立国法制在租界的直接运用，不受租界建立国直接控制。上海英租界的租地人会和上海英美、公共租界的纳税人会都是立法主体，其成员都是租界内的侨民，是居住在租界里的洋人，只是它们要具备一定的条件而已。租地人会成员的资格是必须在英租界里租有土地的英国人，他们无论有多少土地，每人仅有一票的投票权等。① 成为纳税人会成员的资格条件有所改变。除了仍为侨民以外，还有具体的财产要求，即至少拥有500两以上的地产，每年缴纳房地税10两以上，或每年缴纳500两以上的房屋租金。② 可见，租地人会与纳税人会的成员都是上海英、英美、公共租界的侨民，而非英国政府派遣的官员，也不受英国的直接控制，与印度殖民地立法主体不同。

中国租界的法律渊源都是成文法的渊源，连英、美租界都是如此。上海英、英美、公共租界颁行了一系列的成文法，其渊源不是判例法而是成文法。如章程、规程等。③ 中国租界的法律内容都由租界内的立法主体制定，上海英美租界制定的《上海洋泾浜北首租界章程》《税纳人议事规程》等都是如此。可见，中国租界的法律渊源与内容都是根据本租界建设的需要而设置，都源自于租界本身，而

---

① 参见史梅定主编:《上海租界志》，第153页。
② 参见同上书，第163页。
③ 参见王立民:《上海法制史》（第2版），上海人民出版社2019年版，第17—21页。

非来自于英国，与印度殖民地的法律渊源与内容也大相径庭。

在司法方面，中国租界的司法机关不是来自于外国，而是来自于租界本身，由租界自己设立。上海英美租界设立的洋泾浜北首理事衙门、会审公廨、领事公堂都设在租界内，都由租界自己设立，不是英国、美国派遣设立。洋泾浜北首理事衙门和会审公廨的审判人员由中外审判人员组成，审理租界里发生的华洋纠纷案件。领事公堂的审判人员全为外国人，来自于多个国家，都不是本国派遣的审判人员，不受外国审判机关的控制。这与印度殖民地的司法也不同。

总之，与印度殖民地的立法与司法相比较，可以反映出中国租界法制独立性较强，是一种由租界内侨民自治的产物，不像印度殖民地法制那样依赖性很强，是一种英国殖民地的产物。很明显，中国租界法制不是殖民地法制。

（三）中国租界法制不是封建制法制

中国租界是一种近代法制，不是封建制法制，与这种法制有本质上的差异。这里把上海英、英美、公共租界法制与中国古代清朝法制作比较，来显示它们间的差异，从中反映出中国租界法制不是封建制法制。

中国古代清朝法制是一种专制制度下的法制，属于中国的传统法制，在法制机关、法律内容等方面都是如此。

关于法制机关。中国古代清朝的法制机关是专制制度的产儿，专制色彩十分浓厚。清朝皇帝除了掌握有最高的行政权外，还掌握有最高的立法权与司法权，统辖清朝的立法、行政、司法各项大权。皇帝之下的中央其他立法功能多由中央的各类机关代行，内阁、军机大臣与吏、户、礼、兵、刑、工各部等都是如此。中央的司法机关虽由刑部、大理寺、都察院构成,但遇有重大疑难案件,便有其他部门的官吏参与,如秋审、朝审、九卿会审等均是如此。与中央的法制机关相协调,地方的法制机关长官也由行政长官兼任。省、府、县等地方的行政长官往往兼有地方的立法、司法权,也是地方法制机关的长官。[①]在清朝这种专制制度之下,从中央到地方的法制机关与行政机关往往交结在一起,不独立,也没有立法、行政与司法权的分立,缺少这三权之间应有的制衡与监督。

中国租界的法制机关不是如此。中国租界引用西方国家三权分立的模式,使租界内的立法、行政与司法权分立,建立相对独立的立法、行政与司法机关,立法、司法机关不再与行政机关混同。上海英、英美、公共租界先后建立的租地人会、纳税人会是立法机关,工部局是行政机关,洋泾浜北首理事衙门、会审公廨、领事公堂则是司法机关。它们相互独立、制衡。这是近代社会的基本架构,其法制机关也是一种近代的法制机关,不是封建的法制机关。上海法租界也是如此。

关于法律内容。中国古代清朝的法律是一种中国封建制的法律内容。这里以清朝的一部主要法典《大清律例》为例。这部法典规定了封建制"五刑",即笞、杖、徒、流、死;规定了封建制法律原则,如"犯罪免发遣""流囚家属""天文生有犯"等;规定了封建制特权制度,如"八议""应议者犯罪"等;[②]规定了封建制罪名,如"谋反大逆""谋叛"等。[③]这些内容都是中国传统社会的法律内容,以儒家思想为指导,是封建伦理纲常的体现。

---

① 参见张晋藩:《中华法制文明史》古代卷,法律出版社2013年版,第589—597页。
② 《大清律例·名例律上》。
③ 《大清律例·刑律·贼盗上》。

中国租界的法律内容则是一种近代性的法律内容，为了推进近代的城市建设。这里以上海英、英美、公共租界的一些规定为例。上海英租界对租界内的近代城市规划作出过规定。比如1845年就规定要"保留自东而西通江边四大路"、路的宽度为"二丈，以便路人，并防火灾"；租界内"得修建教堂、医院、慈善机关、学校及会堂；并得种花、植树及设娱乐场所"；"不得建造易燃之房屋，如草蓁、竹舍、木屋等"。[1]1854年又进一步规定租界内"起造房屋、扎立木架及砖瓦、木料货物，皆不得阻碍道路，并不准房檐过伸各项，妨碍行人"。[2]

上海英美租界在上海英租界的基础上，又颁行了一些新的法律内容。其中，有关城市公共卫生建设的就有不少。比如，1872年规定了肉类的出售时间，为保证肉类的新鲜夏季的肉类不得隔夜出售，其他季节的出售时间不得超过两天。1893年规定要加强犬类管理，以防狂犬病；凡在马路上游荡而不戴颈圈的犬，一律采取捕捉办法，7日内无人领取，即被杀死。1898年又规定要确保牛奶的卫生，牛奶中不准掺水、掺假，牛奶瓶上要注明生产单位，等等。[3]

上海公共租界在上海英美租界的基础又作出了一些新的规定。这里仅以1903年颁布的规定为例。此年，上海公共租界规定："禁止虐待牲畜"；租界内的"马路僻径及公地，均不准燃放爆竹"；"不准将不堪入目的图书或招纸等贴在墙上，并不准在路上给人观看"；"不准开设彩票店，并禁止售卖各种彩票"；在公家花园内，"禁止采花捉鸟巢以及损害花草树木"；"驾车者须在马上左边前行"；等

---

[1] 王铁崖编:《中外旧约章汇编》（第1册），第66—68页。
[2] 同上书，第81页。
[3] 参见王立民:《中国租界法制初探》，法律出版社2016年版，第192—193页。

等。① 这些规定涉及租界的城市规划、公共卫生、治安、交通等一些方面,与近代城市的建设息息相关,而与古代清朝的法律内容差之千里。

法制机关与法律内容都是法制中的重要组成部分。中国租界的法制机关、法律内容与中国封建的法制机关、法律内容明显不同,其近代性十分突出,而不具封建性。这也证实中国租界法制不是封建制法制,而是一种近代性法制。

随着中国租界法制研究的深入,有些问题会经常遇到,往往绕不开,有必要再研究。经过再研究,可以理解"中国租界的法制"与"在中国租界适用的法制"不一样。它们在立法主体、法律性质、法律体系、适用对象方面都不相同。只是当前对中国、有约国法制的研究成果相对多一些,而对"中国租界的法制"研究成果相对少一些,是个可以大力开拓的领域。经过再研究,还可以进一步辨析"中国租界的审判机关"与"设在中国租界里的审判机关"。它们虽然都设在中国租界里,但在审判机关的性质、审判人员的组成、审判的案件与审判适用的法律等一些方面,也都存在诸多不同。经过再研究,还可以进一步认识中国租界法制的社会属性,即中国半殖民地半封建社会的产物。中国租界法制既不是殖民地法制,也不是封建制法制,而是中国主权受到损害的半封建半殖民地时期法制。这些问题解决了,我们对中国租界法制就会有更清醒的认识。这些都会有利于我们进一步深入研究中国租界法制,从而进一步认识中国近代法制与中国法制近代化的进程。总之,会收获良多。

(原载《法学》2019 年第 11 期)

---

① 史梅定主编:《上海租界志》,第 700—704 页。

中国租界适用《中华民国民法》论

1930年，对中国租界法制来说，是个十分重要的年份。这一年有两个重要的法制事件发生，而且都直接关系到中国租界。第一是中国政府开始在租界内设立自己的法院，这首先从上海公共租界开始。南京国民政府于1930年在此租界设立了自己的法院，即地方法院"江苏上海第一特区地方法院"及其上诉法院"江苏高等法院第二分院"。随后，又在上海法租界也设立了自己的法院，即"江苏上海第二特区地方法院"，及其上诉法院"江苏高等法院第三分院"。①本文所指的中国租界适用《中华民国民法》就是指，这些南京国民政府设立在中国租界里的中国法院适用《中华民国民法》。第二是《中华民国民法》全部颁布。《中华民国民法》是分编颁布，其中的总则、债编和物权编颁布于1929年，亲属编与继承编则颁布于1930年，至1930年全部颁齐。②这一民法典不仅适用于华界，也适用于租界。中国租界的法院要依照《中华民国民法》审判民事案件。目前，对中国租界适用《中华民国民法》的研究不足，是中国租界法制研究中的一块短板，需要加以弥补。本文以上海租界的中国法院为例，展开论述，以飨读者。

---

① 参见史梅定主编：《上海租界志》，第287—292页。
② 参见王立民等主编：《中国法制史》，第233页。

一、《中华民国民法》适用于中国租界内的民事案件

《中华民国民法》颁行后，中国租界便开始适用这一民法典，审判各种民事案件。1940年，江苏上海第一特区地方法院就审判了不少此类案件，其中包括了以下一些案件。

（一）适用于房屋欠租案件

1940年，江苏上海第一特区地方法院依照《中华民国民法》审判了一起房屋欠租案（1940年度诉字第3号）。原告是英商爱尔德有限公司，被告是罗莲昌。被告承租了原告在"成都路庆余里"的房子，但欠了自1939年5月至11月的7个月房租，"共计国币四百九十九元"，而且"屡经催索，还不支付"。为此，原告向江苏上海第一特区地方法院提起诉讼，要求被告支付所欠房租。经审理，该法院认为，此案事实清楚，被告也对债务不存异议，只是觉得经济困难，无力偿付欠债。最后做出判决："被告罗莲昌应支付原告国币四百六十九元。"[①] 做出这一判决的依据在于《中华民国民法》。此民法典的第219条规定："行使债权、履行债务，应依诚实及信用方法。"第220条又进一步规定："债务人就其故意或过失之行为，应负责任。"[②] 因此，本案的被告应该履行债务，偿付所欠房租。

---

① 上海档案馆藏：卷宗号Q180-1-44。
② 《六法全书》，会文堂新记书局1946年版，第40页。

（二）适用于房屋迁让案件

1940年，江苏上海第一特区地方法院依照《中华民国民法》审判过一起房屋迁让案（1940年度易字第1352号）。原告是泰利有限公司，被告是王桂珍、葛中超。被告承租了原告的房屋，租约期为二年。其中，王桂珍租约至"民国二十九年六月三日止满期"，葛中超的租约至"民国二十九年七月三十日止满期"。期满后，原告通知被告迁让，但均置之不理，于是原告就提起诉讼，要求被告迁让房屋。法院根据《中华民国民法》的规定，认为"依照民法第四百五十条第一项规定，原告与被告王桂珍间之租赁关系，自应于本年六月三十日期限届满时消灭，原告与葛中超间之租赁关系，亦应于本年七月三十一日期限届满时消灭，依同法第四百五十五条被告等自应将此项房屋迁让交还原告"。①《中华民国民法》确实有相关规定，第450条规定："租赁定有期限者，其租赁关系于期限届满时消灭。"② 第455条规定："承租人于租赁关系终止后，应返还租赁物。"③ 江苏上海第一特区地方法院适用这些规定，做出如下判决："被告等应于三个月内迁让房屋交还原告。"④ 这一房屋迁让案依照《中华民国民法》的相关规定做出了判决，顺利结案。

（三）适用于借款案件

1940年，江苏第一特区地方法院依照《中华民国民法》审判

---

① 上海档案馆藏：卷宗号 Q180-1-44。
② 《六法全书》，第62页。
③ 同上书，第61页。
④ 上海档案馆藏：卷宗号 Q180-1-44。

了一起民间借款案（1940年度诉字第292号）。原告是印度人那姆生，被告是羊珍和。1939年，被告向原告借款"国币三千元，立有字据为凭"，可逾期被告"分文未还"，原告"一再催告"，被告不理，故原告向法院提起诉讼，要求被告偿还借款。法院经审理后认为："原告据以请求判令被告如数清偿应认为正当"，但考虑到"社会经济衰落，债务人之清偿能力，自不免日益薄弱，应依民法第三百十八条第一项但书规定，许该被告分三十个月给付，以利执行"。于是，做出判决："被告应清偿原告中华国币三千元，均分三十个月给付。"①《中华民国民法》有相关规定，第318条的规定是："债务人无为一部清偿之权利，但法院得斟酌债务人之境况，许其于无甚害于债权人利益之相当期限内，分期给付或缓期清偿。"②该案就此终结。

（四）适用于离婚案件

1940年，江苏第一特区地方法院还依照《中华民国民法》审判过一起离婚案（1940年度诉字第212号）。原告是无国籍人麦锡密伦，被告也是无国籍人仇吃路特培却。原被告于1935年在维也纳结婚后，移居上海公共租界定居，但被告不尽同居义务。法院认为："夫妻互负同居之义务，为中国民法第一千零一条所明定，该被告并无正当理由，竟拒绝与原告同居，经本院劝谕亦不接受，实属不尽同居之义务，核与中国民法一千零五十二条第五项规定离婚条件尚无不合"，因此判决："原告准与被告离婚。"③《中华民国民法》第

---

① 上海档案馆藏：卷宗号 Q180-1-44。
② 《六法全书》，第50页。
③ 上海档案馆藏：卷宗号 Q180-1-44。

1001 条的规定是:"夫妻互负同居之义务。"① 第1052条第5项规定的"夫妻之一方以恶意遗弃他方在继续状态中者",属于"得向法院请求离婚"条件。② 依据这两条的规定,江苏第一特区地方法院对此离婚案做出了判决。

总之,《中华民国民法》颁行后,中国租界便适用其规定,审判了租界里发生的民事案件,特别是一些关于租赁、债权、婚姻等案件,至今在档案中仍可见到这样的案件。

二、《中华民国民法》适用于中国租界的基本条件

中国租界虽为中国领土,但其是外国侨民通过租赁土地方式,取得土地使用权,建立自己的各种管理机构,进行自治的城市区域。《中华民国民法》要在中国租界内适用,必须同时具备在租界内建立中国法院及与民事诉讼法相配套两个基本条件。

(一)上海公共租界里首先设立了中国法院

上海公共租界率先于中国其他租界而设立中国法院。1930 年 2 月 17 日,南京国民政府的外交部与巴西、美国、英国、挪威、荷兰、法国的代表在南京共同签订了《关于上海公共租界内中国法院

---

① 《六法全书》,第 118 页。
② 同上书,122—123 页。

之协定》①(下简称"上海公共租界协定")。这一协定共计10条,对上海公共租界设立中国法院以及一些相关事宜作了规定,内容主要是以下这些。

1. 规定了在上海公共租界设立中国法院

上海公共租界协定首先规定,中国政府在上海公共租界设立中国法院,其中包括初审法院"地方法院"和上诉法院"高等法院"各一所。"中国政府依照关于司法制度之中国法律、章程及本协定之规定,在上海公共租界内设置地方法院及高等法院分院各一所。"而且,高等法院分院的上诉法院是中国的最高法院。"高等法院之民刑判决及裁决均得依中国法律上诉于中国最高法院。"根据这一规定可知,上海公共租界的中国法院已经归入中国的法院系统,三级三审制在其中得到了体现,即形成了地方法院、高等法院、最高法院的体系。

2. 规定了上海公共租界的中国法院适用中国法律与章程

上海公共租界协定同时规定,设在上海公共租界里的中国法院适用的是中国法律,而不是外国法律。"所有中国现行有效及将来依法制定公布之法律、章程,无论其为实体法或程序法,一律适用于各该法院。"考虑到上海公共租界自己制定法规的延续性以及规则的稳定性,由其制定的法规中国法院也要适用。"至现时沿用之洋泾浜章程及附则,在中国政府自行制定公布此项章程及附则以

---

① 王铁崖编:《中外旧约章汇编》(第3册),上海财经大学出版社2019年版,第716—719页。

前,须顾及之。"可见,上海公共租界中国法院要同时适用中国法律与租界法规,而适用租界法规成了一种特例,为中国华界法院所不具备。

3. 规定了废除与中国法院不符的一些制度

上海公共租界原来就有自己的审判机关与相关制度,其中的有些制度侵害了中国的司法权,不可能为中国法院所接受。在上海公共租界内建立的中国法院不能再沿用这些制度,有必要被废除。这在协定中也有规定。比如,外国审判人员出庭、观审的制度就在被废止之列。协定规定:"领事委员或领事官员出庭观审或会同出庭"的规定"在依本协定设置之各该法院内,不得再行继续适用"。这一制度始于上海公共租界的会审公廨,长期被适用,明显损害中国的司法权。上海公共租界内设立中国法院后,这一制度被废除了。

根据上海公共租界协定,南京国民政府在上海公共租界内设立了江苏上海第一特区地方法院与江苏高等法院第二分院。上海公共租界也因此而成为中国租界中,最早设立中国法院和适用《中华民国民法》的区域。

(二)上海法租界里也设立了中国法院

在上海公共租界内设立了中国法院之后,国民政府在上海法租界也设立了中国法院。1931年7月28日,南京国民政府外交部代表与法国代表在南京签订了《关于上海法租界内设置中国法院之协定》(下简称"上海法租界协定")。[①] 此协定共14条,对上海法租

---

① 王铁崖编:《中外旧约章汇编》(第3册),第788—790页。

界设立中国法院以及一些相关事宜作了规定。与上海公共租界协定相比较，上海法租界协定主要有以下一些变化。

1. 明指上海法租界的会审公廨及其相关规定被废止

上海租界都曾设置过会审公廨，审理发生在租界内一些民、刑案件。上海公共租界有会审公廨，上海法租界也有。上海法租界协定明文规定，设在本租界的会审公廨及其相关规定被废止，"自本协定发生效力之日起，现在上海法租界内设置之机关，即所称会审公廨，以及有关系之一切章程及惯例，概行废止"。上海公共租界协定则不是这样明确规定，只是指原来设置的审判机关及其规定、文件等被废止，而没有明指会审公廨。"自本协定发生效力之日起，所有以前在上海公共租界内设置中国审判机关之一切章程、协定、换文及其他文件概行废止。"它们在表述上有些不同。

2. 没有明指取消外国审判人员观审与出庭的规定

上海法租界协定没有像上海公共租界协定那样明文规定，要取消"领事委员或领事官员出庭观审或会同出庭"的制度。究其原因是，该制度运用于会审公廨，上海法租界协定明确取消会审公廨，其制度的依存机构不复存在，自然就一定被废止。这样也就没有必要再另作规定了。也就是说，尽管上海法租界协定没作明文规定，外国审判人员观审与出庭的制度同样不会在新设的中国法院内适用。然而，它们在表述上还是有差异。

3. 明文规定协定的延长期间为三年

上海法租界协定对协定延长期间的规定比较明确，即仅为三年。"本协定及附属换文,其有效期间自一九三一年七月三十一日起至一九三三年四月一日止,如经中法两国政府同意,得延长三年。"上海公共租界协定则不同,没有明确规定延长期间的年限。"本协定及其附属范文定于中华民国十九年四月一日,即西历一九三〇年四月一日起发生效力,并自是日起继续有效三年。届期双方同意,得延长其期间。"至于期间延长的时间,此协定没明文规定,可以少于三年,也可以多于三年,最终需经双方商定。这就与上海法租界明文规定的三年不同了。

尽管上海法租界协定与上海公共租界协定有所差异,但只限于个别、枝节方面的差异。从总体上看,它们并无本质区别,关键性内容完全一致,即南京国民政府在上海的这两个租界内设立中国法院并适用中国的法律。这就为上海租界适用《中华民国民法》奠定了法律基础,可以堂而皇之地在上海租界适用这一民法典了。

(三)上海两个租界协定的延长与民事诉讼法的适用

《中华民国民法》在中国租界适用以后,新的问题产生了,即这一民法典适用时间的延长与配套的中国民事诉讼法的适用问题。

1. 协定被延长适用

上海公共租界协定与上海法租界协定到期前,中外政府代表进行了协商,同意延长并通过照会的换文方式加以确认。

1933年2月8日,英、美、法、荷、巴西驻华公使与挪威驻华代办发出致中国外交部罗文干部长的照会。[①] 照会指出,根据上

---

① 王铁崖编:《中外旧约章汇编》(第3册),第848—849页。

海公共租界协定第 10 款的规定,"经各本国政府预商,提议将该协定及附属换文,自西历一千九百三十二年四月一日起,延长有效期三年"。同日,中国外交部罗文干部长回复了这一照会,明确表示,同意延长三年,即"本部长兹特声明,本国政府对于上项提议,表示同意,相应照复,即希查照为荷"。至此,上海公共租界协定得以延长,这意味着可以继续适用中国法律,包括《中华民国民法》。

上海公共租界协定延长后,上海法租界协定也得到了延长。1933 年 3 月 24 日,法国政府特命驻华全权公使代表法国政府,发出致中国外交部罗文干部长的照会。① 照会指出,法国政府对上海法租界协定及其附件,"自一九三三年四月一日起,延长有效期间三年";"谅中国政府当能赞同以上述条件延长该协定及其附件。相应照会贵部长,如荷同意,即希见复为盼。"同日,中国外交部罗文干部长就回复了法国的照会,明确指出:"本部长兹特声明,本国政府对于上次提议,表示同意。"这说明,中国法律包括《中华民国民法》,可以继续适用于上海法租界。

以后,上海两个租界的协定又继续得到延长,即"在再度期满时再次作了延长"。②《中华民国民法》因而继续在上海两个租界适用,没有被中止。

2. 与《中华民国民法》配套的民事诉讼法也被适用

《中华民国民法》是个实体法,其适用还需有民事诉讼法这个程序法来配套。中国法律中本身也包括有民事诉讼法,而且在 1932 年已经颁行。③ 中外双方关于在中国租界适用民事诉讼法的问题于

---

① 王铁崖编:《中外旧约章汇编》(第 3 册),第 852—853 页。
② 费成康:《中国租界史》,第 158 页。
③ 参见王立民等主编:《中国法制史》(第 2 版),第 239 页。

1933年得到解决,并以照会形式加以确认。其中,上海公共租界先行一步,于1933年2月8日在南京进行了中外政府间的换文。英、美、法、荷、巴西、挪威都希望把中国的民事诉讼法"适用于上海公共租界内中国法院"。中国政府则回应"准此"。[①] 上海法租界步上海公共租界后尘,于1933年3月10日也在南京进行了中法政府间的换文,同意中国的民事诉讼法在上海法租界适用。[②] 至此,与《中华民国民法》配套的民事诉讼法也在上海租界适用,为《中华民国民法》在上海租界的适用打开了程序之门,有了程序保障。

中国法院的设立与民事诉讼法的施行,为中国租界适用《中华民国民法》创造了条件,使其不再有障碍。

三、与中国租界适用《中华民国民法》相关的重要问题

为了全面、深刻理解中国租界适用《中华民国民法》问题,还必须关注与其相关的一些重要问题。

(一)中国租界是中国近代"国中之国"的畸形区域

中国古代没有租界,到了近代才出现租界。而且,中国租界逐

[①] 王铁崖编:《中外旧约章汇编》(第3册),第850页。
[②] 参见同上书,第854—855页。

渐发展成为"国中之国",不受中国政府管辖。

1. 中国租界是中外不平等条约的产物

中国租界是西方列强入侵中国后的结果,也是不平等条约的产物。1840年爆发的鸦片战争以中国失败告终,不平等条约紧随而来。1842年的中英《南京条约》明文规定,英国人及其家属可以在中国的五个通商口岸城市经商。"自今以后,大皇帝恩准英国人民带同所属家眷,寄居大清沿海之广州、福州、厦门、宁波、上海等五处港口,贸易通商无碍。"[①]翌年,《南京条约》的附件《五口通商附粘善后条款》进一步规定,英国人可以在五个通商口岸租地居住。"中华地方官必须与英国管事官各就地方民情,议定于何地方,用何房屋或基地,系准英人租赁。"[②]1945年,《上海租地章程》颁行,上海英租界地域确定,中国的第一个租界诞生。《上海租地章程》确定的上海英租界地域范围是:"洋泾浜以北、李家庄以南之地,准租英国商人,为建筑房舍及居住之用。"英国人可以在租用的土地上造房并用于各种需要。"洋商租地后,得建造房屋,供家属居住并供适当货物储存;得修建教堂、医院、慈善机关、学校及会堂;并得种花、植树及设娱乐场所。"[③]英国通过不平等条约,建立了自己的租界。

1848年,美国通过中美不平等的《望厦条约》,在上海建立了美租界,地域在上海英租界以北。1863年上海英、美两租界正式合并成立上海英美租界。1899年上海英美租界改名为上海公共租界,

---

① 王铁崖编:《中外旧约章汇编》(第1册),第28页。
② 同上书,第32页。
③ 同上书,第62页。

上海英、英美、公共租界都扩充自己的地域，最终达到33503亩。①

1849年，法国通过中法不平等《黄埔条约》，在上海建立了法租界，地域在上海英租界的南面。上海法租界几经扩张，最终面积达到15150亩。②上海中心区域、最繁华的地区被上海的公共租界与法租界占有。

上海租界出现以后，中国的其他一些城市也建立了租界。连同上海的租界在内，共有英、美、法、德、意大利、奥地利、比利时、日本等9个国家，都通过不平等条约，在中国的上海、天津、汉口、九江、镇江、广州、厦门、杭州、苏州、重庆等10个城市，建立了27个租界及其法制。③在中外不平等条约下，中国的租界纷纷建立，成为中国近代特有的一种现象。

2. 中国租界建立自己的管理机构与法制并变成了"国中之国"

中国租界建成后，就逐渐建立起自己的管理机构与法制，以致不受中国政府的管辖，变成了"国中之国"。④这里以上海英、英美租界为例，展开论述。

按西方三权分立的模式，上海英租界于1846年成立租地人会议，作为议政机关，行使立法权。1869年，这个租地人会议发展为纳税外人会，其成员均为租界内的外国侨民。这两个机关行使过立法权，制定、修改过土地章程、印刷出版律等一系列法规。⑤上海

---

① 史梅定主编：《上海租界志》，第98页。
② 同上书，第101页。
③ 上海市政协文史资料委员会等：《列强在中国的租界》，第590页。
④ 马长林：《上海的租界》，天津教育出版社2009年版，"前言"第1页。
⑤ 王立民：《上海租界与上海法制现代化》，载《法学》2006年第4期。

英租界于1854年成立了自己的行政管理机关工部局,行使行政权。工部局下属的巡捕房是治安机关,主要行使行政执法权,其处理的日常违法犯罪案件包括:侵害人身与财产、违反工部局章程、违犯执照章程等一些案件,以及镇压进步人士与革命运动的案件等。[①] 上海英美租界还设立了司法机关,先是洋泾浜北首理事衙门,后又发展为会审公廨。上海英、英美租界建立了自己的管理机关与法制以后,就不再受中国政府管辖,自行其是,独立运作,变成了不折不扣的"国中之国",上海英、英美租界是如此,中国的其他租界也大致如此。

3. 中国租界具两重性

中国租界作为一个"国中之国"明显具有两重性,即积极性与消极性。中国租界是这种积极性与消极性的结合体。这里也以上海的租界为例。

上海租界的积极性表现为:发展近代贸易、经济,开展近代金融,引进近代技术,制定近代法制,等等。这些都有利于上海从一个滩涂小镇变成一个国际大都市,乃至有了"东方的纽约"和"东方的巴黎"之称。[②] 这里以它的近代法制为例。中国的全国性法制改革开始于清末,即自1900至1910年间。在清末法制改革中,中国开始建立近代法制,废用传统法制,使中国走上法制近代化道路。可是,上海租界在建立之日起,便开始推行近代法制,运用近代的法律体系、法规内容、法律语言、司法制度、律师制度等。也就是说,上海租界推出的近代法制要比中国清末法制改革时期建立

---

① 参见王立民:《上海法制史》(第2版),第178—179页。
② 马长林:《上海的租界》,"前言"第2页。

的近代法制早半个多世纪。①近代法制是一种比传统法制进步的法制,具有历史的进步性。

不仅如此。上海租界的近代法制还对上海华界产生影响,以致上海华界在清末法制改革前,就开始移植一些租界的近代法制,接种牛痘防治天花病的规定、城市交通规则等都在其中。②上海华界的城市面貌也因此而有了改变,出现近代的面貌。另外,上海租界的近代法制还影响到中国的其他城市,汉口、宁波等城市都接受过上海租界的近代法制。③总之,上海租界法制对中国法制近代化产生过积极影响。

上海租界还有十分消极的一面,突出表现为:损害中国的主权、攫取中国的大量财富、歧视中国人、滋生大量的腐败现象等等。这里也以上海租界的法制为例。上海租界的巡捕是行政执法人员,应以公平、公正为宗旨。可是,他们却歧视华人,对华人野蛮执法,导致大量华人致伤致死。不仅如此,上海租界还警匪勾结祸害百姓,使大量百姓蒙受其害。曾任督察长的黄金荣自己承认:"私卖烟土,开设赌场,危害了多少人民,而不去阻止,反而从中取利,实在不应该。"④这是警匪一家的真实写照。上海租界消极性的一面十分突出。这从一个侧面证明,中国租界是畸形社会,近代中国的一个畸形区域。

---

① 王立民:《上海:中国现代区域法制建设领先之地》,载《东方法学》2017年第6期。

② 王立民:《中国城市中的租界法与华界法》,载《比较法研究》2011年第3期。

③ 王立民:《中国的租界与法制现代化——以上海、天津和汉口的租界为例》,载《中国法学》2008年第3期。

④ 王立民:《上海租界的现代法制与现代社会》,载《华东师范大学学报(哲学社会科学版)》2009年第5期。

（二）中国人民为收回中国租界的司法权做出了不懈的努力

这些租界建立以后，就虎视眈眈司法权，逐渐攫取这一权力。上海英租界迈出第一步，于1864年在租界里设立了洋泾浜北首理事衙门，"专门审理租界内发生的以英、美侨民为原告，华人为被告的民刑案件"。①1863年，上海英、美两租界正式合并成立上海英美租界以后，于1869年施行《上海洋泾浜设官会审章程》并建立了会审公廨。这是一个租界的审判机关，租界里的司法权被其掌控，中国在租界里的司法权因此而受到严重损害。②继上海英、英美租界以后，中国的有些租界也相继建立了会审公廨，攫取了司法权，中国的司法权遭到进一步损害。③

1. 中国广大民众要求收回会审公廨

中国租界里的会审公廨建立以后，实施外国审判人员的审判、陪审与观审制度，不仅肆无忌惮地损害中国司法权，还造成司法不公。特别是在辛亥革命与五卅运动以后，会审公廨的拙劣表现，更是激起广大中国人民的愤慨，收回中国租界司法权成为人们的共同愿望并为之而不懈努力。

早在1905年就发生了大闹会审公廨事件。那是因为英国陪审人员违反惯例，要将被告押往巡捕房监狱而不是会审公廨的女牢，引

---

① 史梅定主编：《上海租界志》，第279页。
② 王立民：《会审公廨是中国的审判机关异议》，载《学术月刊》2013年第10期。
③ 参见袁继成：《近代中国租界史稿》，中国财政经济出版社1998年版，第138页。

起冲突,英国巡捕"在法庭上大打出手,打伤廨役2人"。这引发了上海人民对会审公廨的愤慨。"上海民众对此愤怒异常,纷纷集会抗议",还举行了"商人罢市"。① 这一事件的发生集中反映了中国人民对会审公廨的不满,对西方列强攫取中国司法权的一种抗议。

1925年,上海五卅惨案发生,13位示威的中国人被上海公共租界的英国巡捕杀害,受伤者难以计数,南京路上洒满鲜血。② 会审公廨对杀人的英国巡捕无所作为,这激起中国人民的更大愤怒,收回会审公廨的呼声更为强烈。1925年6月7日,上海工商学联合会综合大家的要求,提出17项交涉条件,其中就有"收回会审公廨"。③ 这集中体现了中国人民要求收回会审公廨,收回中国租界司法权的强烈愿望。

2. 中国的学者要求收回会审公廨

中国学者对会审公廨进行了深入研究,揭露其弊端,主张要收回会审公廨。1925年,以"《国闻周报》记者"署名的中国学者发表了《上海会审公廨史略》一文。文中指出了会审公廨的弊端。"况会审公廨之现状,无条约,无依据,纯系侵权限越范围之事。"同时,还反映了上海人民对其的态度。"抑自实际言之,以会审公廨组织之不良、情形之隔膜、内部之积弊,凡在上海久居之人民无不致其愤慨。"因此,作者表示要"收回上海会审公廨"。④ 翌年,学者甘豫立撰写了《上海会审公廨之研究》一文,也揭露了会审公

---

① 史梅定主编:《上海租界志》,第282页。
② 参见唐振常:《上海史》,上海人民出版社1989年版,第586—594页。
③ 熊月之主编:《上海通史》(第7卷),上海人民出版社1999年版,第199页。
④ 《国闻周报》记者:《上海会审公廨史略》,载《国闻周报》第2卷第25、26期(1925年)。

廨损害中国司法权的弊端。文中说：会审公廨"其权完全操之于利害冲突之外人。纵使一部分华人可以忍气吞声，甘受切肤之痛，奈国家之主权，国家之体面"。他竭力主张收回会审公廨，指出："收回会审之不可或缓，当为国人所公认。"① 中国的学者为收回会审公廨，恢复中国的司法权做出了努力。

3. 中国共产党坚决要求收回会审公廨

在中国共产党领导的革命斗争与根据地法制中，都有关于收回会审公廨与租界的内容。在上海举行的由中国共产党领导的三次武装起义中，就提出过收回会审公廨与租界的口号。中共上海区委于1926年9月6日发布了告上海市民书，提出16项要求，其中有一项就是"无条件的完全收回会审公廨"。② 1927年3月1日，上海区委召开特委会，规定了口号"原则"，其中就把"收回租界"也列入其中。③ 收回租界是从根本上解决租界司法权问题，可以彻底收回租界的司法权。建立革命根据地以后，中国共产党在其制定的宪法性文件中，也规定了收回租界的内容。1931年颁行的宪法性文件《中华苏维埃共和国宪法大纲》就明文规定：要把"帝国主义的租界、租借地无条件收回"。④ 1934年对这一宪法性文件作了修改，但这个规定没变。⑤

正是由于中国人民的不懈努力，中国租界的会审公廨才会被收

---

① 甘豫立：《上海会审公廨之研究》，载《太平导报》第1卷第20—21期（1926年）。
② 上海档案馆：《上海工人三次武装起义》，上海人民出版社1983年版，第7页。
③ 同上书，第251页。
④ 韩延龙等：《中国新民主主义革命时期根据地法制文献选编》（第1卷），中国社会科学出版社1981年版，第10页。
⑤ 同上书，第15页。

回,中国租界的司法权被废止,中国租界里的中国法院被设立、运行,《中华民国民法》才能被适用。

(三)中国租界里设立中国法院经历过曲折过程

中国租界内设立会审公廨以后,中国租界的司法权就一直被其所把持。在中国人民的压力下,中国政府开始了收回会审公廨的历程,但由于西方国家的阻挠,以致这个过程十分曲折,这里以收回上海公共租界的会审公廨为例。

1. 会审公廨终于被收回

1913年至1925年,北洋政府先后5次派员与英国驻华公使交涉,要求收回会审公廨,可是由于英人阻挠,交涉"均无结果"。[①]五卅惨案发生后,中国人民要求收回会审的呼声不断高涨。在中国人民的强大压力之下,北洋政府"不断照会驻京外国使团,提出收回会审公廨的要求"。然而,公使团"虽允诺妥善解决这一问题,仍不肯作实质性让步,交涉没有进展"。[②]

自1926年5月2日至6月9日间,驻沪领事团派代表,与江苏省政府的代表,在上海秘密协商4次。6月21日起又会谈了3次,达成8项协议草案。同年12月,中外代表总算协商妥毕,签署了《收回上海公共租界会审公廨暂行章程》,有效期为3年。1927年1月1日,在上海公共租界会审公廨旧址举行了收回公共租界的仪式,会审公廨的司法权被收回,取而代之的是临时法院。[③]从谈判到收

---

① 史梅定主编:《上海租界志》,第283—284页。
② 同上书,第284页。
③ 参见费成康:《中国租界史》,第152—153页。

回会审公廨,共花了15年时间。

2. 设立临时法院取代会审公廨

上海公共租界的临时法院是会审公廨过渡到江苏第一特区地方法院的过渡性法院。这是一种专门审理租界里发生的各民、刑事案件及违禁案件的法院。根据1927年8月14日,江苏省政府与驻沪领事签订的上海临时法院协定可以发现,它收回了部分租界的司法权,限制部分权利,但还有一些司法权没有被收回,还不能算是货真价实的中国法院。

上海公共租界临时法院收回的司法权主要有这些:租界内中国人的民事审判权;中国人刑事案件的领事会审权;领事对于传票拘票的签字权等。另外,对有些司法权作了限制。比如,会审公廨内原来的检察处改为书记处,其权限受到了限制;核准的死刑需交华界的上海地方司法机关执行;等等。① 这些都是收回会审公廨以后所取得的成效,一种不彻底的成效。

上海公共租界临时法院仍保留了一些会审公廨的制度,还有一些司法权没有没收或受到很大制约,其中主要是:外国领事仍可观审有约国人、工部局为原告,中国人为被告的民、刑案件;法院内的管理员、具有监督财政职能的书记官仍由驻沪领事团推荐的人员担任;外国人仍可加入能考察监狱状况的委员会,还有权提议整顿;除了原、被告均为中国人的案件外,外国律师仍有优先出庭的权利;等等。② 从这些内容可见,上海公共租界临时法院还不是名副其实的中国法院,充其量只是一种过渡性法院。

---

① 参见史梅定主编:《上海租界志》,第287页。
② 同上。

3. 江苏上海第一特区地方法院和江苏高等法院第二分院取代上海公共租界临时法院

上海公共租界临时法院建立、运行后，遭到中国人民的诟病，认为其"虽经变更，终于性质不明，系统紊乱，与全国制度歧异"。① 在它有效期届满前，中外代表又开始商讨关于上海公共租界司法机关设置办法。在1929年5月以后的中外双方代表谈判中，进行了博弈。中方代表主张在上海公共租界建立中国法院以取代临时法院，并取消外国人的特权，彻底收回租界里的司法权。外国代表则提出多种理由，企图迫使中方代表让步，甚至不愿放弃领事观审权等。一度谈判陷入僵局，毫无进展，最终中方采取强硬态度，声明在中外双方无法签订协议时，自行改组临时法院。又经过28次会议，中外双方终于达成一致，签署了《关于上海公共租界内中国法院之协定》，尘埃落定。②

江苏上海第一特区地方法院与江苏高等法院第二分院都是设在上海公共租界内的中国法院，纳入中国法院系统。江苏上海第一特区地方法院设院长1人，法官30余人，书记官50余人，还有录事、翻译官、执达员等人员，共计160余人。法院内设民刑事庭、民刑事简易庭、民事执行处、民事调解处、违警庭、书记室等机构。审判适用中国的诉讼程序，据统计，每位法官每月平均办案数在150—200件。③

江苏高等法院第二分院设院长1人，庭长2人，法官8人，书记官17人，还设有录事、检察官、法医、翻译、司法警察等人员。

---

① 洪钧培：《国民政府外交史》，上海华通书局1930年版，第323页。
② 参见费成康：《中国租界史》，第156—157页。
③ 参见史梅定主编：《上海租界志》，第288—289年。

法院内设检察处、民事庭、刑事庭等机构。所审理的案件有增加趋势。以1930年至1933年审判的刑事案件为例，1930年为20883件，1931年为23624件，1932年为26217件，1933年增至33134件。[①]

从1864年上海英美租界建立洋泾浜北首理事衙门到1930年设立江苏上海第一特区地方法院和江苏高等法院第二分院，相隔66年。其间，中国人民做出了不懈的努力，历经无数困难，终于收回租界的司法权，实不容易。

中国租界中设立中国法院、司法权被收回后，仅存7个年头。1941年12月太平洋战争爆发，中国租界被日本侵入，相继沦陷。中国租界成了日占区，中国租界的司法机关也成了日本控制的司法机关，不再属于中国政府的司法机关。在日本控制下的租界司法机关干尽了坏事，镇压中国人民的抗日行为，纵容日本入侵者，汉奸肆虐，无恶不作。抗日战争结束以后，中国租界才彻底退出中国历史舞台，司法权才真正回归中国，包括《中华民国民法》在内的中国法律才得以畅行无阻地被适用。

（原载韩国《中国法研究》2020年11月30日总第44期）

[①] 参见史梅定主编：《上海租界志》，第290—291页。

中国租界防控疫情立法与思考

中国租界是一种根据中外不平等条约,由外侨在近代中国的城市中租地并实行自治的区域。鸦片战争以后,先后有英、美、法、德、俄、日、意大利、奥地利、比利时等9个国家,在中国的上海、汉口、天津、广州、厦门、镇江、九江、重庆、杭州、苏州等10个城市中,建立过27个租界及其法制。[①]这些租界都建有自己的立法、行政、司法等机关,实行自治管理,于是便有了"国中之国"之称。[②]中国租界行使自己的立法权,制定适合本租界的规定,其中包括防控疫情的规定。在中国租界中,上海租界与汉口租界防控疫情的立法比较突出。本文以这两个租界为例,展开论述,窥视中国租界的这一立法,并从中获得一些思考。

一、规定专门防控疫情的机构及其成员的职责

为了确保租界内的防控疫情工作的有序进行,中国租界都设有一些机构,专门从事防控疫情的事务。中国租界用立法形式规定这

[①] 参见上海市政协文史资料委员会等:《列强在中国的租界》,中国文史出版社1992年版,第590页。

[②] 费成康:《中国租界史》,上海社会科学院出版社1991年版,第203页。

些防控疫情的机构与成员的职责，使其职权分明，依法履职。上海租界与汉口租界都有一些这样的规定。

（一）上海租界规定了专门防控疫情的机构及其成员的职责

上海存在过英、美、英美、公共租界与法租界，长期存在公共租界与法租界。① 上海租界设有专门防控疫情的机构。这种机构一般隶属于公共卫生机关，而且有明文规定。上海英租界成立不久后，就有专人负责公共卫生，以后又成立了公共卫生的管理机关。上海公共租界对这一机构的职能与机构成员的职责都作了规定。1908年上海公共租界规定，工部局所属卫生处下设的粪秽股改名为公共卫生股，以后其职能也有所扩大。即从原来"主要负责租界内粪便、垃圾等污秽清理，此后又增加防疫和卫生视察等职能"。② 从此，这个公共卫生股就成为专门防控疫情的机构，其成员就有防控疫情的职责。1935年公共卫生股的职能又作了扩充，扩大到10项，其中有3项直接与防控疫情有关。即"传染病调查及消毒"，"接种牛痘及预防霍乱注射"，"预防鼠疫"。③ 为了便于防控疫情的细化管理，从20世纪30年代，这个卫生股还在上海公共租界下属的区里，设有卫生稽查员办公室，成员为卫生稽查员。他们的职责也有明文规定，范围涉及公共卫生的各个方面，其中包括防控疫情。即"视

---

① 上海公共租界的前身是：上海英租界（1945年）、上海美租界（1948年）和上海英美租界（1863年）。1899年上海英美租界改名为上海公共租界。参见王立民：《上海：中国现代区域法制建设领先之地》，载《东方法学》2017年第6期。

② 史梅定主编：《上海租界志》，第495页。

③ 同上书，第496页。

察发生传染病的家庭，在必要时进行清毒；同时必须熟悉辖区内卫生状况，防止流行病发生"。上海公共租界通过公共卫生股与区稽查员办公室的两级管理，形成一个防控疫情的组织网络，共同着力于疫情的防控。

上海法租界设有自己专门防控疫情的机构。[①]而且，对这一机构的职能与成员的职责也都有明文规定。上海法租界建立后不久，就设专人负责界内的公共卫生，以后演进为卫生管理机关。1905年上海法租界公董局成立卫生兽医处，1930年对其调整并更名为公共卫生救济处。上海法租界对公共卫生救济处的职能规定为："负责管理法租界内公共卫生和免费公共医疗救济"，是专门的防控疫情机构。它下设有七个部门，其中的卫生巡路队和防疫组两个部门都具有防控疫情的职能。其中，卫生巡路队及其成员的职责是："负责检查疫病"，"对分类营业场所、牛奶棚、兽栏、空地、乡村施行消毒"；防疫组及其成员的职责是："承担对住宿过疫病者住宅进行消毒"。[②]上海法租界根据本辖区的情况，规定防控疫情实行一级管理，公共卫生救济处是防控疫情的专门机构，具有防控疫情的职能，其成员则具有防控疫情的职责。其中的一级管理与上海公共租界不同，它是实行二级管理。

（二）汉口租界也规定了专门防控疫情的机构及其成员的职责

汉口租界同样建有专门防控疫情的机构，并对它的职能与所属

[①] 上海法租界成立于1849年。参见王立民：《上海租界与上海法制现代化》，载《法学》2006年第4期。

[②] 史梅定主编：《上海租界志》，第496页。

人员的职责也作出了规定。汉口的英、法租界是汉口的两个主要租界。① 这两个租界都设有公共卫生机关，汉口英租界的公共卫生机关是工部局所属的卫生科，汉口法租界的公共卫生机关是公董局所属的卫生局。它们都下设有专门的防控疫情机构，从事相关工作。"（汉口）法租界设有卫生局，下有卫生防疫机构，以维护租界公共卫生。"② 其成员的职责是应对租界内的"传染及流行性疾病"，其中包括了"霍乱、鼠疫、天花、猩红热、白喉、斑疹伤寒、脑膜炎"等等。③ 汉口英租界也设有卫生防疫机构，其成员的职责是："城市消毒，预防传染病，定期请居民到医院接种牛痘。"④ 可见，汉口租界也与上海租界有相似之处，都建有公共卫生机构与法定的专门防控疫情机构，也规定了相关的职能与成员职责。这些都为中国租界在组织上防控疫情奠定了基础，做到职权明晰，可以各司其职。

二、规定了平时防控疫情的多种要求

在中国租界防控疫情的立法中，所规定的防控疫情要求大致可分为平时与疫时两大类。平时的防控疫情要求，针对各种疫情而言，反映的是防控疫情的一般规律，提出的是一般工作要求，是一种细水长流的制度安排。疫时防控疫情要求，则是针对将要发生或正在发生的

---

① 汉口英租界建立于1861年，汉口法租界则建立于1896年。参见袁继成主编：《汉口租界志》，武汉出版社2003年版，第26—30页。
② 袁继成主编：《汉口租界志》，第304页。
③ 同上书，第548页。
④ 同上书，第304页。

疫情，是一种特殊的工作要求，权宜性的制度安排。这两种防控疫情的要求虽有差异，但都聚焦于防控疫情，可以起到互补作用，即把一般要求与特殊要求结合起来。既可以解决长远防控疫情的问题，又可以解决近期防控疫情的问题，以达到防控疫情效果最大化的目的。

中国租界规定的平时防控疫情要求，主要体现在对环境卫生、食品卫生、宠物与野生动物管理的要求三个方面。

（一）对环境卫生的要求

疫情的发生与发展都依赖于一定的环境。没有合适的环境，疫情无法形成。从这种意义上讲，环境卫生对防控疫情至关重要。中国租界的立法者明了这一道理，并在立法中对环境卫生提出要求，作出规定。早在19世纪70年代，上海租界已对环境卫生提出要求，禁止污染环境卫生的行为。那时公布的《租界例禁》就规定："禁路上倾积垃圾"，"禁道旁小便"。① 以后，上海公共租界与法租界又对环境卫生作出进一步规定，提出新的要求。

上海英美租界于1895年规定，市民的粪便收集在密封的马口铁桶内，方便掏运。②1897年还规定，租界内设置垃圾箱，做到垃圾入箱，改变过去把生活垃圾倾倒在马路上的习惯。③上海法租界对环境卫生也作出过新规定，提出过新要求。1930年作出关于使用轻便垃圾桶、保持环境卫生的规定，要求每家每户置有"有盖的轻便垃圾桶，日常生活垃圾倒入桶中，每日清晨在垃圾车经过时将垃

---

① ［清］葛元煦：《沪游杂记》，郑祖安标点，上海书店出版社2006年版，第39页。
② 参见上海档案馆：《工部局董事会议录》（第11册），上海古籍出版社2001年版，第670页。
③ 参见史梅定主编：《上海租界志》，第507页。

圾桶移置路旁,由公董局所雇小工出清"。1937年对粪便之处理也作出新规定,要求在市民住宅区"普遍造化粪池,禁止粪秽直接流入道路下水道"。① 以此来维护租界内的环境卫生。可见,上海租界于19世纪70年代以后,在垃圾、粪便的处理等方面都作出新规定,进一步净化环境卫生,积极防控疫情。

汉口租界依据汉口的实际情况,同样在环境卫生方面作出规定,防控疫情。汉口英租界特别重视市民配置有盖的渣桶和保持一些易污染场合的环境卫生两个方面的问题,还专门为此而作出规定。20世纪20年代,汉口英租界规定,"凡本界内居民,每家须备有盖之渣桶一个,以储一切废物渣滓。其材料或以冰铁为之,或以涂白铅之木为之,或以木为之而镶以冰铁。"对于宰坊、煮血店、猪圈、小便所、粪堆、兽皮厂等一些易污染的场合,汉口英租界也专门作出规定,要求保持卫生,否则就要被罚款。即"无论何时,一经妨害物观察官或卫生官查出","违者科以每日罚金二十五两"。② 汉口法租界则特别重视对道路卫生与粪便的管理。1929年时明确规定:"严禁在马路上丢任何垃圾,严禁丢弃散发臭味的废物,马路上不得有泼污水现象";"任何人、畜的粪便都不能外露"。③ 汉口租界在环境卫生方面的规定与上海租界的规定十分相似,都把重点放在垃圾与粪便的处置上,可谓殊途同归。

(二)对食品卫生的要求

俗话说,病从口入。有些疫病的传染可以通过饮食、饮料途

---

① 史梅定主编:《上海租界志》,第506—507页。
② 袁继成主编:《汉口租界志》,第540页。
③ 同上书,第548页。

径，特别是霍乱、痢疾、流感等一些疾病。因此，把住食品卫生关对防控疫情也十分重要。在中国租界的防控疫情立法中，就有对食品卫生的要求并作出过明文规定。

在上海租界的防控疫情立法中，有保持食物卫生的要求。上海英美租界非常注重出售食品的安全，禁止变质、不洁食品的出售。1868年就规定，凡是在菜场、肉店出售的肉类食品中，发现有病畜、死畜和不新鲜等变质肉，都要被没收、销毁，对于出售者要处以罚款。①1909年上海公共租界又进一步对其他食品作了规定，即禁止出售不洁食物，其中包括蔬菜、水果、冰淇淋、冰饮品和汽水等。②上海法租界则重视食品出场、厂前的管理，预防不合格食品流入市场。特别是宰牲场出场、工厂出厂、菜场出售的食品、饮料等，都要依法严格把关，保持食品卫生。1903年上海法租界规定，在宰牲场里，发现"有检验后认为不佳之肉，不准取离宰牲场"。1934年又规定，严禁饮料制造厂"制造、出售不合格饮料"。1937年再次规定，菜场里，"如发现劣质食品即予扣留，并得向该法院诉请没收销毁"，否则"可处以1元以上100元以下罚款，或吊销执照"。③上海租界对食品安全的规定，重点在禁止出售不合格食品，从源头上进行管控，以此来保证食品安全，防控疫情。

汉口租界同样对食品卫生作出规定，也对食品卫生有一些自己的要求。汉口英租界重视对个人食品卫生的规定，要求个人保持食品的卫生。"凡本界人民携提食物经过街道，须持食物紧包，以免污染不净之物，致有碍卫生。违者处以十两以下罚金，其食物没收

---

① 参见马长林等：《上海公共租界城市管理研究》，中西书局2011年版，第107页。
② 参见同上书，第118页。
③ 史梅定主编：《上海租界志》，第501—503页。

与否由本局（工部局）临时酌定。"①汉口法租界则特别强调制造、出售的食品要合规，保证食品卫生的质量，禁止造假。1929年的《法国租界总章程》专门规定："严禁对人或动物的食品、药品、饮料和农产品进行造假，要禁止销售。"②可见，汉口租界也有对食品卫生的规定，重点在于从个人的食品卫生与禁止造假两个方面来保证食品卫生，有其自己的特色。

（三）对宠物与野生动物管理的要求

中国租界的市民养宠物的情况不为鲜见，特别是养狗；另外，也有租界外的人员到租界出售一些野生动物，狗和野生动物会对防控疫情不利，甚至会成为疫病的根源，病毒与细菌的宿主。中国租界把对宠物、野生动物的管理也纳入平时防控疫情的范围，并作出相应的规定。

上海租界于19世纪70年代就规定："禁春分后、霜降前卖野味。"③这不仅有利于保护野生动物，使其在春分后至霜降前这段时间可以充分繁衍后代；还有利于疫情的防控，防止有些病毒、细菌在气候暖和的时候大量滋生并传染给人类，真可谓是一举两得。

以后，上海租界又作过新规定。上海英美租界于1893年时规定，凡在马路上游荡、不戴颈圈的狗，一律被捕捉，7日后无人认领，即被杀死。上海公共租界在1899年施行的《狂犬病及家犬上口套管理条例》中，也进一步规定家犬外出必须戴上口套，避免家犬

---

① 袁继成主编:《汉口租界志》，第542页。
② 同上书，第550页。
③ ［清］葛元煦:《沪游杂记》，郑祖安标点，第9页。

伤人、传播狂犬病毒。① 上海法租界也提出过类似要求，作出过相似的规定。②

汉口租界特别重视对宠物的管理，并以此来防控疫情。汉口英租界在20世纪20年代施行的《英租界捕房章程》中，对养宠物提出要申领执照、担保、捐税等一系列要求。它规定："本界内人民畜马、犬、驴"，"须向本局（工部局）领取执照。是项执照每年正月一号一换。本局对于此项得加以适宜限制，索取适当担保，征收规定捐税。违者处以二十五两以下罚金"。③ 汉口法租界则更强调对狗这种宠物的注册、出行、无主狗的处理等一系列要求，而且都作了明文规定。1929年制定的《法国租界总章程》专门对此作了规定。它要求："所有法租界的居民，狗的拥有者或养育者，都应在巡捕房为狗登记注册"；"每年每条狗都要开具证明，所征收的税在领养时立即交付"；"（狗必须）戴项圈并在上面注明主人的名字"；"有主人的狗被送到待领场由巡捕发出告示三天后，还没有人前来领取，狗将被杀掉或用作其他途径"。④ 可见，汉口英、法两租界对宠物狗的管理特别重视，规定的内容也比较详尽。

中国租界的平时防控疫情从环境卫生、食品卫生、对宠物与野生动物的管理入手，都指向于疫情的源头，把防控的关口前移，是一种事前的防控，目的是避免疫情的产生。这是一种积极防控，以阻止各种疫情的发生为目标，反映了平时防控的一般要求与规律。

---

① 参见马长林等：《上海公共租界城市管理研究》，第93页。
② 参见王立民：《上海租界的现代公共卫生立法探析》，载《历史教学问题》第2014年第2期。
③ 袁继成主编：《汉口租界志》，第542页。
④ 同上书，第556页。

三、规定了疫时防控疫情的各种要求

中国租界除了用立法规定平时防控疫情的要求以外,还规定了疫时防控疫情的要求。这是一种将要发生疫情或已经发生疫情时,对防控疫情提出的要求。这种防控的要求突出表现在对接种疫苗、报告疫情、疫情发生后的处理等一些方面。

(一)对接种疫苗的要求

接种疫苗是一种有效预防疫病的手段。它可使还未患病的人员,增强抵抗力,免受病毒、细菌的感染,达到防控疫情的目的。中国租界在应对天花、狂犬病、霍乱等疫情时,就曾使用过接种疫苗的手段,还为此而作出规定,规范运用这一手段。

上海英美租界曾对接种疫苗作过规定,还有一些相关要求。这里以接种预防天花病的疫苗为例。1869年12月,上海英美租界发现多起天花病患者,出现流行该病的征兆。当时的上海已有防控天花病的免疫方法,称为"人痘法",这是一种中国的传统免疫方法,即把天花病患者身上发出疱疮愈合后所结的痂取下,制成粉末,再加上冰片等,洒在病患手臂上的划开处,使其吸收,产生免疫效果。但是,这种"人痘法"风险比较大,因为这会成为诱发天花病的传染源。当时的欧洲已不再使用这种方法,取而代之的是"牛痘法"。这一方法不仅效果好,而且使用风险也小。上海英美租界权衡以后,决定采用牛痘法,禁止使用人痘法。1870年上半年规定,要求租界内的市民免费接种牛痘,不种人痘;告知市民接种牛痘地点;前来接种牛痘市民需要办理登记手续;培训接种医务人员;要准备较为充足的牛痘疫苗等。以后,考虑到儿童是感染天花病的主要人群,需鼓励他们积极参与种牛痘。1872年又规定,凡接种牛痘而且效果较好的儿童,每人奖励300元。不久,接种牛痘便在上海公共租界成为一种常态。[1]继上海公共租界以后,上海法租界也规定用接种牛痘的方法来预防天花病,并在1938年至1939年冬季天花流行时,取得了良好的预防效果。[2]

汉口租界也制定过关于接种疫苗的规定并给予资金上的支持,要求市民接种疫苗,预防传染病。其中,汉口英租界的"工部局每年拨出经费,进行城市消毒,预防传染病,定期请居民到医院接种牛痘"。汉口法租界提供疫苗的种类还要多一些。"1938年4月,法租界申请购买霍乱、抗伤寒、抗破伤风、抗天花的疫苗,为居民注射,保证租界有令人满意的卫生状况。"[3]汉口租界关于接种疫苗的规定不亚于上海租界。

(二)对报告疫情提出了要求

疫情一旦发生,就应及时处置,快速防控,防止其蔓延,其前提则是对疫情的报告。只有通过这种报告,才能对其作出正确评价,对症下药。中国租界对疫情的报告作出过规定,提出过要求。

上海公共租界的疫情报告主要来自于三条途径,即市民死亡报

---

[1] 参见马长林等:《上海公共租界城市管理研究》,第84—85页。
[2] 参见史梅定主编:《上海租界志》,第510页。
[3] 袁继成主编:《汉口租界志》,第304页。

告、医院与军政机构、医生,他们都有报告的义务。"关于传染病消息的来源,全靠有限的死亡报告,以及各医院、有关各国海陆军当局、日本总领事署及各注册医师的自动报告。"对于报告疫情的市民也有规定,可得一定报酬。"住户患传染病而向卫生处报告者,每起给酬1元。"①上海法租界也有疫情报告的规定,特别是经调查后还要把疫情报告上报到相关的国际组织。上海法租界的"公共卫生救济处制订了传染病申报制度,与公共租界卫生处及上海市政府公共卫生处合作追踪调查全上海的传染病疫情,并向国际联盟卫生局报告。"②上海租界规定的是多渠道报告疫情的要求,具有多元化特征。

汉口租界规定的疫情报告制度把报告途径定位于相关的医务人员,他们是疫情报告的主体。汉口英租界规定医生有报告疫情的职责:"凡本界居民发生霍乱、喉痧、疹热、天花以及其他易于传染各症,该病者所症医生,务于看病之后十二小时报告本局(工部局)书记","违者处以五十两以下罚金"。③汉口法租界则把护士也纳入报告主体,护士也有报告疫情的职责。"所有医生、护士在租界内一旦发现传染及流行性疾病(霍乱、鼠疫、天花、猩红热、白喉、斑疹伤寒、脑膜炎等),必须在12小时内随时诊断,并且要通知巡捕总长。"④汉口租界规定的疫情报告途径稍有差异,汉口英租界仅定位于医生,汉口法租界则包括了护士,但都集中于医务人员,比较单一,这与上海租界的疫情报告途径的多元化有些差异。

---

① 史梅定主编:《上海租界志》,第511页。
② 同上。
③ 袁继成主编:《汉口租界志》,第541页。
④ 同上书,第548页。

（三）对疫情发生后的处理提出了要求

疫情发生后，需要进行科学处理，消灭病毒、细菌，阻止其传染，保一方平安。中国租界对疫情发生后的处理也作出过规定，提出过要求。其中，包括对病人的隔离、房屋的消毒。

上海租界对疫情发生后的处理要求作出过规定。其中，上海公共租界对疫情发生后防控处理规定的重点在于对消毒的要求，包括提出消毒申请、消毒对象、消毒的方式等。"1906年开始，凡向卫生官提出申请者，卫生消毒所将免费提供消毒服务，消毒对象为房屋和衣物卧具，方式主要是使用甲喱消毒液与高压蒸汽两种。"① 上海法租界这种处理的要求分为病人的隔离与消毒两个部分。上海法租界"公共卫生救济处对危害面最广的天花病人采取隔离措施，建立一个治疗重病人的独立病房"。另外，还有消毒的要求。消毒的对象是传染病者的房屋。"确证死于传染病者，房屋必须消毒。"消毒的方式是干硫磺和蒸烘器。"用干硫磺、蒸烘器在固定地点消毒。"② 可见，上海租界对疫情发生后的处理要求集中于消毒与隔离两个方面。

汉口租界对疫情发生后的处理也作过规定。汉口英租界在1914年颁布的《公共卫生及房屋建筑章程》就规定："要在传染期内要进行消毒。工部局在接到疫情报告后，应立即采取有效措施，对传染区进行必要的消毒，所有费用均由工部局用税收来弥补。"③ 汉口法租

---

① 史梅定主编：《上海租界志》，第511页。
② 同上。
③ 袁继成主编：《汉口租界志》，第568页。

界在 1925 年施行的《汉口法租界章程》中,规定对可能引起传染的东西要进行消毒,"场所、衣物、铺盖以及一切能引起传染的东西,都要在卫生部的负责下进行消毒"。① 从汉口租界的这些规定来看,其疫情发生后的处理要求重在消毒,与上海租界的处理有些差异。

中国租界通过接种疫苗、报告疫情、疫情发生后的处理等一些规定,对疫时防控提出具体要求,来提高防控疫情效率,阻击疫情的暴发。虽然,这只是一种亡羊补牢,但也可以变被动为主动,同样具有积极意义。

四、对中国租界防控疫情立法的思考

从中国租界的防控疫情立法中,还可以得到一些思考,主要是以下几点。

(一)中国租界防控疫情立法具有两面性

中国租界防控疫情立法具有两面性,这种两面性源于中国租界的两面性。中国租界的两面性是指它的耻辱性与先进性。它具有屈辱性是因为中国租界的产生与存在,都以中外不平等条约为前提,是丧权辱国的表现。没有鸦片战争的失败,没有一系列中外不平等条约的签订,也不会有中国租界。这里以中国领土上出现最早的上海英租界为例。

---

① 袁继成主编:《汉口租界志》,第 548 页。

1842年签订的中英《南京条约》除了割地和赔款以外，还规定开放广州、福州、厦门、宁波、上海五个通商口岸，并且允许英国人"带同所属家眷"在这五个口岸城市"寄居"。①1843年，这个条约的附件《五口通商附粘善后条款》又进一步规定，英国人可以在中国的五个通商口岸城市租地租房。"中华地方官必须与英国管事官各就地方民情，议定于何地方，用何房屋或基地，系准英人租赁。"②从《南京条约》允许英国人带家眷在中国的五个通商口岸城市居住，到《五口通商附粘善后条款》允许英国人在这五个城市租地居住，都为英国在上海建立租界创造了可能。1845年的《上海租地章程》则把这种可能变成了现实。它划定了上海英租界的地域，规定了与租地相关的一切事务。③上海英租界随之产生。上海美、法租界接踵而来，也都以中外不平等条约为基础，先后建立了上海美、法租界。汉口等其他城市的租界的产生无一例外。④中国租界的产生是中外不平等条约的产物，丧权辱国的一种体现，耻辱性十分明显。

另外，中国租界建立以后，逐渐走上一条自治之路，设有一套自己的自治机关，不受中国政府的管辖，租界因此而成了"国中之国"。中国租界的产生、存在损害了中国的主权，是中国丧权辱国的一个恶果，其耻辱性昭然若揭。中国租界防控疫情的立法由中国租界制定、实施，是中国租界法制的一个组成部分，依附于中国租界的存在，其耻辱性延伸到中国租界防控疫情立法，这一立法也具有了耻辱性。这是中国租界防控疫情立法的一面性，还有另一面即

---

① 王铁崖编：《中外旧约章汇编》（第1册），第28页。
② 同上书，第32页。
③ 同上书，第60—64页。
④ 参见王立民：《中国租界法制初探》，法律出版社2016年版，第39—44页。

是先进性。

中国租界防控疫情立法的先进性也由中国租界的先进性所决定。中国租界从建立之日起，就是中国城市中的近代区域，其自治机关及其城市治理方式、城市的发展都具有近代性，因而上海租界有"东方巴黎""东方纽约"之称，①汉口租界则有"东方芝加哥"之称。②然而，鸦片战争以后，中国城市中的华界还是一种传统城市，与其相比较，中国的租界则具有先进性。中国的华界要在20世纪初清政府推出"新政"后才有明显变化，才逐渐走上近代之路，这要比上海、汉口租界晚了几十年。中国租界的这种先进性带来了中国租界防控疫情立法的先进性，事实也是如此。早在20世纪初清政府实行"新政"之前，中国租界就通过立法，建立了近代的专门防控疫情机构，使用近代的防控手段，强调近代的防疫要求，等等。比如，当天花病流行时，上海华界运用传统落后的人痘法去抵抗时，上海租界则规定使用先进的牛痘法去应对，其效果有天壤之别，以至于后来华界也从中得到启示，改用了牛痘法。③中国租界防控疫情立法的这种先进性代表了中国这一立法的发展方向，是一种历史的推陈出新，需要加以充分肯定。

在认识中国租界防控疫情立法时，要顾及它的两面性，以便对其有个全面认识，避免偏颇，造成误读。

（二）中国租界防控疫情立法得到了实施

制定法律是为了实施法律，再好的法律也要通过实施才能真正

---

① 马长林：《上海的租界》，天津教育出版社2009年版，"前言"第2页。
② 袁继成主编：《汉口租界志》，"序"第2页。
③ 参见马长林：《上海的租界》，第101页。

体现其价值。中国租界防控疫情立法在实践中得到了实施,在平时、疫时的防控疫情立法的实施中都是如此。

中国租界平时防控疫情的规定得到了实施。这种实施有利于形成一个避免或减少疫情发生的效应。上海租界都实施过平时防控疫情的规定,落实规定提出的要求。这里以实施环境卫生的规定为例。上海公共租界在1906年全面实施设置垃圾箱的规定,1911年就有2500只垃圾箱投入使用;至20世纪20年代,这个数字上升至7000只。[①] 与此同时,粪便的处理也在推进。上海公共租界雇佣人员专门每天清运粪便,1906年时这类人员"不下645人"。[②] 另外,公共厕所的建造也在进行。上海公共租界于1895年建造了一个可供30人使用的公共厕所,1900年又建造了6个公共厕所。[③] 上海法租界也实施了关于环境卫生方面的规定,在公共卫生处救济处监督下,建造了合格的化粪池,投入使用。[④] 汉口租界同样实施了关于环境卫生的规定,建造了公共厕所等。[⑤] 中国租界环境卫生规定的实施取得了较好的效果,城市环境整治,空气清新,与华界的环境相比,有云泥之别。有人曾对此作出评论,认为:"上海租界街道宽阔平整而洁净,一入中国地界则污秽不堪","老幼随处便溺,疮毒恶疾之人无处不有",[⑥] 此话不假。

中国租界疫时防控疫情的规定也得到了实施。这种实施直接有利于管控将要发生或已经发生的疫情,把疫情控制在萌芽状态,阻

---

① 参见马长林:《上海的租界》,第97页。
② 参见史梅定主编:《上海租界志》,第507页。
③ 参见马长林:《上海的租界》,第99页。
④ 参见史梅定主编:《上海租界志》,第507页。
⑤ 参见袁继成主编:《汉口租界志》,"序"第5页。
⑥ 夏东元:《郑观应集》(上),上海人民出版社1982年版,第663页。

止疫情的进一步发生或蔓延。这里以中国租界接种疫苗规定的实施为例。上海英美、公共、法租界在接种牛痘疫苗的规定颁布后,都采取了一些相应措施,落实这一规定。上海英美租界为儿童免费接种牛痘疫苗,而且接种人数逐年增长。1873年为488人,1878年增至1295人,1880年又达到1472人。[①] 以后,上海公共租界为市民免费接种牛痘疫苗人数也呈上升趋势,1928年增至47058人次。另外,据统计,1911—1930年的20年间,上海公共租界免费接种牛痘疫苗人数超过100万人。[②] 上海法租界也为大量市民免费接种牛痘疫苗。1938年至1939年冬季上海法租界为了防控流行的天花病,免费为市民接种牛痘疫苗,人数近540001人次。[③] 用接种牛痘来防控天花病,成为上海租界的一种常态。

汉口租界也实施了关于接种疫苗的规定。比如,汉口法租界把接种疫苗的任务交给租界内的医院去落实,由它们安排具体的接种任务。"法租界工部局免费诊所"是个接受过免费接种疫苗任务的医院,接种的疫苗包括了霍乱、伤寒和天花等疫苗。据1935年的全年统计,共有9820人在这家医院接种过各种疫苗。《汉口租界志》记载,从1935年1月起,这家"诊所为租界居民义务注射霍乱、伤寒及天花疫苗,截至12月31日,已为9820人接种了疫苗"。[④]

中国租界不仅在立法上作出了关于防控疫情的规定,而且还实施这些规定,为中国租界的防控疫情打下了法制基础。中国租界抗衡疫情也主要依靠法制与科学这两手。中国租界利用这两手战胜了各种疫情,特别是包括防控疫情立法在内的法制,有力规范了防控

---

① 参见马长林:《上海的租界》,第102—103页。
② 参见同上书,第104页。
③ 参见史梅定主编:《上海租界志》,第510页。
④ 袁继成主编:《汉口租界志》,第308页。

疫情的行为，避免疫情的大暴发，以至于在中国百年租界史上没有出现过大的疫情，也没有因此而给租界市民带来了大的灾难。从这种意义上讲，中国租界防控疫情立法及其实施功不可没。

（三）中国租界防控疫情立法与时俱进

中国租界的疫情有多种，既有天花、霍乱，也有痢病、狂犬病等等。而且，疫情是动态化外象，不会一成不变，特别是病毒，还会变异。为了有效应对疫情，防控疫情的立法就需随机应变，与时俱进。中国租界就是如此。

上海租界的防控疫情立法在应付各种疫情中，与时俱进。这里以上海英美租界应付霍乱病疫情的立法为例。上海英美租界面对霍乱疫情，首先寻找疫情的根源，然后再用立法加以防控。由于是应时立法，针对性与权宜性都较明显。这种立法可以对原来的立法进行补充，相得益彰。以下罗列几次上海英美租界比较重要的针对霍乱病疫情立法来证之。

1879年，日本神户暴发霍乱病，被宣布为传染病港口。由于上海港有日本神户来往的船只，上海英美租界便作出规定，实行港口船的检疫制度，用碳酸和水的混合液体对马路进行消毒。[①]

1884年，上海英美租界虹口一带的一名外侨因喝了未煮的牛奶而染上了霍乱病。上海英美租界马上作出规定，要求界内市民要时刻注意饮食卫生，不喝未经煮沸的水，不食未煮透或被苍蝇叮过的食品，另外在每年的6至10月间不吃隔夜菜，等等。[②]

[①] 参见马长林等：《上海公共租界城市管理研究》，第89页。
[②] 上海市档案馆藏：U1-16-4650，工部局档案。

1886年,上海英美租界又出现霍乱病的病人,他们中有11人被送往医院救治,其中有3人死亡。经调查发现,这些病人全部居住在吴淞路上的"美国公寓",而此公寓内部极其肮脏,卫生条件很差,是发生霍乱疫情的主要原因。于是,上海英美租界又作出规定,要求粉刷房屋,清扫房屋,净化房屋的整体环境,彻底清除病源。①

　　1889年,上海英美租界内一名洋人和几名华人死于霍乱病,英美租界再次作出新规定,内容是:应在较短时日作一次本地人死亡的情况报告;把有碍公共卫生的杂物全部清除;对发病人员的房屋进行消毒,必要时焚毁床上用品。②

　　在上海英美租界防控疫情立法与时俱进的同时,汉口租界的这一立法也没有停滞不前。以汉口法租界为例,1938年冬季,汉口法租界出现痢疾、肺结核等疫情。为应对当时的疫情,在原有防控疫情立法的基础上,法租界又以领事令的形式作出新规定。新规定要求,必须有效管理脏水和粪便的排放、楼梯过道的清洁,食品商店、食品生产和饮料生产要严格监控;医生一旦查实疾病的发病原因,在得到巡捕房总长同意后,将戒严一段时间并提供用药;对病源区进行消毒;医生要经常巡视租界内所有地方,作出必要的估计;等等。③

　　中国租界防控疫情立法与时俱进,及时推出应对新疫情的新规定,弥补原来规定的短板,取得较好的效果。这正如《汉口租界志》所言:"由于及时有效地展开预防和治疗工作,控制了疾病的蔓延。"④此话比较中肯。

---

① 上海市档案馆:《工部局董事会会议录》(第8册),上海古籍出版社2001年版,第701页。
② 参见马长林等:《上海公共租界城市管理研究》,第90页。
③ 参见袁继成主编:《汉口租界志》,第304—305页。
④ 袁继成主编:《汉口租界志》,第305页。

（四）中国当今防控疫情立法的借鉴

疫情与人类相伴，疫情的发生又不以人的意志为转移，当今中国也是如此。为了有效防控疫情，需要法治，也需要以往相关法制的经验，并从中得到借鉴，以资中国当今的防控疫情法治建设参考。中国租界防控疫情立法是中国领土上最早的近代防控疫情立法，走过百年历程。它的这一立法还得到实施，取得过积极效果。其中存在一些可以为今天借鉴之处，主要是以下三个方面。

首先，要重视防控疫情法律体系的建立。防控疫情立法是防疫控疫法制的重要组成部分，不可能没有这一立法却存有这样的法制。防控疫情是个系统工程，涉及防控疫情的方方面面，疫情的发现与评估、医学的认证与诊断、病人的隔离与治疗、必要的消毒与预防、疫苗的研制与使用、医生的培训与医疗器械的配备，等等，都在其中。缺少任何一个方面，都会不利于防控疫情的开展，甚至造成损失、灾难。为了规范防控疫情的行为，把科学的防控转变为人们的自觉行动，有必要建立防控疫情法律体系。中国租界的法制虽是一种城市区域法制，没有宪法与部门法的明确划分，而以区域性法规为主，但在1900年前后，就逐渐建立起近代的防控疫情法律体系。在这一体系中，既有平时的防控疫情规定，又有疫时的防控疫情规定；既有一般性的规定，又有与时俱进的新规定；既有面对所有疫情的规定，又有针对某种疫情的规定；等等。有了这样的体系，其内容就能基本覆盖防控疫情的各个方面，满足应对各种疫情的需要，做到从容防控，有法可依。

其次，要重视防控疫情立法中赏罚的规定。法条一般由假定、处理和制裁三大要素构成，制裁是其中不可缺少的一个组成要素。

缺少了制裁，不仅法条的内容不完整，而且还缺乏了强制力，往往会导致假定与处理的内容形同虚设。在中国租界防控疫情的立法中，很重视对罚则的规定，违法者要承担相应的法律责任，以此来加大强制力，并起警示作用。罚则的处罚方式有多种，捕捉与杀死游荡狗、罚金、罚款、吊销执照等都在其中。上海英美租界、汉口法租界规定的捕捉、杀死无人认领的游荡狗，上海法租界规定的发现不合格食品等处罚款或吊销执照，汉口英租界规定的在易污染场不能保持卫生的"每日罚金二十五两"等，都是这样。有了这样的罚则，就会加大中国租界防控疫情立法施行力度，保障其有效实施。在这里还需提及的是，中国租界并非一意用罚，而在一定条件下，还有奖励的规定。上海英美租界对儿童接种牛痘的奖励就是如此。而且这一奖励规定还得到了实施，1872年共发出奖金15.88两银子。[①]有奖赏作为补充，赏罚共施，中国租界防控疫情立法的实施效果就如虎添翼了。这成为这一立法能得到有效实施的一个重要原因。

最后，要重视防控疫情立法的宣传。防控立法的内容要演变为人们的自觉行动，就要使大家知晓、理解，其中就少不了宣传。否则，立法与行动就会变成两张皮，甚至造成法不责众的格局。中国租界在进行防控疫情立法的同时，还积极开展宣传活动，使大家知晓、理解其中的内容。上海租界开展过宣传防控疫情立法的工作，而且形式多样。在19世纪80年代出版的葛元煦，所撰《沪游杂记》里，专门设置了《租界例禁》一部分，其中告知游客，"禁路上倾倒垃圾"，"禁道旁小便"等。1935年上海公共租界为了防控狂犬病，把相关规定编入《卫生须知》《居住上海如何卫生》《疾病之原因及如何抵抗》等书籍，制成中、英、日、俄等不同语言版本，发

---

① 参见马长林等：《上海公共租界城市管理研究》，第85页。

放给市民,大力进行宣传。① 汉口租界也开展过防控疫情立法的宣传,比如,汉口英租界"一旦有传染病人出现,卫生机构便在居民区住宅墙上,粘贴有关各种传染病的图片文字,进行预防宣传"。② 这种宣传还真起到作用,上海公共租界留下过这样一个例子。据《老上海三十年见闻录》记载:"缘甲初来上海,行至四马路棋盘街转角处,因欲解手,友人告以租界章程,须拉进捕房,罚洋二角。"为了避免违法,这位友人便用其他方法,帮助他解决了解手问题。③ 像这样例子在中国租界还有不少。正是有了防控疫情立法的宣传,中国租界的这一立法才能得到大家的认可与支持,以便在租界广泛施行,有效防控了疫情。

鸦片战争结束以后不久,中国领土上便出现了租界及其法制。为了防控疫情,中国租界便开始了防控疫情的立法,内容涉及防控疫情的方方面面,成为防控疫情的行为准则。中国租界的这一立法是中国领土上最早的近代防控疫情立法,不仅对租界的疫情防控发挥了积极作用,也对华界防控疫情的立法产生过影响,是中国近代防控疫情立法史上浓墨重彩的一笔。从中国租界防控疫情立法还可进行一些思考,并为中国今天的防控疫情法治建设所借鉴。比如,要重视建立防控疫情的法律体系、重视立法中赏罚的规定、重视防控疫情立法的宣传等,都在其中。挖掘中国租界防控疫情立法资源可为今天的防控疫情法治建设添砖加瓦,发挥其近为今用的功能。

(原载《法学杂志》2020 年第 11 期)

---

① 参见王立民:《中国租界法制初探》,第 194—195 页。
② 袁继成主编:《汉口租界志》,第 304 页。
③ 陈无我:《老上海三十年见闻录》,上海书店出版社 1997 年版,第 263 页。

租界里的中国巡捕与反思

巡捕是中国租界里的警政人员，即警察。巡捕房是警政机关。中国最早产生巡捕的是在上海租界，时间是1854年。① 此后，中国其他租界设立的警察也都称为巡捕。巡捕可以用国籍来称谓。比如，英国籍巡捕被称为英国巡捕，中国籍巡捕称为中国巡捕，也称为华人巡捕、华捕。1945年，中国租界全部、真正收回，巡捕也随之退出历史舞台。

本文以《英国巡捕眼中的上海滩》（*Shanghai Policeman*）一书为基本素材，展开论述。此书作者是英国人彼得斯（E. W. Peters），出身于英格兰，"16岁离开学校在运兵船上打工，后来在煤矿作运煤司机"，之后又随皇家坦克部队在印度服役了5年。他回国后，正遇到经济危机，无事可做，看到在英国招募上海公共租界巡捕的消息后，去报了名，如愿以偿。他于1929年11月到上海公共租界任巡捕，1936年4月因涉嫌杀害华人乞丐而被辞退，回到英国，总共在上海公共租界当了6年多巡捕。② 彼得斯周围有许多中国巡捕，有些还是他的同事，每天都要与他们打交道。回国后，他把自己的巡捕经历写成回忆录《英国巡捕眼中的上海滩》一书并于1937年公

---

① 参见史梅定主编：《上海租界志》，第244页。
② 参见〔英〕E.W.彼得斯：《英国巡捕眼中的上海滩》，李开龙译，中国社会科学出版社2015年版，"序"第2页。

开出版,其中有不少篇幅专门描述中国巡捕,是目前所见关于中国巡捕内容最为丰富而且是一手资料的一部著作。

一、中国巡捕的人数多工资最低但工作表现不错

中国巡捕是中国租界中人数最多的一个群体,另有一些是外国巡捕。中国巡捕与外国巡捕相比较,最突出的是两点,一点是人多收入少,二是表现不错。

(一)中国巡捕人数多但工资最低

中国巡捕的人数有个发展过程。刚开始设立巡捕时,只有几个巡捕,都是西方国家的国籍。此后,随着租界地域的扩大和租界居民人口的增多,巡捕队伍也随之增大,巡捕的国籍也有所增加。到了20世纪30年代,上海公共租界里巡捕的国籍已有英国、日本、印度、俄罗斯和中国等,其中中国巡捕的人数最多。彼得斯说:"(上海)公共租界的巡捕里有英国人、日本人、印度人(锡克人居多)和中国人,总数达到5463人。英国人是主要领导力量,但是中国人在人数上占有绝对优势。"①

彼得斯的这一说法基本属实,因为这得到其他人的印证。有人作过统计,而且表述得更为具体一些。"到1935年,(上海公共租

---

① 〔英〕E. W. 彼得斯:《英国巡捕眼中的上海滩》,李开龙译,第6页。

界)巡捕人数扩大到近5000人";其中,"489名欧洲巡捕","欧洲巡捕大多是英国人,有少数白俄罗斯人。他们和583名锡克人、251名日本人及3574名中国人一起负责上海的治安"。① 这一统计情况与彼得斯的说法基本吻合。

中国巡捕的人数占了绝对多数,干的活也就最多,但工资却最低。彼得斯把同为东方人的中国巡捕与日本巡捕作比较,反映他们的工资差距。"中日两国巡捕工资标准的差异是无止境争端的根源之一。在我看来,华捕完全有理由抱怨。在被录用之初,华捕每个月的工资还不到1英镑10先令,而日捕则能拿到大约8英镑。"② 可见,中国巡捕的工资低得难以置信,连彼得斯都看不下去,认为"华捕完全有理由抱怨"。

(二)中国巡捕的工作表现不错

中国巡捕的人数多、工资最低,工作表现如何?彼得斯经过自己的观察得出结论并写入《英国巡捕眼中的上海滩》一书。他在书中以自己的中国巡捕同事为例,讲到其工作表现,认为不比欧美国家的警察差。"要是公正地评判的话,与我结伴的华捕在应对突发事件上还是很有一手的,尤其是应对武装抢劫或者绑架之类需要做出迅速反应和射击的犯罪行为,这位华捕绝对不比欧洲或美国的任何警察差。"③

当然,彼得斯也看到中国巡捕的弱点,就是工作时间偷懒。他说:"华捕的偷懒技术已到了炉火纯青的地步。"接着,他就举了个

---

① 〔英〕E.W.彼得斯:《英国巡捕眼中的上海滩》,李开龙译,"序"第3页。
② 同上书,第10—11页。
③ 同上书,第8页。

例子来加以证明,"一个华捕想打个盹,让他的同伴放风,没承想他的同伴也抵挡不住困意,结果两人都被抓了个正着"。①

但是,当要务出现时,中国巡捕就会奋不顾身,拼命执行任务。彼得斯阐述道:"华捕平时执勤时爱偷懒,要有人看着才不会敷衍了事,但是当意外情况发生需要有人站出来时,华捕则往往会有惊人的表现。他们不太讲究战略,但是绝对敢拼命,任何与他们交手的武装劫匪都是要倒霉的。"②

所以综合起来看,彼得斯认为,中国巡捕的工作表现还是不错。这是他对中国巡捕的一个总体评价。"综合所有优点和缺点,再考虑到华籍巡捕获得的微薄的工资(刚加入警队时,大约每月只有28先令),他算得上一个不错的巡捕了。"③

彼得斯能得出这样的评价并非空穴来风,而是以比较为依据。在他的视野中,还有日本、印度与俄罗斯等国的巡捕。与他们的工作表现做比较,他得出了中国巡捕工作表现不错的结论。

彼得斯认为,日本巡捕只有在日本人面前才是个好巡捕。"在任何涉及日本国民的情况下,这些日捕是绝对的好巡捕,可是对日本人之外的事,我实在没什么可说的。"印度巡捕头脑简单,缺乏独立的行动能力,需有人作指导才行。"印度人特别是其中的锡克人则主要是负责管理交通。他们通常身形高大、简单随和,但需要有人指导。一旦有了正确领导他们的人,他们绝对是坚不可摧的。"俄国巡捕虽然工资待遇与英国巡捕一样高,但工作表现极差。"最后一类是俄国巡捕。他们的工作内容和我们是一样的,工资待遇也

---

① 〔英〕E.W. 彼得斯:《英国巡捕眼中的上海滩》,李开龙译,第8页。
② 同上书,第84页。
③ 同上书,第9页。

一样","但是90%的俄捕连本职工作都干不好"。① 为此,彼得斯还讲到具体情况。"这些俄捕在这里待了五六年了","但是他们知道的警务知识依然少得可怜,在其他巡捕看来,他们都是极不合格的巡捕"。② 由此来判断,中国巡捕的工作表现还算比下有余了。

二、中国巡捕也干违法犯罪之事

中国巡捕与其他巡捕一样,也干违法犯罪之事。其中,主要是受贿与刑讯犯罪嫌疑人。

（一）受贿

受贿是中国巡捕的家常便饭之事。彼得斯称其为"揩油""收黑钱"等。他首先罗列了中国巡捕受贿的几种情况,其中主要是处理违章设摊、交通事故、搜查鸦片馆与地下赌场等几种情况。他在书中说:"某一片区域的西捕巡长发现自己管辖的地区里某个地方的店主把各种货物堆到门口,甚至占用了人行道,于是他就让自己手下具体分管这一片地方的华捕前去处理,华捕向上司保证障碍马上就会被清理,但实情却是,这个华捕警告店主的时候,店主通过甜言蜜语求得谅解,再送上点儿贿赂就可以蒙混过关了。"③

这种受贿情况不仅发生在处理违法设摊中,还发生在处理交通

---

① 〔英〕E.W.彼得斯:《英国巡捕眼中的上海滩》,李开龙译,第9页。
② 同上书,第45页。
③ 同上书,第74—75页。

事故与搜查鸦片馆与地下赌场中。彼得斯说："在街上，一个开着机动车的中国有钱人和黄包车车夫之间发生了交通事故。哪怕是很小的事故，按规定，巡捕也有义务登记具体的信息并向巡捕房汇报"，"但是巡捕就会借机揩油，否则就不同意私了"。这样的受贿情况还发生在搜查鸦片馆与地下赌场中。"类似以权谋私的情况，在巡捕搜查鸦片馆或是地下赌场的时候也经常发生。"①

接着，彼得斯还专门讲了一个具体的例子。在彼得斯带着四个中国巡捕去巡逻的区域里，发现了一个地下赌场，还看到"满屋的现金"，此时"有两个穿着西式服装的中国人走进来，他们很有礼貌地道歉并请求我原谅他们开办赌场的行为。我立刻摆出了公事公办的态度，要抓捕他们归案"；"于是他们又给了我 150 美元，还给了另一个华捕巡长 25 美元，并告诉我们以后每天定点来这里还可以再拿这么多钱"。② 中国巡捕是受贿人之一。

另外，彼得斯还列举了一个中国巡捕探长受贿的例子。他说："有这样一个华捕探长，做这行已经二十多年了，他私下里勾结罪犯挣了多少黑钱我们不得而知，但是几千美元肯定是有的。"③ 彼得斯从事和人两种视角来说明，中国巡捕有受贿行为。

（二）刑讯逼供

中国巡捕的另一种违法犯罪之事是刑讯逼供。彼得斯很肯定中国巡捕干过这种违法犯罪之事，而且还经常发生。他说："我确切地知道华捕经常为了逼供而对嫌疑犯动用酷刑。"他印象比较深刻

---

① 〔英〕E.W. 彼得斯：《英国巡捕眼中的上海滩》，李开龙译，第 75 页。
② 同上书，第 77 页。
③ 同上书，第 89 页。

的是针对那些劫匪、绑匪的刑讯逼供,而且效果还比较好。他说:"一个劫匪或是绑匪被抓住之后,华捕侦探会尽量从他口中挖掘关于其团伙的信息,比如藏身地点和其他成员之类。华捕侦探有时甚至会采取他们独有的酷刑来获取口供,而且经常能得到他们满意的效果。"[①]

就具体的刑讯手段来讲,有多种,其中包括了灌水、水刑与电击等。关于灌水,彼得斯描述到:"如果不招,一个侦探就会跨坐在嫌疑犯身上,对嫌疑犯进行击打,另一个侦探则封住他的嘴等,然后把一壶温热的水缓缓地灌入嫌疑犯的鼻子。"关于水刑与电刑,彼得斯的书中也有记载。他说:"愤怒的侦探于是对这个嫌犯使用了更重的水刑折磨,甚至还用上了电击,他才最终坚持不住,坦白了一切。"[②] 尽管效果满意,但对一个巡捕来说,却是一件违法甚至是犯罪之事。

彼得斯视野中的这些中国巡捕违法犯罪之事,在中国租界巡捕中普遍存在。不仅仅中国巡捕是如此,其他国籍的巡捕也是如此。这是中国租界巡捕中的一个毒瘤。

三、中国巡捕被杀害的两种情况

中国租界里的巡捕是个有风险的职业,会有被杀害的风险,中国巡捕也是如此。中国巡捕被杀害的情况主要有两种。

---

① 〔英〕E.W.彼得斯:《英国巡捕眼中的上海滩》,李开龙译,第83页。
② 同上书,第84页。

（一）在抓捕犯罪嫌疑人过程中被杀害

彼得斯总结了自己的巡捕生涯认为，上海主要的犯罪是武装抢劫与绑架。他讲："武装抢劫和绑架成为上海最主要的两种犯罪行为。"① 其中，当然包括了上海租界。这两种犯罪都以暴力为前提，以武装为手段。中国巡捕去执法，抓捕他们，就往往会与犯罪嫌疑人发生冲突，甚至火拼。在火拼中，中国巡捕有可能被他们所杀害。

一位研究过上海租界巡捕的外籍人士就认为，在彼得斯任巡捕的第一年，就有17名中国巡捕在与犯罪嫌疑人的火拼中伤亡，其中4人死亡。他说："1930年间，也就是彼得斯被雇佣的第一年里，发生了40起交火事件，总计4名中国巡捕死亡，13名受伤，15名犯罪分子被击毙。"② 彼得斯自己也证实了这件事。他讲："当时发生了一起重大武装抢劫案件，不少华捕被劫匪杀害。"③ 这是一种中国巡捕被杀害的主要情况，经常发生。

为了有效应对犯罪嫌疑人的暴力，在巡捕训练时，增加一些相关的独特项目，当然中国巡捕也参与了这样的项目训练。彼得斯说："由于上海的抢劫和绑架非常猖狂，所以上海的巡捕不得不加练一些模拟这些情况发生时如何应对的项目。我相信这些训练项目都是上海的巡捕独创的，世界其他任何国家的警察都不会需要这些训练。"④ 从中可见，中国巡捕职业的危险性。

---

① 〔英〕E.W.彼得斯：《英国巡捕眼中的上海滩》，李开龙译，第81页。
② 同上书，"序"第6页。
③ 同上书，第27页。
④ 同上书，第26页。

（二）因巡捕间的纠纷发生枪击而被杀害

中国巡捕之间会因公务上的原因而发生纠纷，矛盾激化后也会发生枪击。在枪击中，会有中国巡捕被同伴所杀害。彼得斯亲历过这样的事件并作了记录。

在上海公共租界狄思威路（今溧阳路）巡捕房，有个中国巡捕的巡长因公务训斥了他的一个属下，此人与巡长是"老乡的关系"。"双方当时的言辞比较激烈，巡捕觉得在公共场合被训斥非常没面子。在中文里'没面子'就是被羞辱的意思。"① 想不到，第二天悲剧发生。那被训斥的中国巡捕用枪打死了自己的巡长，接着自杀。当场有两个中国巡捕死亡，其中的巡长被属下杀害。

事情的经过是这样的："大约上午十一点左右，一小队中国巡捕从巡捕房出发到自己的管片上岗。带队的就是前面说到的那个华捕巡长，站在队伍的最后一个。而那个被训斥的巡捕则挨着他，走在他前面。就在队伍走到离巡捕房30码远的地方时，巡捕突然转过身，对巡长说'不许动'，然后在没有任何其他警告的情况下朝巡长胸前开了一枪。巡长踉跄了几步就倒在了人行道上"，"然后巡捕用手枪里最后的子弹自杀了"。② 这也是一种中国巡捕被杀害的情况，一种例外情况，不经常发生。

这两种中国巡捕被杀害的情况都说明，巡捕职业是个高风险职业，会有生命危险。

---

① 〔英〕E.W. 彼得斯：《英国巡捕眼中的上海滩》，李开龙译，第36页。
② 同上书，第37页。

四、关于中国巡捕的三点反思

综观中国租界里中国巡捕的状况,可以对其作出以下三点反思。

(一)中国租界巡捕的产生以牺牲中国国家主权为代价

中国租界的巡捕是租界内的行政执法人员,独立行使租界内的行政执法权。① 然而,中国租界的诞生本身就是以不平等条约为依据,以牺牲中国国家主权为代价。以上海英租界的诞生为例。1842年的中英《南京条约》规定,中国的广州、厦门、福州、宁波、上海五个城市作为通商口岸,"贸易通商无碍",而且英国人可以携带家眷到这五个口岸城市居住。② 1843年,它的附件《五口通商附粘善后条款》进一步规定,英国人及其家眷可以在这五个通商口岸租房租地,即"议定于何地方,用何房屋或基地,系准英人租赁"。③ 这些都为英国在这五个通商口岸建立租界提供了法律依据。1845年,《上海土地章程》颁行,上海英租界诞生。④ 接踵而来的是上海美租界和法租界。其他列强国家亦步亦趋,以致共有9个列强国家在中

---

① 参见王立民:《上海法制史》(第2版),第177页。
② 参见王铁崖:《中外旧约章汇编》(第1册),第28页。
③ 同上书,第32页。
④ 同上书,第60—64页。

国的 10 个城市，建立过 27 个租界及其法制。① 这些中国租界诞生以后，就着手建立自己的管理机关与法制，形成一个不受中国政府与法制管辖的自治区域，即"国中之国"。②

在中国领土上，中国租界以不平等条约为依据而形成的"国中之国"，就是对中国国家主权的侵犯。也就是说，中国租界的存在是以牺牲中国国家主权为代价。中国租界里的巡捕包括中国巡捕的产生是以中国租界的存在为依托，是中国国家主权被侵犯的一种延伸与拓展。因此，在认识中国巡捕时，这一点千万不能忽视，否则，易被其近代性所迷惑。

（二）外国巡捕对中国巡捕存有偏见

英国巡捕与中国巡捕都是租界里的巡捕，他们是一种同事关系，一种外国同事与中国同事的关系。但是，这种同事关系又不是一种平等关系，因为租界是列强建立并起主导作用的自治区域，就如外国人自己所讲的"租界是外侨享有特权并且行使某些权利的地方。"③ 英国人以殖民者、救世主自居，把中国人看低一等并带有偏见。这个英国巡捕彼得斯也是如此。他在书中直言不讳地污蔑中国人为"狡猾""不可预知""赌徒""不讲卫生""穴居人"等等。他说："所有人都听说过中国人的狡猾、沉默和不可预知"④；"中国人

---

① 参见王立民：《上海：中国现代区域法制建设领先之地》，载《东方法学》2017年第 6 期。
② 费成康：《中国租界史》，上海社会科学院出版社 2001 年版，第 203 页。
③ "Chinese and the public Garden", *North-China Herald*, May 13, 1881.
④ 〔英〕E.W. 彼得斯：《英国巡捕眼中的上海滩》，李开龙译，第 17 页。

本质上都是赌徒"①;"中国人本质上是非常不讲卫生的民族"②;"整体来看,他们和史前时代的穴居人没有多大的区别"③;等等。连外国人都认为彼得斯具有种族主义思想,而且还会被外化出来。即"潜藏在他心中的无情的种族主义很可能被激发了"④。彼得斯讲的这些对中国人带有污蔑性的话就是如此,其对中国人的偏见也就昭然若揭了。

中国巡捕也是中国人。对于他们,彼得斯的视野中不会不带有偏见。事实也是如此。他在书中说:"华捕的偷懒技术已经到了炉火纯青的地步";"华捕平时执勤时爱偷懒"等都是这样。他扩大中国巡捕偷懒的事实,以偏概全,抹黑整个中国巡捕队伍。这正是彼得斯对中国人带有偏见的一种思想转移,把其转移到了中国巡捕身上。因此,彼得斯这个英国巡捕视野中的中国巡捕是经过一定程度歪曲的中国巡捕,不能完全当真,而要作具体、全面的分析。

(三)上海租界的巡捕是中国近代法制史上最早的近代警政人员

鸦片战争以后,中国逐渐进入近代社会,也渐渐产生近代法制。中国领土上,首先出现的近代法制是中国租界的法制,最早的是上海英租界的法制。1845年,上海英租界的近代法制建设就开始了。⑤它陆续建立起近代的法律体系,制定近代的法律内容,适用

---

① 〔英〕E.W.彼得斯:《英国巡捕眼中的上海滩》,李开龙译,第72页。
② 同上书,第132页。
③ 同上书,第138页。
④ 同上书,"序"第8页。
⑤ 王立民:《上海近代法制若干问题研究》,载《法制现代化研究》2019年第6期。

近代的制裁方式，运用近代的法律语言，等等。①上海英租界以后的上海英美租界、上海公共租界继续沿走近代法制的道路。②另外，上海美租界与法租界分别于1848年与1849年建立起自己的近代法制。③总之，上海租界在19世纪40年代都建有自己的近代法制，开启了法制近代化历程。中国全面走上法制近代化道路是在清末的法制改革时期，上海租界的近代法制要比清末法制改革早半个多世纪。从这种意义上讲，中国巡捕的产生有其一定的进步性，比中国传统的警察要进步一些。

上海租界的近代法制中，包括近代的警政制度，巡捕便应运而生。最早出笼的这个制度是在1854年由上海英、美、法三个租界新议定的《土地章程》。④从此，上海租界的近代警察制度就不断发展、完善。比如，1854年制定了巡捕房督察员职责；1864年制定了警务章程；1865年修订了督查员职责；1884年颁布了巡捕房章程；1923年修订了巡捕房章程；等等。⑤在清末法制改革前，中国的其他地方还在施行传统的警察制度，它们建立起来的近代警政制度也要比上海租界的巡捕制度晚半个多世纪。

上海租界运用"巡捕"这个中国传统的用语来命名于租界的近代警政人员，而不用"警察"，是为了使其本土化，易被中国人所接受。上海在元朝的至元二十九年（1292年）把上海镇升格为上海县。⑥上海县设立的县尉的职责是"巡捕"，设立的巡检司则是"巡

---

① 王立民：《上海租界与上海法制现代化》，载《法学》2006年第4期。
② 王立民：《中国租界法制与中国法制现代化历程》，载《社会科学》2015年第2期。
③ 王立民：《近代中国法制现代化进程再认识》，载《社会科学》2019年第6期。
④ 参见王铁崖：《中外旧约章汇编》第1册，第73—76页。
⑤ 参见史梅定主编：《上海租界志》，第244—245页。
⑥ 参见唐振常主编：《上海史》，上海人民出版社1989年版，第38页。

捕盗贼奸宄"。①"巡捕"之名在元朝时就被使用，以后被长期沿用，上海人耳熟能详。上海租界在建立近代法制时，就考虑到法制的实施。为了便于近代警政制度的实施和警政人员工作的开展，选择使用中国化的"巡捕"也算是个良策了。

以上这三点思考分别从上海租界巡捕产生的背景、彼得斯视野中中国巡捕的局限性和上海租界巡捕的近代性三个方面，对彼得斯这个英国巡捕视野中的中国巡捕作个反思，以便于更为全面、正确地认识中国租界里的中国巡捕，乃至中国租界的巡捕制度，避免偏颇。

巡捕是中国租界的行政执法人员，也是中国租界法制中的一个重要组成部分。从巡捕的行为中，可以折射出中国租界的行政执法制度、内容、特点等一些重要情况。中国巡捕是租界巡捕中的大头，人数占了绝大多数，是中国租界里的巡捕中的一个基本面。对于他们的研究十分重要，可以反映出中国租界巡捕的总体面貌。目前，关于中国巡捕特别是基层中国巡捕的实际情况的记载不多，而且较为分散。英国巡捕彼得斯所著的《英国巡捕眼中的上海滩》一书，根据他自己的经历，记载了大量关于中国巡捕的各种情况，有一定的史料价值，是研究中国巡捕的一个方面的依据。以其为参考，可以拓宽当前研究中国租界巡捕的视角，更为全面地了解、把握中国租界的巡捕，充实中国租界法制的内涵。

（原载《江海学刊》2021 年第 3 期）

---

① 参见上海通社:《上海研究资料》，上海书店出版社 1984 年版，第 92 页。

上海法租界的早期法制与评析

上海法租界建立于1849年,是上海长期仅有的两大租界之一。[①] 上海法租界建有自己的法制。这是一种由上海法租界制定或认可,仅在上海法租界内施行的自治区域法制。上海法租界的早期法制的资料大量佚失,却有一部分保存在《上海法租界史》一书中。研究上海法租界的早期法制绕不开这本书。它于1983年出版发行,2007年又由上海社会科学院出版社再版印行,全书40万字。作者是梅朋与傅立德两位法国人,译者是上海社会科学院历史研究所的倪静兰教授,他们都已离世。此书的内容是关于上海法租界建立起至20世纪前上海法租界的形成与发展史,被认为"是一部讲述法租界历史的最重要的著作",[②] 也是研究上海法租界早期法制史的最重要著作之一。本文以《上海法租界史》为中心,撷其精要,并作一些必要的评析。

[①] 上海英租界设立于1845年,上海美租界产生于1848年,上海法租界建立于1849年。上海英、美租界于1863年合并成立上海英美租界。1899年上海英美租界改名为上海公共租界。1863年后,上海就仅有上海英美租界与上海法租界两大租界。参见王立民:《上海:中国现代区域法制建设领先之地》,载《东方法学》2017年第6期。

[②] 〔法〕梅朋、傅立德:《上海法租界史》,倪静兰译,上海社会科学院出版社2007年版,"出版者的话"。

一、上海法租界早期建立的三大法制机关

上海法租界建立以后，随着时势的变化，按西方三权分立原则，先后成立了自己的三大法制机关，即立法、行政执法与司法机关。《上海法租界史》对这些机关的产生与变化等一些情况都作了记载。

（一）立法机关租地人会议

上海法租界的管理模式沿用了西方三权分立的结构，即立法、行政与司法既分立又制衡。它的立法机关就是租地人会议，首次开会的时间是1856年。那年，"（上海）法租界第一次召开了租地人大会，筹划共同出资建造公用事业工程"。[①] 这个租地人大会的职能是：除了预算、决算之外，还有制定法规、决定税率、改进市政管理等等。1857年12月初，上海法租界租地人会就通过了建立巡捕房的法案。"（1857年）12月初召开租地人会议，讨论设立一个十二人的巡捕房。"[②] 1863年，上海法租界租地人会讨论通过了增加地产税的决定，税率从每亩0.25%增加到0.5%。"经过讨论，大会认为增加地产税是合理的，并根据晏玛太的提议，一致决定把地产税由每亩百分之零点二五增加到百分之零点五，和英租界

---

① 〔法〕梅朋、傅立德：《上海法租界史》，倪静兰译，第141页。
② 同上书，第149页。

一样。"① 上海法租界的一些重要问题都需经过租地人会进行讨论与决定。

1866年,根据《上海法租界公董局组织章程》的规定,上海法租界租地人会变为纳税人会议,其主要职能是选举公董局的董事,而要成为选举人必须符合一定的条件。这个章程的第2条对年满21岁的法国人与其他外侨成为选举人的条件作了规定。他们只要符合三个条件之一的,便可成为选举人。这三个条件是:"拥有法租界内地产而执有正式契据者";"租有法租界整幢或部分房屋,年纳租金一千法郎以上者";"居于法租界内历时三个月以上,每年进款达四千法郎以上者"。这个章程的第4条对年满25岁的法国人与其他外侨充任被选举人的条件作了规定。他们只要符合三个条件之一的,就可成为被选举人。这三个条件是:"拥有法租界内地产而年纳税金二百四十法郎以上者";"在法租界内年纳租金四千法郎以上者";"居于法租界内而每年进款实达一万法郎以上者"②。实际上,这就是成为上海法租界公董局董事会选举人和被选举人的资格条件。根据这些条件,选举人和被选举人中没有华人,只有洋人;洋人中,也只有一些比较富有的洋人,没有穷人。可见,选举人会议就是一个名副其实的富有洋人俱乐部。

(二)行政执法机关巡捕房

上海法租界的巡捕房成立于1856年6月,是一个近代的警政机构,隶属于法国总领事。它的成员主要由巡捕组成,具有行政执法

---

① 〔法〕梅朋、傅立德:《上海法租界史》,倪静兰译,第231页。
② 同上书,第278页。

职能。早在 1853 年时，法国领事阿礼国就设想建立巡捕房，以起保护作用并受自己的支配。"一个合法的市政管理机构，有保护自己的权利和义务，因此，它就可以招募并用钱建立一支巡捕队，归自己单独支配；它可以用维持秩序的名义和为了共同的利益，使用有效的办法甚或镇压的手段。"①三年后，这一设想由爱棠领事实现了。那年，上海法租界的治安情况很糟糕。"经常有人报告夜里有偷盗事件。各种国籍、各个地方来的逃兵从事真正的抢劫活动。租界内的侨民为自己的生命和财产感到惶惶不安。"于是，"1856 年 6 月，'为最不可或缺的需要所迫'，爱棠设立了一个'巡捕房'"。②从此，这个巡捕房就伴随着上海法租界的存在而存在。

开始时，上海法租界巡捕房里的巡捕人数很少，以后略有增加。"无论如何，必须组织一个巡捕房。爱棠立即招聘了三个欧洲人'日夜轮流在领事馆和法租界'巡逻。"以后人数有了增加。"就这样建立起来的'巡捕房'在随后的几个月内，人员增加到六个这个可观的数字，到 1856 年年底，又减到四个，爱棠觉得这样总比没有好。"巡捕的津贴由上海华界政府支出，不是法租界支出。"巡捕房的经费，就按照英租界巡捕房的办法，要求道台津贴，道台先是装聋作哑，后来终于答应付一笔很小的津贴，从 1856 年 7 月到 1857 年 3 月底，这笔津贴总共三百元钱。"③这是上海法租界建立自己巡捕房后的一些基本情况。

上海法租界巡捕房设置后，巡捕的素质是个大问题。他们是行政执法者，可是素质很低。这种低素质与他们的来源有关。"整个巡捕房的风气是很糟糕的。这些人都是临时招募来的，大部分是别

---

① 〔法〕梅朋、傅立德：《上海法租界史》，倪静兰译，第 124 页。
② 同上书，第 143 页。
③ 同上。

国人，又大都是商船上开小差的，他们的缺乏纪律、精神萎靡是出名的。"① 可见，凭这批低素质的人根本就不具备担任巡捕的资格。

这些低素质洋人当上巡捕以后，本性难改，大干违法犯罪之事，祸害华人。"由于经常欠薪，他们（巡捕）就加紧对中国纳税人进行敲诈勒索，其实即使不欠薪，他们也已经自然而然地这样干了。他们受雇担任的公务是保障公共安全，但执行得实在不能令人满意。"从个案来看，更是触目惊心。竟然有上海法租界的巡捕逃到宁波去当海盗。"1858年6月，'普雷让'号的船员由于生病而减少了，敏体尼派了'巡捕房最结实最优秀的'六个人给'普雷让'号的船长"；"两个月后，在这些优秀者中，有两个带了'纪念品'后又潜逃，他们逃到宁波去做海盗了"。② 这些上海法租界巡捕的违法犯罪行为简直到了令人发指的地步，但又没有受到追究，逍遥法外。

上海法租界巡捕无恶不作，理所当然地遭到了大量的投诉。他们"滥用职权，非法拘捕，敲诈勒索，不合理的罚款，对人施加暴行，无恶不作。四面八方都提出控告和愤怒的抗议"。③ 于是，上海法租界不得不设想要进行整顿，可是遭到巡捕的反对。"董事会表示今后要整顿巡捕的纪律。好日子，再会了！可这个看法遭到了大部分巡捕的激烈反对，二十三人中有十三人罢工，拒绝值勤"；"董事会毫不迟疑，立即辞退这些闹事的家伙"。④ 然而，以后的事实证明，这些整顿的效果微乎其微。还是有巡捕"玩忽职守，经常不上班"。⑤

可见，上海法租界巡捕的来源与入职后的表现都极差，与近代

---

① 〔法〕梅朋、傅立德：《上海法租界史》，倪静兰译，第224页。
② 同上。
③ 同上书，第242页。
④ 同上书，第225页。
⑤ 同上书，第234页。

警政人员的要求相差甚远。他们不仅不能有效保障租界的安全，反而成为一个制造麻烦、侵犯人权的群体。

（三）司法机关会审公堂

会审公堂又称会审公廨，是设在中国租界内的审判机关。上海法租界建有自己的会审公堂，第一次开庭时间是1869年4月13日。①上海英美租界也在同年设立了自己的会审公堂。根据1869年施行的《上海洋泾浜设官会审章程》的规定，会审公堂由中外审判人员组成，即由华人委员与洋人领事官组成。他们都有自己的审判范围。其中，华人审判人员的审判范围是华人为被告的案件。"凡有华民控告华民及洋商控告华民，无论钱债与交易各事，均准其提讯定断，并照中国常例审讯。"洋人审判人员的审判范围则是洋人、被洋人聘用的华人为被告的案件。"凡为外国服役及洋人延请之华民，如经涉讼，先由该（洋人）委员将该人所犯案情移知领事官，立将应讯之人交案，不得庇匿。至讯案时，或由该领事官或由其所派之员，准其来堂听讼。"②人们常把由中外审判人员组成的会审公堂称为"混合法庭"。③

上海法租界的会审公堂成立后，就开始进行审判，华人道台与洋人领事承担了审判任务。"道台或他的代表应每星期来领事馆三次，和领事的代表会审华洋讼案。"由于是每周有固定时间开庭，故这个会审公堂被认为是常设法庭。"仅只定期会审这一事实就是建立了一个常设法庭。"④从中可见，上海法租界有了独立的审判机

---

① 〔法〕梅朋、傅立德：《上海法租界史》，倪静兰译，第302页。
② 王铁崖：《中外旧约章汇编》第1册，第279页。
③ 史梅定主编：《上海租界志》，第279页。
④ 〔法〕梅朋、傅立德：《上海法租界史》，倪静兰译，第301页。

关,从事司法活动。

然而,上海法租界会审公堂在运行过程中,逐渐形成了自己的特点。"对现存情况唯一重大的改变,就是从此以后,凡属法租界中国居民的案件,无论民刑轻重,概由领事和道台,或者他们双方的代表,以对等地位会同审理。"① 这个"重大的改变"就是上海法租界会审公堂的特点,其他租界的会审公堂没有这一"重大的改变",也就不存在这个特点。需要指出的是,上海法租界会审公堂的这个特点是建立在违反《上海洋泾浜设官会审章程》规定之上,是通过越权而形成的特点。根据这个章程的规定,洋人审判人员不能审判以华人为被告的案件,只有华人审判人员才能审判这类案件。上海法租界会审公堂特点的实质是,洋人审判人员也参与审判以华人为被告的案件。这是一种明显的越权行为,这种越权行为本质上是进一步侵犯了中国的司法权。在中国领土上,洋人作为审判人员审判洋人为被告的案件,已经侵犯了中国的司法权;洋人还要审判华人为被告的案件,进一步侵犯了中国的司法权。

上海法租界的立法、行政执法与司法机关建立后,就开始运作,使上海法租界的法制建立起来并能够得到实施,形成一种租界秩序,一种近代城市的秩序。

二、上海法租界早期制定的三个重要规定

上海法租界建立后,根据城市管理的需要,制定过一些规定。

---

① 〔法〕梅朋、傅立德:《上海法租界史》,倪静兰译,第301—302页。

《上海法租界史》把其中三个重要规定及其相关情况作了全文记载，以至于今天可以见到它们的全貌。

（一）上海法租界《地皮章程》的产生与变化

这里的《地皮章程》又称"土地章程""租地章程"。[①] 中国租界的存在都以地皮章程为依据，上海法租界也是如此。作者以这样一段话来形容这一章程的重要性：上海法租界地皮章程"这个文件具有极重要的意义，它是上海法租界的出生证明，也是上海法租界的宪章"。[②] 从中可见这个《地皮章程》非同小可。

上海法租界《地皮章程》的产生有个过程。1848年8月法国首任领事敏体尼以中法《黄埔条约》为依据，向上海道台吴健彰提出租地的要求，然而在具体的选址问题上产生意见分歧。想不到，"在此期间，大家得悉吴健彰要被解职，由一个名叫麟桂的新官员接任"。[③] 于是，选址出现了转机。最后，于1849年4月6日上海法租界《地皮章程》通过"告示"形式公布，主要内容是：法国人租地的用处，即"可以建造礼拜堂、医人院、周急院、学房、坟地各项"；地价的确定，即"中国官阻止内地民人高抬租值，法兰西领事官亦谨防本国人强压房地主降低或接受租值"；[④] 法租界的地域，即"南至城河，北至洋泾浜，西至关帝庙诸家桥，东至广东潮州会馆沿河至洋泾浜东角，注明界址"；洋人租地的程序，即"各国人

[①] 王立民：《上海法制史》（第2版），上海人民出版社2019年版，第119页。
[②] 〔法〕梅朋、傅立德：《上海法租界史》，倪静兰译，第30页。
[③] 同上书，第26页。
[④] 同上书，第30页。

如愿在界内租地者,应向法国领事商明办理"等①。根据这个《地皮章程》,上海法租界正式诞生了。

仅仅过了5年,1845年7月11日上海法租界又出笼了第二个《地皮章程》。不过,这个《地皮章程》有法、英、美国领事和租地人共同制定。"1854年7月11日,召开租地人大会,法、英、美三国领事和四十九个租地人出席了会议。会上,投票通过了'地皮章程'。"②因此,这个《地皮章程》适用于上海的所有租界,即法、英、美租界,而不仅仅只适用于上海法租界。

这第二个《地皮章程》的出笼与当时上海的局势有关。主要是随着租界的发展与上海小刀会起义的爆发,上海租界出现了一些问题。"每天晚上那些喝醉酒的水手在那里寻衅打架,他们就差没有结帮抢劫了";"叛乱事件把成千上万的逃难者赶到租界里来,他们大部分是属于下层阶级。在这些可疑的人群中不幸还混杂了一些什么坏事都干得出来的各国逃兵。赌场和妓院到处都有,垃圾成堆,使得街道都难以通行";等等。③要解决这些问题,就需要制定一个新的《地皮章程》。因此,这个《地皮章程》里规定了一些前一个《地皮章程》里所没有规定的内容。比如,扩大了租界的地域、成立巡捕房、默认在华洋杂居的格局等。④

上海法租界《地皮章程》的产生与变化对此租界的诞生与发展起到了非常重要的作用,成为其立足上海、扩大势力范围的主要法律依据。

---

① 〔法〕梅朋、傅立德:《上海法租界史》,倪静兰译,第31页。
② 同上书,第125页。
③ 同上书,第123页。
④ 参见王立民:《上海法制史》(第2版),第128—130页。

(二)《上海法租界公董局组织章程》的制定与修订

上海法租界的公董局是个行政机关,成立于1862年4月29日。①成立的理由是为了谋求法租界的正常秩序、安全和公共福利。这在成立公董局的一个文件中写得很明确。"为谋求法租界之秩序、安全和公共福利,特设立公董局董事会。"② 这个董事会是公董局的决策、领导机构。它的诞生就意味着公董局的成立。不过,上海法租界公董局的规范运作,是在《上海法租界公董局组织章程》颁行以后。因此,这个章程对公董局的存在与运作至关重要,是其行为的准则。

《上海法租界公董局组织章程》于1866年7月11日由白来尼领事发布,同月14日"在《字林西报》公布"。③ 此章程共18条,除了规定选举人资格外,还规定了与公董局董事会成员的组成、任期、投票方法、董事会议决的事项、经费支出等一些问题。在章程的第1条规定了公董局董事会成员的组成与任期。即有八人,其中"四个法籍董事,四个外籍董事组成";"董事会的任期为两年,每年改选半数";"凡死亡或辞职的董事遗缺,应与任满董事的遗缺同时补替"。此章程的第5条规定了选举董事的投票方法。即"投票为不记名";"选举应用名单投票,每张名单的人数,法国侨民和外侨的人数应相等";"法籍候选人,以得票最多者当选;外籍候选人,

---

① 参见史梅定主编:《上海租界志》,第202页。
② 〔法〕梅朋、傅立德:《上海法租界史》,倪静兰译,第221页。
③ 同上书,第277页。

亦以得票最多者当选"。此章程的第 9 条规定了董事会议决的事项，共有 11 项，涉及：公董局经费的预决算、税率、纳税义务的分配、免捐与减捐事项、征收捐税方法、公董局财产的处理、公共事业、改善卫生与整顿交通工程、公用事业地产的安置、制定路政和卫生章程、由领事交议的事项等。此章程的第 13 条还规定了公董局经费的支出，特别提及了巡捕房的开支"由公董局负担"等等。[①] 这些规定的内容都十分重要，是上海法租界公董运作的规则依据。

两年之后，即 1868 年 4 月 14 日，《上海法租界公董局组织章程》作了修订。即"1866 年 7 月公布了法租界'公董局章程'，其后又由法国领事于 1868 年 4 月 14 日修改"。[②] 修订的条款共有 5 条，分别是第 1、4、8、9、16 条。这使此章程的内容更为完善。比如，此章程第 1 条中，增加了一款，内容是："但遇有董事人数减少半数以上时，则应即时添选，以弥补死亡或辞职的董事遗缺。"[③] 这款的内容为以往所没有，增加此款内容以后，即能确保董事会的人数始终能在半数以上，避免因出席人数不足而无效的情况出现。

《上海法租界公董局组织章程》得到了上海英美租界的认可，认为它可以"避免长期延搁而产生危及公共福利和安全的结果"。[④] 认可了上海法租界的这个章程，也就认可了上海法租界公董局的行为。

（三）《上海法租界义勇队组织条例》的出台与实施

上海法租界的义勇队是一支由外国侨民组成的军事力量。实际

---

① 〔法〕梅朋、傅立德：《上海法租界史》，倪静兰译，第 278—280 页。
② 同上书，第 284 页。
③ 同上书，第 283 页。
④ 同上书，第 285 页。

上,这就是上海法租界内的军队,中国领土上的一支外国军队。①它成立于1862年,成立的原因是为了弥补巡捕力量的不足,目的是为了维持上海法租界的秩序与安全。"1862年初,我们租界的巡捕房有十八个人,数量很少,而且他们值勤的方法也很难使人满意";"法租界就力图建立一支义勇队以弥补这方面的不足;当时正宣布大部分远征军即将开拔,远征军在上海维持了秩序和安全,因此侨民感到很不放心"。②在这样的背景下,上海法租界义勇队就很快建立起来了。

在决定成立上海法租界义勇队后,就立刻制定了它的组织条例。《上海法租界义勇队组织条例》共11条,主要内容包括:成立义勇队的目的、义勇队的组织性质与职能、组织结构、队伍的集合、武器与制服的支配等。③它的第1条规定了"成立义勇队的目的",即"侨居上海的法国人和受法国保护的其他国家侨民联合组织义勇队,协助保卫共同利益"。第2条规定了义勇队的组织性质与职能,即"义勇队是一个单独组织,应该为共同的目标行动,有自由仲裁权,不受任何影响和干预"。第5条规定了义勇队的结构,即"本队成员分编为小组,由专门的组织委员会负责编组。小组人数由上述委员会规定,任何小组的人数不得多于其他小组人数一人以上"。第8条规定了队伍的集合,即"小组不得擅自武装集合,遇有紧急情况,应立即派人报告队长,队长将紧急情况通知其他各组组长"。第10条规定了武器与制服的支配,即"武器和制服随各人支配"。这个组织条例有利于规制上海法租界义勇队的行为,做到有章可循。

---

① 参见孙燕京:《近代租界》,中国华侨出版社1992年版,第58页。
② 〔法〕梅朋、傅立德:《上海法租界史》,倪静兰译,第216页。
③ 同上书,第216—217页。

《上海法租界义勇队组织条例》通过后,马上开始实施。1862年"1月14日,在爱棠主持的一次全体会议上通过了义勇队章程(即组织条例),并当即选举了正副组长。有五十个侨民愿报名参加"。① 这支义勇队开始运作了。事实证明,在20世纪以前,这支义勇队频频露脸。1870年的天津教案发生后,这支队伍扩大到70人,还分为步兵与炮兵两队,"担当护卫法租界的任务"。1874年上海法租界发生第一次四明公所事件后,又有"26名法侨报名参加"。1898年第二次四明公所事件发生后,"法租界义勇队与巡捕、法国水手一起镇压示威群众,开枪打死群众多人"。② 这支以维护上海法租界秩序和安全为目的的义勇队,竟然开枪打死无辜的华人群众,酿成血案,犯下滔天罪行。

上海法租界早期制定的这三个规定,内容分别涉及法租界的地域、行政管理机关和军事组织,是法租界得到生存、维护正常秩序的三根重要支柱,都十分重要。这也是《上海法租界史》将其全文记录的一个重要原因。

三、上海法租界早期法制评析

从《上海法租界史》中所反映的上海法租界早期法制,已成为上海法租界法制史中的一个重要组成部分,也是中国租界法制史中的一块内容。为了对其有个较为全面与正确的认识,有必要作些评析。

---

① 〔法〕梅朋、傅立德:《上海法租界史》,倪静兰译,第217页。
② 史梅定主编:《上海租界志》,第270页。

（一）上海法租界早期法制是中法不平等条约的产物

1840年爆发的鸦片战争以中国失败告终，丧权辱国的中英《南京条约》签订，中国不仅割地、赔款，还开放五个通商口岸、允许英国人携带家眷到这五个城市居住、经商。① 它的附件《五口通商附粘善后条款》进一步允许英国人在这五个城市租地、建房。② 根据这些不平等条约，《上海租地章程》颁行，上海英租界产生。③ 从那以后，其他列强国家亦步亦趋，频频与中国签订不平等条约，纷纷在中国建立租界，其中包括上海法租界。④《上海法租界史》以自己的视角记载了这一过程。

《上海法租界史》一开始就讲到鸦片战争后签订的中英《南京条约》。"1842年8月29日，所谓的鸦片战争结束之后，大不列颠代表璞鼎查爵士和中国代表耆英、伊里布，在停泊南京江面的'康华里士'号军舰上签订了一个条约，其中有一条规定，开放五个通商口岸：广州、厦门、福州、南京和上海，并规定英国有权在该口岸设置领事。"紧接着又签订了中美《望厦条约》，其内容与《南京条约》相似。"1843年7月3日，美国全权代表顾盛和钦差大臣耆英，在澳门附近的望厦村签订了一个条约，它的基本内容完全仿照南京条约，虽然形式不相同。"⑤ 法国步美国的后尘，于1844年签订了中

---

① 参见王铁崖：《中外旧约章汇编》（第1册），第27—29页。
② 参见同上书，第32页。
③ 参见同上书，第60—64页。
④ 上海市政协文史资料委员会等：《列强在中国的租界》，中国文史出版社1992年版，第590页。
⑤ 〔法〕梅朋、傅立德：《上海法租界史》，倪静兰译，第1页。

法《黄埔条约》。

《上海法租界史》记录了法国代表前往中国签订《黄埔条约》的简单过程。法国的"'美人鱼'号和'胜利'号于1843年12月12日从布雷斯特启程,于1844年8月13日到达澳门,中途停巴西、好望角、法兰西岛、马六甲、新加坡和马尼拉";"10月24日,剌萼尼到达澳门约两个月之后,在广州珠江口的黄埔,在'阿基米德'号上和中国签订了一个有三十六项条款的条约"。[①] 这个条约就是《黄埔条约》。

中法《黄埔条约》除了规定贸易问题,还规定了法租界问题。其中的内容涉及法租界设立的城市、租地的用处、租界地域的确定等。此条约的第22条规定:法国人"至五口地方居住,无论人数多寡,听其租赁房屋及行栈贮货,或租地自行建屋、建行。佛兰西人亦一体可以建造礼拜堂、医人院、周急院、学房、坟地各项,地方官会同领事官,酌议定佛兰西人宜居住、宜建造之地"。[②] 接着,就是上海法租界及其《地皮章程》的问世。

上海法租界建立以后,就逐渐由租界内的侨民进行自治管理,把法租界变成了一个上海城市内的自治区域。他们设立自己的自治机关,建设、实施自己的法制,不受中国政府的管辖,以致租界被称为是一种"国中之国"。[③] 上海法租界早期建立的法制是一种近代法制,具有近代的法规体系、法规结构、法制语言、审判制度、律师制度等。[④] 这一法制是中国领土上建立最早的近代法制之一。[⑤]

---

① 〔法〕梅朋、傅立德:《上海法租界史》,倪静兰译,第9页。
② 王铁崖:《中外旧约章汇编》(第1册),第57页。
③ 费成康:《中国租界史》,第203页。
④ 王立民:《上海租界与上海法制现代化》,载《法学》2006年第4期。
⑤ 王立民:《近代中国法制现代化进程再认识》,载《社会科学》2019年第6期。

没有中法不平等条约,没有上海法租界,也就不会有上海法租界的早期法制。这一法制是中外不平等条约的产物,上海法租界早期法制是这样,上海法租界后期的法制也是这样,中国其他租界的法制都是这样。从这种意义上讲,整个中国租界法制都以中国主权受损为前提,都是中国殖民地半殖民地社会的一种特有法制。

(二)《上海法租界史》的上海法租界早期法制具有较高的史料价值

《上海法租界史》详尽地描写了中国法租界早期的历史,特别是"详尽地叙述了法租界的形成和发展,细致入微地描述了法租界与外界冲突、争端和交融的过程"。[①]而且,此书的作者是上海法租界建立后,第一次去搜集此租界的资料。这正如傅立德自己所言:"自从法租界成立以来,这是第一次搜集有关法租界资料的工作。"[②]其中,亦包括了上海法租界早期法制的资料。用这些资料为依据而写成的《上海法租界史》,在今天研究上海法租界早期法制时,其史料价值比较高并突出表现在以下两个方面。

第一方面,《上海法租界史》的上海法租界早期法制是运用第一手资料撰写而成。

《上海法租界史》中上海法租界早期法制内容的来源是一些第一手资料,其中包括:"法国领事馆、公董局、法国外交部的往来文书、信件以及档案资料。"[③]事实也是如此。比如,在制定上海法租界《地皮章程》前,《上海法租界史》记载了法国领事给上海道台的两

---

① 〔法〕梅朋、傅立德:《上海法租界史》,倪静兰译,"出版者的话"。
② 同上书,"告读者"第1页。
③ 同上书,"出版者的话"。

个照会来往，照会的内容十分完整。其中，第一个照会的内容是敏体尼引用了中法《黄埔条约》的规定之后，要求与吴健彰一起确立上海法租界的地域范围，并认为"洋泾浜南岸，从城关开始可一直伸展至将来需要的地点为止，最是适宜"。[①] 第二个照会的内容是敏体尼催促新任道台麟桂确定上海法租界的地域，说："我选择了沿洋泾浜的地区，它和英租界正好隔河相望，因为这是唯一能适合我国侨民居住之地。"[②] 这两个照会都关系到中法两国，均取自于"法国外交部的往来文书"。它们都属于第一手资料。第一手资料比较可靠，也具权威性。以第一手资料为基础撰成的《上海法租界史》中，上海法租界早期法制的内容可以作为信史，其史料价值不言而喻。

第二方面，《上海法租界史》的上海法租界早期法制中保留了一些完整的规定。

上海法租界早期法制中的许多规定由于各种原因，在其他著作中，都没能完整地保存下来，以致无法看到它们的全部内容。《上海法租界史》则不然。它保留了一些完整的规定，致使今天可以见到其完整的面目。这也是此书具有较高史料价值的一种体现。比如，《上海法租界公董局组织章程》和《上海法租界义勇队组织条例》等都是如此。《上海法租界史》把这些规定完整地保存下来，在正文中全文刊载，补充了其他著作的不足。

《上海法租界史》完整保存下来的这些规定，对于研究上海法租界早期法制具有重要意义。任何时期的法制中，都少不了立法。而且立法在法制中，占有重要的比重。各种规定的制定又是立法中的一个首要组成部分，是规制人们行为的依据，也是行政执法与司法的文本根据。另外，规定追求完整性，不完整的规定无法全面体

---

① 〔法〕梅朋、傅立德:《上海法租界史》，倪静兰译，第25页。
② 同上书，第27页。

现其精神、理念与规则。上海法租界早期法制也是如此。《上海法租界史》记载了这些完整的规定，不仅可以从整体上了解、认识它们，还可以在它们的实施中，去正确地评估它们。今天，在研究上海法租界早期法制中，就是如此。

《上海法租界史》保存下来的完整规定，已为学界所关注，乃至在一些成果中加以运用，成为自己成果的一个部分。《上海租界志》就是如此。这是一部反映上海租界整体情况的史料编撰成果。其中，就引用了《上海法租界公董局组织章程》和《上海法租界义勇队组织条例》两个规定中的内容。《上海租界志》在叙述"公董局董事会"部分时，就引用了《上海法租界公董局组织章程》中关于董事人数、选举人的条件等一些内容；[①] 在阐述"法租界义勇队"部分时，就引用了《上海法租界义勇队组织条例》中关于成立义勇队的目的、义勇队的组织性质与职能、组织结构等一些内容。[②] 从中可以印证，《上海法租界史》中关于上海法租界早期法制的内容，具有较高的史料价值。

《上海法租界史》的这两个方面有机结合，使它的上海法租界早期法制史料如虎添翼，更具真实性和详细性，十分便于对这一法制进行当今的研究，拓展上海法租界法制史的学术研究成果。

（三）上海法租界早期法制与上海英、美租界早期法制一起开启了中国法制近代化的进程

鸦片战争以后，中国渐渐进入了近代社会。中国法制近代化进

---

① 史梅定主编：《上海租界志》，第 202—203 页。
② 同上书，第 269 页。

程也拉开了序幕。不过，中国法制近代化有个从点到面的过程。[①]这个点就是最早产生近代法制的上海租界法制，其中包括了上海英、美、法租界的早期法制。

上海租界在建立时，就开始建设自己的法制，这是一种近代法制，而与上海华界法制有本质的区别。那时，上海华界还在实行中国传统法制。它们在法律体系、法律结构、法律语言、审判制度等方面均有所不同。[②]这种不同正是近代法制与中国传统法制的区别。在20世纪以前，也就是在上海租界法制的早期，上海租界法制已是一种近代法制，而且是比较成熟的近代法制。这一近代法制要比上海华界出现的近代法制要早几十年。

上海华界法制是中国法制的一个组成部分。中国政府开启的法制近代化过程是在20世纪初，清政府推行"新政"中的法制改革。当时，通过派官员到西方国家考察其法制，引进西方的法学家来华讲学、帮助制定法律，翻译西方国家的法律、法学著作等路径，积极吸收、借鉴西方近代法制，为中国的法制改革作准备。[③]与此同时，清政府还颁布了宪法性文件与一些部门法法典，其中有：《钦定宪法大纲》（1908年）、《宪法重大信条十九条》（1910年）和《大清现行刑律》（1910年）、《大清新刑律》（1911年）、《大清商律》（1903年）、《破产法》（1906年）、《法院编制法》（1909年）等等。[④]这些法律都具有近代法律性质，与中国传统法律不同。中国从此而开始了法制近代化进程。不过，这个法制近代化过程要比上海租界诞生的近代法制要晚半个多世纪。

[①] 王立民：《近代中国法制现代化进程再认识》。
[②] 王立民：《上海租界与上海法制现代化》。
[③] 参见王立民主编：《中国法制史》（第2版），第171—174页。
[④] 参见朱勇主编：《中国法制史》，高等教育出版社2019年版，第233—242页。

如果从中国法制近代化整个过程来观察，在近代中国，最早产生近代法制的是包括上海法租界早期法制在内的上海租界法制早期法制，起始点在鸦片战争后的1845年。① 可以认为，中国法制近代化进程始于上海英、美、法租界的早期法制。这一观点突破了以往一直认为中国法制近代化过程始于20世纪初清末法制改革的樊篱，对中国法制近代化的理解也更为全面与正确。②

（四）《上海法租界史》作者对有些与上海法租界早期法制有关内容的描述带有列强思维

《上海法租界史》的两位作者都是法国人，他们在记载与上海法租界法制有关的一些内容时，站在法国人、列强的立场上，不可避免地带有一些列强思维。这种思维视列强利益高于一切，极力贬低被入侵国家与人民，偏执地认为自己代表了真理，可以无视他国人权，甚至罔顾事实，颠倒黑白，为自己的错误行为辩解。

在讲到中英鸦片战争与《南京条约》的签订时，《上海法租界史》的作者赞同法国政府的立场并引用了这一立场的表达，即"南京条约结束了最近由中华帝国挑起的反对大不列颠的鸦片战争"。③ 这一表述违背基本历史事实，明显带有对中国反对、禁止鸦片输入的正当做法的错误表述，是一种列强思维。事实是，英国于1840年前就向中国大量输出鸦片，不仅冲击了中国的正常经济秩序，还损害了广大中国人民的健康与意志，成为一种万毒之源。清政府多次

---

① 王立民：《百年中国租界的法制变迁——以上海租界法制变迁为中心》，载《政法论坛》2015年第1期。

② 王立民：《上海近代法制若干问题研究》。

③ 〔法〕梅朋、傅立德：《上海法租界史》，倪静兰译，第5页。

颁令禁止鸦片交易、输入中国。可是，有英国政府的支持，其商人违反中国禁令，通过各种非法手段，走私鸦片。[①]1839年林则徐受命到广州依法禁烟，在虎门烧毁了收缴的鸦片。[②]这是中国政府的正当行为，是对违法行为的惩治，也是一个主权国家的合法行为。然而，英国依仗自己的强势，发动了1840年的侵华战争，即鸦片战争。而且，战争的发生地都在中国领土上，不在英国境内，很明显这是一场由英国挑起的侵略战争，非正义战争。《上海法租界史》作者赞同、引用的观点罔顾事实，不分是非，其背后就是一种列强思维。

《上海法租界史》的作者对于"四明公所血案"的看法也带有偏见。四明公所建于1803年，是旅沪宁波人的会馆，其中含有灵柩房、墓地、祠堂等。1849年，上海法租界建立时，四明公所被划入法租界的范围，但产权仍为旅沪宁波人所有。1873年冬，上海法租界企图修筑穿过四明公所的马路，遭到宁波同乡会的反对。不过，宁波同乡会愿意承担修路绕道的费用，想不到这一合理的回应却遭到上海法租界的断然拒绝。为此，上海的宁波人向租界多次请愿、呈文，甚至一再退让，要求保留四明公所，可都遭拒绝。在忍无可忍的情况下，1873年5月3日下午以宁波籍为主的300余上海市民聚集在四明公所，表示抗议，与巡捕发生冲突，一名法国人还向人群打枪，当场枪杀了一位抗议群众。晚上，愤怒的群众包围了法租界公董局。上海法租界调派大量水兵、巡捕、义勇队、英美租界商团士兵，一起镇压抗议群众，发生冲突。结果，参与抗议的上海市民中，有6人被打死，20人受伤，其中7人伤势严重，酿成了

[①] 参见白寿彝总主编：《中国通史》（第11卷），上海人民出版社2004年版，第126—127页。

[②] 同上书，第130—131页。

"四明公所血案"。事发后,上海华界的官员与法国总领事等人达成协议,基本精神是上海法租界就筑路之事予以让步,华人则复工复市。1875年8月还达成双方都作赔偿的协议。这次"四明公所血案"总算暂时平息。①

《上海法租界史》记载了这次"四明公所血案"的一些情况,其中包括结果:"许多侨民,有法国、美国、英国和德国的,受了伤,有重有轻;烧毁了好几所房子。中国人方面,死了六个。"②除此外,《上海法租界史》的作者,还不满中法达成的协议,似乎用更严厉手段镇压抗议的华人、赶尽杀绝抗议的民众,才解恨,才是应有的结果,才是法国人应有的态度与结果。他们在书中认为,上海宁波人等华人的正当诉求和正义行为是"迫在眉睫的严重危险似乎威胁着整个外侨集团";参与谈判的法国人"违背他们(法国)的传统做法,而如此损害了国家自尊心";"四明公所血案"的处理,"毫无疑问,我们的威望,我们行政机构的威信和巡捕房的威信由于这些事件而受到了极大的损害"。③这就是带有列强思维而作出的表达。无视华人的人权,法国利益高于一切,在其中表现得淋漓尽致。

以上从上海法租界早期法制产生的不平等条约背景、《上海法租界史》中关于上海法租界早期法制的史料价值、上海法租界早期法制在中国法制近代化进程中的地位与作用、《上海法租界史》作者在写作与上海法租界早期法制相关内容时所具有的列强思维等四个视角,对上海法租界早期法制作了评析,使与这一法制的相关问题得到了显现。只有把握这四个视角,才能正确、全面地认识和理解

---

① 参见熊月之主编:《上海通史》(第3卷),上海人民出版社1999年版,第217—223页。
② 〔法〕梅朋、傅立德:《上海法租界史》,倪静兰译,第332页。
③ 同上书,第334—336页。

上海法租界早期法制，避免偏颇。

　　由于各种原因，目前能够找到上海法租界早期法制的资料不多。这对研究上海法租界早期法制乃至上海法租界早期法制不能不说是一种缺憾。《上海法租界史》一书在记录上海法租界在20世纪前发展史的过程中，记载了一些比较重要的法制内容，其中包括了这一时期建立的立法、行政执法、司法三大法制机关与一些重要法规的文本等等。这对于今天研究这一法制十分珍贵，可以弥补其他资料记载的不足，起到拾遗补缺的作用。然而，这些法制内容的记载往往局限于早期上海法租界的范围，要全面、正确理解上海法租界早期法制，还要扩大视野，特别要关注其产生的不平等条约的背景、《上海法租界史》中关于上海法租界前期史料的价值、上海法租界早期法制在中国法制近代化进程中的地位与作用、《上海法租界史》作者在写作与上海法租界早期法制相关内容时所具有的列强思维等一些问题，在更高层次、视野中去认识、解读这一法制。上海法租界早期法制距离今天已一个多世纪，但作为上海乃至中国法制近代化进程中，最早产生之一的上海法租界早期法制，仍值得研究并为今天上海乃至中国的区域法治建设提供一定的借鉴。

（原载《上海政法学院学报》2020年第6期。
　　原名《上海法租界的早期法制与评析——
　　　　以〈上海法租界史〉一书为中心》）

近代国人笔下的上海租界法制与思考

上海自1843年开埠后,便开始出现租界,前后持续了百年时间。上海租界是一种根据中外不平等条约,由外国侨民通过租地方式取得土地并自己进行管理的城市自治区域。上海长期存有两大租界。一是从英租界发展起来的英美、公共租界,二是法租界。上海租界都颁行自己的法制。这是一种由上海租界内的外国侨民制定、认可并仅在本租界里实施的法制。近代国人如何看待这一法制,他们笔下的上海租界法制又是怎样的,从中又可得到一些什么思考,本文将作些解析。

一、近代国人笔下的上海租界法制史料

上海租界法制颁行以后,逐渐成为历史。对以往上海租界法制历史的真实记载,便形成了上海租界法制的史料。这一史料十分重要,是后人对这一法制进行认识、研究的主要依据。有些国人从事过这一史料的收集与整理工作,用笔记下了上海租界法制,以至于今天仍能从中认识到这一法制的真实面目并对其进行必要的研究。

《民国上海市通志稿》原为《上海市通志》,是一本较为全

面记载上海历史的志书,涵盖了上海自起源至1933年间各阶段的历史。[1] 其中,包括了上海租界法制的内容,如颁行的法规、建立的制度、司法的情况等。国人对这些内容都作了真实的记载。

(一)近代国人笔下上海租界颁行的法规

近代国人曾用笔记下上海租界颁行的法规,把它作为上海租界法制史料的一部分而载入史册。比如,《民国上海市通志稿》"社会事业"部分的编纂人是胡道静。在此部分中,记载了上海公共租界与法租界两个租界各自颁行印刷律的完整内容。印刷律是上海租界规范印刷人行为的一种法规。

上海公共租界于1919年7月通过了印刷律,内容共有七条,分别对印刷人所持执照的陈列、接受相关人员的检查、印刷品的注册、印刷人相关信息、不得印刷的物品以及罚则等作了明文规定。比如,此印刷律的第1条就规定了印刷人所持执照的陈列地点,内容是:"执照当陈列于领有执照屋内显明之处"。[2]

上海法租界的印刷律颁布于1919年6月,也共有7条律条,但内容上与上海公共租界的印刷律略有差异。比如,它专门规定印刷机构必须得到法国驻上海总领事同意才能设立,印刷律的执行人为法租界巡捕房的总巡。"无论刊行华文杂志书籍新闻纸等书画社报馆,如未奉法总领事允准,不能在法租界内开设";"此令由法捕房

---

[1] 上海市地方志办公室、上海市历史博物馆:《民国上海市通志稿》(第1册),上海古籍出版社2013年版,"前言"第4页。

[2] 上海市地方志办公室、上海市历史博物馆:《民国上海市通志稿》(第4册),第164页。

总巡执行"。① 这些内容在上海公共租界的印刷律中均无明文规定。胡道静笔下的上海租界印刷律完整内容，为今天研究上海租界印刷法制提供了重要的史料依据。

（二）近代国人笔下上海租界建立的制度

近代国人也用笔记载了上海租界建立的一些制度，使其也成为上海租界法制史料的一个部分，保留至今。《民国上海市通志稿》"第一特区——公共租界"部分由蒯世勋编撰。在此部分中，他记载了上海英租界建立的巡捕制度。

这一制度的内容主要是：1853 年太平天国军队"进迫南京"，为了"共同组织市政机关，管理外人租界"，1854 年 7 月 5 日"英、美、法三国领事竟公布经三国公使共同签字的地皮新章了"。根据这一地皮新章，上海英租界的"工部局即行照章着手组织巡捕"。② 随后，上海英租界便逐渐建立起自己的巡捕制度。先"发信到香港，聘请曾任该地巡捕房高级职员的克列夫登（S. Clifton），来沪就任第一任巡捕房总巡"。随即又制定巡捕服务规则 17 条，其内容除"警务以外，举凡道路的整洁和燃灯，有碍公众的事物的取缔以及奉领事命令搜查军器的输入和解除华人武装，协助征税筑路，都在其内"。③ 这些记载的内容反映的是上海租界早期建立的巡捕制度，为今天研究这一制度提供了史料依据。

---

① 上海市地方志办公室、上海市历史博物馆：《民国上海市通志稿》（第 4 册），第 164—165 页。
② 上海市地方志办公室、上海市历史博物馆：《民国上海市通志稿》（第 1 册），第 247 页。
③ 同上书，第 273 页。

(三) 近代国人笔下上海租界的司法情况

近代国人还用笔记录了上海租界的一些司法情况，其也是上海租界法制史料的一个组成部分。胡道静在《民国上海市通志稿》的"社会事业"部分，还以《苏报》案为例对上海公共租界的司法情况作了记录，主要内容包括：逮捕章炳麟（章太炎）和邹容、案件移交至会审公廨、审判与执行等一些情况。

关于逮捕章炳麟和邹容的情况。《苏报》案的主要当事人是章炳麟和邹容。胡道静记叙了他们的被捕情况。1903年"六月三十日，巡捕房分派中西警探多名，先赴爱国学社捕去章炳麟"；"邹容闻讯，即自往捕房投到"。① 简要的这两句话反映了章炳麟与邹容的被捕情况。

关于案件移交会审公廨的情况。章炳麟、邹容被捕后，于同年"七月一日巡捕房按向例将案犯章炳麟等送至会审公廨，由谳员孙士镠和陪审官英领属翻译迪理斯（B. Giles）会同审讯。章等已延律师博易（Harold Browett）出庭辩护"。② 从那以后，《苏报》案便进入了上海公共租界会审公廨的审判程序，宣判的法官与辩护律师也已到位。

关于审判与执行的情况。《苏报》案的章炳麟与邹容被移交到上海公共租界会审公廨的十四天后，开始庭审了。"同年七月十五日会审公廨开始审讯《苏报》案人犯，谳员及陪审官仍是孙士镠和英翻译官迪理斯，中国政府律师是古柏和哈华托，章、邹等律师是博

---

① 上海市地方志办公室、上海市历史博物馆：《民国上海市通志稿》（第4册），第144页。

② 同上。

易和琼司（Loftus E. P. Jones）。"[1] 以后，又经过多次庭审，最后于同年（1904年）5月作出宣判。即"判押章炳麟三年，邹容二年，自上年闰五月六日到案之日起算。期满后驱逐出境，不准逗留租界"。审判后，就进入执行阶段。"后来邹容于出狱前一日病死。章炳麟则于一九〇六年二十七日期满出狱。"[2]《苏报》案的审判与执行情况，在胡道静的笔下，表述得十分清晰。

近代国人笔下上海租界法制的史料弥足珍贵，是当前研究上海租界法制乃至中国租界法制的重要资料来源，他们功不可没。

二、近代国人笔下的上海租界法制研究

中国近代的有些国人对上海租界法制进行了研究，用笔把研究成果记述下来，公开出版、发表，与大家见面。这种研究成果形式主要是著作与论文。

（一）近代国人著作中的上海租界法制研究

近代国人研究上海租界法制的著作成果主要可分为两大类，即专门研究上海租界法制的著作和研究上海租界中涉及上海租界法制的著作。

关于专门研究上海租界法制的著作。近代有些国人对上海租

---

[1] 上海市地方志办公室、上海市历史博物馆：《民国上海市通志稿》（第4册），第146页。

[2] 同上书，第150页。

界法制进行了专门研究,并以著作形式加以出版,徐公肃与丘瑾璋合著并印行于1933年的《上海公共租界制度》就是如此。[①] 此著作较为深入地论述了上海公共租界的一些主要制度,内容除"序言"与"结论"外,主要分为三编九章。第一编为"历史的发展",下设四章,分别是:概述、土地章程的嬗递、公共租界面积之扩充、越界筑路与征税管理。第二编为"制度的解剖与观察",下设三章,分别是:会议与立法、行政之组织与实况、司法之过去与现状。第三编为"法理的考察",下设两章,分别是:上海公共租界之法律性质、现行制度之法律根据。最后,还有附录与参考书目。

从《上海公共租界制度》的三编内容来看,是一种把制度的演变、制度的解剖与观察、制度的法理考察结合起来的安排,形成了一个从制度本身的梳理到制度分析、理论阐述的内在逻辑。此著作十分注重史论的结合。其中,既有史有论,又论从史出。著作中,运用、参考了大量中外文资料,总数达80余种。[②] 在此基础上形成的观点在学术性、逻辑性上都较强。此著作的作者经过对上海公共租界制度的研究后,得出了这样的观点:上海公共租界制度的建立"纯属私权问题,而非公权问题,可不烦言而喻。乃外人穿凿附会,竟认为特别性质之国际领域或为与殖民地同一来源之制度或为外国行政区域,此均由于不明了上海公共租界制度之根本性质故"。[③] 此观点不仅正确,而且还纠正了外国人的一些偏见,其学术价值十分明显。

---

① 徐公肃、丘瑾璋:《上海公共租界制度》(《民国丛书》第4编,第24册),上海书店出版社1989年版,第1—190页。
② 同上书,第268—273页。
③ 同上书,第180页。

关于研究上海租界著作中涉及到的租界法制研究。有些近代国人对上海租界进行了研究，在其研究成果中，有些涉及上海租界法制。夏晋麟所著并印行于1932年的《上海租界问题》就是如此。①该著作共九章，其中有四章专门研究上海租界的法制问题。它们是：第三章的"土地章程之讨论"，第四章的"公共租界会审公堂一八六四年至一九一一年"，第五章的"会审公堂及临时法院"和第六章的"临时法院之将来"。在这四章中，作者都研究了上海租界的法制，并提出了自己的观点。

比如，在第五章中，首先阐述了上海公共租界会审公堂发生重大变化的原因。即"一九一一年中国革命，于会审公堂以最紧要之变动，是年十一月三号，上海为民军光复后，会审公廨乃暂时停止职务，且有谳员二人，席卷公堂涉诉讼存款而逃，公堂情形，遂益混乱"。②乘此机会，上海公共租界开始扩大其司法权，自己"特定一种处变暂时办法，重委曾经为谳员之关炯、王家海、聂崇熙诸君为公堂谳员，秉陪审官之指导及同意处理公堂事宜"。③这样，上海公共租界实际上完全掌控了会审公堂，使其性质发生了根本性变化。然而，五卅惨案以后，由于中国人民的强烈要求，收回会审公廨进一步提上议事日程。即"交还会审公堂之速，殊出大多数人之所料。盖被一九二五年惨案催促所致"。④可见，在此章里，以辛亥革命与五卅惨案为线索，把会审公堂的变化与临时法院的产生背景联系起来，思路清晰，观点鲜明。

---

① 夏晋麟：《上海租界问题》（《民国丛书》第4编第24册），上海书店出版社1989年版，第1—150页。
② 同上书，第54页。
③ 同上书，第55页。
④ 同上书，第62页。

（二）近代国人论文中的上海租界法制研究

论文的容量与篇幅都受到一定的限制，近代国人研究上海租界法制均以专题研究为主。一篇论文往往研究上海租界法制中的一个问题。以这一问题为主题，进行论述，涉及的面不宽，但有深度。甘豫立和陆鼎揆都有此类研究成果，并聚焦于上海租界的审判机关。

1926年，甘豫立发表了《上海会审公廨之研究》一文。[①]此文对上海会审公廨的一些重要问题作了研究并阐明了自己的观点，内容涉及上海会审公廨之沿革与组织、上海会审公廨与中国司法之尊严、收回上海会审公廨交涉之经过等。作者撰写此文的目的是为了加快收回上海会审公廨，即"收回会审公廨之不可或缓，当为国人所公认"。此文同时对上海会审公廨的性质与弊端作了概括性表述。"上海会审公廨中国领土以内之法庭也，租界市民生命财产之所恃以保障者也。乃其权完全操之于利害冲突之外人。纵使一部分华人可以忍气吞声，甘受切肤之痛，奈国家之主权，国家之体面。"最后，作者提出了收回上海会审公廨的努力方向。"惟有依据约章，自为恢复，并将历年交涉情形，宣示世界，洞烛其谋。"

陆鼎揆于1927年发表了《上海临时法院》一文。[②]1927年是收回上海公共租界会审公廨并建立中国自己法院上海临时法院的时间。在建立上海临时法院之际，作者发表了这一论文。此文对上海临时法院的产生与希望等都作了论述，表达了自己对这一新生法院的态度与期望。作者认为，根据1926年签订的条约，从1927年元

---

① 甘豫立:《上海会审公廨之研究》，载《太平导报》第1卷第20—21期（1926年）。
② 陆鼎揆:《上海临时法院》，载《法律评论》第192期（1927年）。

旦起，上海公共租界的司法权"复归还于中国国家，而上海临时法院，由是产生"。对于这个新建立的法院，作者充满了希望，即"斯吾人不得不对于此临时法院愈抱有热烈之希望者也"。其中，特别希望上海临时法院在司法中，"不仅在能随时适当地应付现状，同时且必在注意于创造一新法律之基础者也"。关于这一点，作者"向来以之托付于大理院者，今后吾人势不得不同时展望于今之临时法院"。

近代国人十分关注上海租界的法制，对其进行了研究，通过著作、论文等形式把研究成果表达出来，展示给大家，至今仍有学术价值。

三、近代国人笔下的上海租界法制传播

上海租界法制自建立之初起，就属于近代法制，不是传统法制。在清末法制改革以前，这一法制与华界法制的差异很大，即是一种近代法制与传统法制的差异。为了使进入上海租界的华人知晓、遵守租界的法制，避免酿成违法，近代国人力所能及地传播这一法制，而主要的传播方式是文字传播。在他们笔下产出过一些用于传播上海租界法制的资料与相关内容。这一传播方式有多种，这里重点阐述沪游指南及报纸报道两种传播方式。

（一）通过沪游指南传播上海租界法制

上海开埠以后，租界城市建设的速度很快，有不少外地华人慕名而来，但他们不知晓上海租界法制，这就有传播这一法制的必要，起到告知作用。沪游指南是一种向沪游人员介绍上海情况、告知注意事项的著作，对于传播上海租界法制有重要价值。《沪游杂记》是这样的著作。它成书于光绪二年（1876年），作者是被称为"老上海"的葛元煦。此著作较早地系统介绍包括租界法制在内的上海租界情况，被称为"沪游指南之针"。①

《沪游杂记》介绍上海租界法制先从其施行区域开始。它在"租界"篇中，专门叙述了上海早期英、美、法三个租界的区域范围。其中，英租界的区域范围是："自三茅阁桥河北起，至二摆渡老闸河西南止。"美租界的区域范围是："自二摆渡河东北起，至外虹口一带止。"法租界的区域范围是："自小东门外陆家石桥河北起，至北门外三茅阁桥河南止。"② 在这三个租界范围内，都施行租界法制。

接着，《沪游杂记》罗列了上海租界法制中，一些与华界不同而华人又易违反的规定，警示大家要严格遵守，不要违反。它在"租界例禁"篇中，一共罗列了二十条禁止性规定。其中包括："禁马车过桥驰骤"，"禁小车轮响"，"禁道旁小便"，"禁施放花爆"，"禁春分后、霜降前卖野味"，"禁卖臭坏鱼肉"，"禁肩挑倒挂鸡鸭"，"禁乞丐"，"禁聚赌酗酒斗殴"，等等。③ 华人进入上海任何一个租界，违反这些规定都要被追究法律责任。

然后，《沪游杂记》专门阐述了行使行政执法权的巡捕房。这是

---

① ［清］葛元煦：《沪游杂记》，郑祖安标点，上海书店出版社2006年版，前言第1—2页。

② 同上书，第2页。

③ 同上书，第9页。

一个由巡捕组成的机构，而巡捕又是近代意义的警察。它具有维护治安、管理消防等城市管理职能。[1]此著作在"巡捕房"篇中，特别陈述了早期上海租界巡捕房的设置地点与求救方式。上海英租界的巡捕房有两处，"一在美租界，一在盆汤弄中"。当时的上海美租界自己不设巡捕房，其巡捕由英租界派遣。上海法租界的巡捕房也有两处，"一在小东门码头，一在八仙桥东"。华人如果进入上海租界，发生要事，就可联系巡捕房，由其解决，而且巡捕的到达速度很快。"遇有要事，电报传信，迅速无比。"[2]这为解决华人进入租界遇到要事的问题，提供了方便。

最后，《沪游杂记》还介绍了上海租界的审判机关会审公堂（又称"会审公廨"）的情况。这也是上海租界的司法机关，解决纠纷的地方。此著作专门提供了会审公堂的地点、开庭时间、审理的案件等信息，并在"会审公堂"篇中有所反映。此篇记叙上海租界会审公堂的地点有两个，即"一在法（租）界领事公署"，"一在英（租）界大马路西"。这两个会审公堂的开庭时间有所不同。上海法租界会审公堂的开庭时间是"逢礼拜二、四、六"；上海英租界会审公堂的开庭时间是"除礼拜日外"，每天都开庭。这两个会审公堂审理的案件基本一致，即"租界中凡小窃斗殴等事"。[3]这为华人在上海租界进行诉讼，提供了便利。

《沪游杂记》是上海早期的一本沪游指南，葛元煦用笔写下上海租界法制情况，使其得到广泛传播，为华人特别是刚进入租界的华人提供了了解这一法制的窗口。

---

[1] 史梅定主编：《上海租界志》，第244页。
[2] ［清］葛元煦：《沪游杂记》，郑祖安标点，第48页。
[3] 同上书，第39页。

（二）通过报纸报道传播上海租界法制

在中国近代，报纸是传播信息的主要手段之一。有些报纸的报道实际上起到了传播上海租界法制的作用。《申报》与《文学周报》发挥过这样的作用，一些近代国人撰写了一些文章，用笔传播上海租界法制。

1922年5月20日《申报》的《汽车增刊》中，发表了一篇名为"如何走路"的文章。文章的作者为指漪，文中把上海租界交通法规中，与行人相关的内容，用自己的经验告知大家，走路一定要遵守上海租界的交通法规，以维护自身安全，也维护上海租界的交通秩序。其中的内容共有9条，这里列举3条。"常常走阶沿上，不可站立车路中"；"有道路窄狭无阶沿之处，务须当走旁边"；"横过车路时，当左右看清，自问可以走过，方可前进"。这三条都与个人行走有关，都是上海租界交通法规内容的具象化。此文的最后，还专门告知要关照初来上海的农村华人呆笨之人和小孩，千万要遵守这些交通法规。"凡遇乡间新来者，呆笨不灵者，及不知世情之小孩，必须警戒以道路汽车之厉害，指示行路安全之方法，谆谆劝导之。"[①] 上海租界法制具有两重性，即积极与消极两个方面。这些都是《申报》从法制的积极方面去传播上海租界法制，要求大家知晓并遵守。

上海租界法制中，还具有消极的一面。对于这一面，有些报纸照样进行报道并予以揭露与抨击。这也是一种上海租界法制的传播，是另一种传播。这一传播，使人们看清这一法制的弊端与瑕

---

① 袁奇钧：《十里洋场车祸奇谈》，载《上海滩》2019年第9期。

疵，以便对其有个全面认识，避免偏颇。1927年第4卷《文学周报》发表了郑振铎的一篇文章，题为"上海之公园问题"。此文专门对当时上海公共租界外滩公园作出的"华人与狗不得入内"的规定进行了揭露与抨击。作者在文中指出，这个公园不仅有这样的规定，还专门施行了这一规定，自己就有亲身体会。这个体会之一是目睹华人被驱逐出公园。"如果有几个不明白的人冲了进去，那看门人便要呵斥地逐了他们出园来。这件事我不止见到了一次了。"体会之二是作者本人也亲自遇到这样事情。他揭露说，有一次他与落华生等几位朋友"到黄浦江边去散步，恰巧是什么外国的纪念会在浦江兵船上举行，探灯照得各处雪亮。我们正鱼贯地走着，一个巡捕突然的被大喝了一声，把落华生拦住了，独不许他通过，因为他那天穿的是中国衣服"。接着，作者便对上海公共租界的这一规定进行了正义的抨击。"我们当时把肝都气炸了！我们的地方，我们不能走，那真是太可笑了的笑谈了！""我们上海居民，最大多数的居民，乃是被放逐于公园之外的。"此话有理。上海外滩公园建在中国的领土上，只是被上海公共租界进行管理而已，华人却因此而被排除在外，当然要引起华人的愤怒。这一切都直接集中于上海租界的规定。① 这是一种消极的规定，应该受到人们的揭露与抨击。这种揭露与抨击，也是一种传播上海租界法制的方式，使人们看清其真实面目，对其有个正确的认识。

近代国人用笔并通过沪游指南、报纸报道等形式，传播上海租界法制，使华人特别是刚进入租界的华人知晓这一法制的规定，正确认识这一法制，便于在上海租界生活、工作，其实践价值不言而喻。

---

① 参见王立民：《"华人与狗不得入内"相关规定的颁行与废止》，载《档案春秋》2019年第10期。

四、从上海租界法制中得到的一些重要启示

近代国人用笔记录了这种租界法制,为今天研究这一法制,提供了不可多得的史料。同时,通过对上海租界法制的研究还可得到一些重要启示,以便进一步理解有关上海租界法制的一些重大问题。

(一)上海租界及其法制与中外不平等条约之间的关系

上海租界及其法制都是中外不平等条约的产物。鸦片战争以中国失败告终。1842年的中英《南京条约》与1843年的附件《五口通商附粘善后条款》都为建立上海英租界提供了依据。《南京条约》规定,英国人可以在五口通商城市居住、经商。"自今以后,大皇帝恩准英国人民带同所属家眷,寄居大清沿海之广州、福州、厦门、宁波、上海等五处港口,贸易通商无碍。"① 《五口通商附粘善后条款》则进一步规定可以通过租地方式来居住。"中华地方官必须与英国管事官各就地方民情,议定于何地方,用何房屋或基地,系准英人租赁。"② 以这些中外不平等条约为依据,上海英租界的《上海租地章程》于1845年出笼了。③ 它规定了上海英租界的地域。"兹

---

① 王铁崖编:《中外旧约章汇编》(第1册),第28页。
② 同上书,第32页。
③ "租地章程"又被称为"地皮章程""地产章程"。王立民:《上海法制史》(第二版),第119页。

体察民情,斟酌上海地方情形,划定洋泾浜以北、李家庄以南之地,准租与英国商人,为建筑房舍及居住之用。"[1] 翌年,上海英租界正式划定,上海的第一个租界诞生。以后,上海美、法租界也都通过不平等的《望厦条约》《黄埔条约》而建立起来。[2] 上海租界就是中外不平等条约的产物。

上海租界法制依附于上海租界的存在。上海租界法制中的一些重要规定,也可以从中外不平等条约中找到根据。这里先以上海租界的土地章程为例。上海租界都有自己的土地章程,它们是上海租界法制中最为重要的规定,规定了租界的存在、地域及一些重要问题,被认为是上海租界法制中的"根本法""大宪章"。[3] 上海租界土地章程就是根据中外不平等条约而制定的,可以说是这些不平等条约的衍生品。另外,根据《五口通商附粘善后条款》中关于租地"务求平允,华民不许勒索,英商不许强租"的规定,华人与英人租赁土地的近代地契产生了。租赁土地必须签订地契,而且最后还要得到中英官方的认可。"这些地契由上海道和英领事钤印",除了发给租地人外,"两份副本由中国当局和英领事分别保存,以便备查"。[4] 以这些签订地契的方式来保证、体现租地的"务求平允"。总之,上海租界法制也是不平等条约的产物。

可见,上海租界及其法制与中外不平等条约之间的关系是一种本末关系。没有中外不平等条约的本,也就不会有上海租界及其法制的末。上海租界及其法制只是中外不平等条约的一种产物,甚至是一种衍生品。上海租界及其法制是如此,中国其他租界及其法制

---

[1] 王铁崖编:《中外旧约章汇编》(第1册),第60页。
[2] 参见史梅定主编:《上海租界志》,第92—93页。
[3] 王鹏程等:《上海史研究》,学林出版社1984年版,第100页。
[4] 汤志钧主编:《近代上海大事记》,上海辞书出版社1989年版,第31页。

也是如此。从上海租界及其法制中,可窥见整个中国租界及其法制的一般状况。①

(二)上海租界法制与上海租界建立国法制之间的关系

上海租界长期存在两大法制。一是上海英、英美、公共租界的法制,二是上海法租界的法制。这两大法制所依附的租界建立国主要是英、美与法国。上海租界的法制相对独立,建有自己的法制机关、颁行自己的法制,因此上海租界建立国的法制不是上海租界法制的渊源,上海租界也不直接引用上海租界建立国的法制。②但是,上海租界的立法者会参照、吸收租界建立国的法制,为己所用,建立自己的法制。其中,较具代表性的是在上海英美、公共租界时期,其法制受到英国法制的影响比较大。

据现有资料反映,上海英美、公共租界都曾参照、吸收过英国的一些规定,并制定本租界的规定。其中,在城市管理方面的规定尤为突出,涉及城市交通、卫生等领域。关于城市交通管理方面的规定。1756年,英国议会通过法案,制定伦敦的交通法,规定所有车辆都必须靠左行驶,即左去右来。1853年,英国又颁布了世界上的第一部交通法规,适用面更广,内容也更为丰富。③1872年,上海英美租界以英国的这一交通法规为蓝本,制定本租界的交通规则,也规定"凡行走于租界道路的马车、轿子、小车等交通工具,

---

① 参见王立民:《中国租界法制初探》,法律出版社2016年版,第21—38页。
② 王立民:《中国租界法制诸问题再研究》,载《法学》2019年第11期。
③ 参见马长林等:《上海公共租界城市管理研究》,第184—185页。

一律左去右来"。① 英国的交通法被上海英美租界所参照、吸收。关于城市卫生管理方面的规定。1875 年，英国颁行了《公共卫生法》，内容包括：环境卫生、食品卫生、医疗卫生等与公共卫生相关的规定，被认为是"世界上第一部比较完整的公共卫生法规"。② 上海英美、公共租界参照了这一法规，也制定了一些关于公共卫生方面的规定，"采取的许多公共卫生措施，都是效法英国而来"。③ 英国的公共卫生法被上海英美、公共租界所参照、吸收，从上海英美、公共租界交通、卫生方面的一些规定可以窥见英国法对其的影响。

在上海租界参照、吸收租界建立国的法制时，不是原封不动地照搬，而是根据上海租界的实际情况有所改动，使其本土化。比如，上海英美租界在参照、吸收英国交通法规时，就对其适用对象作了改动，加入了轿子、小车这些中国租界中常见的交通工具，而它们在英国并不存在。改动后的规定就比较适合上海租界的实际情况，能够接地气了。

上海租界参照、吸收租界建立国的法制都是近代法制，加快了上海租界法制近代化的步伐，完善自己的法规体系，同时也加快了城市近代化进程，城市面貌日新月异，并与上海华界形成了强烈的反差。那时，"上海租界街道宽阔平整而洁净，一入中国地界则污秽不堪，非牛溲马渤即垃圾臭泥，甚至老幼随处可以便溺"。④ 这从一个侧面反映出上海租界近代法制的积极作用。

总之，上海租界法制与上海租界建立国法制的关系，是一种上海租界参照、吸取上海租界建立国法制的关系。形成这种关系的原

---

① 马长林等：《上海公共租界城市管理研究》，"序言"第 3 页。
② 同上书，第 74 页。
③ 同上书，"序言"第 3 页。
④ 夏东元：《郑观应集》（上），上海人民出版社 1982 年版，第 663 页。

因主要有二个。第一个原因,上海租界建立的法制是一种近代法制,而在当时的中国还只有传统法制,无法参照、吸收,只能选择租界建立国的近代法制了。第二个原因,上海租界的立法者都来自上海租界建立国,对本国的法制比较熟悉,参照、吸收比较方便。于是,上海租界纷纷参照、吸收本租界建立国的法制,建立起自己的近代法制了。

(三)上海租界法制与上海华界法制之间的关系

上海华界是中国的一个组成部分,受中央政府管辖,实施中国的法制。在20世纪初的清末法制改革以前,上海华界施行的是中国传统法制;在清末法制改革以后,上海华界才逐渐开始进入法制近代化进程。也就是说,在鸦片战争后的半个多世纪时间里,尽管上海租界法制与上海华界法制同时存在于一座城市,但它们是两种性质完全不同的法制,是一种近代法制与传统法制的差别与共存。尽管如此,它们之间还是存在一种互相借鉴关系。

上海租界为了使自己的法制本土化,便于广大华人接受,借鉴了上海华界的一些传统用语。比如,用"巡捕"来命名上海租界的近代警察,用"工部"来称呼上海英、英美、公共租界的行政机关工部局。[①]"巡捕"是中国古代的一个用语,是指古代治安人员与职责。元朝时,上海设立县尉,称为"巡捕";设立巡检司,职责是"巡捕盗贼奸宄"。清朝时,京师设有巡捕营,职责是"诘禁奸宄,平易道路,肃清辇毂"。[②]上海租界援用中国古代使用的巡捕来命名

---

① 工部局是上海租界的行政机关,也是行政执法机关。
② 上海通社编:《上海研究资料》,上海书店出版社1992年版,第92页。

租界内的警察。"工部"是中国古代中央三省六部体制中的一个组成部分,其职掌涉及器物制造、工程修建与山林、道路、水利管理等事务。① 上海租界在建立行政机关时,便借用"工部"之名,命名其为"工部局"。上海租界法制中的"巡捕""工部局"之名均借鉴了上海华界中使用的传统法制中的名称。

上海华界为了加快自己法制近代化的步伐,借鉴了上海租界近代法制中的一些内容。上海华界与上海租界是邻居,租界的周围都是华界。上海租界的近代法制及其对城市发展产生的积极作用,从各种途径影响到上海华界,以至于上海华界也借鉴了上海租界法制的一些规定,融入进自己的法制。1869年12月,上海英美租界出现了天花病患者,防治天花病迫在眉睫。翌年,上海英美租界作出规定,要广大界内市民免费接种牛痘,即使用牛痘法防治天花病。这一规定影响到上海华界。当时,上海华界使用的是传统的人痘法,与牛痘法相比,人痘法的风险比较大,效果也不太理想。借鉴了上海英美租界使用牛痘法的规定,上海道台在1870年发出布告,作出规定,也动员华界的居民接种牛痘,不种人痘。以后,上海华界居民也接受了牛痘法,认为其"简易稳当""万无一失"。② 此后,上海华界于1898年颁行的《沪南新筑马路善后章程》中的许多内容也都来自上海租界的规定,其中包括车辆捐照、行车点灯、禁止驰骤、定时倒垃圾、不许随地大小便、不准堆物碍路等。③

上海租界法制与上海华界法制虽存在一种互鉴关系,但互鉴的

---

① 朱勇:《论中国古代的"六事法体系"》,载《中国法学》2019年第1期。
② 王立民:《上海租界的现代公共卫生立法探研》,载《历史教学问题》2014年第2期。
③ 王立民:《中国城市中的租界法与华界法——以近代上海为中心》,载《比较法研究》2011年第3期。

内容有所不同。上海租界法制借鉴了上海华界传统法制中的有些名称，用旧瓶装新酒，冠以传统的名称，行近代法制之实质。上海华界制定、借鉴了上海租界近代法制中的一些内容，直接用其来充实上海华界法制，取代上海华界的传统法制。它们的互鉴最终都聚焦于城市的近代法制，是上海城市法制近代化中的一个重要组成部分。

上海租界法制中的这三大关系，是这一法制中十分重要又十分核心的三大关系。在研究上海租界法制时，往往绕不开，因此必须正视。

上海租界法制是中国最早产生的城市区域法制，也是中国清末法制改革前就已存有的近代法制，是中国法制近代化的开端。上海租界法制共存百年时间，是中国近代区域法制中存续时间最长的区域法制，其对中国近代城市的建设与发展影响很大。对于这一法制的探索与研究，无疑具有当代价值，为中国的区域法制建设提供一定的有益借鉴。近代国人笔下的上海租界法制必须实现的三大关系，都为今天研究这一法制不可或缺。

（原载《探索与争鸣》2020年第8期。原名《本土性与世界性之间：近代国人如何看上海租界法制》）

专题五

上海法制史

上海近代法制若干问题

近代上海是当时中国最大的都市,有"东方的巴黎"与"东方的纽约"之称。① 不仅如此,近代上海还在近代中国居有轻纺工业基地、金融中心、交通运输枢纽和对内外贸易中心的地位,是近代中国最大的经济中心。② 上海近代的建设、发展与上海的近代法制密切关联。上海的近代法制在近代上海城市的建设与发展中,发挥了不可替代的促进与保障作用。当前,对上海近代法制的研究还很不充分,远不如对中国近代法制的研究,是个可以大力开拓的领域。本文拟对上海近代法制作些探索,并对其中的若干问题发表个人的管见。

一、上海近代的"一地三域"决定了"一地三制"

近代上海出现过"一地三域",也产生过"一地三制"。其中的

---

① 马长林:《上海的租界》,天津教育出版社2009年版,"前言"第2页。
② 熊月之主编:《上海通史》(第8卷),上海人民出版社1999年版,"引言"第1—2页。

"地"是指近代上海这一地方。"域"是指近代上海城市中的区域，即长期存在的华界，英、英美、公共租界，法租界三大区域。"制"是指法制。近代上海的三大区域都建有过自己的法制。

（一）上海近代"一地三域"的形成

上海这一地方在元朝以前就已存在，元至元二十九年（1292年）正式设县，有了上海县并一直沿用至清朝，1927年上海县才改称为"上海特别市"。①相对于近代上海的租界而言，上海县与以后上海特别市就是华界。这是近代上海的一个区域。

上海近代还产生了另外两个区域。它们是近代上海的两个租界区域，即英、英美、公共租界与法租界。它们与华界共同组成"一地三域"。近代上海的这两个租界区域是在鸦片战争后产生，是中外不平等条约的产物。这里以上海近代最早产生，也是近代中国最早产生的上海英租界为例。

1942年的中英《南京条约》为上海英租界的产生提供了最早的不平等条约依据。此条约允许英人及其家眷可以在上海等五个通商口岸居住。"自今以后，大皇帝恩准英国人民带同所属家眷，寄居大清沿海之广州、福州、厦门、宁波、上海等五处港口，贸易通商无碍。"②1842年的中英《南京条约》的附件《五口通商附粘善后条款》对上海等城市英租界的建立，作了更为详细的规定，提出了可以在这些城市通过租赁土地的方式确定居住，为上海英租界的开辟提供了进一步的不平等条约依据。它规定："广州等五港口英商或常

---

① 唐振常主编：《上海史》，上海人民出版社1989年版，第38页。
② 王铁崖编：《中外旧约章汇编》（第1册），第31页。

川居住";"中华地方官必须与英国管事官各就地方民情,议定于何地方,用何房屋或基地,系准英人租赁"。① 此条约所规定的地方实际上就包含了以后诞生的上海英租界。

有中英不平等条约的规定作铺垫,1845年《上海土地章程》出笼。这个章程对上海英租界的一些根本性问题作了规范,其中包括有:上海英租界的界域、租地程序、华洋分居的居住格局、界标与建筑、租让与租金、英国领事的管理权、司法权、章程的解释和修改等一些内容。② 特别要关注的是,其首次规定了上海英租界的区域与土地的使用。"兹体察民情,斟酌上海地方情形,划定洋泾浜以北,李家庄以南之地,准租与英国商人,为建筑房舍及居住之用。"同时还规定:"洋商租地后,得建造房屋,供家属居住并供适当货物储存;得修教堂、医院、慈善机关、学校及会堂;并得种花、植树及设娱乐场所。"翌年,上海英租界西面界域划定,称为界路;此时的上海英租界土地总面积为1080亩。③ 上海乃至中国的第一块租界出现了。这是上海的第二个区域。

以后,上海英租界的这一区域又有变化,即延伸为上海英美、公共租界。1844年的中美《望厦条约》作出了类似于《南京条约》的规定,美国也可在上海等五口城市设立租界。"嗣后合众国民人,俱准其挈带家眷,赴广州、福州、厦门、宁波、上海共五港口居住贸易";④ "合众国民人在五港口贸易,或久居,或暂住,准其租赁民房,或租地自行建楼,并设立医院、礼拜堂及殡葬

---

① 王铁崖编:《中外旧约章汇编》(第1册),第35页。
② 王立民:《上海法制史》(第2版),第121—122页。
③ 上海英租界的区域范围约为今日的东起黄浦江、西至河南路,北至北京路,南至延安东路的一大片区域。
④ 王铁崖编:《中外旧约章汇编》(第1册),第51页。

之处"。[①] 以此为依据，上海于 1848 年出现了美租界，区域在上海英租界的北面，毗邻英租界。1863 年上海英、美两个租界合并，成立上海英美租界，还正式划定了租界的区域。1899 年上海英美租界改称为上海公共租界。[②] 以后，经过扩张，上海公共租界的总面积达 33503 亩。[③]

上海的第三个区域便是上海法租界了。1844 年的中法《黄埔条约》也作出了类似于《南京条约》与《望厦条约》的规定，法国同样可以在上海等五口城市设立租界。它规定："自今以后，凡大佛兰西人家眷，可带往中国之广州、厦门、福州、宁波、上海五口市埠地方居住、贸易，平安无碍，常川不辍";[④]"无论人数多寡，听其租赁房屋及行栈存货，或租地自行建屋建行。佛兰西人亦一体可以建造礼拜堂、医人院、周急院、学房、坟地各项，地方官会同领事官，酌议定佛兰西人宜居住、宜建造之地"。[⑤] 有了《黄埔条约》的规定，1849 年上海法租界诞生了。以后，几经扩张，此租界的最终面积达到 15150 亩。[⑥]

上海近代这一"一地三域"的状况延续到 1945 年抗日战争胜利才彻底结束，前后持续了百年时间。近代上海一直是个属地的世俗法城市。这"一地三域"的各区域都有自己管辖的区域，建有自己的法制机关，颁行过自己的法规，建立起自己的法制，形成了"一地三制"的状况。

---

① 王铁崖编：《中外旧约章汇编》（第 1 册），第 54 页。
② 史梅定主编：《上海租界志》，第 96 页。
③ 同上书，第 98 页。
④ 王铁崖编：《中外旧约章汇编》（第 1 册），第 58 页。
⑤ 同上书，第 62 页。
⑥ 史梅定主编：《上海租界志》，第 101 页。

（二）上海华界建有自己的法制

上海自从设立县以后，作为一级地方政权，开始了自己法制的历史。到了近代依然如此。首先，上海华界建有过自己的法制机关，包括立法、行政执法、司法机关等。这些机关都是中国近代法制机关的一部分，也在中国法制机关的体系之中。比如，清末法制改革前的县衙，南京国民政府时期的参议会、公安局和地方法院，等等。其次，实施中央制定的法制。比如，要实施清末法制改革前的《大清律例》《大清会典》，南京国民政府的《六法全书》，等等。最后，颁行过上海自己的地方性法规。比如，清同治七年（1868年），上海县颁行过《捐积谷章程》，以应对灾年，平抑米价。它规定：在上海县内"每亩捐米一升，折钱若干，除去运货，照本年漕价，随漕带纳籴谷。存储遇稔则收，遇歉年则平粜，遇荒则放赈，不收贷息，以省出纳"。[①] 又比如，在辛亥革命时期，上海还颁行过《沪军都督府办事简章》《值日规则》《会议规则》《沪军都督府条例》《会客暂行规则》《沪军都督府问事处规则》等一些法规，对当时的政权机关沪军都督府的机构设置、职责、办公规则等一系列问题，都作了必要的规定。[②] 总之，上海华界在近代一直都有自己的法制，是"一地三制"中的"一制"。

（三）上海英、英美、公共租界建有自己的法制

中国租界是一种在中国领土上，由外侨通过租地方式建立，外

[①] （同治）《上海县志·田赋下》，卷七。

[②] 上海社会科学院历史研究所：《辛亥革命在上海史料选辑》，上海人民出版社1981年版，第295—303页。

侨进行自治的城市区域。中国租界都建有自己的法制。这是一种由租界自己制定，仅适用于本租界的法制，也是一种中国近代的区域法制。上海租界的法制也是如此。上海英租界建立后，就逐步开始组建自己的法制机关。其中，立法机关是租地人会（1846年），行政执法机关主要是"巡捕房"（1855年），司法机构是"洋泾浜北首理事衙门"（1864年）。这些机关都是上海英租界最初的法制机关，以后还有所变化。

合并为上海英美租界以后，这些机关发生了变化。租地人会变为纳税人会（1869年），在入会资格、董事选举、会议形式、议决事项等方面，都作了进一步的规定。①巡捕房虽然名称未变，但规模有所扩大，新增了静安寺（1884年）、杨树浦路（1891年）、汇司（1898年）等巡捕房，还开始招收华籍（1865年）、印度籍巡捕（1884年）。②另外，"洋泾浜北首理事衙门"发展为"会审公廨"（1869年），以致对审判人员的组成、案件的管辖、审判程序等一系列问题，都作了进一步的规定。③上海英美租界的法制机关被上海公共租界全盘接受。

同时，上海英、英美、公共租界都颁行过自己的法规。比如，上海英租界时颁行过1845年的土地章程、警务守则（1854年）等法规；上海英美租界时颁行过《工部局董事会章程》（1865年）、《纳税人议事规程》（1870年）、《中式建筑章程》（1877年）等法规；上海公共租界时则颁行过《治安章程》（1903年）、《巡捕房章程》（1903年）、《公共菜场章程》（1931年）等法规。可见，上海

---

① 上海英美租界的纳税人会又称为"纳税西人会""外人纳税会"等。王立民：《上海法制史》（第2版），第11页。
② 史梅定主编：《上海租界志》，第247—254页。
③ 王铁崖编：《中外旧约章汇编》（第1册），第269—270页。

英、英美、公共租界确实建立过自己的法制,并成为上海"一地三制"中的"一制"。

(四)上海法租界建有自己的法制

上海法租界建立以后,同样逐渐设立起自己的法制机关,颁行过自己的法规,建立起自己的法制。它的法制机关主要是:立法机关是租地人会(1856年);行政执法机关也是巡捕房(1856年);司法机关同样是会审公廨(1869年)。有了这些法制机关,上海法租界的法制便可运作起来了。

上海法租界也颁行过不少自己的法规。其中包括:《警务路政章程》(1869年),《各车行驶章程》(1921年),《印刷业管理办法》(1926年),《告白章程》(1927年),等等。上海法租界不仅设立自己的法制机关,还颁行过自己制定的法规,确确实实建立起自己的法制,而且这一法制也是上海近代"一地三制"中的"一制"。

上海近代由于中外不平等条约的原因,既形成了"一地三域"的格局,又出现了"一地三制"的状况。这在上海法制史上是一个非常特殊的状态,在中国法制史上也是一种十分鲜见的现象。

二、上海租界率先于上海华界建立近代法制

鸦片战争以后,由于不平等条约,上海产生了租界,形成租界与华界并存的"一地三域"与"一地三制"。然而,在"一地三制"中,上海租界率先于华界建立起近代法制。其中,上海英租界又率

先于其他租界施行现代法规。1845年的《上海土地章程》就是一个近代的法规。它在法律结构、法律语言与制裁方式等方面，都具有近代性，与中国古代的法律结构、法律语言与制裁方式等，均有明显差异，是个名副其实的近代法规。[①]往后至20世纪初中国法制改革前，上海英美租界与上海法租界制定的法规也都具有近代性，都早于上海华界建立的近代法制，并走上法制近代化道路。这一近代法制突出表现在以下一些方面。

（一）上海租界率先于上海华界建立起近代的法律体系

法律体系是法制中的一个重要组成部分，可以从一个侧面反映法制的属性。上海租界法制虽然只是一种近代的区域法制，以地方性法规为主要表现形式，但其已具备近代法律体系的一些基本特征，以近代城市发展为规范对象，内容涉及城市建设的方方面面，而且每个法规都调整一种社会关系。在法规中，又以章程为多，还有守则、规则、办法、条例等。这在20世纪初中国法制改革前已是如此。下表以上海英、英美租界为例。

上海英、英美租界的法律体系

法规名称	制定时间	分类
土地章程	1845年	经济类
捕房督察员职责	1854年	公安类
洋泾浜北首理事衙门制度	1864年	司法类
警务章程	1864年	公安类
工部局董事会章程	1865年	组织类

---

① 王立民：《中国租界法制初探》，法律出版社2016年版，第66—67页。

续表

法规名称	制定时间	分类
苦役犯人惩处规则	1866年	司法类
洋泾浜设官会审章程	1869年	司法类
纳税人议事规程	1870年	组织类
进入火灾现场办法	1873年	公安类
中式建筑章程	1877年	建筑类
消防章程	1877年	公安类
领事公堂诉讼条例	1882年	司法类
巡捕房章程	1884年	公安类
公共花园规则	1885年	文化类
手推车规章	1888年	交通类
书信馆章程	1893年	邮电类
西童公学章程	1893年	教育类
牛奶棚管理规则	1898年	卫生类

资料来源：史梅定主编：《上海租界志》

可见，在20世纪以前，上海英、英美租界已经建立起近代的法律体系，涉及组织、经济、建筑、教育、文化、邮电、卫生、交通、公安、司法等许多领域，与当时上海华界的法律体系明显不同。当时中国还未经过20世纪初的法制改革，其法律体系还是传统的法律体系，主要由律例、会典等构成，刑法、行政法等公法为主导，与其差别很大。

（二）上海租界率先于上海华界运用近代的一些制度

制度是法制内容的一个重要组成部门，反映的是经过一定的程序加以制定，规范人的行为的各种行为规则。上海租界率先于上海华界，在20世纪初中国法制改革前，就开始运用近代的一些制度。比如，董事会制度、律师制度等。董事会是由董事组成，对组织内外事务均有决策权的机构。董事会制度是一种规范董事会行为的规则，中国古代设有这一制度，到了近代才被引进、运用。董事会制度首先在上海租界被建立、广泛运用。上海英美租界的《工部局董事会章程》及上海法租界的《上海法租界公董局组织章程》里，均规定有自己的董事会制度。上海英美租界的《工部局董事会章程》对租界内行政管理机关公工部局的领导机构董事会作了制度性规定。内容包括：董事会产生后，在第一次会议上首先要选出当年的总董和副总董；董事会分为定期会议与特别会议两种；董事会的定期会议应在每个月第一艘英国邮轮开出之后的第一个星期二上午9点举行；总董要在规定的开会时间最迟不晚于15分钟内，主持会议，进入议程；总董未能出席，由副总董主持；只要有3名董事向总董提出开会申请，即可召开特别会议；提出议案要以书面为形式；每次会议都要进行考勤；等等。上海英美租界工部局的董事会制度是董事会正常运作的制度设计与保证。事实证明，这一董事会在市政建设、制定规章、机构设置与人员任用、警务及社会治安的开展、经费的安排等方面，都进行过决策，取得了成效。[①]

《上海法租界公董局组织章程》对上海法租界行政管理机关公董局的领导机构董事会也作了制度性规定。内容包括：董事会由8人组成，其中4人是法籍，4人为外籍；董事会任期为2年，每年改选半数；年满21岁拥有法租界的地产，或租有法租界的房屋年租金在1000法郎以上，或居住在法租界3个以上并进款达4000法郎以上的法籍、外籍人士，可以成为选举人；投票以不记名形式，得票多者当选董事；董事会总董由法国驻上海总领事兼任；董事会议决

[①] 史梅定主编：《上海租界志》，第187—188页。

的事项包括：公董局经费的预算、各种捐税与税率、征收捐税的方法；公共设施建设；改善卫生与整顿交通；公共事业用地的征收，制定路政与卫生章程；等等。① 上海法租界的公董局就是依据这些规定开展了决策事宜。

除了董事会制度以外，上海租界还建立了律师制度。上海租界最晚在会审公廨成立后，律师制度便开始建立起来，律师可以出庭进行辩护。"会审公廨规定适用西方律师辩护制度，在审判过程中，无论民事、刑事案件，华人都可以聘请律师辩护。"② 不仅如此，在领事公堂的诉讼过程中，也可聘请律师进行辩护。《上海领事公堂诉讼条例》规定："诉讼事宜，须亲自或请代理人办理。原告延用律师出庭与否，听其自便。""讼费用包括律师费由法庭酌定令缴纳之。"③ 可见，上海租界在20世纪初中国法制改革前，就已建立、运用律师制度，明显早于上海华界。上海华界是在这一制度改革后，才渐渐建立起自己的律师制度。在此以前，上海华界仅有讼师而已。中国租界的律师与中国传统的讼师有本质的区别，不可同日而语。④

（三）上海租界率先于上海华界使用近代的法律语言

法律语言是法制的重要组成部分，可以从一个视角来折射出法制的性质。上海租界从建立自己的法制起，便使用近代的法律语

---

① 〔法〕梅朋、傅立德：《上海法租界史》，倪静兰译，第277—282页。
② 史梅定主编：《上海租界志》，第280页。
③ 蒯世勋等：《上海公共租界史稿》，第248—249页。
④ 郭义贵：《讼师与律师：基于12至13世纪的中英两国之间的一种比较》，载《中国法学》2010年第3期。

言，上海的两大租界都是如此，无一例外，都早于上海华界使用近代的法律语言。

上海英、英美租界率先于上海华界使用近代的法律语言。上海英租界于1854年公布了《捕房督察员职责》，其中使用的均是近代的法律语言。比如，指挥警力、防止抢劫、禁止行乞、捉拿罪犯等。① 到了上海英美租界时期，继续使用近代的法律语言。1882年颁布的《上海领事公堂诉讼条例》中，也都使用了近代的法律语言。比如，法官、诉状、答辩书、法庭、律师、被告、当事人、证人、判决等。② 在20世纪以前，上海英、英美租界使用近代的法律语言已是常态，在实体法与程序法中都是如此，而且还都早于上海华界。

上海法租界也率先于上海华界使用近代的法律语言。上海法租界于1866年公布的《上海法租界公董局组织章程》中，也大量使用近代的法律语言。比如，董事会、选民、选举人大会、董事、预算、税率、租赁、卫生章程、行政事务、被告、法庭、代理等。③ 上海法租界以使用法语为主，上海英、英美租界则主要使用英语。它们虽然使用的语言不同，但在法制语言方面，都是一致的，即都使用近代的法律语言。

上海华界要在20世纪初法制改革以后，才大规模、全面地开始使用近代的法律语言。在此以前，上海华界还在使用清朝的传统法律语言。以《大清律例》为例。其中的《名例》里，就有大量传统的法律语言。比如，十恶、八议、军籍有犯、除名当差、亲属相为

---

① 史梅定主编：《上海租界志》，第244页。
② 蒯世勋等：《上海公共租界史稿》，第248—249页。
③ 〔法〕梅朋、傅立德：《上海法租界史》，倪静兰译，第278—280页。

容隐、化外有犯、断罪无正条、充军地方等。① 有些语言在中国古代长期使用，比如，《唐律疏议》与《宋刑统》中都有十恶、八议、同居相为隐、化外人相犯等传统法律语言。《大清律例》把其传承下来，在20世纪中国法制改革前都在使用，包括上海的华界。这种状况要到20世纪初的法制改革后，才逐渐得到改变。这在时间上就明显晚于上海租界所使用的近代法律语言了。

法律体系、制度、语言都是法制中的重要组成部门，能够集中反映法制的性质。不同时期的法制会使用不同的法律体系、制度、语言。中国租界的法律体系、制度、语言与中国传统的法律体系、制度、语言有天壤之别，从一个方位证实上海租界的近代法制与上海华界的传统法制不同，而且上海租界早于上海华界而建立了近代法制。

三、上海华界与上海租界的法制有互动

从区域位置上看，上海华界与上海租界是邻居，两者相邻而存在。上海租界的周围就是华界。上海租界被上海华界包围，走出租界就是华界。这种区域位置十分方便于法制的相互影响，甚至互动。尽管上海华界法制在20世纪初中国法制改革前，还是一种传统法制，而上海租界法制在建立起来时，就是一种近代法制，但是它们之间还是有互动，只是互动的内容有所不同。总归起来，它们的互动主要表现在以下一些方面。

---

① 田涛、郑秦点校:《大清律例》，法律出版社1999年版，第3—4页。

（一）上海租界借用了有些上海华界法制的一些称谓

上海租界在建立自己的近代法制时，需要对一些建立的组织冠以称谓。为了方便租界里华人的记忆与利用，上海租界借用了一些上海华界法制中的称谓，使其成为自己法制中的组成部分，比较突出的是"工部局"与"巡捕"。

上海英租界于1854年建立自己的行政管理机构时，将其命名为"工部局"。其中的"工部"是中国古代长期使用的"工部"之一。早在隋唐时期，就初成六部官制，其中有"工部"。唐武则天时期，依照《周礼》中"六官"的设计，确定了吏、户、礼、兵、刑、工六部的名称及其排列顺序。明朝的六部官制定型，清朝沿用。在六部初成、定型之际，中国"六事法律体系"也初现、成熟，律典、会典等法典中的吏、户、礼、兵、刑、工律、法也产生、成熟。① 清朝的《大清律例》中，就有工律。上海华界也必须实施《大清律例》，其中包括工律的规定，上海的华人对工律及其内容早已耳熟能详。上海英租界就利用这一点，把自己的行政管理机关冠名为"工部局"，用旧瓶装新酒，减少华人对近代行政管理机构的陌生感，便于发挥"工部局"的作用，进行租界的行政管理。②

上海英租界借用"工部"的称谓来命名是如此，上海英、法两租界借用"巡捕"之名来称谓自己的近代警政机关也是如此。上海英、法两租界分别于1854、1856年建立自己的近代警政机关，都取名为"巡捕房"，其成员为"巡捕"。"巡捕"这个名词曾在中国

---

① 朱勇:《论中国古代的"六事法体系"》，载《中国法学》2019年第1期。
② 姜龙飞:《上海租界百年》，文汇出版社2008年版，第85页。

传统法制中被运用。清朝在京师地区设立"巡捕营",其职责是:"诘禁奸宄,平易道路,肃清辇毂",长官为"提督九门巡捕营部军统领"。在上海建县时,设有县丞与主簿两个职官,其职责分别为"巡捕"与"巡捕盗贼奸宄"。①"巡捕"这个名词在上海华界被长期使用,上海的华人对"巡捕"这个名字也是耳熟能详。上海英、法两租界借用"巡捕房"与"巡捕"来称谓自己的警政机关与警政人员,可以增加华人对近代警政机关与人员的亲切感,利于发挥"巡捕房"与"巡捕"的作用,进行租界的治安管理。

上海英、法两租界虽有英、法两国建立,主要由英、法两国侨民进行管理,但租界的主体则是华人,华人占了人口的绝大多数,特别是在1855年"华洋分居"的局面被打破,形成了"华洋杂居"的格局以后,尤其如此。②下表以上海英、英美、公共租界华人所占比例为例。③

上海英、英美、公共租界华人所占比例(1855—1942年)

年份	上海英、英美、公共租界总人数	华人数	华人所占比例
1855年	20243人	20000人	98.80%
1865年	92884人	90587人	97.53%
1876年	97335人	95662人	98.28%
1880年	110009人	108812人	98.91%
1890年	171950人	168129人	97.78%
1900年	352050人	345276人	98.08%
1910年	501541人	488005人	97.30%
1920年	783146人	759838人	97.02%
1930年	1007868人	971397人	96.38%
1942年	1585673人	1528322人	96.38%

---

① 上海通社:《上海研究资料》,第92—93页。
② 史梅定主编:《上海租界志》,第139页。
③ 邹依仁:《旧上海人口变迁的研究》,上海人民出版社1980年版,第90、141页。

从此表中可见，上海英、英美、公共租界中的华人始终都占绝大多数，洋人都只是少数。上海法租界的情况也大致如此。[①] 在华人占上海租界人口绝大多数的情况下，上海租界借用有些上海华界法制的称谓，充分发挥旧瓶的作用，并充实进近代法制的内容，十分有利于在租界内推行其近代法制。

（二）上海华界借鉴了上海租界的一些规定

在上海华界与上海租界法制的互动中，还有另外一面，即上海华界借鉴了上海租界法制的一面。上海华界与上海租界毗邻，进行各种交流十分方便，其中包括法制。当一些上海租界的近代法制可为上海华界所用时，上海华界便有了借鉴的冲动，迈出借鉴的步伐。这里举两例证之。

第一例是关于上海华界借鉴了上海英美租界使用"牛痘法"防治天花病的规定。1869年12月，上海出现了天花病，还开始传染，"天花流行已呈现征兆"，严重威胁着人们的健康。上海英美租界依据西方的牛痘接种法，规定在租界内施用牛痘疫苗，收到较好效果。上海华界看到上海英美租界实施接种牛痘疫苗的优越性，改变了以往使用人痘接种的做法，于1872年2月专门作出规定，宣称采用外国的牛痘接种法十分有必要，动员愿意种牛痘的人可以去种牛痘，还要求租界内的华人不要使用中国传统的人痘接种法。上海华界实施牛痘法后，防治天花病的效果明显，接种人数也呈增加趋势。1873年有488人接种，1878年增至1298人，1880年竟达1472人。[②]

---

① 邹依仁:《旧上海人口变迁的研究》，第90、141页。
② 马长林等:《上海公共租界城市管理研究》，第84—85页。

上海华界借鉴了上海英美租界关于接种牛痘法的规定，也使防治天花病取得了较为满意的效果。

第二例是关于上海华界借鉴了上海英美租界交通安全的规定。1872年上海英美租界制定了租界自己的近代交通规则，以维护租界内的交通安全。借鉴上海英美租界的这一交通法规，上海华界于1898年制定了《沪南新筑马路善后章程》。其中的内容包括：如果车辆无南市马路工程善后局的捐照不准在马路上行驶；车辆在夜间必须点灯；车辆不许在马路上疾驰；牛马羊豕等动物无管束不准在马路上放荡；等等。这些规定的内容基本都是借鉴了上海英美租界的交通规则，被认为很"雷同"。①

这两例上海华界借鉴上海英美租界的规定，都发生在20世纪初中国法制改革以前，那时中国的其他地方还在施行中国传统法制，而不是近代法制。可见，上海华界在20世纪初中国法制改革前已开始接受、使用近代法制了。

（三）上海华界与租界法制互动后形成的是一种混合性法制

近代上海华界与租界法制互动后产生过结果，这个结果就是各自都形成了混合性法制，只是这一法制的混合形式有所区别。

近代上海华界在借鉴了上海租界的近代法制以后，形成了一种由中国传统法制与租界近代法制相混合性的法制，特别是在20世纪初中国法制改革之前。那时，上海华界要实施《大清律例》等清朝

---

① 练育强：《城市·规划·法制——以近代上海为个案的研究》，法律出版社2011年版，第262页。

的法制。这一法制中充斥着中国传统法律的体例、制度、内容等。第一，关于中国传统法律的体例。《大清律例》在体例上基本沿用《大明律》的体例，形成名例、吏、户、礼、兵、刑、工七个律组成的体例；只是在律条后增加了例条，与《大明律》有所不同。这种体例就是中国传统法律的体例，与近代法律的体例完全不同，要到20世纪初清末法制改革时才被废用。第二，关于中国传统的制度。《大清律例》沿用许多清朝以前就形成的中国传统制度，其中包括：十恶、五刑、八议、六赃、丧服、亲属相为容隐、化外人有犯等制度。这些制度都是中国传统的制度，不同于近代的制度，也是在20世纪初的中国法制改革时被废除。第三，关于中国传统的法律内容。《大清律例》中同样存在大量的传统法律内容，其中包括有：官员袭荫、奸党、交结近侍官员、立嫡子违法、妻妾失序、起除刺字、有司官吏不住公廨，等等。[1]这些内容大量沿用清朝以前的规定，是一种传统法律内容，同样在20世纪末清末法制时被废止。近代的上海华界作为中国的一级地方政府，必须实施这些传统法制。这是一方面。

另一方面，近代上海华界在20世纪末清末法制改革前，即中国中央法制还处在传统状况中，就开始借鉴上海租界的近代法制。其中包括：接种牛痘法的规定、交通安全的规定等。这两方面的结合便形成上海华界的混合性法制，即中央的传统法制与地方的近代法制混合性法制。这一混合性法制直到20世纪初清末中国法制改革以后，中国的中央法制不断近代化以后，才逐渐淡化。

上海租界的混合性法制则是另一种形式，其混合性的表现是上海华界传统法制的外壳与上海租界近代法制的内核的混合。上海英

---

[1] 田涛、郑秦点校：《大清律例》，第2—18页。

租界时就开始使用"工部局"的称谓,一直沿用至上海公共租界,这一称谓来源于上海华界使用的"工部";上海英、英美、公共租界与上海法租界都使用"巡捕房""巡捕",把其作为自己警政机关与警政人员的称谓,而这些称谓又来自于上海华界使用的"巡捕"。上海租界使用的这些称谓只是一种取自于上海华界法制的外壳,其中的内核则是近代的行政管理机关、警政机关与警政人员。上海租界用旧瓶装新酒的形式,形成一种混合性法制。这一混合性法制运用了近百年时间,到1945年抗日战争结束,上海租界被彻底收回,这种混合性法制才完全被废止。

上海华界的混合性法制与上海租界的混合性法制有所区别,不尽相同。上海华界的混合性法制比较注重内容上的混合,即中国传统法制与上海租界近代法制内容上的混合。上海租界则更注重形式上的混合,借用了上海华界传统法制中的一些称谓,却安排进近代法制的内容。究其原因,各不相同。上海华界借鉴上海租界法制内容的原因在于,上海华界要通过借鉴上海租界的近代法制,使华界的法制与城市建设也有所发展,缩小与上海租界的差距,跟上城市近代化的步伐。上海租界借用上海华界法制的称谓的原因,则是要使原本上海华人不熟悉的近代法制,能够得到有效实施,促进、发展近代城市建设。可以说是殊途同归,即其结果都是一种混合性法制。

上海华界、租界的混合性法制产生于西法东渐的早期。这既是一种近代法制量变的过程;也是上海华界的传统法制与上海租界近代法制的一种妥协,大家都能同存共生。这是一种特殊历史阶段的产物。当中国在20世纪进行法制改革以后,中国大规模、整体的法制近代化开始了,这种混合性法制也就渐渐淡化,其作用也不如以往那样重要了。从中也可以体现出中国法制近代化的一个特色,与其他东方国家有所不同,它们在近代都没有像上海华界、租界那样的混合性法制。

四、上海近代法制的影响

上海近代法制还产生过影响,这种影响突出表现在以下一些方面。

(一)上海租界的近代法制对中国其他城市的法制产生过影响

上海租界的近代法制对中国其他城市的法制产生过影响,特别是对其他城市的租界。上海英租界的巡捕房制度曾对汉口英租界巡捕房制度的建立,产生过影响。1862年受汉口英租界之邀,上海英租界向其选派了五位巡捕,配有制服等一些装备。以后,上海英租界再次受邀向汉口英租界派遣了一位名为惠勒的巡捕,去那里任巡长。[①] 不仅是汉口英租界,汉口其他租界也有受到上海租界法制影响。"汉口的租界制度便以上海为雏形";"各租界都仿效上海(租界),建立了各自的管理体制"。[②] 除了汉口租界,中国其他租界也有受到上海租界法制影响的情况。鼓浪屿的公共租界建立于1902年,建立时就大量引进了上海公共租界的法制,其中包括了会审公

[①] 上海档案馆:《工部局董事会会议录》(第1册),陆森年等译,上海古籍出版社2001年版,第650—651页。

[②] 袁继成主编:《汉口租界志》,"综述"第13页。

廨制度。①难怪有学者认为:"第二次鸦片战争后,各通商口岸在开辟外国人居留、贸易区域时都沿用上海成例,租界制度遂被推广到天津、汉口等地。"②可见,上海租界法制的影响力。

上海租界的近代法制会对中国其他城市,特别是其他城市租界的法制产生影响,除了这些城市确实需要建立自己的近代化法制外,很重要的一点是上海租界法制建立得比较早,实施得也不错,是一种比较适合近代城市发展的近代法制。而且,已经过先行先试,比较成熟。当中国还没有其他城市更成熟的法制可作参照、用以借鉴时,选择上海租界法制便是一种最好的方案。于是,上海租界近代法制的影响就产生,影响力也大于其他城市的租界法制。

(二)上海租界的近代法制在辛亥革命时期对中央立法产生过影响

辛亥革命爆发以后,上海华界积极参与,推动了这一革命在上海的进程,其中包括上海华界的近代法制建设。此时,上海华界的近代法制在有些方面已走在中央立法的前列,并为中央立法所吸收,在全国施行,有力地推动了中国的近代法制建设。这又表现在剪辫、禁赌、禁烟等一些方面。

上海华界关于剪辫、禁赌、禁烟规定的颁行,均早于中央的规定。上海华界第一次颁行关于剪辫的规定是在1911年11月,而中央公布《临时大总统关于限期剪辫致内务部令》则在1912年3月,晚于上海华界。上海华界第一次颁行关于禁赌的规定是在1912年2月,

---

① 费成康:《中国租界史》,第141页。

② 马长林:《上海的租界》,"序"第2页。

而中央公布《内务部为禁赌呈》则在1912年3月，也晚于上海华界。上海华界第一次颁行关于禁烟的规定是在1912年2月，而中央公布《临时大总统关于禁烟令》却是在1912年3月，同样晚于上海华界。①

上海华界关于剪辫、禁赌、禁烟的规定不仅早于中央的规定，而且在内容上，中央的规定与上海华界的规定很相似。比如，关于禁赌的规定。1912年2月21日的《民立报》发布了沪军都督府陈其美都督的一个关于禁止赌博的规定。这个规定说：赌博危害很大，现在"民国新立，旧染、污俗，悉行荡除"，因此要在上海"严禁赌博"。中央的《内务部为禁赌呈》说："窃维赌博陋习，最为社会之害，律法在所必禁"，故规定"无论何项赌博，一律禁除"。② 这两个规定的内容很相似，但在颁布时间上，上海华界早于中央颁布的时间。

辛亥革命时期的法制在中国近代法制建设中的作用十分重要。它起到了承前启后的作用，既承前于清末法制改革的近代法制建设，又启后于北洋、南京国民政府的近代法制建设。如果缺少辛亥革命时期的这段法制，也就缺少了中国近代法制建设的承前启后阶段，中国近代的法制也许就不是已经看到的那样了。上海华界的近代法制不仅为推进上海的辛亥革命，而且还为影响中央的近代立法产生了积极作用，值得肯定。

（三）上海近代法制对上海近代城市建设与发展产生过影响

上海近代法制还对上海近代城市的建设与发展都产生过影响，

---

① 王立民：《上海法制史》（第2版），第405页。
② 中国第二历史档案馆编：《中华民国史档案资料选编》（第2辑），江苏人民出版社1981年版，第33页。

是一种促进、保障这一城市建设与发展的重要力量,使上海从一个小县城演变成了一个国际大都市,从一个农耕社会演进为一个工商业社会,还享有"东方的巴黎"和"东方的纽约"之称。上海也从一个熟人社会蜕变成了一个陌生人社会,契约精神与规则意识在上海城市中逐渐养成,还代代相传,不断影响到后世。这种精神与意识与现代融合在一起,支撑着整个城市的建设与发展。

上海的经济在中国具有举足轻重的地位。至20世纪30年代初期,上海已确立为中国的轻纺工业基地、金融中心、交通运输枢纽、内外贸易中心。上海已成为中国屈指可数的经济、金融、运输、贸易的大城市。外商在上海投资的力度也很大。1931年时,外商在上海的投资占了全国的二分之一,达11亿美元。①

上海的经济发展给城市风貌带来了明显变化,具有现代城市特色的城市建筑拔地而起。其中,既有纯西式的建筑,如上海外滩的"万国建筑博览会"建筑;也有中西合璧的石库门建筑等。上海外滩的西式建筑展示了从古典到近代的许多风格,汇丰银行大楼是一种英国古典派希腊建筑风格,海关大楼是一种希腊式的新古典主义风格,俄罗斯驻沪领事馆是一种德国文艺复兴式建筑风格,等等。②石库门建筑则是一种中西合璧的建筑,屋顶为中式,门窗则有西式成分。这种建筑更为平民化,是上海多数华人居民选用的住房。

随着上海近代城市的建设与发展,一些上海居民也率先于中国城市居民,过起了近代人生活。他们在家里使用电灯、肥皂、自来水、煤气、抽水马桶、热水瓶,吃罐头,吸卷烟;走出家门,乘公共汽车、出租汽车、有轨电车,穿胶鞋,逛近代商店,吃西餐;到娱乐场所看西方话剧、电影、马戏表演、溜冰,看赛马与跑狗;等

---

① 熊月之主编:《上海通史》(第8卷),上海人民出版社1999年版,"引言"第2页。
② 李新主编:《百年上海》,上海人民美术出版社2006年版,第34—40页。

等。① 这一切的背后都是上海近代法制，没有这一近代法制，上海无法实现近代城市的建设与发展，上海人也无法过起近代人的生活。

从整体上看，上海近代法制对中国其他城市法制、中央立法、上海城市建设与发展都产生过影响，其影响力还不小。尽管近代的上海法制只是中国的一种区域法制，但从其影响力中则可以发现其已超出区域法制的范畴。

五、上海近代法制的启示

从上海近代法制的研究中，还可以得到一些启示。

（一）上海近代法制开启了中国法制近代化进程

上海英租界在中国领土上，最早施行近代法制，首推1845年的《上海土地章程》，往后又建立起近代的法律体系，运用近代的制度，使用近代的法律语言等。可以认为，中国法制近代化的进程开启于鸦片战争以后的上海，上海的法制近代化进程发端于上海租界，上海租界的法制近代化进程又起源于上海英租界。上海英租界法制是中国法制近代化进程的起点。中国法制近代化进程中，不能没有上海近代法制的应有地位。

有了上海的近代法制，中国法制近代化进程就比较完整。即从鸦片战争以后，一直持续到1949年10月新中国成立，前后共有百

---

① 汤伟康、杜黎：《租界100年》，上海画报出版社1981年版，第167—168页。

余年时间。否则，中国法制近代化进程从20世纪初的清末法制改革开始，仅有50年左右时间，少了在此以前上海近代法制的50余年时间，这个进程就残缺不全了。事实已经证明，鸦片战争结束后不久，上海的近代法制就崭露头角，诞生了。这一事实不容忽视。

上海的近代法制是一种中国近代的区域法制，不是全中国的近代法制。全中国的法制近代化过程源于20世纪初的清末法制改革。然而，上海的近代区域法制与中国的清末法制改革之间存在一种量变与质变的关系。上海的近代区域法制开启了中国法制近代化的量变过程，而20世纪初中国的清末法制改革则启动了中国法制近代化的质变过程。在这一量变过程中，由上海英租界近代法制的一个点，向上海法租界、中国其他城市租界法制产生影响，它们也纷纷建立近代法制。还有，上海租界的近代法制还对上海华界的法制也产生过影响，以至于其在20世纪以前就使用了一些近代法制。这些都导致从一点的近代法制发展到多点的近代法制。这便是一个中国法制近代进程中的量变积累过程。这个积累过程为中国法制近代化的质变打下了基础。①

中国法制近代化量变过程还影响到质变过程，突出表现是上海、中国租界的近代法制被一些清朝官员所关注，还有人主张要借鉴甚至运用其中的有些制度。这样的例子不少，这里举三例证之。第一例，伍廷芳看到中国租界的审判中运用律师，建立了律师制度，便要求中国政府也应该培养自己的律师人才。他认为："中国近来通商各埠，已准外国律师辩案，甚至公署间亦引诸顾问之列"，于是竭力要求清政府也要培养自己的律师，即"拟请嗣后凡各省法律学堂，俱培养律师人才"，"国家多一公正之律师，即异日多一习

---

① 王立民：《近代中国法制现代化进程再认识》，载《社会科学》2019年第6期。

练之承审官也"。①第二例,有的清政府官员在制定矿律、路律、商律、刑律前,就主张先访聘著名律师,采用各国办法,再加以制定。②第三例,在上海公共租界会审公廨审判《苏报》案中,清政府也直接聘用了外国律师,作为控方律师,进行诉讼。③这些影响都会在20世纪初中国的法制改革中发生作用,成为进行法制改革、建立中国近代法制的一个方面依据。

从这种意义上讲,在中国法制近代化过程中,不能没有上海的近代法制,而应给予其应有的位置。

(二)上海租界法制是近代中国持续时间最长的区域法制

近代中国产生过多种区域法制,但持续时间最长还是上海租界法制。首先,上海租界法制比中国其他城市的租界法制持续时间长。近代中国曾被9个列强国家,在中国的10个城市建立过27个租界。④然而,上海租界存在的时间最长,从1845年直至1945年,共有百年时间。除了上海租界以外,最早成立的是天津的英、法、美租界,但均建于1860年,要晚于上海租界15年。中国租界中建立最晚的是天津的意大利租界与鼓浪屿公共租界,都建立于1902年,晚于上海租界半个多世纪。⑤故上海租界被称

---

① 丁贤俊、喻作风:《伍廷芳集》(上册),中华书局1993年版,第280—281页。
② 公丕祥:《中国法制现代化》,中国政法大学出版社2004年版,第241页。
③ 上海通社:《上海研究资料续集》,第76页。
④ 上海政协文史资料委员会等:《列强在中国的租界》,中国文史出版社1992年版,第590页。
⑤ 同上。

为"旧中国所有租界中设立时间最早,存在时间最长"的租界。①上海租界法制伴随着上海租界的产生与灭亡,也存续了百年时间,为中国其他租界法制所不及,是中国近代存在时间最长的区域法制。

其次,上海租界法制比太平天国区域法制持续时间长。太平天国于1851年宣布起义,1864年失败,共存14年。在这14年中,太平天国也建有自己的区域法制,其中包括有:《天朝田亩制度》《资政新篇》以及一些刑事、婚姻、经济等法令。②随着太平天国的失败,其法制也退出了历史舞台,充其量只存14年,在时间上明显短于上海租界法制。

再次,上海租界法制比上海工人第三次武装胜利后建立的市民代表会议区域法制持续时间长。在总结了上海工人第一、二次武装起义的经验与教训的基础上,上海工人第三次武装起义在中国共产党领导下,于1927年3月21日在上海华界爆发,并获得成功,建立了自己的市民代表会议政府。为了维护新生的革命政权与上海人民的合法权益,市民代表会议政府建立了自己的法制,颁行了《上海特别市市民代表会议政府组织条例》等一些规定。③但是,由于"四一二"政变的发生,人民政权被取缔,革命人民受到镇压,市民代表会议政府及其法制存在20余天后便夭折了。这一区域法制的持续时间也短于上海租界的区域法制。

最后,上海租界法制比革命根据地区域法制持续时间长。为了取得中国革命的胜利,中国共产党探索出一条先由农村包围城市、

---

① 马长林:《上海的租界》,"前言"第3页。
② 张晋藩总主编:《中国法制通史》(第9卷),法律出版社1999年版,第14—50页。
③ 王立民:《上海法制史》(第2版),第254—259页。

然后夺取城市的中国革命道路。这就需要建立自己的革命根据地及其法制。在中国共产党建立的革命根据地中,既有中央革命根据地,也有地方革命根据地。地方革命根据地颁行过的法制就是一种区域法制。事实也证明,地方革命根据地也确实依据本根据地发展的需要,颁行过自己的区域法制。这里以抗日根据地为例。除了中央抗日根据地外,还有18个区域性的抗日根据地,它们是:晋察冀、冀热辽、晋绥、晋冀豫、冀鲁豫、山东、苏北、苏中、苏南、淮北、淮南、皖中、浙东、鄂豫皖、湘鄂赣、河南、东江、琼崖等抗日根据地。[1]这些抗日根据地都颁行过自己的区域法制。仅打击汉奸犯罪的规定就有不少,其中包括:《晋察冀边区汉奸自首条例》(1938年)、《晋西北没收汉奸财产单行条例》(1940年)、《晋冀鲁豫边区汉奸财产没收处理暂行办法》(1942年)、《山东省战时除奸条例》(1943年)、《苏中区惩治战争罪犯及汉奸暂行办法》(1945年)、《苏皖区第一行政区惩治汉奸暂行条例》(1945年)等。[2]然而,中国共产党领导的革命根据地以1927年初创到1949年10月新中国成立,前后也就22年时间,其区域法制的存在时间同样比上海租界法制的存在时间短。

从整个中国近代区域法制来看,上海租界法制存续时间最长,中国近代没有比上海租界法制存续时间更长的区域法制。可以认为,上海租界法制是中国近代存续时间最长的区域法制。上海租界法制存续时间长,对上海城市建设与发展的影响就会大,其中的"契约精神""规则意识",城市风貌等,至今仍有影响,还能见到其痕迹。

---

[1] 张晋藩总主编:《中国法制通史》(第10卷),法律出版社1999年版,第268页。
[2] 张希坡、韩延龙主编:《中国革命法制史》(上册),中国社会科学出版社1987年版,第331—333页。

（三）上海租界法制的两面性十分明显

上海租界是中国最早的近代城市区域，其法制也是中国领土上最早产生的近代区域法制。它们都以中外不平等条约为基础，以侵犯中国主权为前提，而且上海租界的发展还是一种畸形发展，被认为是一个"藏污纳垢"之地与"罪恶的深渊"。① 其背后则是法制的两面性，系近代性与歧视、腐朽性。

上海租界法制具有近代性的一面。它的法律体系、制度、语言等一些法制的重要组成部分，都具有近代性，而与中国传统法制大相径庭，是名副其实的近代法制。这种近代法制与租界建立国的近代法制有千丝万缕的联系，是借鉴租界建立国近代法制的一种结果。比如，1872年上海英美租界制定交通规则，就借鉴了英国1853年颁行交通规则。英国的这一规则被认为是"世界上第一部交通法规"，内容比较先进。以其为蓝本，上海英美租界的近代交通规则诞生了。还有，上海英美租界制定的近代公共卫生规定等，也"都是效法英国而来"。② 这种近代法制是历史的一种进步，是比中国传统法制进步的法制。这种近代法制代表了中国法制发展的方向，是与近代社会相匹配的法制。近代中国必须选择近代法制，这是由历史的必然性所决定，不以人们的意志为转移。这是上海租界法制两面性中的一面。

上海租界法制两面中的另一面，则是歧视性与腐朽性。上海租界是一种由外国侨民自治的区域。上海的外国侨民看不起华人。这正如一位美国学者经过研究后所讲："有一位美国传教士在上海开埠

---

① 马长林：《上海的租界》，"前言"第1页。
② 马长林等：《上海公共租界城市管理研究》，"序言"第3页。

五年之后所说的几句话很为恰当,他说,外国人那时都十分看不起中国人,以为这个民族终究要被外国人所征服。"①这种意识表现在法制中,就变成了歧视华人的因素。上海英美租界于1868年开设了外滩公园,也是上海近代第一所公园。可这所公园却规定不让华人进入,还挂了"华人与狗不得入内"的牌子。②上海法租界尽管没挂出这样的牌子,但也规定华人不得入园。③至1928年,上海租界的公园才改变规则,允许华人入园。这离外滩公园的"华人与狗不得入内"规定整整60年。这只是上海租界法制歧视性的一种表现,还有其他表现。比如,1864年上海英美租界准备在南京路上设立小便池。开始时,准备把小便池建在洋人聚居区,遭到他们的强烈反对。④后来,就把小便池建在了华人聚居区。⑤在上海租界法制中,华人遭歧视的规定不足为奇。

上海租界法制的另一面中,还有它的腐朽性。这又突出表现在鸦片公卖与卖淫合法化的规定方面。关于鸦片出卖的规定。自鸦片战争以后至辛亥革命前的70年左右时间内,上海两个租界都把鸦片公卖合法化,贩卖、经营鸦片都是合法行为,为此而发给牌照,征收捐税。⑥这导致鸦片在上海租界泛滥,租界里的烟馆数以千计。上海也成为中国进口鸦片最多的城市,1910年进口的鸦片达5541万余两。⑦1909年,万国禁烟会在上海召开,上海两个租界公卖鸦

---

① 〔美〕霍塞:《出卖上海滩》,越裔译,上海书店出版社2000年版,第20页。
② 蒯世勋等:《上海公共租界史稿》,第438页。
③ 史梅定主编:《上海租界志》,第526页。
④ 上海档案馆:《工部局董事会会议录》(第2册),上海古籍出版社2001年版,第474页。
⑤ 同上书,第481页。
⑥ 史梅定主编:《上海租界志》,第595—596页。
⑦ 上海文史馆编:《旧上海的烟赌娼》,百家出版社1988年版,第2页。

片的行为才开始有所收敛。①

关于卖淫业合法化。上海自从出现租界以后,卖淫业不仅出现,而且还合法化。它们不仅征捐,还制定一些规定。上海英美租界于1876年制定过"一份老鸨和妓女要遵循的规章制度",②上海法租界在1934年颁行了《上海法租界管理妓院章程》。③卖淫业的合法化使上海租界的娼妓泛滥。据1920年的统计,上海公共租界共有成年妇女21万人,"野鸡"这类娼妓就占了10%左右;上海法租界有成年妇女4万人,而"野鸡"竟占了三分之一。以后,一个国际联盟妇女调查团在考察了远东以后认为:"贩卖妇女最多的国家,推中国为第一,这种贩卖的妇女,主要是作为娼妓的。特别是港、沪二埠。"④

上海租界法制的歧视性、腐朽性是这一法制的瑕疵,也是其消极的一面。这种瑕疵与消极性正好反映了上海租界法制是一种畸形的法制。上海租界法制的近代性与歧视、腐朽性并存,是这一法制两面。在理解、认识这一法制时,要仔细分析,不可偏废,避免以偏概全,造成失误。

(四)上海近代法制对上海今天的区域法治建设仍具有一定的借鉴意义

上海近代法制存在过百余年时间,虽然新中国成立也有70年,可是法制作为一种文化,具有很强的传承性与借鉴性,而且上海近

---

① 上海文史馆编:《旧上海的烟赌娼》,百家出版社1988年版,第7页。
② 史梅定主编:《上海租界志》,第600页。
③ 王立民:《上海法制史》(第2版),第169页。
④ 同上。

代法制与上海当代法制在时间上相隔并不遥远。上海近代法制中的有些成分仍可为今天上海的区域法治建设所借鉴,事实也是如此。

上海租界关于禁放烟花爆竹的规定,曾为1994年上海制定《上海市烟花爆竹安全管理条例》提供过借鉴。① 上海英美、法两租界于1885年就颁布了《禁燃鞭炮高升章程》,规定租界内一律不准燃放鞭炮、高升,违者要受到关押1—3日、罚款的处罚。② 以后上海公共租界与法租界又多次对禁放烟花爆竹作出规定,"禁止贮藏、贩卖或制造爆竹"。③ 上海租界禁止燃放烟花爆竹是一种常态。上海租界关于禁止燃放烟花爆竹的一些规定在上海市人大制定《上海市烟花爆竹安全管理条例》中,被关注、借鉴。

上海华界关于禁止随地吐痰的规定,曾为上海人大制定、修改《上海市市容环境卫生管理条例》提供过借鉴。上海华界在20世纪30年代时,颁行过《上海市经常保持清洁卫生办法》,其中有关于不准随地吐痰的内容。改革开放以后,为了进一步保持城市的清洁与卫生,上海市人大常委会在2001年通过了《上海市市容环境卫生管理条例》,其中有关于禁止随地吐痰的内容。2003年"非典"疫情暴发,为了进一步引导市民养成良好的卫生习惯,上海市人大常委会于当年修订了这一条例,还加重了对随地吐痰行为的处罚力度。在制定与修订《上海市市容环境卫生管理条例》时,均借鉴过上海华界颁行的《上海市经常保持清洁办法》。时任上海市人大常委会法工委立法处一处处长的吴勤民在回忆这段历史时说:"从本市

---

① 上海市十届人大常委会第十三次会议于1994年10月通过了《上海市烟花爆竹安全管理条例》,并于1997年5月的十届人大常委会第三十六次会议作了修改。沈国明等:《在规则与现实之间》,上海人民出版社2009年版,第232页。

② 东方明:《无疾而终的〈禁燃鞭炮高升章程〉》,载《检察风云》2016年第3期。

③ 王立民:《上海法制史》(第2版),第154页。

情况看,为了保持市区清洁卫生,减少随地吐痰的现象,20世纪30年代公布的《上海市经常保持清洁办法》中就将随地吐痰列为不准行为,从此以后,'禁止随地吐痰'作为环境卫生管理规范的一项基本行为准则一直发挥着作用。"① 其中包括了对今天的借鉴作用。

可见,上海近代法制至今仍有借鉴价值,能为上海今天的区域法治建设提供一个方面的依据。中国的法文化,不仅可以古为今用,也可以近为今用,有一定的借鉴价值。上海近代的区域法制也是如此。

上海近代法制在中国近代的区域法制建设中,举足轻重。它对上海的城市发展、中国近代的法制建设等都产生过不小的影响,对上海今天的区域法治建设仍有借鉴意义,是个值得研究的领域。通过研究可以得到一些启示,包括:上海近代法制开启了中国法制近代化的进程;上海租界法制是近代中国持续时间最长的区域法制;上海租界法制明显具有两面性;上海近代法制对上海今天的区域法治建设仍具有一定的借鉴意义;等等。不过,这种研究方兴未艾,还有更长的路要走,期望有更多志同道合者参与这一研究,产出更多研究成果,弥补目前研究中的不足。

(原载《法治现代化研究》2019年第6期。
原名《上海近代法制若干问题研究》)

---

① 周慕尧主编:《立法中的博弈》,上海人民出版社2007年版,第108页。

论大革命时期中国共产党领导建立的上海市民代表会议政府法制

2021年是中国共产党成立一百周年,回顾这一百年的历史可以发现,中国共产党成立以后,特别是在建立革命政权以后,非常重视建立、发展自己的人民民主法制,发挥其应有的作用。然而,目前学界对于中国共产党领导建立的早期城市人民革命政权的人民民主法制的研究十分欠缺,有必要补齐这块短板。上海市民代表会议政府,又称"上海市民代表政府""上海特别市临时市政府""上海特别市市民代表会议政府""上海临时市政府"等,是1927年3月22日上海工人举行第三次武装起义胜利后,在中国共产党领导下建立的上海人民革命政权。[①]大革命时期,建立过为数不多的城市人民革命政权。毛泽东曾经说过:"在一九二四年至一九二七年时期,由于国共合作建立了联合政府,当时的根据地是以某些大城市为中心的。"[②]其中,上海工人第三次武装起义后建立的上海市民代表会议政府被称为是"在党的领导下最早由民众在大城市建立起来的革命政权"。[③]这一政权建立了自己的人民民主法制,可以认为,这一

---

① 参见周尚文、贺世友:《上海工人三次武装起义史》,上海人民出版社1987年版,第200—201页。
② 《毛泽东选集》(第3卷),人民出版社1991年版,第974—975页。
③ 中共中央党史研究室:《中国共产党历史》(第1卷,上册),中共党史出版社2011年版,第184页。

法制是中国共产党最早领导建立的城市革命政权的人民民主法制。本文专门论述其中的一些重要问题。

一、上海市民代表会议政府具备了建立人民民主法制的基本条件

上海市民代表会议政府建立后，便具备了建立自己法制的基本条件，其法制也随之诞生了。这突出表现在以下一些方面。

（一）具有建立人民革命政权及其人民民主法制的强烈愿望

这是从思想角度来观察。在上海工人第三次武装起义胜利前后，起义的领导者中国共产党及其上海地方组织就已具有在起义胜利以后建立自己法制的强烈愿望。这种愿望通过告民众书、市民书、宣传大纲、行动大纲、通电等形式表达出来。要建立自己的革命政权及其法制，其前置条件是推翻反动的旧政权及其法制，建立人民的革命政权及其法制。因此，在上海工人三次武装起义准备过程中，中国共产党及其上海地方组织都强调要推翻反动政权及其法制，建立人民的革命政权及其人民民主法制。

1. 上海工人第一次武装起义前就有建立人民革命命政权及其人民民主法制的愿望

上海工人第一次去装起义发动于1926年10月24日。在此以前

的1926年9月6日,中共上海区委便发布了《中共上海区委告上海市民书》,首先就指出上海市民的困苦。"上海的市民真困苦呵!自从米价高涨以来,我们市民的生活愈更难以度日。看起来这般繁华富丽的上海,其实只是我们百余万商民、工人、苦力、穷人的活地狱。"接着,就揭示了造成这种困苦的原因,即"是中国尚受外国人和外国相帮的军阀、官僚、买办所统治,所践踏,所剥削,所压迫!"①因此,必须进行革命,建立人民自己的政权。"赶走帝国主义者,扑灭军阀与官僚,上海是上海市民自己的!"②明确地说就是"建立'上海人民自治的上海'!"并且"应由民选的自治机关管理"。③在推翻旧政权与建立人民政权的过程中,不可避免地要废止原有的法制,比如,"无条件的完全收回会审公廨";还有"反对宅地税;反对户口捐;反对卷烟特税;反对印花税实贴;反对一切苛捐杂税";等等。同时,随着人民革命政权的建立,新的人民民主法制也要建立起来。比如,"制定上海市的劳动保护法",还要通过法制来"保障一切人民集会、结社、言论、出版的自由",等等。④这个告上海市民书把中共上海区委要建立人民革命政权及其人民民主法制的愿望表达得一清二楚。

2. 上海工人第二次武装起义前建立人民革命政权及其人民民主法制的愿望比以前更为明确与强烈

上海工人第二次武装起义发动于1927年2月22日。在这以前,中共上海地方组织进一步表达了建立自己革命政权与法制的愿望。

---

① 上海市档案馆:《上海工人三次武装起义》,第1页。
② 同上书,第4页。
③ 同上书,第7页。
④ 同上。

而且，与上海工人第一次武装起义前的这个愿望相比较，更为明确与强烈，并突出表现在以下一些方面。

首先，明确了建立人民革命政权的称谓。在上海工人第一次武装起义前，没有明确建立人民革命政权的称谓，只是主张要建立"民选的自治机关"。在上海工人第二次武装起义前，中共上海地方组织明确了建立人民革命政权的称谓是"市民代表会议"，其政府是"上海市政府"。在1927年2月20日的《中国共产党上海市执行委员会为总同盟罢工告上海市民书》中，就提出起义胜利后要"由上海市临时革命政府召集市民代表大会，成立正式上海市民政府"。①1927年2月22日《中共上海区委宣传部政治宣传大纲》中更明确提出：在起义胜利后要"召集市民代表会议，组织上海市政府。市民代表会议为市政府之最高权力机关"。②

其次，指出要用人民武装来保卫新生的人民革命政权。在上海工人第一次武装起义前，没有明确指出要用人民武装来保卫新生的人民革命政权，但在上海工人第二次武装起义前就提出了这一要求。在1927年2月22日《中共上海区委宣传部政治宣传大纲》中，不仅指出要夺取敌人的武装，还指出要用人民的武装保卫新生的人民革命政权。"一切压迫者所最凶极恶的就是武装，因此人民要乘机夺取武装。人民武装自卫是保障他（指新生的人民革命政权）的权力之唯一条件。"③

最后，提出了有些法制的具体内容。在上海工人第一次武装起义前，虽提出要建立自己的法制，但内容不具体。而在上海工人第

---

① 上海市档案馆：《上海工人三次武装起义》，第128页。
② 同上书，第135页。
③ 同上。

二次武装起义前,就指出了有些法制的具体内容。1927年2月20日的《中国共产党上海市执行委员会为总同盟罢工告上海市民书》不仅要求中外企业都要遵守起义胜利后新制定的劳动法,而且还展示了劳动法的具体内容。"颁布劳动保护法,中外工厂、商店,均须一律强制执行。劳动法保护法须规定八小时工作制;规定依物价而增高的必需工资;限制童工年龄;女工产前后优待;改良工厂卫生;改良童工女工工作条件;规定死伤疾病的抚恤及保险办法;承认雇人、佣雇之团体契约权等。"① 可见,在上海工人第二次武装起义前,关于建立人民革命政权及其法制的愿望有了进一步增强,而且设想也更为具体了。

3. 上海工人第三次武装起义前建立人民革命政权及其人民民主法制的愿望比以往都要强烈

上海工人第三次武装起义发动于1927年3月21日,在此之前,中国共产党及其上海地方组织要求建立人民革命政权及其法制的愿望进一步强化。这又突出表现在以下这三个方面。

首先,筹建了人民革命政权"市民代表会议"。在前两次上海工人武装起义前,都没有建立过人民自己的革命政权。在上海工人第三次武装起义举行之前,就建立了人民革命政权"市民代表会议",以保证在起义胜利后及时行使职权,建立上海的新秩序。这一筹建有个过程。1927年2月26日召开的中共上海区委各部书记会议上,就开始商讨市民代表会议的人选,还拟具一份初步名单,即"市民代表大会,已拟一名单"。② 同年3月11日中共上海区

---

① 上海市档案馆:《上海工人三次武装起义》,第128页。
② 同上书,第180页。

委还召集了一次市民代表会议选举会议。"到会代表二百余人,工人一百余,商人四五十,余为学生及其他职业团体的代表",会议"选出执行委员三十人"。①翌日,市民代表会议正式成立,中共上海区委发出第9号通告,表示"拥护上海临时市民代表会议",认为这是"上海市民开始争取民主政权的具体而积极的表现,是组织未来上海市政府的第一步工作,对于今后上海市政治前途,实有极重大的意义"。②上海市民代表会议的建成为上海市民代表会议政府的建立打下了坚实的基础。

其次,拟定了"上海市民代表会议之组织法及其职任拟案"。在前两次上海工人武装起义前,只对拟定劳动法提出过要求与设想,而在上海工人第三次武装起义前,就开始拟定组织法,即"上海市民代表会议之组织法及其职任"。其内容包括:市民代表会议的总人数为2000人,即"应和全市二百余万居民为千与一之此,应选出市代表二千余人",代表的任期为一年,即"各代表均任期一年,但得连选连任",代表的职任为四项,即"选举执行要员""报告所代表的群众意见""讨论决议和战""执行大会所议决的工作"等。③这一组织法的拟成,为建立市民代表会议提供了法律依据。

最后,提出了新的要求。在前两次上海工人武装起义前,有些没有提出的要求在上海工人第三次武装起义前,就被提了出来。比如,在1927年2月27日,由赵世炎同志主持的上海总同盟罢工准备会议上,就提出制定劳动法中的新内容。其中包括"承认

---

① 上海市档案馆:《上海工人三次武装起义》,第241页。
② 同上书,第317页。
③ 同上书,第290—291页。

工会有代表工人权""星期日、节假日休息,工资照给,不休息工资加倍""不准打骂工人,滥罚工资""规定因工作而死亡的抚恤金""工人在疾病时,厂主须负责医治,并须发给半数以上工资"等。① 从中可见,在上海工人第三次武装起义前,对建立自己法制的愿望比以往都要强烈,而且设想与行动也都前进了一大步。

在上海工人第三次武装起义前,中国共产党及其上海的地方组织对于建立自己的人民革命政权及其法制就有了强烈的愿望。第三次工人武装起义后,这一强烈愿望没有丝毫减弱。这对起义胜利后建立起人民革命政权及其人民民主法制具有重要意义,是一种思想上的准备与要求。

(二)具有建立人民民主法制的主体与实施地域两大条件

上海市民代表会议政府法制是一种世俗法制,具有属地性,还需具备两大基本条件。即既需有明确的法制主体,又需有既定的实施地域。上海工人第三次武装起义胜利后,这两大基本条件也同时具备了。

1. 具有建立人民民主法制的主体

上海工人第三次武装起义胜利前后,很快建立起自己的法制主体并开始运行。这里以立法主体为例。此时的立法主体有:上海市民公会、上海市民代表会议等。这些主体都制定过相关规定。

关于上海市民公会及其制定的规定。上海市民公会又称"上海

---

① 上海市档案馆:《上海工人三次武装起义》,第196—197页。

特别市市民公会",是上海工人第三次武装起义前,由中国共产党上海地方组织领导的上海市民组织,也是上海市民代表会议的前身。这是一个立法主体,制定的规定《上海特别市临时代表会议组织法》是其中之一。起义胜利后,上海需建有一个人民革命政权即市民代表会议,代表广大市民行使统辖全市的权力机关,1927年3月7日"下午召集各团体代表会议,讨论市民代表会议组织法"。出席这次会议的团体有上海市的"总工会、学联会、学总会、三省联合会、各马路商总联合会等五团体"。① 会议上通过了《上海特别市临时代表会议组织法》。这一组织法共有10条,内容涉及:市民代表会议分为市、区两级;上海市共分八区;市区代表的产生与名额分配;市、区代表会议的职权;市级代表会议所设执行委员会的人员、组织与职责;各代表会议有效出席人数;各代表会议的议事与办事细则;各代表会议代表溺职时的撤换程序;等等。② 这一组织法得到了实施,以后上海特别市临时代表会议确实依其规定建立起来了。

关于上海市民代表会议。上海市民代表会议是在中国共产党上海地方组织领导下,由上海各界人民组织的上海人民革命政权组织,当时也是上海市的最高权力机关,成立于上海工人第三次武装起义前,于1927年3月12日召开了第一次会议。这是个苏维埃组织。中共上海区委指出"市民代表会议,就是国民会议的苏维埃","不是资产阶级议会式的民主政权"。③ 上海市民代表会议是当时的

---

① 张希坡:《革命根据地法律文献选辑》(第1辑),中国人民大学出版社2017年版,第192页。
② 参见同上书,第192—193页。
③ 周尚文、贺世友:《上海工人三次武装起义史》,上海人民出版社1987年版,第335页。

立法主体,具有立法职能。《上海特别市临时代表会议组织法》的第5条规定其"职权",其中的第4项即是"议决市立法"等。[①]事实也是如此。上海市民代表会议制定过《上海特别市市民代表会议政府组织条例》,并由1927年3月26日的上海市民代表会议第三次大会通过。此条例共18条,主要内容涉及:上海市民代表会议政府的性质、隶属、组织架构、代表的人数与选任、任期与职权、执行委员会的设置、下设小组等内容。[②]此条例的第1条正文规定:"上海特别市,以市民代表会议为全市最高权力机关,定名市民代表会议政府(简称上海市政府)。"这是上海工人第三次武装起义后,制定的一个最为重要的组织法。

有了法制主体,上海工人第三次武装起义后,新建立的上海市民代表会议政府法制就可运作起来,也把建立自己的法制由可能变成了现实。

2. 具有实施人民民主法制的地域

上海市民代表会议政府法制得以运行起来,还需具备这一法制实施的地域。那时的上海处在一市三界状态,即存在华界、公共租界与法租界。华界的地域最广,有494.68平方公里;公共租界次之,有22.60平方公里;法租界最小,仅为10.22平方公里。[③]华界由七个区组成,分别是闸北、南市、沪东、沪西、虹口、浦东和吴淞区。上海公共租界与法租界占据了上海的中心区域,并以洋泾浜即现在的延安路为界,以北为上海公共租界,以南则为上海法租界。[④]这两

---

① 张希坡:《革命根据地法律文献选辑》(第1辑),第192页。
② 参见同上书,第200—201页。
③ 邹依仁:《旧上海人口变迁的研究》,第92页。
④ 参见张洪祥:《近代中国通商口岸与租界》,天津人民出版社1993年,第20—29页。

个租界的周围都是华界。上海工人三次武装起义，包括第三次工人武装起义的地域都在华界，不在租界。

上海工人第三次武装起义后，很快就占领了华界的七个区。其中，南市、沪东、沪西、虹口、浦东和吴淞六个区在起义后的几个小时中，就快速而顺利地被工人武装队伍全部占领。① 只有闸北区在起义过程中，发生过较为激烈的战斗。此区有一些比较重要的区域，北火车站、天通庵东站、东方图书馆等都在其中。这些区域里，布置了较多的军阀武装，也是工人武装必须攻克的据点。经过激烈的战斗，在第二天的晚上六点，最后一个据点被攻破。至此，上海工人第三次武装起义终于取得最后的胜利。华界全部被工人武装占领，推翻了军阀的统治。据统计，在30个小时的殊死战斗中，共歼灭3000名直鲁联军和2000名反动警官，缴获长短枪支近4000支、轻重机枪1000多挺。② 起义胜利后的华界，就是上海市民代表会议政府法制的实施区域。

上海租界不在上海市民代表会议政府法制实施的地域之中，有其一定的原因。上海租界与中国其他租界一样，是依据中外不平等条件，由外国侨民在中国租得土地，自行进行管理的城市自治区域。上海租界建有自己的立法、行政与司法机关，不受中国政府的管辖。③ 上海租界建有自己的法制，是一种由租界制定、认可的城市区域法制。④ 这一区域法制是近代的法制，初建于1845年上海英租界产生时，以后上海美、法、英美、公共租界相继承袭，至上海

---

① 参见唐振常主编：《上海史》，上海人民出版社1989年版，第621页。
② 参见同上书，第621—623页。
③ 王立民：《上海近代法制若干问题研究》，载《法治现代化研究》2019年第6期。
④ 王立民：《中国租界法制诸问题研究》，载《法学》2019年第11期。

工人三次武装起义时,已十分成熟了。①上海租界虽然属于中国领土,但它既设有自己的管理机关,又建有自己的法制,实际上就成了"国中之国"。②在这种状态下,上海工人在武装起义时,就没有进入上海租界,起义胜利后也没有把其作为上海市民代表会议政府法制的实施地域。这在上海市民代表会议政府指定的相关规定中也可得到反映。《上海特别市临时代表会议组织法》规定的实施地域中,都是华界,没有租界。③

具有建立自己法制的愿望、自己的法制主体与实施的地域是一个政权建立自己法制的基本条件。缺少其中任何一个条件,法制就无法建立起来。上海工人第三次武装起义前后已逐渐具备了这些条件,起义胜利后就顺利地建立了自己的法制即上海市民代表会议政府法制。其中,既颁行过一些规定,也有开展过司法活动。比如,上海市民代表会议政府于1927年3月25日发不了两个布告,分别规定了"临时会议,开始办公"和"工商学各界所提关于自身利益及社会公共之要求,必力谋实现",等等。④又比如,对司法审判作出规定,即"以革命答复反革命。处死一个反贼走狗的判决,经过群众的判决,这便是革命的法律"。⑤当时也确实进行了这样的司法审判,惩处了屠杀工人的主使者李宝章。⑥上海市民代表会议政府法制确确实实屹立在中国近代的大地上了。

---

① 王立民:《上海:中国现代区域法制建设领先之地》,载《东方法学》2017年第6期。
② 袁继成:《近代中国租界史稿》,中国财政经济出版社1988年版,第22页。
③ 张希坡:《革命根据地法律文献选辑》(第1辑),第192页。
④ 同上书,第198页。
⑤ 上海市档案馆:《上海工人三次武装起义》,第203页。
⑥ 参见王立民:《上海法制史》(第2版),第259页。

二、上海市民代表会议政府法制的性质、作用与地位

上海市民代表会议政府法制建立与运行以后,其性质、作用与地位便进一步显现出来。

(一)上海市民代表会议政府法制的性质

上海市民代表会议政府法制的性质是,中国共产党领导的在大城市建立的人民民主的法制。具体来说,这一法制是在中国共产党领导下,由上海市民代表会议政府建立,反映以上海工人为代表的广大市民意志和愿望,以巩固人民革命政权和维护广大民众合法权益为目的的人民民主法制。这一法制与此前盘踞上海的军阀法制完全不同。

1. 在中国共产党领导下,由上海市民代表会议政府建立的法制

上海市民代表会议政府是中国共产党领导下的上海市民组织,代表上海广大市民行使职权,其中包括立法权。其中,上海市民代表会议政府的前身上海市民公会制定的规定主要在上海工人第三次武装起义胜利以前,目的是为起义胜利后的新生革命政权的建立提供法律依据,其所制定的《上海特别市临时代表会议组织法》就是如此。上海市民代表会议政府制定的规定则主要是在上海工人第三

次武装起义胜利以后,目的是为了巩固、发展新生的革命政权与维护、保障广大市民的合法权益。上海市民代表会议政府于1927年3月25日发布两个布告就是这样。这一主体是在中国共产党领导下的上海人民革命政权组织,这也决定了其法制具有革命性与进步性,而与此前北洋政府上海地方军阀的法制主体完全不同。

被上海工人第三次武装起义所推翻的上海地方政权是北洋政府的上海地方军阀政权。这个政权在上海干尽了压榨人民的坏事。这正如1927年2月27日《上海总同盟罢工的记录》中所讲的:"上海是上海市民的上海,我上海市民受军阀之苦痛,历十数年。"[1]这一军阀建立法制来压榨上海市民。其中,通过制定各种规定,不断增加捐税的规定就是之一。增加的捐税种类包括:公益税、车捐、房捐等。这使本来就十分贫困的广大市民雪上加霜,以致群起反抗,即"迭次加捐,群起反对"。[2]可见,中国共产党领导下的上海市民代表会议政府与北洋政府的上海地方军阀政权完全不同,是两种性质完全不同的政权组织与法制主体。

2. 反映以上海工人为代表的广大市民意志和愿望的法制

上海市民代表会议政府制定的规定反映的是以上海工人为代表的广大市民意志和愿望。这在上海工人第三次武装起义胜利后尤其如此。在1927年4月4日由上海市民代表会议政府通过的上海各界的"总要求"中,就规定了一些这样的意志和愿望,其中包括:"收回租界,撤退驻华外兵""人民集会、结社、言论、出版、罢工绝

---

[1] 上海市档案馆:《上海工人三次武装起义》,第196页。
[2] 王立民:《上海法制史》(第2版),第63页。

对自由""废除苛捐,减轻人民痛苦""提高教育事业,确定教育基金""颁布劳工法,保护劳苦人民"等。① 这些规定都是以上海工人为代表的广大市民深受北洋政府上海地方军阀压榨而发出的心声,集中反映了他们的意志和愿望,也是对应享受权益的诉求和建立新生活的向往。

北洋政府上海地方军阀法制反映的是少数军阀意志和愿望。他们连年发动战争,不顾广大上海市民的权益和诉求,更不管广大上海市民的意志和愿望,竭力追求少数人的一己之利,肆意压榨广大工人、市民,不断作出增加捐税等的规定。连年的战争和不断增加的捐税导致上海市民灾难深重,生活艰难,民不聊生。军阀部队所到之处,烧杀抢掠,强拉民夫,奸淫妇女,无恶不作。战祸笼罩下,民生凋敝,百业破败。② 可见,北洋政府上海地方军阀法制所反映的意志和愿望与上海市民代表会议政府法制所反映的意志和愿望有天壤之别,不可同日而语。

3. 以巩固人民革命政权和维护广大市民合法权益为目的的法制

上海市民代表会议政府法制是以巩固人民革命政权和维护广大市民合法权益的法制。上海工人第三次武装起义胜利后,上海新生的革命政权随即建立、运行起来,上海市民代表会议政府也正式开始统辖全市工作。与以往所有上海的地方政权都不同,这是一个人民的革命政权,难免遭到军阀等势力的反对,因此巩固这一政权便成为当务之急。其中,法制作为一种不可替代的巩固力量,全力

---

① 张希坡:《革命根据地法律文献选辑》(第1辑),第204—205页。
② 参见熊月之主编:《上海通史》(第7卷),上海人民出版社1999年版,第163页。

维护这一政权。在1927年3月23日颁行的"市政府临时施政纲领"就从维护新生革命政权出发,明文规定:"继续反帝国主义运动""消灭军阀黑暗政治势力""肃清一切反动势力""工人武装自卫",等等。① 同时,还要惩治那些新生革命的破坏者。这正如1927年3月24日《上海总工会告上海民众书》中所讲:"破坏我们的市民代表政府,我们即与他们决一死战。"② 事实也是如此,一些破坏者受到惩处。除了处罚李宝章外,1927年4月14日的《中共上海区委各部委产总会议记录》中还显示,开会的前一天另"抓了二十几个流氓",准备将其"枪毙"。③

新生的上海市民代表会议政府还以维护广大市民合法权益为目的的法制。在新生政权运作后,就及时制定一系列规定,维护广大市民的合法权益,内容包括各项自由权利。1927年4月7日上海市民代表会议政府发布的《关于恢复民众自由权利布告》就明确规定:"对于民众自由权利自当尽量恢复,竭力保护。此后我市民集会结社言论出版罢工诸自由权,非经市民代表会议执行委员会通过之市政府紧急命令,不受任何限制。"④ 这一规定使广大上海市民的自由权利等都得到法律保障,可以依法享用。同时,彻底摆脱过去上海地方军阀的种种限制,真正成为上海市的主人。

上海市民代表会议政府以巩固人民革命政权和维护广大市民合法权益为目的的法制与此前北洋政府上海地方军阀的法制截然不同。这一地方军阀法制以支持军阀战争与扩大内战,争夺更大地盘与更多资源为目的。上海资源充足,地势重要,被各路军阀虎视眈

---

① 张希坡:《革命根据地法律文献选辑》(第1辑),第195页。
② 同上书,第197页。
③ 上海市档案馆:《上海工人三次武装起义》,第453页。
④ 张希坡:《革命根据地法律文献选辑》(第1辑),第205页。

眈，都想占为己有。在上海工人三次武装起义之前，皖、直、奉系军阀都想把自己的势力延伸到长江流域一带，上海始终是他们觊觎和争夺的目标。①一旦进入上海，他们就会用法制手段迫不及待地实现自己的目的。比如，1925年6月奉系军阀进入上海后，马上就宣布戒严，禁止反帝活动，禁止工人罢工和取缔工会，封闭上海工商学联合会、海员工会等工会组织。②可以说，为了实现军阀目的，他们什么规定都能颁行，什么坏事都干得出来。

上海市民代表会议政府建立的法制，反映以上海工人为代表的广大市民意志和愿望的法制，以巩固人民革命政权和维护广大市民合法权益为目的的法制三个侧面，都能证实上海市民代表会议政府法制的性质，即是一种中国共产党领导建立的城市人民民主的法制。

（二）上海市民代表会议政府法制的作用

在上海市民代表会议政府存在时间里，其法制发挥了很大作用，主要是以下这些。

1. 巩固了新生的人民革命政权

上海工人第三次武装起义后建立的上海市市民代表会议政府，是中国共产党领导下建立的革命政权，也是人民自己的政权。这一政权在经过上海工人三次武装起义胜利后才得以建立，并得到上海广大市民的拥护。1927年3月22日上午，上海工人和广大市民热烈庆祝起义胜利与新生人民革命政权的诞生。"各区的工人、市民纷纷涌向街道和广场，庆祝上海人民的胜利，鞭炮声、口号声，此

---

① 参见熊月之主编：《上海通史》（第7卷），第154页。
② 参见唐振常主编：《上海史》，上海人民出版社1989年版，第602页。

起彼伏,欢呼新上海的诞生。"① 对于这一新生的人民革命政权,上海市民代表会议政府法制从三个方面加以巩固。

首先,颁行一些规定确立新生人民革命政权的合法性。这些规定中,比较重要的有:《上海特别市临时代表会议组织法》《上海特别市市民代表会议政府组织条例》等。他们对新生人民革命政权的性质、产生、组织架构等都作了明确规定,不仅为成立这一政权提供了法律依据,更确立了其合法性,可以正当地行使管辖全市的权力。

其次,依法打击损害新生人民革命政权的破坏者。新生人民革命政权的诞生来之不易,但被推翻的北洋政府上海地方军阀等反动分子不会善罢甘休,会伺机反扑,进行破坏。其中,包括了李宝章与以流氓身份出现的破坏者。通过打击这类破坏者,上海市民代表会议政府法制为新生的人民革命政权保驾护航。

最后,规定复工复市复学,保证全市的经济运行。此时的上海已是个大都市,经济是其重要命脉。经济一旦停摆,城市瘫痪、后果不堪设想。上海市民代表会议政府在第三次工人武装起义胜利的第二天,即1927年3月23日便发出"复工命令"。命令指出:现在"已将直鲁残余军队完全消灭,所以罢工、罢市、罢课各界民众,遂应即日恢复原状。因特函致上海总工会、商总会、学联会,请通令所属,于二十四日上午八时一律复工。"② 这一命令得到实施。上海各行各业大部分工厂、商店立即复工和开市,秩序井然。③

这三个方面就是三管齐下,都聚焦于巩固上海的新生人民革命政权。这一政权因此而在第三次工人武装起义胜利后得到了巩固并开展了工作。

---

① 周尚文、贺世友:《上海工人三次武装起义史》,第198页。
② 张希坡:《革命根据地法律文献选辑》(第1辑),第194页。
③ 参见周尚文、贺世友:《上海工人三次武装起义史》,第192页。

2. 形成了上海新的社会秩序

上海市民代表会议政府法制的另一个作用是形成了一个全新的社会秩序,上海社会面貌因此而发生了很大变化。其中,在以下几个侧面表现得尤为突出。原本少数军阀头目控制的上海地方政权,起义胜利后被以工人为代表的广大市民所掌控,人民开始当家做主。广大工人、市民的社会地位发生了翻天覆地的变化,从被压迫、剥削者变成了社会的主人,上海回归到了人民的怀抱。① 原来直接掌控上海的军阀军队、警察被人民自己的工人纠察队所替代,工人、市民从被镇压对象,转型为社会的管理者。原来上海广大工人、市民的生活潦倒,生存艰难的悲惨状况得到改善。上海市民代表会议政府承认上海总工会为保证工人改善生活和政治待遇的22条要求,很大程度上满足了他们的自身利益和社会公共利益的要求。② 上海工人、广大市民因此而开始了新的社会生活。总之,在上海工人第三次武装起义胜利后,在上海市民代表会议政府法制作用之下,上海的社会秩序发生了天翻地覆的变化,一个全新的社会秩序脱颖而出。

3. 树立了人民民主法制的榜样

在中国共产党领导下,上海市民代表会议政府开天辟地建立了大城市人民革命政权的人民民主法制,而且事实也证明其深受上海广大市民的欢迎,并在这一政权的存续期间,发挥过积极作用。这在当时屈指可数,具有榜样作用,可被其他地方学习甚至借鉴。中国共产党非常重视上海市民代表会议政府法制的榜样作用,并把其

---

① 参见唐振常主编:《上海史》,上海人民出版社1989年版,第623页。
② 周尚文、贺世友:《上海工人三次武装起义史》,第200页。

推荐给各地的人民会议，供其学习、借鉴。其中，1927年3月6日以"稼祥"署名的一位领导对《上海市民代表会议之组织法及其职任》的拟案作了批示，要求寄给各地的省、县、乡民会议作参考。即"以下这个拟案，寄给各地作省民会议、县民会议、乡民会议的参考"。① 上海市民代表会议政府制定的这个组织法因此而传播到中国各地的省、县、乡民会议，发挥了榜样作用。比如，1927年11月制定的《江西苏维埃临时组织法》中关于代表的产生、比例、选举形式、职权等一些规定，都与《上海市民代表会议之组织法及其职任》中的规定有相似之处，可以看到其影响力。②

上海市民代表会议政府法制发挥的作用折射出这一法制的价值，其确实是人民自己的法制，为人民谋权益的法制，值得称颂的法制。

（三）上海市民代表会议政府法制的地位

随着中国共产党及其领导的革命政权法制的发展，上海市民代表会议政府法制的地位逐渐显现，主要表现在以下两个方面。

1. 上海市民代表会议政府法制是首个中国共产党领导建立的大城市人民民主法制

这是从中国共产党历史的视角来观察。在中国共产党历史上，上海市民代表会议政府法制是首个在自己领导下建立的大城市人民民主法制。这源于上海工人三次武装起义是由中国共产党领导，特

---

① 上海市档案馆：《上海工人三次武装起义》，第290页。
② 张希坡：《革命根据地法律文献选辑》（第二辑，上卷），中国人民大学出版社2017年版，第143—148页。

别是对上海工人第三次武装起义的领导。[①]当时的中国共产党领导人陈独秀领导、参与了上海工人三次武装起义,尤其是第三次工人武装起义。他是这次武装起义的领导人和决策人,不仅全力参加了工人起义,而且积极参与领导了这次起义,在起义中发挥了重要作用。[②]其中,包括建立上海市民代表会议政府法制。

中国共产党对上海工人三次武装起义的领导还体现在中国共产党及其上海地方组织组成的特别委员会。上海工人第二次武装起义失败后,成立了起义的最高指挥机关——特别委员会。这是个由中共中央和上海区委联合组成,由陈独秀、罗亦农、赵世炎、周恩来等任委员的特别组织。在这个特别委员会之下,还设了军委和宣传两个委员会。其中,周恩来、赵世炎、颜昌颐等负责军委工作,尹宽、郑超麟、高语罕、贺昌等负责宣传工作。[③]事实上,上海工人第三次武装起义的整个行动全由中共中央与上海区委负责,发生紧急情况时,由陈独秀、罗亦农、周恩来、汪寿华负责,起义总指挥由周恩来担任。[④]正是在中国共产党的领导下,才取得上海工人第三次武装起义的胜利,建立中国首个大城市人民革命政权上海市民代表会议政府,产生了上海市民代表会议政府的人民民主法制。

中国共产党能够成功领导第三次武装起义并建立起人民民主法制,与其正确决策相关。在上海工人第三次武装起义前。不仅总结了前两次武装起义的经验教训,还在客观上形成了有利发动起义并取得成功的条件,那就是北洋政府的军阀在上海出现了一个暂时的

---

① 参见熊月之主编:《上海通史》(第7卷),上海人民出版社1999年版,第214页。
② 参见周尚文、贺世友:《上海工人三次武装起义史》,第221页。
③ 参见中共中央党史研究室:《中国共产党历史》(第1卷,上册),中共党史出版社2011年版,第183页。
④ 参见同上。

薄弱环节。在1927年2月下旬之前，上海历经了皖、奉、直三系军阀的争夺，还相互积怨成仇、戎兵相见。1927年2月下旬开始，皖系孙传芳因为在江西、浙江彻底失败，不得不把上海让给奉鲁联军张宗昌。此人接防上海以后，出现了兵力空虚、士气低落、不得民心的状况。再加上北伐军势不可挡，节节胜利，奉鲁联军如同惊弓之鸟，惶惶不可终日。这为中国共产党抓住这一薄弱环节，适时举行上海工人第三次武装起义提供了一个有利时机。[1] 随着起义的胜利和上海市民代表会议政府的成立，中国首个由中国共产党领导的大城市人民民主法制即上海市民代表会议政府法制也应运而生了。

上海工人第三次武装起义胜利并建立上海市民代表会议政府以后，中国共产党仍然是其中的领导力量。在1927年3月22日成立的上海市民代表会议政府中，罗亦农等共产党员都在其中。[2] 在中国共产党领导下，上海市民代表会议政府建立了自己的人民民主法制，开展了立法、司法等活动。这是中国共产党历史上，第一次在自己领导下于中国大城市中建立的人民民主法制。此前，中国共产党领导过广东革命根据地，也建立过人民革命政权及其人民民主法制。[3] 但是，他们都不在大城市，只在惠州、潮安（今潮州）、梅县、海陆丰等一些小县市。[4] 在上海这样的大城市中建立人民民主法制与在其他地方建立的人民民主法制内容的侧重点不一样，影响也会更大。以后，在解放战争时期的解放区中，有像哈尔滨那样的大城市也建立过人民民主法制，但在时间上却晚于上海市民代表会议政

---

[1] 参见周尚文、贺世友：《上海工人三次武装起义史》，第219—220页。
[2] 参见中共中央党史研究室：《中国共产党历史》（第1卷，上册），中共党史出版社2011年版，第184页。
[3] 参见张希坡：《革命根据地法律文献选辑》（第1辑），"编者说明"第3页。
[4] 参见中共中央党史研究室：《中国共产党历史》（第1卷，上册），第140页。

府法制。上海市民代表会议政府首创在中国的大城市中建立人民民主法制,为中国共产党以后进一步在根据地、解放区建立人民民主法制提供了不可多得的经验与借鉴。

2. 上海市民代表会议政府法制是近代中国唯一一个在国际大都市建立的人民民主法制

这是以近代中国的人民民主法制的角度来审视。在中国近代,每个时期都建立过法制。清末有法制改革时期建立的法制,南京临时政府也有自己的法制,北洋政府时期同样建立过自己的法制。然而,这些法制都不是人民民主法制。清末法制改革时期的法制是清朝封建朝代建立的法制,不是人民民主法制;南京临时政府的法制是资产阶级建成的法制,也不是人民民主法制;北洋政府是个独裁政府,其建立的法制更不是人民民主法制。上海市民代表会议政府法制与上述的法制相比,都有云泥之别。这是一种全新的法制,由人民革命政权建立的人民民主法制,崭新的法制。

20世纪20年代,上海已发展成为一个国际大都市,被称为"东方的纽约"和"东方的巴黎"。[①] 具体来说,上海的人口达到300万,成为中国特大城市,远东第二大城市,仅次于伦敦、纽约、东京、柏林的世界第五大城市。另外,上海已是中国的工业、外贸、金融、航运中心,为中国的其他城市所不可比拟。[②] 在近代中国也就上海是唯一的一个国际大都市。

中国共产党成立以后,十分重视在自己建立的政权里建设人民民主法制。这在大革命、土地革命战争、抗日战争和解放战争时期都是如此。其中,持续时间较长的人民民主法制是在土地革命战

---

① 马长林:《上海的租界》,"前言"第2页。
② 参见熊月之主编:《上海通史》(第8卷),"总序"第3—4页。

争、抗日战争时期的革命根据地人民民主法制,前后连续了18年之久。大革命、解放战争时期的人民民主法制存在时间则比较短,才8年时间。①然而,就是在存续时间较短的人民民主法制中,也有十分辉煌之处,其中包括上海市民代表会议政府法制。这是在上海这个国际大都市建立的人民民主法制,也是近代中国唯一一个在国际大都市建立的人民民主法制。这一法制的存在集中表现出人民民主法制存在的多元性,即除了在农村、小城市革命根据地中可以建立人民民主法制,在中国的国际大都市中也同样可以生存人民民主法制。这种多样性进一步证实,在近代中国建立人民民主法制带有普遍性,深受广大人民的欢迎,得到广大民众的认可。

上海市民代表会议政府法制既是首个中国共产党领导的大城市人民民主法制,也是近代中国唯一一个在国际大都市建立的人民民主法制,其地位不能不说很重要。

三、上海市民代表会议政府法制的特点、影响与反思

上海市民代表会议政府法制虽然仅存24天,但仍有自己的特

---

① 在大革命时期,人民民主法制存有5年,即从1922年中国共产党开始提出的政治宣言和法规法令至1927年的上海市民代表会议政府法制等。在解放战争期间,人民民主法制共存3年,即从1946年东北革命根据地的施政纲领至1949年东北人民政府施政方针。参见张希坡:《革命根据地法律文献选辑》(第1辑),第3—5页。张希坡:《革命根据地法律文献选辑》(第4辑,第1卷),中国人民大学出版社2017年版,第1—15页。

点,也对往后的革命根据地人民民主法制产生过积极影响,同时也值得进一步反思。

(一)上海市民代表会议政府法制的特点

上海市民代表会议政府法制有自己的特点。这一特点与几乎同时期建立的湖南省农民代表大会法制相比较,便可以凸显出来。1926年11月,随着"北伐"战争的推进,北伐军在湖南农村掀起了一场迅猛的革命大风暴,许多地区的地方政权被推翻,农民协会成为乡村唯一的权力机关。①在此基础上,1926年12月召开了湖南省第一次农民代表大会并开始建立农民自己的法制,其中包括了1926年12月制定的《湖南省第一次农民代表大会关于乡村自治问题决议案》《湖南省惩治土豪劣绅暂行条例》等一些规定。这些规定是在中国共产党领导下制定,反映了广大农民的意志与愿望。

中国共产党的领导被湖南省农民代表大会所接受,中国共产党提出的主张也被湖南省农民代表所认可并付诸实施。1926年12月的《湖南省第一次农民代表大会关于接受中国共产党湖南区第六次代表大会对于农民目前最低限度要求之主张决议案》就是一种典型的表达。其中写道:"共产党为代表工农阶级利益的政党";"最近共产党湖南区第六次代表大会发表对农民目前最低限度要求的主张,本大会认为他们的主张确是依照农民客观的环境及主观的要求决定的,因此本大会对共产党这种主张,安全接受,并训令各级农民协会于最短期间切实遵照执行"。②同样在中国共产党领导之下,上海

---

① 参见中共中央党史研究室:《中国共产党历史》(第1卷,上册),第179—180页。
② 张希坡:《革命根据地法律文献选辑》(第1辑),第156页。

市民代表会议政府法制与湖南省农民协会的法制还是有区别。从这种区别中，可以反映出上海市民代表会议政府法制的特点。

1.上海市民代表会议政府法制的建设主体是以工人为代表的广大上海市民

上海工人第三次武装起义在中国共产党领导下，由工人为代表的广大上海市民参加并取得胜利。起义胜利后建立的政权组织上海市民代表会议政府也是如此。以工人为代表的广大上海市民始终是起义、政权建设的主体，同时也是上海市民代表会议政府法制建设的主体。这在立法、司法中都有体现。在立法中，上海市民代表会议政府是上海工人第三次武装起义后建立的立法主体，制定过一系列规定，保证了起义胜利后新生人民革命政权的巩固。在司法中，对危害人民革命政权行为审判的主体也是以工人为代表的上海市民。他们一直是上海市民代表会议政府法制的创立者、实施者，不能否定他们也是这一法制的建设者。

湖南省农民协会法制的建设主体是广大农民。在中国共产党领导下，湖南省农民运动风起云涌。1926年11月，毛泽东担任中共中央农民运动委员会书记后，在湖南等省领导农民运动，这一运动因此而轰轰烈烈开展起来。据同年11月底的统计，湖南已有54个县建立农民协会组织，会员人数107万，1927年1月增加至200万。① 这些农民协会组织的主体是农民，不是市民。这一农民主体同样是湖南农民协会法制建设的主体。事实也是如此。那时的立法与司法都主要由农民参与。在立法中，湖南省农民代表大会制定了一些以决议案为形式的规定。在司法中，摒弃过去军阀控制司法的

---

① 参见中共中央党史研究室：《中国共产党历史》（第1卷，上册），第179页。

弊端,即"诉讼手续的繁杂、讼费的苛重、差役的勒索、讼棍的卡骗"等;同时,建立能反映农民意志与愿望的司法制度,即"民刑法律须全部改订,凡不利于农民的条文,须一律废除""农民协会有代表会员诉讼的权力""严禁法官收受地主、债主的贿赂""严禁讼棍挑拨是非"等。① 可见,以农民为主体的湖南农民协会法制的建设者,与以工人为代表、上海市民为主体的上海市民代表会议政府法制的建设者差别不小。从中也显现出上海市民代表会议政府法制在法制建设主体方面的特点。

2. 上海市民代表会议政府法制的主要内容集中于体现以工人为代表的上海市民的要求与愿望

上海市民代表会议政府法制的内容集中于体现以工人为代表的上海市民的要求与愿望,而不是农民的要求与愿望。这在政治、经济、军事等方面都有体现。在政治方面,以上海工人为代表的上海市民推翻了军阀在上海的统治,颁行上海市民代表会议政府组织法,成立上海市民代表会议政府,行使管辖上海的权力。在经济上,要增加工人工资,规定最低工资额;制定劳动保护法,举行社会保险;实现八小时工作制;废除包工制;修改厂规及雇佣契约;规定因工作而死伤的抚恤金;等等。② 在军事上,要组织工人武装自己,肃清一切反动势力,等等。③ 另外,在司法方面,审判与惩治对象是破坏上海新生人民革命政权的犯罪分子。所有这一切内容都直接体现了以工人为代表的上海市民的要求与愿望,几乎与农民无关,也没有直接反映农民的要求与愿望。

---

① 张希坡:《革命根据地法律文献选辑》(第1辑),第157页。
② 同上书,第195—196页。
③ 同上书,第195页。

湖南省农民协会法制则与上海市民代表会议政府法制在内容上由很大差异，集中体现的是农民的要求与愿望。特别强调在法制内容上"是依照农民客观的环境及主观的要求决定的"。具体来讲，湖南农民协会要推翻军阀设在农村钳制"乡民，尤其是农民"的"头张衙门""铁门槛"，实现"属于乡村一般民众"的"民主自治"；① 湖南农民协会法制要打击的主要对象是祸害农民的土豪劣绅，还专门制定《湖南省惩治土豪劣绅暂行条例》，集中打击侵害农民协会与农民的各种犯罪行为，最高用刑为死刑。② 另外，在司法上，还设立"审判土豪劣绅之特别法庭"，专门审判土豪劣绅的违法犯罪案件。③ 这些内容都集中反映了湖南省农民而不是以工人为代表的上海市民的要求与愿望，从中突出了上海市民代表会议政府法制的特点。

3. 上海市民代表会议政府法制仅在城市区域内实施

上海市民代表会议政府法制的实施区域是城市即在上海市范围内，不涉及上海市以外的区域。当时，除了租界以外，上海市的边界十分清晰，就是由七个区组成。这七个区以外的区域就不属于上海市。上海市民代表会议政府法制是一种仅实施于上海市的区域法制，也是一种城市法制。这在上海市民代表会议政府法制也有体现。比如，在上海市民代表会议政府1927年3月21日发布的"总同盟罢工罢课罢市的紧急命令"中，明确把其实施区域划定在上海市，对象是这个区域的市民，即"我上海市市民"。④ 又比如，在上

---

① 张希坡：《革命根据地法律文献选辑》（第1辑），第156页。
② 同上书，第158—159页。
③ 同上书，第158页。
④ 同上书，第194页。

海市民代表会议政府在1927年3月23日发布的"复工命令"中，实施的区域也是在上海市范围内。"罢工、罢市、罢课各界民众，遂应即日恢复原状。因特函致上海总工会、商总会、学联会，请通令所属，于二十四日上午八时一律复工。"① 可见，上海市民代表会议政府法制的实施区域只在上海，从而证实这是一种城市法制，不是农村法制。

湖南省农民协会法制既是湖南省的区域法制，也是一种农村法制，实施区域主要在湖南的农村。这也可从其规定的内容中得到证明。在立法中，特别重视湖南乡村的建设。其中，强调目前是"乡村自治区域"；农民是"乡村一般民众"；注重"举行乡民会议"；要着力"建立完备的乡村自治机关"；等等。② 在司法中，重点解决的是地主问题，其中包括"在习惯上农民简直不能与地主立于平等诉讼地位"；"地主讼棍如恶煞"；"严禁法官收受地主、债主的贿赂"；等等。③ 可见，在湖南农民协会法制中突出的是农村，要解决的是农村问题，不是城市问题，与上海市民代表会议政府法制区别很大。这种区别从一个侧面反映了上海市民代表会议政府法制的特点。

（二）上海市民代表会议政府法制的影响

上海市民代表会议政府法制对以后中国共产党领导的革命根据地人民民主法制产生过影响，突出表现在以下一些方面。

---

① 张希坡：《革命根据地法律文献选辑》（第1辑），第194页。
② 同上书，第156—157页。
③ 同上书，第157页。

1. 对建立中国共产党领导的苏维埃代表大会、人民代表大会的影响

在上海工人第三次武装起义胜利后建立的上海市民代表会议，是中国近代工农运动中创立的典范，被认为是"三株珍贵'萌芽'"中的一株。这三株珍贵的萌芽分别是："省港罢工工人代表大会、各级（主要是省级）农民代表大会以及上海工人第三次武装起义中建立的上海市民代表大会。"[①] 这三个代表会议都在中国共产党领导下建立并接受中国共产党领导。上海市民代表大会虽然存在时间不长，但其影响仍存。以后，革命根据地建立的苏维埃代表大会、解放区设立的人民代表大会也都在中国共产党领导下，都可以看到上海市民代表大会的影响力。

上海市民代表大会的基本精神是在中国共产党领导下，发扬人民民主，行使人民民主权力。苏维埃代表大会、人民代表大会制度也是革命根据地、解放区的根本制度，并在以后的革命根据地、解放区建设中发扬光大，得到发展与完善。在土地革命战争期间，革命根据地成立了苏维埃代表大会。这一代表大会的主要发起者就是全国总工会与中国共产党。正如《中央通告第六十八号——关于召集全国苏维埃区域代表大会》所讲："这一次大会的召集将以全国总工会、中国共产党为主要的发起者。"[②] 这与上海市民代表大会在中国共产党领导下，由以工人为代表的上海广大市民发起、组成十分接近，工人和中国共产党这两大要素都同样具备了。到了解放战争时期，随着解放区域的扩大和人口的增加，人民代表会议制度发

---

① 张希坡：《革命根据地法律文献选辑》（第1辑），"编者说明"第3页。

② 张希坡：《革命根据地法律文献选辑》（第2辑，上卷），中国人民大学出版社2017年版，第8页。

展为人民代表大会制度。解放区的人民代表大会仍然继承了以往人民代表会议坚持人民民主的做法，突出中国共产党的领导地位。比如，1948年8月，经华北临时人民代表大会讨论通过的《华北人民政府施政方针》中，就突出了中国共产党的领导地位。"今天我们华北临时人民代表大会得以胜利开会，首先应向人民的领导者中共中央致敬，并应号召全华北的人民继续在它的领导下，为解放全华北全中国而奋斗。"① 其他解放区的人民代表大会也都如此，都突出中国共产党的领导，而这都始于"三株珍贵'萌芽'"，其中包括了上海市民代表会议。

2. 对收回租界规定的影响

上海市民代表会议政府法制中，有关于收回租界的规定。鸦片战争以后，共有英、法、美、德、日、俄、意大利、奥地利、比利时9个列强国家，在中国的上海、天津、汉口、广州、九江、镇江、厦门（含鼓浪屿）、杭州、苏州、重庆10个城市，设立了27个租界及其法制。② 在这些由洋人控制的区域里，频发侵犯华人权益的事件，甚至公然屠杀无辜的华人，最具代表性的就是五卅惨案。此惨案发生于1925年5月30日的上海公共租界。由于上海公共租界巡捕开枪屠杀手无寸铁的无辜华人，导致13人死亡，伤者无数，酿成了震惊中外的五卅惨案。③ 惨案发生后，广大上海市民进一步认清了租界的弊端与危害，形成了收回租界的共识，并把其纳入上海市民代表会议政府的规定之中。

上海市民代表会议政府法制中关于收回租界的规定对革命根据

---

① 张希坡：《革命根据地法律文献选辑》（第4辑，第1卷），第1页。
② 王立民：《近代中国法制现代化进程再认识》，载《社会科学》2019年第6期。
③ 参见熊月之主编：《上海通史》（第7卷），第195页。

地立法产生了很大影响,在其立法中也有相似的内容。在1929年10月颁行的《湘鄂赣边革命委员会革命政纲》的第3条就明确规定:"自动废除一切不平等条约,收回租界占领地,撤销领事裁判权,收回海关,驱逐帝国主义在华海陆军。"① 其中就有收回租界的内容。1931年11月7日由中华苏维埃第一次代表大会通过的《中华苏维埃共和国宪法大纲》里也规定有相似的内容,其中第8条规定:"在苏维埃区域内,帝国主义的海陆空军绝不容许驻扎,帝国主义的租界租借地无条件地收回。"②1933年颁行的《中华苏维埃共和国十大政纲》再次重申了这一内容,其第2条规定:"没收帝国主义的资本在中国开设的一切企业和银行,无代价地收回中国各地的租借地与租界。"③1934年1月由中华苏维埃第二次全国代表大会通过的《中华苏维埃共和国宪法大纲》里还是有收回租界的内容,其第8条再次规定:"在苏维埃领域内,帝国主义的海、陆、空军不容许驻扎,帝国主义的租界、租借地无条件地收回。"④ 可以认为,在土地革命战争时期革命根据地人民民主法制中,长期保留着收回租界的内容。从中亦可见,上海市民代表会议政府法制中关于收回租界规定的影响力之大。

3. 对建立劳动法的影响

上海的工人与广大市民长期深受剥削,怀有制定劳动法的强烈意愿,以维护自身的合法权益。上海市民代表会议政府成立后,及

---

① 韩延龙、常兆儒:《中国新民主主义革命时期根据地法制文献选编》(第1卷),第22页。

② 同上书,第10页。

③ 同上书,第17页。

④ 同上书,第14—15页。

时制定劳动法,实现工人与广大市民的意愿,切实维护他们的合法权益。上海市民代表会议政府法制中关于劳动法的一些规定也对以后革命根据地、解放区人民民主法制产生过影响。它们纷纷作出规定,维护革命根据地、解放区劳动者的合法权益。土地革命战争时期,苏维埃区域代表大会于1930年5月通过了《劳动保护法》,共42条,对工作时间、休息时间、工资、女工及未成年工人、保障与抚恤、工会、社会保障劳动保护监察事项等都作了明确规定。① 这对苏维埃区域内劳动者来说是个福音,可以有效保障自己的劳动权利。

到了抗日战争和解放战争时期,劳动法继续被颁行,而且还都是那时革命根据地与解放区人民民主法制中的重要组成部分。在抗日战争时期的陕甘宁边区革命根据地,颁行了多个关于劳动法的规定,其中有:《陕甘宁边区战时工厂集体合同暂行准则》(1940年)、《陕甘宁边区工厂工会准则》(1941年)、《陕甘宁边区关于公营工厂工人工资标准之决定》(1941年)等。② 到了解放战争时期,解放区也制定了劳动法。比如,东北解放区就制定了不少劳动法规,其中包括:《东北行政委员会关于统一公营企业及机关学校战时工薪标准的指示》(1948年)、《东北公营企业战时暂行劳动保险条例》(1948年)、《哈尔滨市人民政府劳动局关于工厂安全卫生改进发明创造鼓励办法》(1949年)等。③ 抗日战争和解放战争时期的劳动法内容更为丰富,涉及工会组织、劳动合同、工资标准、劳动保险、劳动安

---

① 参见张希坡:《革命根据地法律文献选辑》(第2辑,下卷),中国人民大学出版社2017年版,第852—854页。

② 张希坡:《革命根据地法律文献选辑》(第3辑,第2卷陕甘宁边区上),中国人民大学出版社2017年版,第303—310页。

③ 张希坡:《革命根据地法律文献选辑》(第4辑,第2卷东北解放区),中国人民大学出版社2017年版,第210—220页。

全与卫生等许多领域，比以往更为完备。然而，追根溯源，还是上海市民代表会议政府法制中的劳动法。

上海市民代表会议政府法制存续时间不长，但却开启了在中国大城市建立人民民主法制之先河，还对以后的根据地与解放区人民民主法制产生过积极影响，在中国近代法制史上留下了浓墨重彩的一笔。

（三）上海市民代表会议政府法制的反思

上海市民代表会议政府法制虽在中国近代的人民民主法制史上留有光辉的一页，但受当时历史条件的限制，不可能做到十全十美，今天也可以作些反思，主要是以下这些方面。

1. 上海市民代表会议政府在称谓上不统一

上海市民代表会议政府是上海工人第三次武装起义胜利以后建立的人民革命政权组织，也是建立新的上海秩序、建设新生人民民主法制的主体，决定着上海的发展与历史走向，也肩负着上海以工人为代表广大市民的重托，其名称以统一为好，以免造成误解。可是，上海市民代表会议政府的称谓不统一，出现过多个。比如，有"上海市民代表政府""上海市特别市临时市政府""上海特别市市民代表会议政府""上海临时市政府"等。在短时间内，同一个上海市民代表会议政府会出现多个称谓，而且不一致，易发生歧义。上海市民代表会议政府法制，冠以上海市民代表会议政府，其称谓不统一，易对法制的认识造成偏差。

2. 上海市民代表会议政府法制没有得到充分发展

上海市民代表会议政府法制与上海市民代表会议政府一样，存续时间不长。这就是使这一人民民主法制得不到充分发展，限制了其的进一步成长。这与上海工人第三次武装起义有关。这一起义得以成功，是中国共产党利用北伐战争胜利的高潮以及上海军阀势力相对减弱的暂时有利条件，适时发动起义，迅速占领城市，取得起义的胜利。然而，就全国的总体情势来说，这只是一种暂时有利条件，因为那时全国的反动力量依然比较强大，随时可以进行反扑，把上海工人第三次武装起义的成果扼杀于摇篮，其中包括法制。事实也是如此。"四一二"政变造成的恶果就是这样。有学者甚至认为上海工人三次武装起义的发动具有一定偶然性。[①] 即便如此，上海工人第三次武装起义仍不愧是"大革命时期中国工人运动的一次壮举，是北伐战争时期工人运动发展的最高峰"。[②] 上海市民代表会议政府及其法制永载中国革命史与近代人民民主法制史的史册。

3. 上海市民代表会议政府法制的内容比较简单

上海市民代表会议政府法制是一种上海的区域性法制，因其存在时间较短，内容也比较简单。在法规体系中，以命令、宣言、布告、通告等单项内容为主，而成系统的法规比较少，像《上海特别市临时代表会议组织法》这样的法规凤毛麟角。从内容上看，虽然制定了与上海工人、市民切身利益关系比较大的一些规定，比如劳动法等，但内容却也比较简单，只是提到关于劳动时间、劳动保险、最低工资等一些规定，没有更为详细的内容。这些简单的规定虽有明显的进步性，但影响到它的操作性。不过，情有可原。当时，中国共产党还处于幼年时期，一切都在探索过程中，包括建设

---

① 参见周尚文、贺世友：《上海工人三次武装起义史》，第216页。
② 《中国共产党简史》编写组：《中国共产党简史》，人民出版社、中共党史出版社2021年版，第28页。

自己的法制。事实也证明，随着中国共产党的成长，法制也有长足的进步。到了抗日战争、解放战争时期，革命根据地、解放区法制的面貌就焕然一新，越来越趋向成熟。这时的法制发挥了更为积极的作用，大力推动了中国革命的进程。

2021年是中国共产党成立一百周年。在中国共产党的发展历史上，建立自己的革命政权与人民民主法制紧密相连，而在大城市领导建立人民民主法制的首推上海工人第三次武装起义胜利后建立的上海市民代表会议政府法制。虽然，这一法制距今已有90余年，但在中国共产党的历史与近代人民民主法制史上都占有十分重要的地位。如今，不仅要对其进行纪念，更要进行研究，以弘扬人民民主法制的精神，传承红色基因，为当今全面建设中国特色社会主义法治提供一份有价值的资源。

（原载《政治与法律》2021年第7期。原名《大革命时期中国共产党领导建立的上海市民代表会议政府法制研究》）

上海领跑中国现代区域法制建设

鸦片战争以后，中国开始迈入法制现代化时代，其中包括区域法制现代化。它是中国法制现代化中的一个重要组成部分，不可或缺。上海在中国区域法制现代化过程中，特别引人注目。它领跑了中国现代区域法制建设，成绩卓著。可是，长年来，对其的研究大大落后于对国家现代法制建设的研究，有必要弥补这一研究的不足，真实、全面地反映中国法制现代化的整个进程与面貌。上海领跑中国的现代区域法制建设突出体现在19世纪下半叶、辛亥革命时期和改革开放以后三个时期。

一、上海租界领跑中国 19 世纪下半叶的中国现代区域法制建设

中国最早的现代区域法制诞生在上海租界。上海租界是西方列强通过不平等条约而在上海建立的一种现代自治区域，以损害中国主权为前提。上海租界法制又是一种现代法制，而且它还领跑了中国的现代区域法制建设。

（一）上海英租界施行的《土地章程》是中国最早的现代区域法制

鸦片战争以中国失败告终。1842 年的中英《南京条约》规定，

中国要向英国开放五个通商口岸,即"广州、福州、厦门、宁波、上海等五处港口,贸易通商无碍"。① 1843 年的《南京条约》附件《五口通商附粘善后条款》进一步规定,应在这五个通商口岸中设立租界,为满足洋人的需要。"中国地方官应与英国管事官各就地方民情地势,设定界址,不许逾越,以期永久彼此相安。"② 1845 年《上海租地章程》颁行,上海英租界诞生。③ 这是中国现代史上第一个租界,《上海租地章程》是中国第一个现代的区域性规定,开启了中国现代区域法制建设的先河。

《上海租地章程》是一个现代的区域性规定,适用于上海英租界。它具备现代的法律理念、法律语言、法律内容,与中国其他区域还在使用的清朝法制及其传统的法律理念、法律语言、法律内容等,都有明显差异。首先,《上海租地章程》贯彻了现代公平交易的法律理念。它规定,华人与洋人的"出租、承租各字据,经查核钤印,交还收执,以凭信守,并免违犯";洋人如果"逾期不交地租,领事官应按本国欠租律例处理";华人"不得任意停租,尤不得增加租银"。④ 这一规定建立在出租、承租双方当事人平等的基础之上,并公平进行交易,共同遵守租地契约。这与当时中国其他区域还在使用的《大清律例》中贯彻的等级名分理念,规定十恶、八议、上请等等级制度相差甚远。⑤

其次,《上海租地章程》使用了现代的法律语言。比如,"公同商议""公平分摊""防捏造诈欺""会同登记""公正评估""遵

---

① 王铁崖编:《中外旧约章汇编》(第 1 册),第 31 页。
② 同上书,第 35 页。
③ 《上海租地章程》又称为"上海土地章程""上海地皮章程"等。
④ 王铁崖编:《中外旧约章汇编》(第 1 册),第 66—67 页。
⑤ 《大清律例·名例律上》。

守一切章程""杜免争议"等。① 现代的法律语言在现代法制中使用,传统法制使用的则是传统法律语言,不是现代法律语言。当时,中国其他区域在适用的《大清律例》中,使用的就是传统法律语言。比如,"化外人有犯""期亲祖父母""监临主导""断罪无正条""充军地方"等都是如此。② 这些传统的法律语言与《上海租地章程》中的现代法律语言有天壤之别。

最后,《上海租地章程》规定的法律内容也是现代的法律内容。比如,"禁止无业游民在路上扰乱""造正路,宽二丈""(在租界)修建教堂、医院、慈善机关、学校及会堂""(不得)肆意喧嚷滋扰"等。这种法律内容在中国传统法律中均无明文规定。那时,在中国其他区域内使用的《大清律例》中,规定的是"脱编户口""立嫡子违法""赋役不均""隐蔽差役""别籍异财"等一些传统法律的内容。③ 可见,《上海租地章程》与中国传统法律在法律理念、语言、内容等方面均有明显差别。这种差别是现代法制与传统法制的差别。从中可进一步证实,上海英租界首先在中国适用现代规定,建立起现代区域法制。

往后,上海英租界及其以后的上海英美租界、上海公共租界,又建立了现代的立法、行政执法、司法机关,形成了现代的法律体系,进一步完善了现代区域法制。继上海英、美租界产生以后,1849年上海法租界也诞生了。它也颁行现代性规定,建立起现代的区域法制。④ 上海租界在19世纪下半叶,率先于中国其他区域进入了法制现代化时代。

---

① 王铁崖编:《中外旧约章汇编》(第1册),第66—69页。
② 《大清律例·名例律下》。
③ 《大清律例·户律·户役》。
④ 王立民:《上海租界与上海法制现代化》,载《法学》2006年第4期。

（二）上海租界的现代区域法制对中国其他租界的现代区域法制产生过影响

上海租界的现代区域法制，特别是上海英租界的现代区域法制，对中国其他城市英租界的现代区域法制产生过影响，有助于它们也进入现代区域法制行列。这一切还都发生在19世纪下半叶，即20世纪初清末法制改革以前。这里以上海英租界早期的巡捕制度对宁波、汉口英租界巡捕制度建立的影响为例。1861年宁波英租界向上海英租界提出要求，要"索取一份上海的规章制度和一份由汉人组成一支巡捕队伍的估计费用备忘录，以及董事会可以提供的任何其他促进这方面事务的材料"。[①] 这些材料的提供为宁波英租界确立自己的巡捕制度提供了方便。一年以后，汉口英租界两次要求上海英租界提供建立巡捕制度的帮助。一次是要求"上海工部局派去5名巡捕"并提供巡捕"制服"，以组建汉口巡捕房。另一次是要求上海英租界推荐人选去任"汉口英租界工部巡捕房的巡长"，上海英租界随即选派惠勒去任此职。[②] 上海英租界的帮助同样为汉口英租界建设巡捕制度提供了便利。

进入20世纪以后，这种影响仍然存在。厦门公共租界照搬了上海公共租界的会审公廨制度，也建立了自己的会审公廨制度。1902年《厦门鼓浪屿续订公地章程》记载，厦门公共租界"界内由中国查照上海成案设立会审公堂一所，派委历练专员驻理"。[③] 可见，上海租界不仅率先创制现代区域法制，还对中国其他城市租界的现代

---

① 上海市档案馆编：《工部局董事会会议录》（第1册），陆森年等译，上海古籍出版社2001年版，第630页。

② 同上书，第650—651页。

③ 王铁崖编：《中外旧约章汇编》（第2册），第22页。

区域法制产生了影响,成为它们的楷模。

(三)上海租界的现代区域法制对上海华界的现代区域法制与清政府产生过影响

上海租界的现代区域法制对上海华界的现代区域法制建设产生过影响,以致其也借鉴了这一法制的规定。上海租界与上海华界相邻。上海租界是个开放性区域,一般情况下,人们可以进出租界。上海租界的现代区域法制很易被华人感知、认同,甚至接受。事实也是如此。在19世纪下半叶,上海华界就有过借鉴上海租界现代区域法制的经历。1869年上海英美租界发现了天花。翌年,上海英美租界便作出规定,禁止使用中国传统的"痘痂法",推广使用西方的"种痘法",还取得良好的预防效果。上海华界从中得到启示,同年也规定使用"种痘法",同样取得了良好的效果。[①]

除了在卫生方面存有这种影响以外,在城市道路建设与管理方面也存在这种影响。1898年上海华界颁布的《沪南新筑马路善后章程》中的许多规定都借鉴了上海租界的相关规定,车辆捐照、行车点灯、禁止驰骤、禁止随便倾倒垃圾、不准随地大小便等都是如此。[②] 从中可见,上海租界的现代区域法制在19世纪下半叶,不仅对中国其他租界,还对中国华界产生过影响,其影响力在逐渐扩大,成为其借鉴的蓝本。

不仅如此。上海租界的现代区域法制甚至对当时的清政府产生过影响,以致其也不得不接受这一法制,聘用外国律师为自己辩护

[①] 马长林等:《上海公共租界城市管理研究》,第84—85页。

[②] 练育强:《城市·规划·法制——以近代上海为个案的研究》,法律出版社2011年版,第227页。

是一个突出例子。上海租界会审公廨的现代审判实践，使华人感到新鲜并悟出其中的先进性。他们看到"案无大小，胥由人证明其曲直，律师辩其是非，审官研鞫而公断之，故无黑白混淆之弊"。由于当时还无华人律师，出庭的都是洋人律师，包括华人聘用的律师也是如此。"无论西人控华人，须请泰西律师一为质证，即华人控西人，亦必请泰西律师。"①清政府在上海会审公廨的诉讼中，也聘用外国律师为己辩护，《苏报》案就是这样。1903年审理的《苏报》案的双方当事人都聘用了外国律师，其中清政府聘用的外国律师是英国古柏（White Cooper）。②清政府官员也认识到律师在这种现代司法中的重要作用，主张培养自己的律师。伍廷芳上奏清政府"拟请嗣后凡各省法律学堂，俱培养律师人才，择其节操端严，法学源深；额定律师若干员，毕业后考验合格，给予文凭"。③

综上所述，上海租界不仅率先于中国其他区域而建立了现代区域法制，这一法制还对当时的中国其他城市的租界、上海华界甚至清政府都产生过影响，其领跑中国现代的区域法制建设十分明显，当时中国还没有一个其他区域的现代区域法制可以与其并驾齐驱。

二、上海华界在辛亥革命时期领跑中国现代区域法制建设

鸦片战争以后，上海除了租界，就是华界。与上海租界不同，

---

① 《皇朝经世文新编·西律》。
② 上海通社编：《上海研究资料续集》，上海书店出版社1984年版，第76页。
③ 丁贤俊、喻作风编：《伍廷芳集》（上册），中华书局1993年版，第281页。

上海华界受中国中央政府管辖，除了施行中央法制以外，还颁行适用于上海自己的区域法制。辛亥革命以后，上海建立了自己的地方政权"沪军都督府"，并建立了辛亥革命时期的法制，一种现代区域法制。[①]这一时期法制的存续时间不长，前后仅为一年多。这个时期的法制大致可分为三个阶段。第一阶段是辛亥革命时期法制的开创阶段，时间从1911年11月3日上海起义到1912年1月1日中华民国成立。第二阶段是辛亥革命时期法制的发展阶段，时间从1912年4月1日孙中山正式卸任临时大总统到1913年7月25日郑汝成任上海镇守使。[②]在这三个阶段的一年多时间里，上海华界的法制又一次领跑了中国现代区域法制建设，并突出表现在以下两个方面。

（一）上海华界的法制领先于中国其他区域的法制

这里以辛亥革命时期浙江省（下简称"浙江"）的区域法制作为比较对象，来凸显上海华界法制在这一时期领先于中国其他区域的法制。在辛亥革命时期及民国前期（1911年至1926年）的时间段内，浙江"处于相对较为和平的环境中"，其法制在全国也"具有相当的典型性和地方特色"，而且这一法制还为包括辛亥革命时期在内的民国前期浙江的"政治、经济、社会发展列全国先进水平起到积极的推动作用"。[③]辛亥革命时期的上海华界的沪军都督府与浙江的议会都是当时的区域立法机关，把它们颁行的区域法制作比

---

① 王立民：《辛亥革命时期上海华界现代法制论析》，载《法治现代化研究》2017年第1期（创刊号）。
② 王立民：《辛亥革命时期上海华界立法探析》，载《史林》2012年第6期。
③ 陈婴虹：《民国前期浙江省议会立法研究》，中国社会科学出版社2016年版，"导言"第1—2页。

较，较有可比性，也较易显现出上海华界法制在那时中国区域法制建设中占所有的领先地位。

首先，上海华界颁行的不少区域法制在浙江没有颁行。同在辛亥革命时期，上海华界颁行的不少区域法制在浙江则没有颁行。这从一个侧面说明，上海华界在这一时期的区域法制建设中处在领先位置。那时，上海华界颁行的关于剪辫，禁止赌博、私立"邪会"、散布谣言，禁止勒捐、伪造钞票，禁止军人随意乘坐车船、进入妓院与剧场、任意抓人等一系列规范，浙江均无颁行。① 其中，有些规定还很重要，关于剪辫的规定就是如此。《民立报》于 1911 年 12 月 29 日刊载了沪军都督府都督陈士英发布的一个关于剪辫的规定。② 这个规定的内容主要分为三个部分。

第一部分陈述了留辫的弊端。"照得结发为辫，乃胡虏之殊俗，固地球五大洲所无之怪状，亦历史数千年未有之先例。满清入关，肆强迫之淫威，使和同于胡俗。试披发史，凡我同胞之乃祖乃宗，因此而受惨杀屠戮者，不可胜数。"第二部分讲述了剪辫的必要性。"今幸天福中国，汉土重光，凡有血气者，追念祖宗之余痛，固莫不恐后争先，剪去辫发，除此数寸之胡尾，还我大好之头颅。"第三部分要求大家齐心协力剪去留辫。"仰各团体若口实力，辗转相劝，务使豚尾恶捐，不惹胡儿膻臭，众心合一，还我上国衣冠。"这一规定从留辫的弊端、剪辫的必要性和剪辫的要求等三个方面有理有节地对剪辫作了陈述与规范，着实推动了上海华界的剪辫运动，切实反映出辛亥革命时期上海华界法制的反封建性与革命性，有利于形成社会新风尚，营造现代社会的氛围，意义非凡。事实也证明，上海

---

① 上海社会科学院历史研究所编：《辛亥革命在上海史料选辑》，上海人民出版社 1981 年版，"目录"第 7—10 页。

② 同上书，第 324 页。

华界通过执行这一剪辫规定,确实推进了上海华界的现代化进程。①

其次,上海华界与浙江都颁行了相似的规定,但上海华界规定的内容更胜一筹。辛亥革命时期,出于区域治理的需要,上海华界与浙江都颁行过一些相似规定。相比之下,上海华界的规定更胜一筹。这从另一方面说明,上海华界的现代区域法制领跑了那时中国的区域法制建设。1912年2月,上海华界与浙江都颁行过有关禁烟(禁鸦片)的规定。上海华界的这一规定由沪军都督府都督陈士英颁行,浙江的这一规定由省议会颁行。② 比较以后发现,上海华界的这一禁烟规定更为妥善一些,突出表现在以下三个方面。③

第一,上海华界的规定揭示了鸦片的危害。"照得鸦片之害,流毒于我中国已数十年矣。凡我同胞沉溺于鸦片之中,废时失业,败产荡家者以数百千万计。"这为禁烟提供了合理依据。第二,上海华界的规定强调了禁烟的必要性。"现自民军建义以来,军务倥偬,不暇顾及,而吸烟者乘此机会,有死灰复燃之势,人格丧尽,实堪痛恨。"即是不能让吸烟卷土重来,再继续危害社会。第三,上海华界的规定要重罚吸烟者。"如有私卖灯吸者,一经察出,财产立即发封,本犯严行惩办。本都督非欲以强迫手段施之同胞,赏(实)欲除恶务尽,不欲留污点以贻民国前途之隐患。"即用刑事与经济双重制裁手段严惩吸烟人,制裁力度很大。在上海华界禁烟规定的三个方面中,第一、二个方面为浙江所没有的规定。也就是说,浙江的禁烟规定中没有涉及吸烟的危害与禁烟的必要的内容,这就影响了禁烟的合理、合法性基础。第三个方面的内容在上海华界与浙江的规定中都

---

① 王立民:《辛亥革命时期上海华界立法探析》。
② 浙江省议会的这一禁烟规定取名为"浙江省实行禁绝鸦片法"。陈婴虹:《民国前期浙江省议会立法研究》,第198页。
③ 上海社会科学院历史研究所编:《辛亥革命在上海史料选辑》,第338页。

有，但上海华界的制裁力度更大。浙江的规定中，可以适用100元、1000元以下罚金，制裁力度远不及上海华界的规定。[①] 通过这三个方面的内容比较可以看到，辛亥革命时期上海华界关于禁烟的规定，比浙江的相关规定更胜一筹。其他的相似规定也大致如此。

（二）上海华界的有些规定被中央政府的法制所吸收

辛亥革命时期，上海华界制定的有些规定十分有利于推动这一革命与社会治理，中央政府认为其有全国性意义，于是便把它们吸收进来，再用中央政府的名义颁行全国。这从一个侧面说明，在这一时期，上海华界的区域法制建设不仅走在中国其他区域法制的前面，还可为国家的立法提供自己的经验，受到国家的重视。这样的规定有多个，包括了禁赌、禁烟和剪辫等。

这里先列举禁赌的规定。1912年2月21日《民立报》报道了沪军都督府都督陈士英发出的一个关于禁赌的规定。此规定的内容主要是揭示了赌博的危害、禁赌的措施。"惟满清时代，民间于元宵之前开场聚赌，大则倾家荡产，小则争攘斗殴，伤风败化，莫此为甚。现在民国新立，旧染污俗，恶行蠲除，凡我同胞，皆当随时世之转移，为新国民之模范。为此，通饬严禁赌博，除照会各国领事取缔租界不准华人赌博外，仰各界一体遵照，如违定予严办。"[②] 中央政府的相关立法则在同年的3月5日。那时的《内务部为禁赌呈》也涉及赌博的危害与禁赌的措施。具体内容是："窃维赌博陋习，最为社

[①] 陈婴虹：《民国前期浙江省议会立法研究》，第198页。
[②] 上海社会科学院历史研究所编：《辛亥革命在上海史料选辑》，第338页。

会之害,律法在所必禁","无论何项赌博,一律禁除"。① 这两个规定的内容十分相似,但上海华界的规定颁行在前,中央政府的规定颁行在后。上海华界的这一规定为中央政府的规定提供了借鉴。

还有,关于禁烟与剪辫的规定也基本如此。辛亥革命时期,沪军都督府都督陈士英颁行的禁烟规定在1912年2月,而中央政府的禁烟规定在此年3月。这一规定为《临时大总统关于禁烟令》。它也指出吸鸦片的危害,规定了禁烟的办法。危害是:"失业废时,耗材殒身,浸淫不止,种姓沦亡,其祸盖非敌国外患所可同语。"禁烟办法是:"由内务部转行各省都督,通饬所属官署重申种吸各禁,勿任废弛。"② 关于剪辫的规定,沪军都督府都督陈士英颁行的剪辫在1911年12月,而中央政府作出的剪辫规定则在1912年3月,名为《临时大总统关于限期剪辫改内务部令》。此令也要求留辫男子在限期内剪辫。"凡未去辫者,于令到之日,限二十日一律剪除净尽。不遵者,违法论。"③ 可见,关于禁烟与剪辫的规定,也是上海华界的规定在先,中央政府的规定在后。中国政府借鉴了上海华界立法的相关规定。

辛亥革命爆后,全国各地纷纷响应,然而其进展情况参差不齐。上海在这一时期中国各区域中,是革命成果十分突出、影响最大的区域,连孙中山都认可这一点。他说:"时响应最有力而影响力全国最大者,厥为上海。"④ 其中,亦包括那时的区域法制建设。正

---

① 中国第二档案馆编:《中华民国史档案资料选编》第2辑,江苏人民出版社1981年版,第33页。

② 同上书,第31—32页。

③ 同上书,第32页。

④ 广东省社会科学院历史研究室等编:《孙中山全集》第6卷,中华书局1981年版,第244页。

是那时上海华界的法制建设领跑了中国的区域法制建设,并切实支持辛亥革命,着力发展华界的城市建设,上海才出现了一个"黄金时期"。①上海华界的区域法制建设在那时领跑中国的现代区域法制建设,名不虚传。

三、上海领跑改革开放以后中国现代区域法治建设

改革开放使中国获得的新生,走上了法治建设的快车道,中国区域法治建设也是如此。上海在这一时期的区域法治建设中,充满了活力,也往往领先一步,继续领跑中国的现代区域法治建设。这又突出表现在以下三个方面。

(一)上海率先于中国其他区域而制定一些区域性规定

这种区域性规定包括上海市人大制定的地方性法规和上海市政府制定的地方政府规章等。上海市人大和上海市政府可以制定适用于上海的地方性法规、政府规章。它们都是上海区域性法制的重要组成部分。上海人大率先于中国的其他区域,制定了一些适用于上海的区域性法规。有资料显示,在北京、天津、上海、重庆与深圳五大城市中,上海制定的区域性法规处于领先地位。据2009年的

---

① 熊月之主编:《上海通史》第8卷,"引言"第1页。

统计,上海已经制定而其他4个城市还未制定的地方性法规达28件。其中,"民主政治建设领域3件,经济管理领域5件,社会管理领域7件,民生保障领域2件,教科文卫领域5件,城建环保领域6件"。①另外,在上海市政府制定的地方政府规章中,也有领先于中国其他区域而制定的规定,关于政府信息公开的规定就是如此。1998年上海市政府首先作出《关于实行政务公开制度,深入开展政务公开工作的决定》,对政务公开的目的与要求、公开的机构、公开的内容、公开的方法与形式、监督保障措施、组织领导等方面都作出了明确规定。②在此基础上,2004年上海市政府又公布了《上海市政府信息公开规定》,使上海市的政府信息公开制度得到了进一步完善。③上海是中国第一个明确规定政府信息公开的城市,上海在政府政务公开的规定方面率先迈出了一大步。

(二)上海率先制定的一些区域性规定被其他区域所借鉴

在上海率先制定的一些规定中,有些具有一定的共性,可为中国其他区域所借鉴。这些区域通过借鉴上海的规定,也制定本区域的相关规定,促进自己的区域法制建设。这里先以犬类管理规定为证。上海居民的养犬问题一度比较突出,"犬只伤人、犬吠扰民、

---

① 上海市立法研究所编:《上海地方立法课题研究报告集(2009年度)》,上海文化出版社2010年版,第7页。
② 上海市行政法制研究所编:《依法行政与法治政府》,法律出版社2006年版,第307页。
③ 上海市行政法制研究所编:《依法行政的制度建设》,上海人民出版社2016年版,第285页。

宠物犬随地排泄、狂犬病疫情不断等现象引发了许多公共卫生和公共安全事件，引发了犬与人、人与人之间的矛盾，影响了社区的和谐与安宁"。① 于是，制定关于犬类管理规定提到了议事日程上。1993年上海市政府颁行了《上海市犬类管理办法》，对养犬管理、饲养、经营等相关的权利、义务都作了明文规定。这一办法颁行之后，使上海的养犬管理改变了无章可循、管理混乱、犬害滋生的被动局面，也走上了有法可依之路。以后，北京、天津、广州等大城市也都借鉴上海的做法，制定了自己的区域性的地方性法规或政府规章。截至2009年，全国各地方制定的有关养犬管理方面的规定就达76件，其中地方性法规24件，地方政府规章52件。② 上海率先制定的这一规定对中国其他区域的法制建设产生了影响，起到了先例作用。

还有，上海自由贸易试验区法治建设领跑中国其他区域的作用更为突出。为了进一步推进中国的经济、社会发展，上海自由贸易试验区于2013年9月正式挂牌成立，法治建设是上海自贸试验区建设中的一个重要组成部分。此后的一年中，由全国人大与国务院决定，在上海自贸试验区暂时调整了3部法律和17部国务院行政法规、3个国务院文件与3个国务院部门规章。另外，上海市人大通过了《关于在中国（上海）自由贸易试验区暂时调整实施本市有关地方性法规规定的决定》和《中国（上海）自由贸易试验区条例》，上海市政府颁行了《中国（上海）自由贸易试验区管理办法》和《中国（上海）自由贸易试验区外商投资准入特别管理措施》等。③

---

① 上海市立法研究所编：《上海地方立法课题研究报告集（2009年度）》，第49页。
② 同上书，第57页。
③ 贺小勇：《上海自贸试验区法治框架基本形成》，载《法制日报》2014年10月28日。

综合这些规定，上海自由贸易试验区实现了四大制度创新。即以负面清单为核心的投资管理制度、以贸易便利化为重点的贸易监管制度、以资本项目可兑换和金融服务业开放为目的的金融制度和以政府职能转变为导向的事中事后监管制度的创新。①

上海自由贸易试验区的法治建设取得出色成绩。这些规定与制度不仅是上海自由贸易试验区的首创，还对以后的中国其他自由贸易试验区及其法治建设具有示范作用。事实也是如此。以后的天津、福建、广东、辽宁、浙江、河南、湖北、重庆、四川和陕西等10个自由贸易试验区都不同程度地借鉴了上海自由贸易试验区的法制。上海自由贸易试验区法制也被认为是"国家试验田"和"制度新高地"。②实践已经证明，上海自由贸易试验区确是创造了可复制、可推广的法治，为中国其他自由贸易试验区提供了宝贵的可借鉴经验。

（三）上海率先制定的一些区域性规定被国家立法所吸收

在上海率先制定的一些规定中，还有一些具有全国性意义，因而被国家立法所吸收。其中，有的被国务院所属部、委制定的政府规章所吸纳，影响到中国的政府规章。这里以1991年上海市九届人大审议通过的《上海市外商投资企业清算条例》为例。那时，中国还没有专门的外商投资企业清算的法律。这使不少外商在合资项目谈判中，担心因无法可依而在企业合同期满或破产时，得不到合理、规范的清算，有损自己的权益。为了解决这一问题，上海率先

---

① 唐玮婕：《自贸区将突出四大制度创新》，载《文汇报》2013年9月30日。
② 朱伟、于颖：《国家试验田 制度新高地》，载《文汇报》2014年9月29日。

立法并制定了这一条例。① 此条例对外商投资企业清算的目的、清算主体、清算程序、清算的权利义务等都作了明文规定,实施效果较好。1996年经国务院批准,对外贸易经济合作部制定、颁布了《外商投资企业清算办法》。这一办法"基本上吸收了上海条例(即《上海市外商投资企业清算条例》)的主要内容"。② 上海制定的这一区域性规定对国务院所属的对外贸易经济合作部的立法产生了影响,成为其政府规章的部分内容。

上海率先制定的有些区域性规定也被国务院所吸收,成为国务院行政法规的组成内容。这里以上海市政府颁行的《关于实行政务公开制度,深入开展政务公开工作的决定》和《上海市政府信息公开规定》为例。它们实施以后,收到较好的效果。上海很快就有52个市政府的委办局、5个中央在上海的行政机关、19个区县的政府部门、99个街道、121个乡镇实行了政务公开;中央在上海行政机构中也有8个部门积极推出了行政执法告知制度。③ 2007年国务院在制定《中华人民共和国政府信息公开条例》时,参考了上海的这一规定,其中的政府信息公开原则、实施主体、监督部门、公开与不公开的范围、公开的程序和形式等一些内容都十分相似之处。上海关于政府信息公开的规定对国务院制定政府信息公开条例产生了实实在在的影响。

上海率先制定的有些区域性规定还被全国人大所借鉴,成为法律的内容。上海率先制定的有些区域性规定不仅被国务院及其所属部、委所吸纳、吸收,还有的则被全国人大所借鉴,成为中国法律

---

① 沈国明、史建三等:《上海法治建设与政治文明:实践与经验》,上海社会科学院出版社2008年版,第23—24页。

② 同上书,第24页。

③ 上海市行政法制研究所编:《依法行政与法治政府》,第307页。

的组成内容。这里以《上海市青少年保护条例》为例。20世纪80年代上海曾经出现过青少年犯罪低龄化、成人化和严重化的情况,引起了社会各界的高度关注。上海市人大在市人大代表和社会各界人士的要求下,于1985年12月正式启动了《上海市青少年保护条例》的制定工作。经过一年半的组织准备、调查研究、起草条文与提请上海市人大常委会审议等阶段,终于在1987年6月由上海市八届人大常委会二十九次会议审议通过,这一条例正式成为上海地方性法规。[①]而且,它还是"我国第一部青少年保护的地方性法规"。[②]这一条例共10章、58条,对总则、国家机关保护、家庭保护、学校保护、社会保护、青少年自我保护、几种青少年的特殊保护和附则等一些内容都作了明文规定。

上海的这一区域性法规对全国人大常委会制定的《中华人民共和国未成年人保护法》起到了借鉴作用。1991年七届全国人大常委会第二十一次会议审议通过了《中华人民共和国未成年人保护法》,共7章、56条。其中在总则、家庭保护、学校保护、社会保护等一些内容中,不同程度地借鉴了《上海市青少年保护条例》,有的内容十分相似。比如,这两个规定都在"家庭保护"章里规定,未成年人的父母或其他监护人员依法履行监护权利和抚养义务,保护未成年人受教育的权利,不要让未成年人有吸烟、酗酒等行为,等等。上海率先制定的有些区域性规定为中国人大的法律制定起过借鉴作用。

改革开放以后,上海率先于中国其他区域而制定一些规定,在中国现代的区域法治建设中走在了前列。其中,有的规定被中国的其他区域所借鉴,有的规定为国务院及其所属部委的立法所吸纳、吸收,有的甚至还被全国人大制定法律所借鉴。这些都从不同视角

---

① 周慕尧主编:《立法中的博弈》,上海人民出版社2007年版,第14—15页。
② 同上书,第25页。

说明，上海的区域性规定对中国现代的法治产生过积极影响，上海确实领跑了改革开放以后中国现代的区域法治建设。

四、与上海领跑中国现代区域法制建设相关的几个重要侧面

上海领跑中国现代区域法制建设是一种现象，也是一种事实。与这一现象、事实相关的，还有一些重要侧面，也值得探索，以使这种现象与事实体现得更加完整，同时也可以加深对其的理解。

（一）上海领跑中国现代区域法制建设的深刻原因

上海能够领跑中国现代的区域法制建设有其一定的原因，而且是多因一果，即为多种原因所决定。首先，上海的现代区域法制诞生早。鸦片战争结束以后不久，上海的英租界及其现代区域法制便诞生了。这一现代法制不仅要早于清末法制改革半个多世纪，还早于中国其他租界十多年，甚至几十年。天津、汉口英租界的现代区域法制要分别晚于上海英租界的现代区域法制15、16年，天津、广州法租界的现代区域法制要分别晚于上海法租界的现代区域法制11、12年，天津德租界、俄租界的现代区域法制要分别晚于上海英租界的现代区域法制50、55年。① 也就是说，当中国的其他区域还沉浸在中国传统法制之中的时候，上海的现代区域法制就已经诞生

---

① 王立民：《三大战争与中国近代区域法制变迁》，载《探索与争鸣》2016年第6期。

并开始运行了。在中国一百余年现代区域法制的历史上,上海现代区域法制的诞生占了先机,起步比较早,一开始就领跑了中国的现代区域法制建设。

其次,上海的现代区域法制发展快。上海的现代区域法制不仅诞生早,而且还要发展快,这样才能不落后,继续领先。上海的现代区域法制并非土生土长,首先来自于西方的现代法制。这样,一些西方颁行不久的法律,很快就被移植到上海,使得上海移植的现代法制发展可以比较快地向前推进。比如,1853年英国颁布了第一部现代交通法规,1872年上海英美租界就以其为蓝本制定自己的现代交通规则。① 另外,本土化的上海现代区域法制也在快速演进,没有停滞不前。在快速演进中,继续领跑中国现代的区域法制建设。有些上海租界的区域法制被上海华界所接受,带动了华界的现代区域法制建设,整个上海的现代区域法制都逐渐进入了现代法制的发展轨道。辛亥革命以后,上海华界的现代区域法制又有许多创新,助推这一法制不间断向前运行。改革开放以后,上海的现代区域法治又进一步发力,有许多创新,继续立于领跑地位。正是这种连续快速演进,上海的现代区域法制才起到了领跑作用。

最后,上海现代城市的快速发展需有上海现代区域法制的保驾护航。鸦片战争结束、上海开埠以后,上海现代的城市发展很快,尤其是在贸易、商业、金融等领域。仅对外贸易而言,上海在19世纪80年代就有了大发展。1850年进口的净值为7276万海关两,1885年就增至8820万海关两,1887年达到10226万海关两。② 上海很快成为中国对外贸的中心。"盖上海一埠,就中国对外贸易言

---

① 马长林等:《上海公共租界城市管理研究》,"序言"第3页。
② 中国人民政治协商会议上海市委员会文史资料工作委员会编:《旧上海的外商与买办》,上海人民出版社1987年版,第3页。

之，其地位的重要无异心房，其他各埠则与血管相等。"① 贸易的发展带动了上海商业的发展。进入20世纪后，上海的商业更是日新月异，商店鳞次栉比，成为中国"唯一之大商埠"。② 贸易、商业的发展又促进了上海金融业的大发展。到20世纪30年代，上海占有外国对华银行业投资份额的80%，几乎所有世界主要银行的总部都设在上海，上海被称为"中国金融中心"。③ 上海现代贸易、商业、金融业的大发展推动了整个城市的进步。随着上海现代城市的进步，对现代区域法制提出了要求，需要其保驾护航。这就促进了上海现代区域法制不断地向前发展，不停步。上海的城市发展领先于中国的其他区域决定了上海现代区域法制会领跑中国的其他区域现代法制。

上海现代区域法制诞生早、发展快是其能够领跑中国现代区域法制的法制原因，上海现代城市的快速发展需要上海现代区域法制保驾护航是上海这一法制能够领跑中国现代区域法制的社会原因。这些原因的综合便是上海现代区域法制领跑中国现代区域法制的主要原因了。

（二）上海现代区域法制反哺了上海城市的现代化建设

法制是一种社会治理方式，其效果要在社会治理乃至社会建设中得到检验。现代区域法制也是如此。从整体上看，上海现代区域法制反哺了上海城市现代化建设，取得了积极效果。鸦片战争结束以后的上海租界现代区域法制在领跑了中国现代的区域法制过程

---

① 聂宝璋：《中国近代航运史资料》第1辑，上海人民出版社1983年版，第114页。
② 熊月之主编：《上海通史》第8卷，上海人民出版社1999年版，第61页。
③ 熊月之主编：《上海通史》第4卷，上海人民出版社1999年版，第3页。

中，还对上海的城市现代化建设发挥了积极作用，以至于上海成了国际大都市，有了"东方纽约"与"东方巴黎"之称。[①] 那时的上海城市建设已经接近于西方城市的水平，上海市民率先于中国其他区域，过上了现代生活。在家里使用自来水、抽水马桶、电灯、肥皂；出行穿胶鞋、皮鞋、乘公共汽车；到娱乐场所看电影、西方话剧、马戏表演、溜冰；吃西餐、罐头食品、冷饮；等等。[②] 西方现代城市的风貌在上海租界得到了重现。

辛亥革命以后，上海华界的区域法制在领跑中国区域法制建设的同时，也大大促进了上海现代城市的发展。在辛亥革命及其以后的一段时间里，上海的城市建设有了大发展，进入了一个黄金时期。在这一时期中，上海的民族工业发展时间长、增长速度快。同时，不少新兴行业产生，新的企业家队伍扩大，还出现了一些民族集团。上海的轻纺工业、交通运输、电讯通信、内外贸易、金融事业等都有了长足的发展，并为以后上海成为中国的轻纺工业基地、金融中心、交通运输枢纽、内外贸易中心地位打了坚实基础。[③]

改革开放以后，上海的区域法治建设继续领跑中国的区域法治建设，并反作用于城市发展，取得了可喜的成绩。改革开放以后，特别1990年以后，上海的城市发展驶入快车道，以很快速度向前推进。从《2009年上海社会报告》可知，上海在那时已进入到"后工业化阶段"，经济结构实现了三大产业的"三二一"的排列顺序；2008年世界发生金融危机，可上海的外贸金融机构还新增了82家，上海的金融市场地位得到进一步巩固和提高；2008年上

[①] 马长林：《上海的租界》，"前言"第2页。

[②] 王立民：《上海租界的现代法制与现代社会》，载《华东师范大学学报（哲学社会科学版）》2009年第5期。

[③] 熊月之主编：《上海通史》第8卷，"引言"第1页。

海港还成为世界第一货运港和第二大集装箱港。① 上海的"两个中心"建设取得可喜成果。2008年以后,上海前进的脚步丝毫没有停止和松懈。2015年上海提前完成"十二五"规划目标;5年中的全市生产总值年均增长7.5%;城镇和农村常住居民的人均可支配收入分别在2014年的47710元和21192元的基础上再增长8.4%和9.5%;等等。② 2016年上海继续向好发展,实现了"十三五"的良好开局;在国际经济不景气的情况下,全市生产总值还比上一年增长6.8%;城镇和农村常住居民的人均可支配收入比上年分别增长了8.9%和10%;自贸区试验区建设总体实现了三年预期目标;等等。③ 上海的城市发展有目共睹,连外国人都认可。法国总统奥朗德曾表示,上海迅速和繁荣的发展有目共睹。④ 他甚至还说,对法国人来说,在上海生活不会有"异乡"感,因为上海过去曾被称为"东方巴黎",或许某一天巴黎也会成为"西方的上海";上海是中国成功的表现。⑤ 此话不假。可以想象,如果没有上海的现代区域法治,上海就不会取得这样的成就。

(三) 从上海领跑中国现代区域法制建设中得到的启示

鸦片战争以后,中国进入现代社会,上海租界领跑了中国的现

---

① 王荣华主编:《2009年上海社会报告书》,上海社会科学院出版社2009年版,第2—5页。
② 杨雄:《市政府工作报告》,载《解放日报》2016年1月31日。
③ 杨雄:《市政府工作报告》,载《解放日报》2016年1月22日。
④ 缪毅容:《愿为推进中法友谊作新贡献》,载《解放日报》2014年4月27日。
⑤ 竺钢:《奥朗德到访上海交通大学并做主题演讲》,载《新闻晨报》2013年4月27日。

代区域法制建设，在中国领土上首创了这一法制，中国的现代区域法制从无到有，实现了零的突破。从此，中国的这种法制便迅速成长，对上海华界及上海以外区域产生影响，有从点到面的扩散之势。半个多世纪以后的辛亥革命，推翻封建专制统治，开创了中国历史的新纪元。上海华界又重视现代区域法制建设，及时推出一系列反封建、具有革命性的规定，继续领跑中国的现代区域法制建设。这一区域法制建设把中国清末法制改革以来出现的现代区域法制接续下来，传递下去，不至于中断，并为以后民国时期的区域法制建设奠定了基础。

新中国成立以后，中国的法制建设道路曲折，区域法制无用武之地。改革开放以后，中国逐渐走上法治道路，法治开始呈现活力，上海的现代区域法治应运而生，还显示出强大的生命力，又一次领跑了中国的现代区域法治建设。在鸦片战争、辛亥革命、改革开放以后上海现代历史发展的三个重要时期，上海的现代区域法制建设都大力发展，呈现领先地位，着实领跑了中国的这一法制建设。上海的现代区域法制建设功不可没。今天，回顾这一法制建设，可以从中得到以下一些启示。

首先，中国现代的区域发展离不开现代的区域法制建设。从上海领跑中国现代区域法制建设及其所产生社会效果的事实中可知，中国的现代区域要发展，不能缺少现代的区域法制建设。中国的现代社会是个法制社会，法制在社会发展中的作用越来越重要，其区域法制也是如此。现代区域法制建设的成败往往会决定区域发展的成败。这一区域法制的作用不可小视。中国现代虽有国家的法制，但中国的现代区域法制也可以规范、保障与促进现代区域的社会发展并有多种功能。其中，突出表现在中国的现代区域法制可以弥补国家法制的不足。也就是说，中国的现代区域法制可以在国家法制不足的情况下,为了满足本区域发展的需求,建立自己的区域法制,并依靠这一法制来规范、保障与促进本区域的发展。中国地大,区域众多,情况不一,中央政府无法全面顾及各区域的特殊性,国家法制做不到万无一失。对此,区域法制就可有所作为,根据本区域的特殊要求,建立自己的现代区域法制。辛亥革命时期的上海华界和改革开放以后的上海都出现过此种情况。

辛亥革命时期,上海华界曾颁行过一些满足上海华界城市发展的一些规定,以弥补国家立法不足,创立中华银行并发行公债与军用票、禁用毒刑等都是如此。[①] 改革开放以后,上海也颁行了不少规定,以弥补法制的不足与满足上海改革开放的需求,关于黄浦江上游水源保护、经济开放区、水产养殖、公园管理、出租汽车管理、滩涂管理等一系列规定都是如此。这些规定被认为"有力地促进了上海经济和社会发展"。[②] 上海自贸试验区的法治更是如此。上海租界的现代区域法制则有所差别。上海租界及其现代区域法制的产生以不平等条约为基础,以损害中国主权为前提。

上海租界实行的是外国在上海的侨民自治管理,相对独立性很强,被认为是"国中之国"。[③] 然而,上海租界从英租界建立起,就直接使用现代区域法制,而与当时中国其他区域正在适用得到传统法制明显不同。[④] 当时,整个中国还沉浸在专制统治与传统法制之中,还没有现代法制出现。上海租界法制不仅开创、领跑了中国的现代区域法制,还为上海租界区域的现代化起到了规范、保障与促进的积极作用,上海这座现代城市才得以快速崛起。总之,上海无

---

① 王立民:《辛亥革命时期上海华界现代法制论析》。
② 周慕尧主编:《立法中的博弈》,"前言"第1页。
③ 马长林:《上海的租界》,"前言"第1页。
④ 王立民:《上海租界与上海法制现代化》。

论是在鸦片战争后的租界、辛亥革命后的华界，还是在改革开放以后，其区域法制均发挥了巨大作用。而且，这种现代区域法制及其作用具有不可替代性，没有一种其他法制能起到这种替代功效。可以认为，如果没有上海的现代区域法制，也就不会有上海今天的繁荣与辉煌。

其次，以往的现代区域法制可为以后的现代区域法制建设提供借鉴。中国现代区域法制的存续时间已经不算短，自鸦片战争以后上海英租界现代区域法制的产生至今，也有170余年。在这段时间中，中国现代区域法制的历史在传承、变革，连绵不断，借鉴是其中的一个重要环节。当一种新的现代区域法制诞生时，借鉴以前的区域法制往往起着重要作用。前者为后者提供借鉴，后者在前者基础上再更上一层楼，这是现代区域法制发展不可缺少的一环。上海现代区域法制发展的过程中就是如此。

改革开放以后，上海的城市卫生问题越来越突出，禁止随地吐痰也被作为一项环境卫生管理规范的行为提到议事日程，特别是在2003年上半年的"非典"时期。为了防治"非典"，加大禁止随地吐痰的力度，上海市人大决定修改《上海市市容环境卫生管理条例》。在修改过程中，上海市人大就借鉴过上海华界于20世纪30年代公布的《上海市经常保持清洁办法》。据参与立法的吴勤民认为："20世纪30年代公布的《上海市经常保持清洁办法》中就将随地吐痰列为不准行为，从此以后'禁止随地吐痰'作为环境卫生管理规范的一项基本行为准则一直发挥着作用。"[①] 修订《上海市市容环境卫生管理条例》也就绕不过这一"办法"，自然而然地成为其借鉴对象。还有，改革开放以后，上海人大在制定《上海市烟花爆

---

① 周慕尧主编：《立法中的博弈》，第108页。

竹安全管理条例》时,也借鉴过上海租界管理颁行过的禁放花爆的规定。① 可见,中国现代区域法制之间存在借鉴,也可以借鉴。

最后,今后中国的现代区域法治还需常抓不懈。中国正在全面推进依法治国,其中亦包括区域法治。中国的国情决定了区域发展十分重要,中国不能没有这种发展。改革开放以后不久出现的特区、现在正在推广的自贸试验区等,都对中国的社会发展做出了巨大的贡献。中国的区域将会长期存在,区域的发展也是长期的任务。中国的区域同样需要法治,不能没有法治建设,法治建设是区域建设中的重要组成部分、重要基础。没有法治,中国的区域建设就会一事无成。

中国今后产生的新区域都会有法治建设的任务,先法治后区域或者法治与区域共同建设将会是一种常态。为了使中国的区域建成以后还健康成长,法治就不能落后,更不能停滞不前,需紧跟区域建设的步伐。上海在20世纪下半叶、辛亥革命时期和改革开放以后能充分发展,都得益于当时的区域法制建设,今后中国的区域要大力发展同样需要有区域的法治建设。为此,中国今后的区域法治建设还不能松懈,而需常抓不懈。其中,区域内的科学立法、严格执法、公正司法和公民守法一个都不能少,法治区域、法治政府与法治社会要同步推进。这样,中国区域建设的明天将会更美好。

鸦片战争以后,由于各种原因的聚合,上海在现代区域法制建设中,处于领跑地位,特别在19世纪下半叶以后、辛亥革命时期和改革开放以后这三个重要时期。上海领跑中国现代区域法制建设有诸多表现,包括:早于中国其他区域而建立了现代区域法制;上海的现代区域法制被中国的国家与其他区域所借鉴;上海的现代区域

---

① 王立民:《上海禁放花爆规定今昔》,载《档案春秋》2012年第12期。

比中国其他区域的现代法制更胜一筹;等等。上海为中国的现代区域法制建设发挥了不可替代的作用,中国没有一个城市能与其并驾齐驱。同时,上海的这一法制还为上海现代的城市发展保驾护航,是上海成为国际大都市的一个重要原因。今天,中国区域法制建设的任务仍然很重,上海本身也是如此。冀望上海能够传承领跑中国现代区域法制建设的传统,为上海的区域法制乃至中国的区域法制建设再创辉煌。

(原载《东方法学》2017年第6期。
原名《上海:中国现代区域法制建设领先之地》)

附录一　上海租界法制研究
——王立民教授访谈

肖志珂(以下简称"问"):王老师,您好!很高兴您能接受采访,和我们分享您在上海租界法制研究方面的心得体会。众所周知,您在中国法制史研究方面颇有建树,特别在唐律研究、古代东方法研究、中国法制史的学术史(即中国法制史学史)等方面更是成果卓著。近几年,您集中聚焦于上海租界法制研究方面,已在重要期刊发表专门文章30余篇,并有著作《上海租界法制研究》出版,相关论著则更多。请您介绍一下自己研究"上海租界法制"的历程。

王立民(以下简称"答"):1982年至1985年我在华东政法学院(2007年改名为华东政法大学)攻读中国法制史硕士学位。在这期间,因参加一个关于上海近代法制史课题而开始接触到上海租界法制,还承担了其中立法部分的写作任务。以后,我一直把它作为自己的一块自留地加以耕耘,也产出了一些成果。在1998年出版的我个人专著《上海法制史》一书中,有三章专述上海租界立法,另外在法律渊源、警政机关、审判机关、监狱、律师等章中,也都有上海租界法制的内容。2001年又出版了我的《上海租界法律史话》一书,把自1991年以来在《上海法制报》(现为《上海法治报》)中发表的关于上海租界法制的成果集中起来,成册面世。此书分为立法、司法、案例与法文化四篇,以不同角度反映上海租界法制。虽然这是一本史话,但却是第一本专门阐述上海租界法制的著作,在上海租界法制的研究中,有其一定的地位。

我的《上海租界与上海法制现代化》一文在2006年第4期《法学》上发表。这标志着我对上海租界法制的研究更具学术性,开始对这一法制作更为深入的学术性研究。以后,《上海英租界与现代法制》(2009年)、《上海的澳门路与公共租界的现代法制》(2011年)、《论上海租界法制的差异》(2011年)、《上海租界的现代公共卫生立法探研》(2014年)等相关论文纷纷跟进,使这一研究在深度广度上都有所突破。

《中国法学》2008年第3期刊载了我的《中国的租界与法制现代化》一文。这凸现出我对上海租界法制的研究已经开始扩展到中国租界的法制,而不仅限于上海租界法制。这样,研究的地域有了扩大,研究的内容也更加丰富。从此,上海租界法制与中国租界法制一起进行研究,齐头并进、相得益彰,研究成果也相继问世。《中国城市中的租界法与华界法》(2011年)、《抵触与接受:华人对中国租界法制的态度》(2014年)、《百年中国租界的法制变迁》(2015年)、《中国租界法制与中国法制现代化历程》(2015年)、《中国租界的法学教育与中国法制现代化》(2016年)等都如此。可见,我对上海租界法制的研究在延伸,延伸到了中国其他城市的法制。这种延伸实际上就是一种上海租界法制研究的演进。

学无止境,研究也无止境。今后,我会在上海租界法制领域作进一步研究,重点研究领域包括这样三个方面:第一,进一步挖掘上海租界法制资料。把现在较为缺乏的美租界等法制资料作为重点挖掘对象,以弥补现在的不足,推进上海租界法制研究。第二,进一步把上海租界法制与中国租界法制结合起来研究。把上海租界法制作为一个研究的点,中国租界法制作为一个研究的面,点面结合,就可以较为全面反映租界法制的面貌。同时,也可以推进比较研究,烘托出上海租界法制的独特之处,深化上海租界法制研究。第三,进一步推进海外上海租界法制研究。目前,海外已有一些学者、专家也在研究上海租界法制,并产出一些研究成果。美国学者魏斐德(Frederic Wakeman)的《上海警察(1927—1937)》和《上海歹土:战时恐怖活动与城市犯罪(1937—1941)》两部著作中都有上海租界法制的内容。可是,对海外上海租界法制的研究非常不够,对这一研究的情况知之太少,需要进一步推进,否则难免盲目研究,甚至夜郎自大。如果在以上三个方面有所突破与发展,上海租界法制发展就可以前进一大步,也会有更大的收获。

问:您为什么会选中"上海租界法制"这一研究视角?

答:我涉足上海租界的法制已30余年,认识也在逐步提高,总归起来,选择"上海租界法制"作为我的一个研究领域,是出于三方面的考虑。首先,研究上海租界法制有重要的学术意义。百年来,中国研究法制现代化的成果都把中国法制现代化的起始点定位于20世纪初的清末法制改革。从那时开始,中国才走上法制现代化的道路,以后再进入南京临时政府、北洋政府、南京国民政府等发展阶段,一步步深化现代化进程。这一研究忽视了在中国领土上出现的早期现代法制,时间要比清末法制改革早许多,特别是上海租界法制。上海租界法制是中国领土上出现最早的现代法制,比中国其他租界法制要早,比清末法制改革更早。经过研究以后发现,上海租界法制最早产生于上海英租界,时间为1845年。上海英租界是个自治区域,由上海的英国侨民自治管理,还逐渐建立起自己的立法、行政、司法等机构，颁行了自己的法制。这一法制不是中国传统法制，而是现代法制。也就是说，在中国领土上，于19世纪40年代便出现了现代法制。以后，上海其他租界和其他中国城市中租界的法制也纷纷诞生。这些法制也都是现代法制，而且也都早于清末法制改革。另外，中国租界法制还对周边华界的法制产生影响，以致这些华界也吸纳部分现代法制。上海华界就是如此，交通法规是其中之一。这些华界使用的现代法制也早于清末法制改革。

法制现代化进程提前了半个世纪，即在清末法制改革前的半个世纪，中国已有现代法制，开始了法制现代化的进程。中国法制现代化的过程，首先是一个从上海租界现代法制到清末法制改革的过程，是一个上海英租界现代法制的点到清末法制现代化的面的过程。缺少了上海租界法制乃至中国租界法制，中国法制现代化的研究便留有了缺憾，不完整了。上海租界法制的研究可以弥补这个缺憾，完整中国法制现代化过程，其学术意义不能不说很重要。

其次，研究上海租界法制的成果不多。在我涉足上海租界法制以前，有关上海租界法制的研究不多，是个可以开发的领域。这种不多主要体现在这样三个方面：第一，没有公开出版专门研究上海租界法制的著作。著作的含金量比较大，往往是某一研究领域的重要成果，甚至是一种研究的代表性标志，更能体现研究的广度与深度。公开出版的著作受众面宽，影响也会比较大。那时，还没有一本公开出版的专门研究上海租界法制的著作。有些公开出版的研究上海租界的成果中，会涉及一些上海租界法制的内容，但从整体而言，其不是一本专门研究上海法制租界的著作。比如，1980年上海人民出版社出版的《上海公共租界史稿》一书是一本专门研究上海公共租界的著作，其中有些内容涉及这一租界的法制，比如1845、1854、1868年的土地章程等，可这本著作的主题是上海公共租界而非上海公共租界法制。当时，中国还缺乏公开出版的专门研究上海租界法制的著作。第二，缺乏专门研究上海租界法制的论文。在我研究上海租界法制以前，不仅没有公开出版的专门研究上海租界法制的著作，就连专门研究上海租界法制的论文都不多见。即使有少量这样的论文，大多篇幅也不大，研究深度有限。比如，1926年5月发表于《太平导报》第1卷中的《上海会审公廨之研究》一文，总共才A5开本的11页。有份量、大篇幅的研究论文少之又少。第三，以往有关上海租界法制的成果都没有把其与中国法制现代化联系起来研究。尽管在以往研究上海租界的著作中有涉及上海租界法制的部分，也有少量专门研究上海租界法制的论文，可这些成果的内容仅是就事论事，没有把其与中国法制现代化联系起来，体现不出上海租界法制在中国法制现代化中的作用、地位等一系列问题，研究的价值因此而打了折扣。同时，这也为我的进一步研究留出了空间，可以有所作为。

再次，上海存有大量有关上海租界法制的资料。这是研究上海租界法制的基础，没有这些资料，上海租界法制无法进行研究。上海存有的大量有关上海租界法制的资料，为研究上海租界法制打来了方便之门。这种资料大致可以分为这四类：第一类是档案类里的上海租界法制资料。上海档案馆存有大量上海租界法制的档案。这种档案分布在上海公共租界工部局与上海法租界公董局的档案里，其中包括了立法、行政执法、司法等方面。第二类是上海租界志里的上海租界法制资料。上海社会科学院出版社于2001年出版了《上海租界志》一书。此书有1197千字，规模不小，其中包括了上海租界法制的重要内容，租地人会制度、巡捕与巡捕章程、会审公廨、临时法院、特区法院等都在其中。第三类是上海租界史里的上海租界法制资料。上海租界是以法制进行治理的区域。上海租界史里存有一些租界法制的资料。比如,由法国人梅朋和傅立德合著、倪静兰翻译的《上海法租界史》里,就有一些上海法租界法制的资料,比如,1849 年的土地章程、巡捕房组织条例、公董局组织章程、会审公廨的建立与发展等都是如此。第四类是回忆录里的上海租界法制资料。在有些人的回忆录里也会留有上海租界法制的资料。比如,中国文史出版社于 1992 年出版的《列强在中国的租界》一书中,就有关于上海租界监狱的资料,"上海西牢回忆"就是这样。另外,在一些笔记、碑刻、论文等中也会有一些关于上海租界法制的零星记载。把这些资料整合起来,就为研究上海租界法制打下了坚实的史料基础,也为研究这一法制提供了得天独厚的条件。

以上从上海租界法制的研究意义、研究空间、研究资料等三个方面来说明我选中"上海租界法制"作为我研究视角的原因。正是这些原因使我下决心努力研究上海租界法制,并一步步深化,产出成果,取得了一些成绩。

问:在上海租界法制研究方面,您有一个经典的研究结论:"中国的法制现代化进程始于上海,而上海的法制现代化进程则始于租界。"那么,上海租界的现代法制究竟体现在哪些方面?

答:上海租界在建立时的法制就是现代法制,这一法制的现代性充分表现在它的法规体系、法规结构、法制语言、审判制度、律师制度等一些方面。

第一,现代的法规体系。上海租界以现代立法理念为指导,在租界建立了自己的现代法规体系。除了土地章程以外,这一体系中包括有组织、治安、邮政、路政、建筑等方面的内容构成。每个方面都有代表性法规成为主干。比如,《公董局组织章程》《公共租界工部局治安章程》《工部书信馆章程》《法租界公董局警务路段章程》《公共租界工部局中式新房建造章程》等。这些法规都有一个具体的调整对象，其中的内容都围绕其而展开。每个法规都相对独立，不是诸法合体性质。这个体系只是初步的，还要与时俱进。上海租界法规体系的完善是在二十世纪二三十年代的时候了。上海租界当局建立的是现代法规体系，从西方国家引进，与中国的传统法律体系不同。在中国传统法律体系中，尽管有部门法的内容，但除个别部门法有法典外（如唐律是一部刑法典），其他部门法都无专门的独立的法典。其内容要么散见于法典之外的规范性文件中，要么集中在综合性法典里，形成诸法合体的法典。这是一种不发达的法律体系，与上海租界的法规体系明显有差异。这种差异是一种现代法规体系与传统法律体系的差异。上海租界在这方面先行了一步。

第二，现代的法规结构。上海租界当局制定的法规都有现代的法规结构。首先，采用"章程"的称谓。以上所列五个方面的法规都称以"章程"。这种称谓在中国传统法律、法规称"律""刑统""令""敕""制"等，都与"章程"不同。其次，采用款、条的排列方式。在那时内容稍多一些的法规中，都采用款、条排列方式。在中国的传统法典、法规中没有这种明示的款、条排列方式。就是在中国法典楷模的唐律中，也只有条，无明指款等排列方式。最后，采用款标的做法。凡设有款的章程中，都设有款标，一款一标。它明示其中的内容，使阅读人一目了然。中国传统的法典中不在正文设款标。《唐律疏议》中有律名、条标，但条标只设在目录中，正文中无条标。《宋刑统》中有律名和门标、条标，但突出的是门标，正文中条标又与法条分离。上海租界法规的结构是现代法规的结构，使用了现代立法技术，明显优于中国传统法典结构。

第三,现代的法制语言。在上海租界颁行的法规中,不仅都使用白话文,古汉语不见了踪影,而且,还大量使用现代法制语言。当然,这些语言是从英、美租界或公共租界中使用的英语和法租界里使用的法文翻译而来。正因为如此,这些法制语言都是现代法制语言,不再是中国传统的法制语言。它们从一个侧面说明上海租界的法制已开始现代化了。这些法规中的用词、句子都能体现现代法制的语言,有的至今还在使用。在中国传统的法律里则大量使用传统的法律语言。《唐律疏议》中使用了"十恶""八议""杖""笞""皆勿论""上请听裁""奏听敕裁""匹""尺""八刻""二更二点"等一些传统的语言。它们与上海租界法规中的法制语言大相径庭,而这种不相同正好反映了它们法制的不同,上海租界法制已经属于现代化法制了。

第四,现代的审判制度。上海开埠以后,上海租界率先于上海华界推行现代审判制度。这一制度移植了现代审判制度,其内容涉及法官和陪审员、原告人与被告人、原告人与被告人、公诉人、代理人与辩护人、翻译人员、庭审程序等。在公审公廨中,这一制度已基本成熟。上海公共租界公审公廨根据1869年的《洋泾浜设官会审章程》的规定,受理的案件是那些发生在公共租界内的民事钱债交易和刑事盗窃斗殴等案件;法官由上海道台派出的人员与领事官组成;公诉人由巡捕房派员担任;律师出庭担任代理人、辩护人;华洋诉讼案件领事官可派员作为陪审员参加庭审;庭审时如有洋人作为诉讼参与人的,不定期要派翻译人员出席;庭审程序包括宣读诉状和答辩状、双方责任、辩论、判决等。上海法租界的会审公廨也是如此。上海租界的现代审判制度与中国传统的审判制度大相迥异。相比之下,中国传统审判的弊端显而易见,那时"中国地方官吏,无论钱债细故,人命重案,一经公庭对簿,先须下跪,形格势禁，多有不能曲达之情。况又不延人证，则曲直不易明"。上海租界使用现代审判制度预示着中国审判制度发展的方向。

第五，现代的律师制度。在上海租界移植现代审判制度的同时，也引进了西方律师制度，英国领事法庭最早在审判中使用律师，以后其他的各国领事法庭也纷纷引用本国律师制度，允许律师出庭。正如学者陈同所言："各国领事馆纷纷设立了领事法庭，按照她们自己的法律制度来处理法律事务，而其中也包括了律师制度。"以后，1871年的《上海领事公堂诉讼条例》专门提及了律师问题。中国传统上没有律师，只有讼师。他们以帮助诉讼当事人拟定诉状、介绍诉讼程序和注意事项等为业，与上海租界的律师有本质的区别。上海租界的律师及其制度的出现是一种历史的进步。

第六，现代的监狱制度。英、美、法三国先后在租界设立监狱。其中，英租界于1865年设置小型监狱一所；美租界于1907年曾把罪犯寄押于英租界的监狱，而后又在自己领馆的二楼辟建了自己的监狱；法租界则在1849年取得租界后在领馆内设立了监狱。1903年有"远东第一监狱"之称的上海提篮桥监狱（在上海公共租界）开始启用。与此同时，现代监狱制度也开始在上海租界实施。这一制度的内容包括监管人员的设定和职责、监所的分类、囚犯的待遇和劳动、苦役犯人的惩处规则等。上海租界当局也先后颁行了一些监狱方面的现代法规。中国传统的监狱制度则偏重惩罚，忽视人权，以致监狱的情况很黑暗。这与上海租界监狱制度的文明程度距离甚远。

以上这些方面都是法制的重要组成部分。这些方面都具现代性，也就意味着上海租界法制是一种现代法制，其演进的道路就是法制现代化的道路。

问：上海租界法制虽然对中国的法制现代化带来了积极影响，但它也不是完美无缺的制度，它有哪些弊端或者瑕疵？

答：上海租界的法制是现代法制，可这一法制存有明显的瑕疵，其中突出表现在以下两大方面。

第一，立法中的瑕疵。上海租界的立法中，存在一些瑕疵，其中有些还与现代法制格格不入。首先，压制反侵略活动。侵略是罪恶行为，稍有良知者都会竭力反对，以伸张社会正义。可是，当日本军队侵略上海华界，上海人民在租界内奋起反抗、举行各种反侵略抗议活动时，上海租界当局却以各种理由，用立法进行压制，禁止这类正义的反侵略活动，为虎作伥。现代法制应是一种能支持和体现公平、正义的法制，抵御侵略的法制，可上海租界的立法不仅不能这样，还要压制上海租界人民的反侵略活动，其瑕疵十分明显。

其次，歧视华人。上海租界在1853年9月5日上海小刀会起义以后，改变了华洋分居的情况，形成了华洋杂居的状况。此后，上海租界中华人的人数和所占的比率一直很大。可是，华人的地位低于洋人，受到歧视。这种歧视在立法中同样有体现。上海租界的公园设立很早，可长时间内都规定华人不准入园。甚至把华人与"酒醉或衣衫不整的人""不戴口罩的狗"放在一起，列为严禁入园的对象。就是在上海租界监狱里，洋人和华人囚犯的待遇也不一样，也有歧视存在。现代法制主张法律面前人人平等，可是在上海租界的立法里就有缺少这种平等，留下了瑕疵。

再次，纵容丑恶现象。卖淫是一种社会的丑恶现象。上海租界在法制上长期纵容娼妓合法卖淫，特别是上海法租界。现代立法规范、维护现代文明，不纵容丑恶现象。上海租界的立法纵容这种现象，也是一种瑕疵。

最后，有些规定不切合上海租界的实际。上海租界现代法制中有些规定不切合上海租界的实际，导致这些规定的执行情况不理想。上海租界的禁妓规定就是如此。对于上海租界纵容娼妓合法卖淫的规定，长期以来一直受到有识之士的反对。在强大的公众压力之下，从1920年起上海租界当局不得不通过立法开始禁妓。但由于方法有误，执行不力，此次禁妓以失败告终，丝毫没有朝着租界当局所规划的方向发展。在实力强大的中国传统观念、文化习俗面前，那些来自异域文化的人们，仅仅靠发动一场废娼运动是很难一蹴而就的。禁妓失败后，上海租界的娼妓数量马上反弹，娼妓卖淫再次合法化。现代立法应适合现代社会的情况，上海租界的立法中有些规定无法做到这一点，导致适用上的失败，同样是一种瑕疵。

第二，司法中的瑕疵。上海租界的现代法制不仅在立法中有瑕疵，在执法、司法中也有瑕疵。首先，巡捕时常侵犯人权。上海租界的巡捕房是租界内的现代警政机关，巡捕其中的警政人员，应以维护租界内的人权为己任。可是，他们中的有些人则侵犯租界内居民的人权，采用暴力的手段殴打他们，甚至还有导致死亡的情况发生。仅上海法租界在1942年至1943年间就发生多起此类情况。现代执法以维护人权为出发点和归宿，可是上海租界的执法却常缺少这一点，留下瑕疵。

其次，警匪勾结犯罪。作为现代警政人员的上海租界巡捕是界内的执法人员，应是正义的守卫者。上海租界内的匪徒则是被执法对象，罪恶的象征。可是，他们却长期勾结，共同犯罪，危害社会和人民。甚至，还出现亦警亦匪的情况，即匪徒成了巡捕，巡捕就是匪徒，这就为警匪一起犯罪提供了很大的便利。现代执法要求执法人员具备较高的法律素质，严格依法执法。上海租界的巡捕竟然与匪徒勾结在一起，共同犯罪，干尽坏事，其执法的瑕疵很大。

最后，审判时有不公。审判是司法的一个重要组成部分，也是司法的集中体现。现代司法要求公平。上海租界的会审公廨虽然也实行现代的司法制度，但审判不公的情况时有出现。有资料显示，同一领事在前后数天的盗窃案审判中，就出现量刑轻重悬殊的审判结果。公正的审判在上海租界时有缺失，不能不说是上海租界司法的一大瑕疵。

问：形成上海租界现代法制这些瑕疵的原因有哪些？请您择要介绍一下。

答：形成上海租界现代法制瑕疵的原因有多种，主要包括有以下这些。首先，上海租界当局具有殖民意识。上海租界的洋人普遍具有殖民意识，包括租界当局。英、美、法等国家都是通过不平等条约在上海取得租界和领事裁判权，他们是"胜利"者，也是殖民者，推行的是"建立完全独立于中国的行政系统和法律权限以外的殖民主义统治"。殖民意识在他们头脑中根深蒂固。他们根本看不起华人。这正如一位美国学者所说的："有一位美国传教士在上海开埠五年之后所说的几句话很为切当，他说，外国人那时都十分看不起中国人，以为这个民族终究要被外国人所征服。"这种意识流露在上海租界现代化法制中就出现了歧视华人、审判不公等情况。

其次，有些执法、司法人员法律素质太低。上海租界的洋人执法人员巡捕通过招募而来，早期的主要是水手和退役士兵，其人员素质参差不齐，有些人的法律素质很低。1863年被法国外交部推荐的"第一流的总巡"加洛尼·迪斯特里阿一上任就"滥用职权，非法拘捕，敲诈勒索，不合理的罚款，对人施以暴行，无恶不作"，连一位法国学者都认为："外交部是找到了一个'宝贝'！"还有的巡捕变成了海盗。上海公共租界的巡捕也好不了多少。1934年此租界破获了一个扒窃组织,其中就有不少是巡捕。"与扒窃者有牵连而每日接受津贴的捕房刑事人员,公共租界有65人。"上海租界的领事亦任法官,是司法人员,可他们中的相当部分人是商人,不是法律人,审判不是他们的专长,他们也缺乏应有的法律素质。这正如美国学者约翰斯顿所讲的:"那些能对他的公民适用本国法律的是领事,但这些领事没有受过专门的法律培训,尤其是在租界的早期,那些领事多是商人。虽然,以后公共租界建立了自己的法庭,但法律的实施还要依靠领事。"因此,上海租界的执法、司法会出现时常侵犯人权、警匪勾结、审判不公的情况。

最后,上海租界当局不深谙上海的社会情况。他们来自西方社会,习惯于西方的社会情况,而不深谙于上海的社会情况。他们认为,现代娼妓卖淫是一种现代商业行为,可以使其合法化,于是采取了一些合法化的法律措施,包括设立花捐、对娼妓进行登记和检查等。但在广大民众的强烈反对下,上海租界当局又不得不用法制手段禁妓,可这一手段又与上海实际情况不符,以致禁妓失败。事实证明,只要法制符合上海的实际情况,禁妓完全可以成功。上海解放后,上海市公安局制定了《目前处理私娼办法》等一些规定,采取了适合上海情况的果断措施,到1951年11月上海所有的妓院全部关闭,并继续收容私娼。至1958年被收容的娼妓经过扫盲教育,培养了生产能力,逐渐改变了不良生活习惯,治愈了各种疾病,全都成为新型的劳动者并得到妥善的安置。可见,上海租界现代法制出现瑕疵,有其一定的原因存在。

问:您对上海租界法制的研究是比较全面的。比如租界的城市规划法、土地管理制度、道路管理制度、行政机构、司法机构等都有涉及，特别对租界的司法机构——会审公廨，您提出了独到见解。您认为会审公廨究竟是什么性质的机构？

答：我在研究上海租界法制的过程中，也关注了设在上海租界的会审公廨，而且还形成了一些自己的看法。其中就包括对会审公廨性质的认定。我的这一看法与传统的观点有所不同，于是我就撰写了《会审公廨是中国的审判机关异议》一文，发表于2013年第10期《学术月刊》。

长期以来，人们对会审公廨性质的定位是中国的审判机关。我认为，会审公廨是租界自己的审判机关，并从四个方面进行了论证。

第一，会审公廨与华界的审判机关不具统一性。中国的租界设在中国的城市中，是城市里的一个区域。这些城市中还有华界，与租界相邻。华界是中国政府管辖的区域，设有中国的审判机关。一个国家的审判机关具有同质性，应具有统一性。华界里的审判机关与中国其他地方的审判机关具有统一性，都是中国的审判机关。会审公廨设在租界里，而且与华界的审判机关不具统一性，即会审公廨与中国审判机关不同。这种不同又具体表现在审判机关的体系、审判人员的组成、适用的实体法与程序法等方面。比如，会审公廨的审判人员由中、外审判人员组成，因此也被称为"混合法庭"；华界审判机关的审判人员全由华人组成，没有外国审判人员。从会审公廨与华界的审判机关不具统一性来证明，会审公廨不是中国的审判机关，而是租界自己的审判机关。

第二，会审公廨与租界内的中国审判机关也不具统一性。1925年上海公共租界发生了震惊中外的五卅惨案，之后会审公廨的弊端进一步暴露，广大民众要求废除会审公廨的呼声更为高涨。1926年上海会审公廨取消，代之以临时法院，作为设立中国审判机关的过渡。1930年上海公共租界正式设立中国审判机关，即为上海公共租界的第一特区法院及其上诉法院江苏高等法院第二分院。1931年上海法租界也设立了中国审判机关，即上海法租界的第二特区法院及其上诉法院江苏高等法院第三分院。会审公廨与这些租界内的中国审判机关也不具有统一性。也表现在审判机关的体系、人员的组成、适用的实体法与程序法等一些方面。这从又一个侧面来证明，会审公廨不是中国的审判机关，而是租界自己的审判机关。

第三，其他一些方面也能证明会审公廨不是中国的审判机关。除了以上两个方面以外，还有其他一些方面也能证明会审公廨不是中国的审判机关。首先，会审公廨与华界之间改造罪犯嫌疑人或判过刑的人被称为"引渡"。"引渡"是国际公法中的一个概念，是指一国把处在自己国境内的犯罪嫌疑人或判过刑的人，根据他国的请求移交给请求国审判或处罚的行为。可见，引渡是一种发生于一国与他国之间的行为。如果同一国家之内不同司法机关之间要转移犯罪嫌疑人或判过刑的人，则称为"移送"，绝不会是"引渡"。会审公廨与华界之间移送犯罪嫌疑人或判过刑的人则被称为"引渡"。据1912年7月6日上海公共租界《警务日报》的记载："有5位领事和法官（其中有领袖领事和两位会审公廨审判员）前往都督府拜会负责官员商讨人犯引渡问题。"在这以前的1912年4月24日上海公共租界工部局董事会已形成决议，只要华界"同意引渡会审公廨所立的被告和人证"，会审公廨就可进行引渡。事实也证明，在1912年2月至1915年12月间，上海公共租界的会审公廨就把蔡锐霆、朱华斌、郑道华、张振华等人，引渡给华界进行审判。从这种"引渡"反证，会审公廨不是中国的审判机关，否则只要移送就可以了，不必使用引渡。

其次，会审公廨实是外国审判人员控制的审判机关。虽然，会审公廨的审判人员由中外审判人员构成，而且分工也十分明确。1869年的《上海洋泾浜设官会审章程》明文规定："凡遇案件牵涉洋人必应到案者，必须由领事官会同中国委员审问，或派洋官会审；若案情只系中国人，并无洋人在内，即听中国委员自行讯断，各国领事，毋庸干预。"然而，这个章程在实施过程中，外国审判人员往往会擅权，实际控制着会审公廨的审判，甚至连纯属华人的事件也由外国审判人员审判，中国审判人员成了一种摆设。难怪那时有人就认为："公廨审案，虽会审，而审判实权盖已尽操于外人之手，华官不过随同画诺，供讯问而已。"中国自己的审判机关不可能被外国审判人员控制，只有租界里的会审公廨才会被外国审判人员控制。这也证明，会审公廨不是中国的审判机关。

第四，辛亥革命以后对会审公廨采取的一些新规定进一步证明会审公廨不是中国的审判机关。辛亥革命以后，上海公共租界对会审公廨作出了新规定，总共包括八个方面，内容包括：外国领事团来确定中国审判人员，并在外国审判人员的指导下，进行审判；会审公廨所属的监狱由租界的巡捕房直接负责管理；会审公廨的传票、拘票均由巡捕房负责执行；租界内发生的所有刑事案件均由会审公廨审理；租界对会审公廨的财务进行监督；中国审判人员的薪金由租界支付；等等。这些规定对会审公廨审判人员配置、外国审判人员的职权、经费支出与监督、案件管辖、监狱管理等会审公廨的核心部分作了新的规范，而且都与《上海洋泾浜设官会审章程》的规定相悖，使其审判权进一步被租界所控制。正如有人所说，辛亥革命以后，"租界内之司法权，遂全入于外人之手，中国政府无权过问矣"。可见，辛亥革命以后，会审公廨更不是中国的审判机关了。

今天，关于会审公廨性质的定位问题，是个学术问题。我的观点与一些传统观点有所不同,也算是一家之言,供大家参考。

问:您研究了上海租界法制以后,是否惠及您的教学与科研?

答:经过多年研究,我不仅自己在上海租界法制方面有一些收获,还惠及我的教学与科研,主要表现在以下一些方面。

首先,把研究成果转化为教学内容。教学与科研紧密相连,科研可以促进教学,教学也可以直接惠及于学生,对上海租界法制的研究也是如此。当《上海法制史》一书出版后,我就为本科生开设了一门关于上海法制史的选修课,让他们也了解一些包括上海租界法制在内的上海法制史知识。前几年,我又主持开设了上海租界法制研究课程。此课程专门为中国法制史的硕士研究生开设,内容涉及上海租界法制的产生、立法、行政执法、司法、法学教育等领域,使他们可以较为全面地知晓上海租界法制的一些基本情况。这可以增加有关这一法制的知识,也可为以后做进一步研究,甚至撰写学位论文打下基础。我的有些硕士、博士研究生都把上海租界法制作为自己学位论文的主题。其中,硕士学位论文有:《日伪时期上海公共租界法制变异》《上海法租界最后三年(1941—1943)的法制变异》《上海公共租界临时法院研究》《上海第一特区地方法院涉外民事案件研究》《上海公共租界领事公堂研究》《上海第二特区地方法院烟毒案件研究》等。博士学位论文有《上海公共租界会审公廨研究》《上海公共租界特区法院研究》等。这些学位论文都取得了好成绩,其中的《上海公共租界领事公堂研究》被评为上海市优秀硕士学位论文,《上海公共租界会审公廨研究》被列为国家社科基金后期出版资助项目。对此,我也感到很欣慰。

其次,把研究成果转化为项目。项目往往需要有前期研究的成果作为支撑。不论是项目的申报还是项目内容，都是这样。上海租界法制的研究成果，既有利于项目的申报，也有利于把其转化为项目的内容。实践证明，也确实如此。我利用已有的上海租界法制的研究成果，申报成功三个项目，它们分别是：上海市教委科研创新重点项目"上海租界法制研究"（09ZS179），司法部一般项目"中国租界的现代法制研究——以上海现代法制为主要视角"（09SFB5006），国家社科基金一般项目"租界法制与中国法制近代化研究"（14BFX019）等。前两个项目都已按时结项，最后一个项目在2017年也可按时完成。这三个项目中，都有前期成果转化的内容。比如，在"上海租界法制研究"项目中，就有一些内容从关于上海租界法制的产生、发展，上海租界的土地规划法，上海英租界巡捕房产生与发展，上海公共租界临时法院等前期成果转化而来。这一项目的最后成果由法律出版社于2011年公开出版，取名《上海租界法制研究》。

最后，把研究成果转化为其他研究成果中的部分内容。在其他的研究领域中，凡有与上海租界法制相关，我都会把它结合进去，使其成为这些成果中的部分内容，也使这种研究更为全面，更具特色。这是上海租界法制在研究中的扩展，可以惠及其他研究领域。比如，在《上海的现代法制与现代城市发展》（2010年）一文中，有上海租界律师作用的内容；《辛亥革命时期上海华界立法探析》（2012年）一文中，有上海华界与租界法制比较的内容；《论上海法制近代化中的区域治理》（2014年）一文中，有上海租界法制在区域治理中作用的内容；等等。这些研究成果都在CSSCI期刊上发表，有的还被人大复印报刊资料全文转载。《辛亥革命时期上海华界立法探析》一文就被人大复印报刊资料2013年第5期《中国近现代史》全文转载。

可见，我对上海租界法制的研究还延伸到教学、科研领域，物尽其用，充分显示其研究价值。

（原载《上海政法学院学报》2017年第2期）

附录二 王立民成果目录

一、主持、参与的各类项目、课题

（一）主持的国家级项目、课题

1. 法律文明史（国家社科基金重大项目，11&ZD081）第 11 子课题"近代中国法"
2. 租界法制与中国法制近代化研究（2014 年国家社科基金一般项目，14BFX019）
3. 坚持党的领导与依法治国相统一的互动关系（国家社科基金重大项目，14ZDC004）第 2 子课题"坚持党的领导与科学立法的互动关系研究"
4. 中国租界法制文献整理与研究（2019 年度国家社科基金重大项目，19ZDA153，首席专家）

（二）主持的省部级项目、课题

1. 加入 WTO 与中国审判方式改革研究（2001 年上海市哲学社会科学规划课题，01BFX004）
2. 论文化与全面建设小康社会（2004 年度中国法学会规划课题）
3. 国家统一司法考试与法学教育改革研究（2005 年度司法部"法制建设与法学理论研究"科研项目，05SFB2009）
4. 法文化与构建社会主义和谐社会（2005 年度上海哲学社会科学规划课题，2005BFX006）
5. 完善中国教育法律体系研究（全国教育科学"十五"规划教育部重点课

题，2006年，DFA050092）
6. 人民法院工作指导思想与人类法治文化（2009年度最高人民法院重点项目，GFB007）
7. 中国租界的现代法制研究——以上海现代法制为主要视角（2009年度司法部"国家法制与法学理论研究"项目，09SFB5006）
8. "西法东渐"与近代中国寻求法制自主性研究（2011年上海哲学社会科学规划课题，20011BFX005）
9. 中国法制史学的演进与思考（2012年司法部"国家法治与法学理论研究"项目，12SFB5008）
10. 中国法制史研究70年（2017年上海市哲学社会科学规划"三大系列"课题，2017BHB013）

（三）主持的其他项目、课题

1. 中国审判方式改革研究（美国福特基金项目，1998年）
2. 诊所法律教育研究（美国福特基金项目，2000年）
3. 新形势下对问题青少年教育的对策研究（2000年度上海市教育决策咨询项目，C2013）
4. 依法办学，提高办学质量（2001年度上海市教育人文社科项目，01CW01）
5. 重视依法治校，提高治校水平（2001年上海市教育科学研究市级项目，S2005）
6. 上海教育法规体系及其执法监督机制研究（2001上海市教育科学研究市级项目，10447）
7. 上海市教育法规体系的完善与教育执法机制、教育监督机制研究（2003年度上海市教育科学研究项目，B0315）
8. 法制社会中志愿者作用定位及组织机制研究（2003年度上海法制建设调研课题）
9. 上市公司与关联方资金往来与对外担保之法律问题研究（2005年度上海证券交易所项目）
10. 中国传统法制与和谐社会的考察与思考（2005年度上海市教委项目，

BM518301）
11. 高校自主办学与政府依法行政的研究（2006年度上海市教育科学研究项目，B0643）
12. "以法学为依托，凸显其他专业特色"的研究与实践（上海市教委委托课题，2016年）
13. 中国研究生招生制度完善研究（2018年度上海教育科学研究市级项目，B08042）
14. 上海租界法制研究（2009年度上海市教委科学研究创新重点项目，09ZS179）

（四）参与的各类项目、课题

1. 中国法制通史（国家"七五""八五"规划哲学社会科学重点科研项目）
2. 中国法律思想通史（国家"七五"哲学社会科学重点项目，国家"八五"重点出版物）
3. 上海法治发展战略研究（上海市哲学社会科学"七五"重点研究项目）
4. 中国传统法律文化研究——以审理文化裁判文化为中心（2005年度国家哲学社会科学基金项目，05BFX008）
5. 思想道德建设立法研究（国家社科基金一般项目，130ZH002）

二、著作（截至2021年）

（一）个人著作

1. 《唐律新探》，上海社会科学院出版社1993年版。
2. 《古代东方法研究》，学林出版社1996年版。
3. 《上海法制史》，上海人民出版社1998年版。
4. 《唐律新探》（第2版），上海社会科学院出版社2001年版。
5. 《上海租界法制史话》，上海教育出版社2001年版。

6.《法律思想与法律制度》,中国政法大学出版社2002年版。
7.《古代东方法研究》(第2版),北京大学出版社2006年版。
8.《唐律新探》(第3版),北京大学出版社2007年版。
9.《唐律新探》(第4版),北京大学出版社2010年版。
10.《中国法制与法学教育》,法律出版社2011年版。
11.《唐律新探》(第5版),北京大学出版社2016年版。
12.《中国租界法制初探》,法律出版社2016年版。
13.《上海租界法制史话》(第2版),上海人民出版社2017年版。
14.《法律史与法治建设》,法律出版社2017年版。
15.《古代东方法研究》(第3版),北京大学出版社2019年版。
16.《上海法制史》(第2版),上海人民出版社2019年版。

(二)主编、副主编著作

1.《公司法基础知识》(主编),立信会计出版社1994年版。
2.《中国审判方式改革研究》(主编),上海社会科学院出版社1999年版。
3.《中外律师制度综观》(副主编),群众出版社2000年版。
4.《中国法律制度史》(主编),上海教育出版社2001年版。
5.《企业与企业家法律自我保护指南》(第二主编),上海社会科学院出版社2001年版。
6.《常见刑事犯罪案例解》(上、下;副主编),四川人民出版社2001年版。
7.《帮你打赢官司》(副主编),文汇出版社2002年版。
8.《走向二十一世纪的中国法文化》(第二主编),上海社会科学院出版社2002年版。
9.《中国法制史》(主编),上海人民出版社2003年版。
10.《预防职务犯罪,规范行政行为》(副主编),文汇出版社2004年版。
11.《当代中国的法新理论》(主编),文汇出版社2003年版。
12.《诊所法律教育研究》(第一主编),上海交通大学出版社2004年版。
13.《生活中的法》(第一主编),上海社会科学院出版社2004年版。
14.《加拿大法律发达史》(主编),法律出版社2004年版。
15.《医患自我保护法律指南》(第一主编),上海社会科学院出版社2004年版。

16.《中国法制史》(第二主编),北京大学出版社 2004 年版。
17.《二十世纪中国社会科学》(法学卷四,第二主编),上海人民出版社 2005 年版。
18.《中国法制史自学辅导》(第一主编),上海教育出版社 2005 年版。
19.《2006 年国家司法考试辅导读本》(共 8 个分册,总主编),上海人民出版社 2006 年版。
20.《中国法学经典解读》(主编),上海教育出版社 2006 年版。
21.《〈中国法制史〉自学考试指导与题解》(主编),北京大学出版社 2006 年版。
22.《探寻法治的岁月》(第二副主编),上海人民出版社 2006 年版。
23.《中国法制史参改资料》(主编),北京大学出版社 2006 年版。
24.《中国法律与社会》(主编),北京大学出版社 2006 年版。
25.《2007 年国家司法考试辅导读本》(共 8 个分册,总主编),上海人民出版社 2007 年版。
26.《中国法制史》(主编),清华大学出版社 2008 年版。
27.《中国法律思想史》(主编),清华大学出版社 2008 年版。
28.《中国法制史》(主编),北京大学出版社 2008 年版。
29.《中国法制史自学考试指导与题解》(主编),北京大学出版社 2008 年版。
30.《中国法制史》(第 2 版,主编),上海人民出版社 2007 年版。
31.《中国历史上的法律与社会发展》(主编),吉林人民出版社 2007 年版。
32.《中国法制史》(主编),科学出版社 2009 年版。
33.《诊所法律教育的理论与实务》(第一主编),法律出版社 2009 年版。
34.《法文化与构建社会主义和谐社会》(主编),北京大学出版社 2009 年版。
35.《中国传统侦查和审判文化研究》(主编),法律出版社 2009 年版。
36.《上海租界法制研究》(第一主编),法律出版社 2011 年版。
37.《上海法制与城市发展》(第一主编),上海人民出版社 2012 年版。
38.《法学的历史》(第 2 卷,主编),上海人民出版社 2012 年版。
39.《"西法东渐"与近代中国寻求法制自主性研究》(第一主编),上海人民出版社 2015 年版。
40.《中国法制史》(第一主编),科学出版社 2016 年版。
41.《中国法制史》("马工程"教材,首席专家,第一副主编),高等教育出版社 2017 年版。
42.《中国法制史研究 70 年》(第一主编),上海人民出版社 2019 年版。
43.《中国法制史》("马工程"教材第二版,首席专家,第一副主编),高等教育出版社 2019 年版。

(三)参编著作

1.《简明行政管理学辞典》,江苏人民出版社 1986 年版。
2.《简明法制史词典》,河南人民出版社 1988 年版。
3.《家庭法律大全》,南京大学出版社 1988 年版。
4.《当代中国法学新思潮》,上海社会科学院出版社 1991 年版。
5.《旧上海社会百态》,上海人民出版社 1991 年版。
6.《中国古代法律三百题》,上海古籍出版社 1991 年版。
7.《经济法案件分析 100 例》,复旦大学出版社 1993 年版。
8.《上海法制发展战略研究》,复旦大学出版社 1993 年版。
9.《打官司必读》,文汇出版社 1995 年版。
10.《订合同必读》,文汇出版社 1995 年版。
11.《新编中国法律日用全书》(兼任编委),上海人民出版社 1995 年版。
12.《中国学术名著提要》,复旦大学出版社 1996 年版。
13.《中国法律思想通史》(四),山西人民出版社 1996 年版。
14.《中国法律思想史》,华东理工大学出版社 1997 年版。
15.《实用家政大全》,上海古籍出版社 1997 年版。
16.《家庭常用万宝全书》,文汇出版社 1997 年版。
17.《中国法制通史》(第四卷),法律出版社 1998 年版。
18.《中国法律制度史》,法律出版社 1999 年版。
19.《北朝五史辞典》(上、下),山东教育出版社 2000 年版。
20.《中国学术名著大词典》(古代卷),汉语大词典出版社 2000 年版。
21.《中国法律思想史》,上海教育出版社 2002 年版。
22.《帮你订好合同》,文汇出版社 2002 年版。
23.《中国学术名著大词典》(近现代卷),汉语大词典出版社 2001 年版。
24.《比较行政法》(勘校,第一作者),中国政法大学出版社 2006 年版。

25.《中国法律思想史》,科学出版社 2009 年版。
26.《中国法制史案例与图表》,法律出版社 2012 年版。
27.《上海法制建设与立法创新》(第一作者),上海人民出版社 2021 年版。

三、论文、文章(2017—2021)

(一)期刊

1.《试论中国租界与租借地区域法制的差异——以上海租界与威海卫租借地区域法制的差异为例》,《现代法学》2017 年第 1 期(CSSCI)。
2.《辛亥革命时期上海华界现代法制论析》,《法治现代化研究》2017 年第 1 期。
3.《〈唐律疏议〉前言"疏议"透视》,《江海学刊》2017 年第 3 期(CSSCI)。
4.《中国近代成为大陆法系国家的原因及相关问题探析》,《华东师范大学学报(哲学社会科学版)》2017 年第 4 期(CSSCI)。
5.《唐律"化外人相犯"条属于国际私法的质疑——兼论唐律的唐朝刑法典性质》,《法学》2017 年第 8 期(CSSCI)。
6.《"双千计划"与法治人才的培养》,《上海政法学院学报》2017 年第 5 期。
7.《中国民法典设置条标新论》,《学术月刊》2017 年第 10 期(CSSCI)。
8.《上海:中国现代区域法制建设领先之地》,《东方法学》2017 年第 6 期(CSSCI)。
9.《中国当今家暴的传统法律原因》,《政治与法律》2017 年第 12 期(CSSCI)。
10.《复兴中华法系的再思考》,《法制与社会发展》2018 年第 3 期(CSSCI)。
11.《"一带一路"建设与复兴中华法系》,《法治现代化研究》2018 年第 3 期。
12.《论唐朝法律的开放性特征》,《法学》2018 年第 10 期(CSSCI)。
13.《〈大清律例〉条标的运用与启示》,《中国法学》2019 年第 1 期(CSSCI)。

14.《唐律与丝绸之路》,《江海学刊》2019 年第 1 期（CSSCI）。
15.《近代中国法制现代化进程再认识》,《社会科学》2019 年第 6 期（CSSCI）。
16.《中国法制史研究 70 年若干重要问题》,《南京社会科学》2019 年第 9 期（CSSCI）。
17.《"华人与狗不得入内"相关规定的颁行与废止》,《档案春秋》2019 年第 10 期。
18.《中国租界法制诸问题再研究》,《法学》2019 年第 11 期（CSSCI）。
19.《唐朝法律助力丝绸之路建设》,《法学杂志》2019 年第 12 期（CSSCI）。
20.《上海近代法制若干问题研究》,《法治现代化研究》2019 年第 6 期。
21.《中国唐律研究 70 年的三个重要问题》,《浙江学刊》2020 年第 1 期（CSSCI）。
22.《三个外国人笔下的上海租界会审公廨》,《上海滩》2020 年第 3 期。
23.《上海租界的吸毒与禁烟——以〈英国巡捕眼中的上海滩〉一书为视角》,《文史天地》2020 年第 5 期。
24.《上海公共租界防控疫情立法史鉴》,《检察风云》2020 年第 10 期。
25.《本土性与世界性之间：近代国人如何看上海租界法制》,《探索与争鸣》2020 年第 8 期（CSSCI）。
26.《中国百年民法典编纂历程与启示》,《法学》2020 年第 10 期（CSSCI）。
27.《中国租界防控疫情立法与思考》,《法学杂志》2020 年第 11 期（CSSCI）。
28.《上海法租界早期法制与评析——以〈上海法租界史〉一书为中心》,《上海政法学院学报》2020 年第 6 期。
29.《上海租界：一名外国巡捕眼中的赌博》,《上海滩》2020 年第 12 期。
30.《中国租界适用〈中华民国民法〉论》,（韩国）《中国法研究》2020 年 11 月 30 日总第 44 期。
31.《三个洋人眼中的上海租界巡捕》,《档案春秋》2021 年第 1 期。
32.《清末法制改革为何移植德国法而不是英国法》,《文史天地》2021 年第 2 期。
33.《论唐律规定的官吏言论犯罪》,《当代法学》2021 年第 3 期（CSSCI）。
34.《中国百年民法典编纂论》,《澳门法学》2021 年第 1 期。

35.《租界里的中国巡捕与反思》,《江海学刊》2021 年第 3 期（CSSCI）。
36.《大革命时期中国共产党领导建立的上海市民代表会议政府法制研究》,《政治与法律》2021 年第 7 期（CSSCI）。
37.《中国租界法制性质论》,《华东政法大学学报》2021 年第 5 期（CSSCI）。
38.《以民法典颁行为契机推动中国法典化进程——论习近平法治思想中的法典化理论》,《东方法学》2021 年第 6 期（CSSCI）。

（二）报纸

1.《深切怀念恩师王召棠教授》,《法制日报》2017 年 2 月 22 日。
2.《贞观四年为何只有 29 人被判死罪》,《解放日报》2017 年 9 月 5 日。
3.《沈家本的疏忽》,《文汇报》2018 年 6 月 1 日。
4.《朱元璋手谕的启示》,《上海法治报》2019 年 1 月 21 日。
5.《唐律为何堪称封建法典代表作》,《解放日报》2019 年 3 月 19 日。
6.《世界级的唐律与世界性的唐律研究》,《社会科学报》2019 年 4 月 11 日。
7.《推进全面依法治国，需要加强中国法制史研究》,《解放日报》"上观新闻"（思想汇）2019 年 10 月 17 日。
8.《旧上海英美租界防疫立法二三事》,《上海法治报》2020 年 3 月 23 日。
9.《中国租界防控疫情立法可借鉴》,《社会科学报》2020 年 10 月 1 日。
10.《中国古代法典条标的设置、适用与启示》,《人民法院报》2020 年 10 月 30 日。
11.《上海租界法制的一些重要问题》,《上海法治报》2021 年 3 月 3 日。
12.《马锡五公断"刘巧儿"案》,《解放日报》2021 年 4 月 6 日。
13.《马锡五审判方式为何深受抗日根据地民众的欢迎》,《解放日报》"上观新闻"2021 年 4 月 6 日。
14.《新中国的地方土地改革法与土地改革成就——以新上海的土地改革法与土地改革的成就为例》,《人民法院报》2021 年 4 月 9 日。
15.《开放的唐朝法律》,《中国社会科学报》2021 年 6 月 9 日。
16.《中国古代用法律手段管控官吏言论——以唐律规定的官吏言论犯罪为例》,《上海法治报》2021 年 6 月 9 日。
17.《雷经天与马锡五》,《社会科学报》2021 年 6 月 24 日。

（三）书序

1. 《序》，杨晓波：《明朝海上外贸管理法制的变化》，中国社会科学出版社2017年版。
2. 《序》，洪佳期：《上海会审公廨审判研究》，上海人民出版社2018年版。
3. 《世界级的唐律与世界性的唐律研究》（代序），刘晓林：《唐律立法语言、立法技术及法典体例研究》，商务印书馆2020年版。

四、主编刊物

（一）《法律史研究》

1. 《法律史研究》（第1辑，第二主编），中国方正出版社2004年版。
2. 《法律史研究》（第2辑，第二主编），中国方正出版社2005年版。
3. 《法律史研究》（第3辑，第二主编），中国方正出版社2008年版。

（二）知识产权法研究

1. 《知识产权法研究》（第1卷，第一主编），北京大学出版社2004年版。
2. 《知识产权法研究》（第2卷，第一主编），北京大学出版社2005年版。
3. 《知识产权法研究》（第3卷，第一主编），北京大学出版社2006年版。
4. 《知识产权法研究》（第4卷，第一主编），北京大学出版社2006年版。
5. 《知识产权法研究》（第5卷，第一主编），北京大学出版社2008年版。
6. 《知识产权法研究》（第6卷，第一主编），北京大学出版社2008年版。
7. 《知识产权法研究》（第7卷，第一主编），北京大学出版社2009年版。
8. 《知识产权法研究》（第8卷，第一主编），北京大学出版社2011年版。

后　记

出版《中国法制史论要》是我的一个夙愿。从 1982 年考入华东政法学院（2007 年更名为"华东政法大学"）攻读中国法制史至今，已有 40 年时间。其间，没有一部个人著作以"中国法制史"命名。以往的个人著作总有一些其他成果编入其中，导致无法以"中国法制史"为名。现在，我的这一夙愿可以实现了。一是由于自己在最近五年集中研究中国法制史问题，发表了 50 万字左右的中国法制史论文，可以凑成一本小书。更重要的是得到学校与创新团队的全力支持，夙愿可以变成现实了。在此，首先要感谢学校、创新团队的全力支持！

目前，出版著作也不那么容易了。此书的出版得到了商务印书馆的领导与编辑的大力支持与帮助，对他们表示衷心感谢！

小书已完稿，但难免有不足、遗憾之处，还望各位读者赐正。谢谢！

王立民

2022 年 1 月于华东政法大学